本书列入

2017年国家社会科学基金重大委托项目

"十三五"国家重点图书出版规划项目

中华传统文化百部经典

春秋繁露（节选）

董仲舒 著

周桂钿 解读

国家图书馆出版社

图书在版编目（CIP）数据

春秋繁露：节选／（汉）董仲舒著；周桂钿解读．—北京：国家图书馆出版社，2019.12（2025.1 重印）
（中华传统文化百部经典／袁行霈主编）
ISBN 978-7-5013-6751-1

Ⅰ．①春…　Ⅱ．①董…　②周…　Ⅲ．①儒家　②《春秋繁露》—注释　Ⅳ．① B234.52

中国版本图书馆 CIP 数据核字（2019）第 086370 号

国家图书馆出版社官方微信

书　　名　春秋繁露（节选）
著　　者　（汉）董仲舒 著　周桂钿 解读
责任编辑　潘肖蔷
特约编辑　吴麒麟
封面设计　敬人设计工作室

出版发行　国家图书馆出版社（北京市西城区文津街 7 号　100034）
　　　　　010-66114536　63802249　nlcpress@nlc.cn（邮购）
网　　址　http://www.nlcpress.com
印　　装　北京科信印刷有限公司
版次印次　2019 年 12 月第 1 版　2025 年 1 月第 2 次印刷

开　　本　710×1000（毫米）　1/16
印　　张　26.5
字　　数　286 千字
书　　号　ISBN 978-7-5013-6751-1
定　　价　56.00 元（平装）

编纂缘起

文化是民族的血脉，是人民的精神家园。党的十八大以来，围绕传承发展中华优秀传统文化，习近平总书记发表了一系列重要讲话，深刻揭示出中华优秀传统文化的地位和作用，梳理概括了中华优秀传统文化的历史源流、思想精神和鲜明特质，集中阐明了我们党对待传统文化的立场态度，这是中华民族继往开来、实现伟大复兴的重要文化方略。2017 年初，中共中央办公厅、国务院办公厅印发《关于实施中华优秀传统文化传承发展工程的意见》，从国家战略层面对中华优秀传统文化传承发展工作作出部署。

我国古代留下浩如烟海的典籍，其中的精华是培育民族精神和时代精神的文化基础。激活经典，熔古铸今，是增强文化自觉和文化自信的重要途径。多年来，学术界潜心研究，钩沉发覆、辨伪存真、提炼精华，做了许多有益工作。编纂《中华传统文化百部经典》（简称《百部经典》），就是在汲取已有成果基础上，力求编出一套兼具思想性、学术性和大众性的读本，使之成为广泛认同、传之久远的范本。《百部经典》所选图书上起先秦，下至辛亥革命，包括哲学、文学、历史、艺术、科技等领域的重要典籍。萃取其精华，加以解读，旨在搭建传统典籍与大众之间的桥梁，激活中华优秀传统文化，用优秀传统文化滋养当代中国人的精神世界，提振当代中国人的文化自信。

这套书采取导读、原典、注释、点评相结合的编纂体例，寻求优秀传统文化与社会主义核心价值观之间的深度契合点；以当代眼光审视和解读古代典籍，启发读者从中汲取古人的智慧和历史的经验，借以育人、资政，更好地为今人所取、为今人所用；力求深入浅出、明白晓畅地介绍古代经典，让优秀传统文化贴近现实生活，融入课堂教育，走进人们心中，最大限度地发挥以文化人的作用。

《百部经典》的编纂是一项重大文化工程。在中宣部等部门的指导和大力支持下，国家图书馆做了大量组织工作，得到学术界的积极响应和参与。由专家组成的编纂委员会，职责是作出总体规划，选定书目，制订体例，掌握进度；并延请德高望重的大家耆宿担当顾问，聘请对各书有深入研究的学者承担注释和解读，邀请相关领域的知名专家负责审订。先后约有 500 位专家参与工作。在此，向他们表示由衷的谢意。

书中疏漏不当之处，诚请读者批评指正。

2017 年 9 月 21 日

凡 例

一、《中华传统文化百部经典》的选书范围，上起先秦，下迄辛亥革命。选择在哲学、文学、历史、艺术、科技等各个领域具有重大思想价值、社会价值、历史价值和学术价值的一百部经典著作。

二、对于入选典籍，视具体情况确定节选或全录，并慎重选择底本。

三、对每部典籍，均设"导读""注释""点评"三个栏目加以诠释。导读居一书之首，主要介绍作者生平、成书过程、主要内容、历史地位、时代价值等，行文力求准确平实。注释部分解释字词、注明难字读音，串讲句子大意，务求简明扼要。点评包括篇末评和旁批两种形式。篇末评撮述原典要旨，标以"点评"，旁批萃取思想精华，印于书页一侧，力求要言不烦，雅俗共赏。

四、原文中的古今字、假借字一般不做改动，唯对异体字根据现行标准做适当转换。

五、每书附入相关善本书影，以期展现典籍的历史形态。

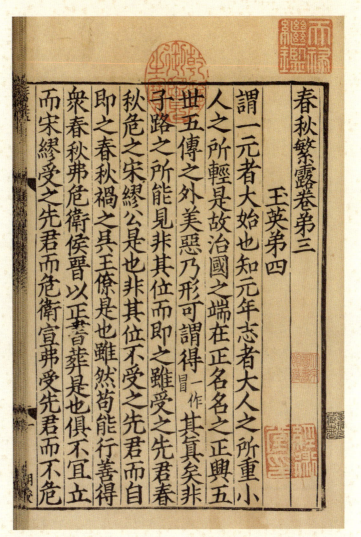

春秋繁露卷第三

王英弟四

謂一元者大始也知元年志者大人之所重小
人之所輕是故治國之端在正名名之正興五
世五傳之外美惡乃形可謂得^{冒一作}其真矣非
子路之所能見非其位而即之雖受之先君春
秋危之宋繆公是也非其位不受之先君而自
即之春秋禍之其王僚是也雖然苟能行善得
衆春秋弗危衛侯晉以正善葬是也俱不宜立
而宋繆受之先君而危衛宣弗受先君而不危

春秋繁露十七卷 （汉）董仲舒撰 宋嘉定四年（1211）江右计台刻本
国家图书馆藏

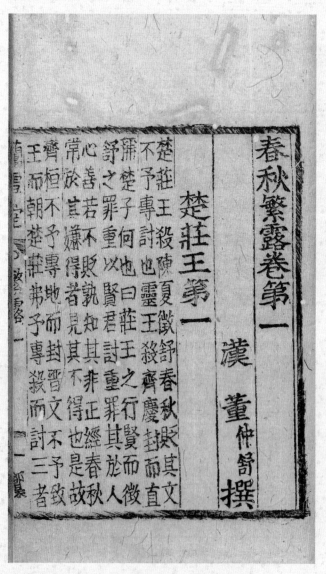

春秋繁露卷第一

漢　董仲舒撰

楚莊王第一

楚莊王殺陳夏徵舒，春秋貶其士而直文，
不予專討也。靈王殺齊慶封，而直稱
楚子，何以曰莊王之行賢，而
舒之罪重，以賢君討重罪，其於人徵
常欵其嫌得者見其非正也。是春秋
齊桓不予專地而封，晉文不予專殺而討，三者致
王而朝楚，莊弗予專殺而討，三者致

春秋繁露十七卷　（汉）董仲舒撰　明正德十一年（1516）
锡山华坚兰雪堂铜活字印本　国家图书馆藏

目　录

导　读

　　《春秋繁露》是西汉大儒董仲舒的代表著作，也是汉代今文经学、政治哲学的重要载体，对于理解西汉时代经学对于国家政治文化的影响，汉人对于天、地、人关系的认识，政治哲学如何落实求善的目标，以及怎样拥有合理制度等，都是不可或缺的资料。长期以来，由于对董仲舒与《春秋繁露》的认识存有一定的片面性，因此对于《春秋繁露》的重视程度略显不足，评价也较低，《中华传统文化百部经典》收录此书，对于汉代政治哲学的认识与评价或有重大改观。本导读主要从"董仲舒与《春秋繁露》""《春秋繁露》的思想内容与影响""今天来看董仲舒"等几个方面进行介绍。

一、董仲舒与《春秋繁露》

（一）西汉大儒董仲舒

　　董仲舒，广川（今河北枣强东）人，西汉时代最重要的政治哲学家，也是中国历史上影响极大的思想家之一，他上承孔子，下启朱熹，成为儒学发展中的关键人物，为奠定中华民族的传统精神做出了重大贡献。《汉书》引刘歆等人的话称他"为群儒首""为儒者宗"，东汉哲学家王充说"文王之文在孔子，孔子之文在仲舒"，可见其在两汉地位之高。

笔者考证，董仲舒约生于前198年，约卒于前106年。享年90多岁，与学术界的常见提法不同。

《史记·儒林列传》所载诸儒，最后一位是董仲舒，其中没有记载董仲舒的生卒之年，需要研究者探讨。清代学者苏舆（？—1914，字厚庵）著有《春秋繁露义证》，有较高水平。因此，苏舆被学界视为董仲舒研究的权威。是书前有董子年表，将董子生年系于汉文帝元年，卒年在汉武帝太初元年，即前179—前104年，董子寿至75岁。这个权威结论在20世纪出版的中国哲学史教材中被广泛引用，许多论文也以此为定论。但是，班固说他"亲见四世"，从汉文帝到汉武帝只有三世（文、景、武），四世应上推至惠帝。这种简单的错误，因为收集资料不全，以致以讹传讹，错误流传多年，得不到纠正。

桓谭说董仲舒"年至六十余，不窥园中菜"，有的著作以此定董仲舒"寿至六十多岁"。桓谭本意似应指"不窥园中菜"时的年龄。董仲舒一生中，"不窥园中菜"，只有三年，而且应该是特殊时期，并非平常的生活习惯。以此为寿命，实属断章取义。

但桓谭这句话对于确定董仲舒生年是极其重要的资料。"不窥园"发生在特殊时期，董仲舒一生经历，最特殊的时期是对策之前的准备阶段。按桓谭的说法，"年至六十余"，约为61岁，三年埋头研究，对策时约为64岁。我们研究的结果，对策时间，按班固《汉书》的说法是在元光元年，即前134年。上推64年，即前198年，也就是高祖九年。刘邦当政十二年，董仲舒在汉惠帝元年时才3岁，能不能说他也"见"了刘邦这一世呢？董仲舒将《春秋》十二世，分为三个阶段："有见三世，有闻四世，有传闻五世。"孔子"见三世"是哀公、定公、昭公三个时代，从昭公元年到春秋结束，一共61年，孔子寿至73岁，有12年生活在昭公之前的襄公时代，为什么不能算又见了一世？笔者推论：汉人的习惯，小孩不知世事，不算见世面。孔子12岁之前不算见世面，董仲舒3岁之前也不能算见世面。桓谭说的"六十余"，即使从61岁扩大到65岁，也不会达到见世面的年龄。

董仲舒关心匈奴的事情，他建议对匈奴要"质其爱子以累其心"（《汉书·匈奴传》），汉武帝派杨信出使匈奴，向单于提出："即欲和亲，以单于太子为质于汉。"单于不同意，认为"非故约"。班固评论说："察仲舒之论，考诸行事，乃知其未合于当时，而有阙于后世也。"杨信出使匈奴在元封四年，即前107年，当时，董仲舒大约92岁。前104年，行用《太初历》，蝗灾严重，加上风灾，《汉书·食货志》载："仲舒死后，功费愈甚，天下虚耗，人复相食。"是则可推论董仲舒当死于前107—前104年之间。寿约93岁。

董仲舒对策是他一生中最重要的事情，因为《史记》没有记载他对策的事，于是有人怀疑《汉书·董仲舒传》这方面的记载是班固编造的谎言。班固曾因私编史书，下过狱，书稿都被送入皇宫。汉明帝刘庄很欣赏班固的学识，召他到校书部，除兰台令史，与其他人一起编撰《汉书》。"固自永平中始受诏，潜精积思二十余年，至建初中乃成。当世甚重其书，学者莫不讽诵焉。"（《后汉书·班彪列传》）就是说，班固开始私修史书，后来受到皇帝诏令，参加并主持编撰《汉书》的任务，用的是皇家保存的资料。因为《董仲舒传》中的对策，牵涉到汉武帝的策问，班固即使敢造董仲舒的假，也不敢造汉武帝的假。而且汉代编史是非常严肃的事情，是不可能造假的。这部史书，皇帝要看，百官也要看，一般学者也会看，"当世甚重其书，学者莫不讽诵焉"，怎么敢造假？怎么可能造假而不被发现呢？司马迁《史记》中没有提到董仲舒对策的事情，并不能说明一定没有对策之事。

关于董仲舒对策之年，成为其一生中最有争议的问题之一。《史记·儒林列传》载董仲舒生平道："今上即位，为江都相。"没说哪一年，也没说怎么被任命的。《汉书·董仲舒传》说："对既毕，天子以仲舒为江都相，事易王。"《汉书·武帝纪》中，在元光元年（前134）五月，武帝诏贤良对策，"于是董仲舒、公孙弘等出焉"。宋代司马光撰写《资治通鉴》时，将对策之年改在建元元年（前140）。于是就有了建元元年说与元光元年说之争。笔者赞同《汉书》所说，认为对策之年应是元光元年，这样可以解决董仲舒诸多历史轨迹的问题。

董仲舒早年专心研究《春秋》公羊学，在汉景帝时代任经学博士，并教授弟子。他专心研究时，曾经三年不去看自己的园圃。他的学生很多，都是由几个先来的学生，从董仲舒那里学习后再去教其他的学生。有的学生在董仲舒那里学习了几年，还没有见过董仲舒的面。汉武帝时代，董仲舒参加对策，连续三次，得到汉武帝的赏识，被任命为江都相。这三次对策的策文主要讲了天人感应等政治哲学问题，后人称之为"天人三策"。任江都相期间，他曾一度任中大夫。后从江都相调任胶西相。不久，由于年老，又不得志，便辞职回家，专心从事著述和教学工作。他虽然穷居陋巷，但朝廷有些议而不决的事，还会派御史大夫张汤等向他咨询。

董仲舒的著作由后人汇编成一书，汉代时称《董仲舒》，后来称《春秋繁露》。班固《汉书·董仲舒传》收入董仲舒的三篇对策，即"天人三策"，集中反映了董仲舒的政治哲学思想。《春秋繁露》是董仲舒的代表作，"天人三策"凝结了他的思想精华。这些学术成果，是研究董仲舒思想的可靠资料。

另外，董仲舒培养了一大批学生，其中著名的有嬴公（汉昭帝时任谏议大夫）、褚大（任梁相）、吕步舒（任长史）、殷忠（《汉书》作段仲）

等。在当时社会上有一定影响的弟子约有几百人。他的子孙也都因为有学问而当了大官。董仲舒的学生及后学，著名的还有眭孟、孟卿、严彭祖、颜安乐、刘向、王彦以及东汉何休等。西汉另外两个著名的公羊学大家：一个是胡毋子都，另一个是他的弟子公孙弘。公孙弘当了大官，没有从事教学工作，因此没有弟子。董仲舒以后，研究公羊学的学者大都是董仲舒的弟子或再传弟子和后学。西汉时公羊学很盛行，在政治上影响很大，实际上是董仲舒思想对于政治影响的结果。因此，汉代思想家认为，董仲舒"始推阴阳，为儒者宗"（《汉书·五行志》）。刘向说："董仲舒有王佐之材，虽伊、吕亡以加，管、晏之属，伯者之佐，殆不及也。"（《汉书·董仲舒传》）刘向认为董仲舒是王者的助手，与商汤的助手伊尹、周武王的助手吕望差不多，管仲和晏婴只是霸者的助手，比不上董仲舒。刘向的儿子刘歆虽然不认为董仲舒超过管仲和晏婴，但也承认董仲舒在西汉时代"为群儒首"（同上），是当时儒者的领袖。东汉王充是一个特立人物，不盲从别人所说，一切思想都要经过自己的重新思考，再作判断。他认为董仲舒是孔子的真正继承者。他说："董仲舒虽无鼎足之位，知在公卿之上。"（《论衡·别通篇》）又说："文王之文在孔子，孔子之文在仲舒。"（《论衡·超奇篇》）他认为董仲舒是周文王、孔子学说的正宗传人，是圣统的继承者。用现代话说，那就是当代圣人。这当然是极高的评价。

董仲舒一生的功业，可以用一个对联来概括：

上承孔子，下启朱熹，始推阴阳，为群儒首；

前对汉武，后相江都，初倡一统，罢百家书。

（二）《春秋繁露》的成书与版本

有部分学者认为董仲舒的《春秋繁露》是伪书，并非董子所作，理由很简单，汉代并没有记载《春秋繁露》这一书名。在《汉书·艺文志》

中列《春秋》类著作，载《公羊董仲舒治狱》十六篇；列儒家类著作，载《董仲舒》百二十三篇。但同样情况，汉代也没有司马迁《史记》这种书名[①]，只有《太史公书》。如果不能否定《史记》是司马迁的著作，当然也不好否定《春秋繁露》是董仲舒的著作。

《史记》称董仲舒重点研究《春秋》，《汉书》列董仲舒著作的篇名有《蕃露》《玉杯》《闻举》《清明》《竹林》等。笔者推测：董子全书解说《春秋》事之得失，因以《春秋》为篇名，第一篇为《蕃露》，后人以为书名为《春秋蕃露》，这样第一篇有内容无篇名，就取篇首"楚庄王"为篇名。这只是笔者假设，未成定论，不敢径改。

关于《春秋繁露》为何以"繁露"命名，历来无确论。《周礼·大司乐》贾公彦疏载："前汉董仲舒作《春秋繁露》。繁，多。露，润。为《春秋》作义，润益处多。"南宋《中兴馆阁书目》言："《繁露》之名先儒未有释者，案《逸周书·王会解》：'天子南面立，冕无繁露。'注云：'繁露，冕之所垂也，有联贯之象。'《春秋》属辞比事，仲舒立名，或取诸此。"清人程大昌怀疑《春秋繁露》为伪书，引牛亨问崔豹之语："冕旒以繁露者何？答曰：缀玉而下垂如繁露也。"程氏以此认为："则繁露也者，古冕之旒，似露而垂，是其所从假以名书也。以杜、乐所引，推想其书，皆句用一物，以发己意，有垂旒凝露之象焉。则《玉杯》《竹林》同为托物，又可想见也。汉魏间人所为文，有名连珠者，其联贯物象，以达己意，略与杜、乐所引同。……以连珠而方古体，其殆'繁露'之自出欤？其名其体，皆契合无殊矣。"（程大昌《书秘书省春秋繁露后》）四库馆臣则认为：《中兴馆阁书目》所猜测"繁露"之意是"以意为说"（《四库全书总目提要》卷二十九"经部·春秋类附录"）。苏舆也认为："诸家所推名书之意，皆近傅会。"只说明《繁露》是董仲舒所著篇名之一，但也并未给出对于书名为何是"繁露"的准确意见（《春秋繁露义证》卷一）。笔者认为，无论是对于"繁露"作"润益处多"讲，还是作"冕之所垂缀玉"讲，都是对于《春秋》经文的发挥与解读，与今本《楚庄王》一篇主旨相合，在无法有确论的情况下，可备一说，聊胜于无。

有学者提出《春秋繁露》中有九篇题"五行"的篇目，后七篇与前两篇思想不一致，因此认为后七篇是后人伪造的。前两篇与后七篇为什么不连在一起？笔者推论认为，可能由于写作的时间前后不同，而且相隔较久。如果这个假设成立，那么，因为相隔时间长，思想有了变化，文字不那么一致，就是很自然的事了。以前有一些人发现古籍中不一致的现象，就以为是伪作，于是多有误判。古代许多人一辈子只写一本书，几十年中思想会有许多变化，各种说法可能与当时语境还有关系，怎么能完全一致呢？笔者以为，对于古籍要特别尊重，没有充分的根据，不能轻易改动，对于董仲舒的《春秋繁露》，大部分应是可信的研究资料，采取怀疑、改动的做法，都是没有充分根据的。

最早记载"春秋繁露"书名的是《隋书·经籍志一》"《春秋》类"载："《春秋繁露》十七卷，汉胶西相董仲舒撰。"今本《春秋繁露》十七卷，八十二篇，自宋朝以降即阙文三篇，实存七十九篇。《春秋繁露》宋本已不多见，南宋楼钥于宁宗嘉定四年（1211）整理此书，始得八十二篇，后存于明《永乐大典》中。清乾隆年间，四库馆臣据此对勘，补1121字，删121字，改定1829字，是为"官本"；随后聚珍版②《春秋繁露》面世，为诸家所关注。乾、嘉之际出现的《春秋繁露》两大校本——卢文弨校本和凌曙注本，均以聚珍本为主，所不同的是卢本参以明嘉靖蜀中本及明程荣、何允中两家本，凌本则参以明代王道焜本及清代张惠言读本。宣统元年（1909），苏州人苏舆兼取卢本和凌注本，又得明天启本，撰成《春秋繁露义证》，是目前为止较完善的本子。故本书以之为底本，个别地方酌取他本。

《春秋繁露》向无善本，自来错简、文字脱误的现象较多。对于其中一些不能读解之处，本书亦付之阙如，不敢穿凿附会。限于水平，错漏难免，敬请指正。

二、《春秋繁露》的思想内容与影响

（一）《春秋繁露》所体现的董仲舒思想

董仲舒在汉代的地位与影响，是跟他的思想能适应当时社会的需要有关系的。笔者认为，哲学可以大体分为三种类型：一是求真的科学哲学，二是求善的政治哲学和宗教哲学，三是求美的艺术哲学。董仲舒的思想从总体上说，是求善的政治哲学。他的思想体系是政治哲学思想体系。他的这个思想体系，用最简单的两句话来概括，就是"屈民而伸君，屈君而伸天"（《春秋繁露·玉杯》）。

"屈民而伸君"，就是要全国人民都服从国君，即服从皇帝的命令或指示。这是董仲舒对历史教训的一个重要总结。周代末年，诸侯强大，他们不服从周天子的统治，于是天下分裂，整个社会陷入长期战乱、民不聊生的局面。人民要过安定的生活，就需要社会稳定。为了社会稳定，就要确立天子的权威。只有"屈民而伸君"，才能建立稳定的社会。在汉景帝时代，由于吴楚七国叛乱，一度破坏了安定的秩序，给人民带来了严重灾难。董仲舒亲身经历了这场灾难，他总结教训，认为必须让所有的"民"都服从天子，实现政治上的大一统，才能稳定社会秩序。笔者认为，董仲舒所提出的这个"民"，不仅是普通民众，更主要的是指那些地方上有政治实力的诸侯王，因为只有这些人物才有分裂国家的可能性。这就是董仲舒所谓的政治"大一统"。大一统，是强调统一、反对分裂、防止分裂的一个重要思想。这是当时颇有远见卓识的理论，也是针对当时的分裂危机而提出的非常正确的理论。

"屈君而伸天"，是说国君要服从上天。"屈民而伸君"最终导致全民统一于皇帝，虽然防止了分裂，却产生了另外一个倾向——集权专制。

秦朝结束了春秋战国数百年的纷争，虽然政治统一了，却由于皇帝集权专制，不受制约，而导致天下大乱。董仲舒从另一个方面总结了历史教训，提出"天人感应"中"屈君而伸天"这个问题，就是要用天的权威限制皇帝的权威，就是想给皇帝戴上精神枷锁，就是想让皇帝有所忌惮，不能肆意妄为。

上天是什么？天有什么意志？诸家众说纷纭，莫衷一是。但是，董仲舒说，天意是可以从自然现象中研究出来的。董仲舒用一套天人感应理论来解说天意，一方面继承了先秦以来的天命论思想基础，另一方面把当时的阴阳五行学说与天命论结合起来。他认为：人，特别是皇帝的思想行为，会感动上天。上天会根据皇帝的言行，作出表态，并通过自然现象表达出来。如何表达？董仲舒从灾异与祥瑞两方面解释道：上天用灾害（旱灾、水灾、虫灾等）和怪异（山崩、地动、母鸡报晓等异常现象）来批评、警告皇帝。皇帝如果改正错误，这些灾异就会自然消失。皇帝如果执迷不悟，那么，上天就会让皇帝身败名裂，重新选择能够保护人民的人当皇帝。如果皇帝为人民做了好事，上天也会用祥瑞表示赞赏。祥瑞包括嘉禾、灵芝、甘露、龙凤、瑞草等。简单地说，就是天下出现灾异，就是上天对皇帝的批评；天下出现祥瑞，就是上天对皇帝的表扬。皇帝是中国古代政权宝塔塔尖上的人物，具有至高无上的权力。一般官员给他提常规性的意见，不仅不受重视，也起不了太大作用。但是，一说到天，他就不敢不认真听取，不能不认真思考。毕竟，皇帝是天子，是上天的"儿子"。所以，皇帝有什么错误，当官的人不敢提，或者提了也没有用。但有了董仲舒的这一套理论，就等于有了向皇帝提意见的精神武器，当官者就可以利用当时的一些天灾或者怪异现象，来解说天意，给皇帝提意见。皇帝把这种意见看成是天意，便会认真听取，并且加以改正。董仲舒的这句话，就是说皇帝要听上天的，而天又是按儒家思想塑造出来的。归根到底，皇帝要听儒家的。也就是说，要用儒家的思想统一全天下的思想。上自天子皇帝，下至百官万民，都要遵循儒家思想，都要以儒家思想作为判断是非的标准。在这里，"大一统"在思想上就是"罢黜百家，独尊儒术"。关于这一点，董仲舒在对策中曾向汉武帝提出建议："《春秋》大一统者，天地之常经，古今之通谊也。……诸不在六艺之科、孔子之术者，皆绝其道，勿使并进。"（《汉书·董仲舒传》）这是用"大一统"来讲"独尊儒术"这一问题的重要论述。独尊儒术以后，司马迁说："孔子布衣，传十余世，学者宗之。自天子王侯，中国言六艺者折中于夫子，可谓至圣矣。"（《史记·孔子世家》）这是史料中第一次出现"至圣"这个词。司马迁编《史记》，以天子或执掌天下的实际统治者为纪年，列入最高级别的"本纪"，如《五帝本纪》《周本纪》《项羽本纪》《吕太后本纪》等；其次是诸侯和汉初重臣，列入第二等级的"世家"，如《鲁周公世家》《晋世家》《陈涉世家》《萧相国世家》等；第三等级是名人的"列传"，如《老子韩非列传》《孟子荀卿列传》《韩信卢绾列传》等；再下一级则是一类人的合传，如《循吏列传》《酷吏列传》《游侠列传》《佞幸列传》《滑稽列传》《货殖列传》等。先秦时期百家争鸣，有许多派别的重要思想家，其中只有孔子被列入"世家"，与诸侯并列；也只有孔子的弟子作为群体被列入"列传"，有《仲尼弟子列传》；作为学派的群体，包括历代儒家，收入《儒林列传》。这三项都是其他各家各派没有的待遇，足可说明司马迁所生活的汉武帝时代确实独尊儒术，因此《史记》中记录的儒家学者尤多。此后，儒家思想成为中华民族的主导思想，成为中华民族传统精神的主干。儒家本是先秦诸子百家中的一家，汉代升到独尊的地位，董仲舒起了重要的作用。孔子也因此成为"天下文官祖，历代帝王师"。

董仲舒的这种思想也是对历史经验的总结。秦朝皇帝不信上天，为所欲为，以天下奉一己，搅得天下大乱，民不聊生。秦始皇之所以擅权独断，在于其至高无上的权力没有受到制约，因此就要产生严重的腐败。

这是普遍规律，也是东西方思想家的共识。因此，董仲舒认为需要给有至高无上权力的皇帝加上精神枷锁，使他个人欲望受到一定的限制。这样，社会才能安定，人民才能过上安居乐业的幸福生活。董仲舒抬出天命论，是社会政治的需要；对其加以改造，是为了适应社会的需要。

总之，董仲舒的政治哲学核心思想可以概括为"大一统"。"大一统"分两个方面：一是政治上，统一于皇帝的统治；二是思想上，统一于儒家思想的整合。儒家思想以天的形式，凌驾于政权之上。董仲舒讲的天人感应，过去认为是神学的唯心主义目的论，对其全部是负面评价。笔者认为，其实质上还是儒家的政治哲学。他讲的"屈民而伸君，屈君而伸天"，实质上是等级社会的均衡和谐，均衡就是要相互制约，只有相互制约才可能和谐。

具体而言，董仲舒的政治哲学思想主要包括以下几个方面：

第一，天人感应。董仲舒谈天人感应，首先是在贤良对策中讲的。汉武帝提出天人关系问题，董仲舒认为天有奖善罚恶的能力，只要皇帝做了有益于人民的善事，天就会降下祥瑞，表示赞扬；如果皇帝做了错事，有损于人民利益，上天不赞成，就会降下灾异，表示谴告，如果不改，那就会改朝换代。总之，天命是决定一切的，而皇帝兴衰成败的命运却是掌握在自己的手里。皇帝心正，就可以正百官，百官正，就可以正百姓，天下百姓都正了，还会有什么灾难呢？

曾有文章说，董仲舒的天人感应是欺骗老百姓的，是要人民服帖地接受地主阶级的统治。董仲舒对策是只让汉武帝看的，对百官尚且保密，百姓从何知道？如果说是骗人的，也只是骗汉武帝一个人。从董仲舒的原话看，没有一点欺骗人民的话，只有对皇帝劝谏、警告的内容。有学者以为古代儒者都是为当政者歌功颂德的，哲学当了政治的奴婢，称之为"犬儒"。这是严重的误解。孔子周游列国以后，称各国诸侯王都是"斗筲之人"（《论语·子路》）。孟子则言："说大人则藐之，勿视其巍巍然。"

（《孟子·尽心下》）荀子更明确地说"入孝出弟，人之小行也；上顺下笃，人之中行也；从道不从君，从义不从父，人之大行也"（《荀子·子道篇》），将道义摆在君父之上，也置于忠孝之前。王充主张"宣汉"，对汉朝应该歌颂，现代新儒家徐复观先生认为这是中国历史上罕见的。从"二十四史"来看，一味为当政者歌功颂德的儒生的确很少。子思认为，经常批评国君的是忠臣，总是顺着国君说话的是佞臣、奸臣。说"犬儒"的人可能只是一种错误的观念在起作用。

第二，独尊儒术。据《汉书·董仲舒传》记载，董仲舒在第三次对策的最后说："今师异道，人异论，百家殊方，指意不同，是以上亡以持一统；法制数变，下不知所守。臣愚以为诸不在六艺之科、孔子之术者，皆绝其道，勿使并进。邪辟之说灭息，然后统纪可一而法度可明，民知所从矣。"后世将这里的"六艺之科、孔子之术"，称为"独尊儒术"。此外，将其他学术"皆绝其道，勿使并进"，概括为"罢黜百家"③。这些概括，还是比较准确的。但是，后人有作绝对化的理解，则不符合事实。

这里讲的"独尊"，是说一个统一的国家必须有统一的价值观，是全民都必须遵从的核心理念，而不是只要一种学术，其他诸子百家全部消灭。秦朝也曾有"独尊"之举，只要法学，"以吏为师"，"以法为教"，但没有成功。汉代的"独尊"是以儒为主，吸纳融合各家合理性的思想，重新建构适合汉代需要的新儒学，成为以后历代所信奉的精神。这个精神就是中华民族之魂。汉代是奠定民族魂的关键时期，而董仲舒则是奠定民族魂的大师。

有一种观点认为，独尊儒术破坏了百家争鸣的繁荣局面，使学术不同的学派失去了平等竞争的环境，儒学一家独尊，维护封建专制制度，使中华民族没有了民主、自由、平等，使中国封建制度延长数千年，以致最终落后于西方。我们要问：儒学独尊以后，是否消灭了其他学派？春秋战国时期有百家争鸣，而在争鸣中许多派别被淘汰，绝无师法。又经过秦火考验，到独尊儒术之前，只剩下寥寥数家，其中主要有以下六家：阴阳家、墨家、法家、纵横家、儒家、黄老道家。独尊儒术以后，这些学派仍存在，没有被消灭，有班固《汉书·艺文志》为证。有学者核查汉武帝用人，并不专用儒生，也起用张汤等擅长刑名法术的酷吏，于是认为汉武帝没有接受董仲舒的建议，并不独尊儒术，因为汉武帝如果独尊儒术，百官应该都用儒者，因为没有都用儒者，所以说明并不独尊儒术。这是绝对化观念，并不能解释复杂的历史问题。据《汉书·公孙弘传》班固"赞曰"所载，汉代人才济济，查他们的本传，多数是儒者，只有少数几个是其他学派的。这也表明了独尊儒术的结果。又有学者认为独尊儒术是后代的事，起码汉宣帝时代依然没有独尊儒术。如《汉书·元帝纪》载汉宣帝对当时还是太子的汉元帝说："汉家自有制度，本以霸王道杂之，奈何纯任德教，用周政乎！且俗儒不达时宜，好是古非今，使人眩于名实，不知所守，何足委任！"但仅凭汉元帝与汉宣帝的一句对话，能说明多少问题呢？换一种角度来理解，汉宣帝说"纯任德教""用周政"，正说明当时独尊儒术已经深入人心，汉元帝即位后依旧继承了武帝以来的这种思想。况且上文已述，司马迁在汉武帝时代撰写的《史记》，与他父亲司马谈《论六家要旨》中独尊黄老道家不同，将孔子列入"世家"，与诸侯王并列，给孔门弟子专门列传，对汉代的儒学研究者、传承者也专门设立了《儒林列传》。先秦许多思想家都有一些弟子，到汉代也有一些传承者，却都没有这种特殊待遇。这一举措体现了独尊儒术对司马迁的深刻影响，足以证明从司马谈到司马迁的时代所发生的巨大变化。

　　古今各国各民族，都有自己的主流思想，或称意识形态、民族魂。这是一个国家、一个民族必备的精神条件。汉朝独尊儒术以后，儒家思想就成为中华传统文化的主干和基础，孔子也成了中华民族的"名片"。必须指出的是，儒学是有广大包容性的，是在两千多年中，历代儒家不断吸收其他思想，不断创新和发展起来的。现代儒学是在吸收西方文化优秀成果的基础上重新建构起来的新儒学。现代儒学是吸取西方思辨哲学、分析哲学、实用哲学等思想，也吸取西方科学、民主等观念以后形成的。应该特别提出的是，马克思主义与中国革命具体实践相结合的政治活动，也影响到了儒学的发展。因为中国革命主体是深受传统文化，特别是儒学文化影响的农民和工人，所以，在中国共产党领导的革命实践中，马克思主义与儒学很好地结合了。马克思主义中国化与儒学现代化是同步的。二者结合，是中国革命实践成功的精神条件。这也成为当今复兴中华传统文化、复兴中华民族的根据。

第三，大一统论。董仲舒在《举贤良对策》中说："《春秋》大一统者，天地之常经，古今之通谊也。"（《汉书·董仲舒传》）天地是空间，古今是时间，二者就是世界时空的意义。常经、通谊，就是普遍的意思。因此，董仲舒的这句话是说大一统就是世界普遍的法则，当然可以包括国家的领土完整、政治统一、精神一致等内容。

董仲舒思想是以大一统论为核心的政治哲学，这种理论是为巩固中央集权的中国古代政治制度服务的。上文已述，大一统理论主要由"屈民而伸君、屈君而伸天"两部分组成。"屈民而伸君"，主要是抑制地方诸侯王的权力，加强以皇帝为代表的中央集权。这也是董仲舒从历史教训中总结出来的政治智慧，以建立稳定的政治秩序。"屈君而伸天"，是为了限制皇帝至高无上的权力，改造传统天命论，使皇帝不能胡作非为，并将人民的意愿附会于天意。"屈君而伸天"，实际上是要皇帝对人民施仁政、行善事。他提出"独尊儒术"，是要树立思想大一统，来巩固政治大一统。因此，"屈民而伸君"与"屈君而伸天"二者相配合，才能建成长治久安的政权体系。

大一统论对中国影响极大，它成为中华民族之魂，深入民心。在中国历史上，谁为统一做出贡献，即使没有成功，也都是民族英雄。相反，搞分裂割据、阻碍统一的，则是民族的败类。陆游在弥留之际，作《示儿》："死去元知万事空，但悲不见九州同。王师北定中原日，家祭无忘告乃翁。"九州同，就是大一统。临死时还为国家不能统一感到悲痛，说明大一统观念影响之深。因为此诗表达了民族共同的观念，所以流传甚广，影响颇大。即使到了现代，海峡两岸人民仍然以大一统的观念承认"一个中国"，任何分裂国家、开历史倒车的行为都将被全中国人民痛恨。现在讲中国梦，要复兴中华文化，复兴中华民族，归根结底还是要复兴大一统的中国。

第四，德治与教化。董仲舒认为政治统治主要有两种手段：德与刑。他认为好的政治总是以德治为主，刑治为辅。他以天来讲这个道理。夏天，万物生长，是天重德的表现；冬天，是行刑罚的表现，这时万物都已经躲藏起来了，说明天把刑放在空处。他认为，实行好的政治也应该实施德治，刑要设而不用。给人民多一些恩惠，尽量避免使用刑罚。所以，总体而言，董仲舒政治哲学主张德治为主，教化就成了德治的重要内容。在中国历史上，大教育家必定是哲学家，哲学家也多是教育家。董仲舒是一位著名的政治哲学家，也是一位杰出的教育家。

董仲舒认为教化是治理国家的重大任务，本来是所有统治者都应该重视的。到了秦朝，统治者认为只要奖励耕战，耕者富国，战者强兵，国富兵强，能够吞并六国，统一天下，还有什么可怕的呢？结果，秦朝在人民的起义中覆灭。继秦而起的汉朝统治者继承秦朝的制度，并没有充分重视教育问题。刚登基不久的汉武帝提出如何才能实现长治久安，"传之亡穷而施之罔极"。董仲舒的回答就是强调教育的重要性，他说："圣王已没，而子孙长久安宁数百岁，此皆礼乐教化之功也。"（《汉书·董仲舒传》）圣王死以后，子孙还能稳坐江山几百年，就是因为有完善的礼乐制度对人民进行教化。

教化对于政治如此重要，有什么根据呢？教化的作用主要有两方面：一是移风易俗，一是培养贤才。治理国家要有一定的路线，古代把这种治国路线称为"治国之道"。儒家认为，治国之道的具体内容是仁义礼乐制度。这是圣人根据人的一般的情与性来规定的。所以圣人虽然早已死了，但他们制定的制度还存在，还能"接于肌肤，臧（藏）于骨髓"，对人民产生深刻的影响，可以"变民风，化民俗"，起着明显的移风易俗作用。要长治久安，就要移风易俗；要移风易俗，就要重视教化；要重视教化，就要培养一大批人才，"众圣辅德，贤能佐职"（《汉书·董仲舒传》）。因此，董仲舒建议设置太学，作为培养人才的专门机构。同时，各级政府也要设置相应的教育机构，以便培养各级人才。

董仲舒在《举贤良对策》中提出以"六艺之科、孔子之术"来统一天下的思想。六艺即六经：《诗》《书》《礼》《乐》《易》《春秋》。为什么以六艺为教材呢？董仲舒在《春秋繁露·玉杯》中说："君子知在位者之不能以恶服人也，是故简六艺以赡养之。《诗》《书》序其志，《礼》《乐》纯其美，《易》《春秋》明其知。六学皆大，而各有所长。《诗》道志，故长于质；《礼》制节，故长于文；《乐》咏德，故长于风；《书》著功，故长于事；《易》本天地，故长于数；《春秋》正是非，故长于治人。"以六艺来赡养人，六艺就是精神食粮。六艺都是重要的，又有各自的长处。董仲舒就是用这些教材对学生进行德智美诸方面的教育。《诗》《书》培养人的远大志向，是道德方面的教育。《礼》《乐》是培养审美情趣的。《易》与《春秋》是培养人聪明才智的。《汉书·儒林传》开篇就讲："古之儒者，博学乎六艺之文。六艺者，王教之典籍，先圣所以明天道，正人伦，致至治之成法也。"就是说，六艺是最基本的教材，而且也是伦理、政治的教科书。

这些教材中包含着伦理、政治等方面的内容。董仲舒在前人论述的基础上④，概括出"三纲五常"之道。"三纲"指君为臣纲、父为子纲、夫为妻纲。董仲舒称此为"王道之三纲"，从天那里可以找到它的依据。君为臣纲，对臣来说，忠就是高尚道德；父为子纲，强调孝道；夫为妻纲，重视妇女的节；再加上朋友的义，这就是后来封建社会极力提倡的忠孝节义。关于"五常"，前人有过论述。孟子讲四善端，没有信，讲五常之道，有圣而无信。董仲舒概括时，加上了信。信在春秋时期本为贵族的最高伦理范畴之一。《孙子兵法・始计篇》载："将者，智信仁勇严也。"对于将领的要求，信在仁之前。《司马法・仁本》也说："古者……成列而鼓，是以明其信也。"说明古人对于信有极高的推崇。但战国以降，礼崩乐坏，诈伪并作，信不再是贵族乃至整个社会的基本伦理要求，战国时代不讲信义的行为越发严重。所以顾炎武在《日知录・周末风俗》中说："春秋时，犹尊礼重信，而七国则绝不言礼与信矣。"认为战国时代不重信是春秋战国时代变迁的重要表现之一。董仲舒提倡"信"，从当时社会风气来看，由于秦任法术，风气大坏，以至"法出而奸生，令下而诈起"，正所谓"上有政策，下有对策"。提倡信，是为了纠正诈伪的风气。提倡信，对于稳定社会正常秩序，巩固中央集权制度是极为重要的。因此，董仲舒对于信的重视，不仅是回归春秋时代的重信传统，也是结合汉代社会政治、文化生活的实际，予以创新性的发展。

张岱年先生认为："封建时代的基本道德原则是董仲舒确定的。"⑤这个基本道德原则就是"三纲五常"。"三纲"适用于中央集权的需要，随着中国古典社会的消失而失去合理性，被人们所抛弃。"五常"是处理人事的基本原则，由于社会的变迁而有所改革，如古代的跪拜之礼被取消，代之以挥手、招手、握手之类。但其中包含的精神却有普遍的意义和广泛的适应性，是可以批判继承的。

第五，调均。《汉书・食货志上》载武帝时"宗室有土，公卿大夫以下争于奢侈。……外事四夷，内兴功利，役费并兴，而民去本"，董仲舒因此上书云："秦……用商鞅之法，改帝王之制，除井田，民得卖买，富者田连仟伯，贫者亡立锥之地。……汉兴，循而未改。古井田法虽难卒行，宜少近古，限民名田，以澹不足，塞并兼之路。盐铁皆归于民。去奴婢，除专杀之威。薄赋敛，省繇役，以宽民力。然后可善治也。""为人廉直"的董仲舒是有现实关怀的学者，他提出调均的主张，是针对帝王、宗室和公卿大夫的奢侈行为而言。在汉武帝穷兵黩武、耗费天下、与民争利之时，董仲舒提出要以秦作为反面例子，因为其"改帝王之制"，破坏了井田制等先王制度，恢复土地买卖，使得贫富差距扩大，社会矛盾加深。而汉朝建立以来，因为没有改变秦朝的经济政策，因此造成了严重的社会问题。而解决的办法就是轻徭薄赋，盐铁回归于民，更化政治，达到"善治"，可谓"切中当世之弊"。董仲舒认为，贫富两极分化，最容易导致天下大乱。"大富则骄，大贫则忧。忧则为盗，骄则为暴。此众人之情也。"（《春秋繁露·度制》）贫穷的人当强盗，富裕的人为非作歹，这样社会怎么能安定？董仲舒的调均理念是为了调和贫富差距，寻求"中和之道"："使富者足以示贵而不至于骄，贫者足以养生而不至于忧，以此为度而调均之。是以财不匮而上下相安，故易治也。"（《春秋繁露·度制》）这是说，董仲舒认为政府应该进行调均工作，使富裕的人能够显示自己比别人高贵，但没有横暴乡里的资格；使贫穷的人，年成好时一年都能吃饱饭，年成不好时也不至于饿死，上可以赡养老人，下可以抚养子女。他们能够这样生活，就不会去当强盗。调均理念反映了董仲舒利用调均思想来改造秦时已泛滥开来的帝国权力无节制行使的努力。

第六，不与民争利。调均的政策是好的，要实行起来比较困难。难在何处？难在当官者要与民争利。当官者有权有势，又有雄厚的资本，平民百姓自然争不过他们。董仲舒说："天不重与，有角不得有上齿，故已有大者，不得有小者，天数也。夫已有大者，又兼小者，天不能足之，况人乎？"（《春秋繁露·度制》）董仲舒认为，有四条腿的动物就没有翅膀，有翅膀的就只有两条腿。有上齿的就不长角（马），长角的就没有上齿（牛）。天生万物时，都不能兼给两方面的条件（兼予），人自然也不能获得双份利益。当官者有了俸禄，就不应该再利用其他手段获取利益。他举了公仪休的例子。公仪休是鲁国相，有一天，他吃到自己家种的葵菜，就把自己园中的菜都拔掉了，认为自己拿了俸禄，还种菜，这是与菜农争利。他的妻子自己织布，他认为这是与女工争利，便把妻子休了。这就是所谓"拔葵出妻"⑥。他引了孔子的话"不患贫而患不均"，来证明自己的调均思想。调均的关键在于当官者不要与民争利。当官者能够接受这种调均思想，怎么会贪污受贿呢？怎么会有假公济私、以权谋私、结党营私这类肮脏的事情发生呢？

第七，正其谊不谋其利，明其道不计其功⑦。讲的是义利关系。当官者要强调道义，不与民争利，办一切事首先应该考虑的是道义，而不能只考虑个人的功利。道义与功利的区别在于，道义是为人民的，功利是为自己的。有些事从表面上看，好像是为人民的，但出发点却是为了私利。董仲舒认为不要计较个人的功利，而对于人民的功利，实际上就是道义，应该正确推行。因此，所谓不要功利，是后人的误解。作为一个有文化素养的人来说，重道义，完全是应该的。对于当官者来说，重道义是责任，是使命，因此更加不能忽视。

第八，仁政论。董仲舒对于仁政提到了一些具体措施：一是塞并兼之路，限定每个人所占的土地，不允许任何人占有过多的土地；二是盐铁经营权归还给人民，反对由政府来垄断经营；三是除去专杀奴婢的特权；四是减轻人民的负担，"薄赋敛，省繇役，以宽民力"（《汉书·食货志上》）。

除此之外，董仲舒还在《春秋繁露》中论述了很多具有启发性的辩证思维的内容。

第一，仁义论。孟子强调义，将义与仁联称，以仁义作为儒家的核心价值观。董仲舒也以仁义联称，并进行了新解说。《春秋繁露》中有一篇即为《仁义法》。《仁义法》讲《春秋》研究的问题就是人与我，也就是仁与义。"以仁安人，以义正我"，人不想乱，却经常乱，就是因为没有正确处理人与我的关系，也就是没有正确使用仁与义的原则。他说："是故《春秋》为仁义法，仁之法在爱人，不在爱我；义之法在正我，不在正人。"自身不正，即使能纠正别人，也不算义；不爱别人，虽然非常爱自己，也不能算仁。董仲舒认为：爱得越远、越深，越伟大，"仁厚远，远而愈贤"。按爱的远近，分出统治者的不同层次："王者爱及四夷，霸者爱及诸侯，安者爱及封内，危者爱及旁侧，亡者爱及独身。独身者，虽立天子、诸侯之位，一夫之人耳，无臣民之用矣。如此者，莫之亡而自亡也。"⑧（《春秋繁露·仁义法》）董仲舒认为爱的人越多越好，越远越伟大，越广越高尚。相反，只爱自己，是最狭隘的爱，必将毁灭自己；只爱自己身边最亲近的人，那就会遇到严重的困难或危机；只爱自己管辖范围内的人民，有本位主义思想，能维持安定团结的局面，也能保存自己，但不可能有大作为。能够爱到其他诸侯，就会在诸侯中树立权威，成为霸主。能把爱推广到四海之外，施及天下，那他就是最伟大的王者。这种爱及远方的思想在中国人的心中有很深的影响。董仲舒提出仁的法则是爱周围的人，也要爱远方的人，要爱人民，也要爱鸟兽昆虫，爱一切生物。即是董子所说："质于爱民，以下至于鸟兽昆虫莫不爱。不爱，奚足谓仁？仁者，爱人之名也。"（《春秋繁露·仁义法》）

关于义，董仲舒在《仁义法》中有许多论述："以义正我。""义之为言我也。""义之法在正我，不在正人。我不自正，虽能正人，弗予为义。""义云者，非为正人，谓正我。""义者，谓宜在我者。宜在我者，而后可以称义。故言义者，合我与宜以为一言，以此操之，义之为言我也。……义，我也。""宜在我，谓之义。"根据孔子的说法，"治民者，先富之而后加教"⑨，这是仁；"先其事，后其食，谓治身也"⑩，这是义。"以仁治人，义治我，躬自厚而薄责于外，此之谓也。"⑪董仲舒反复用孔子的说法来论证仁义与人我的关系。楚灵王讨陈、蔡之贼，齐桓公执袁涛涂之罪，阖庐能正楚、蔡之难，《春秋》都不承认他们为义，董仲舒认为这是由于他们自身不正。潞子没有纠正其他诸侯的实力，《春秋》"予之有义"，董仲舒认为因为"其身正也"。这些论述，表达了这样的意思：义的意义在于和与宜结合在一起，就是"宜在我"。严格要求自己，强调要做正确的事情。自己做好了，才能要求别人也做好。

董仲舒讲的《春秋》仁义法，是发展了先秦儒家的仁义思想。仁是爱别人，义是正自己。董子将两者结合起来，仁义并举，就是说，要爱别人，至于如何爱别人，爱的对象与爱的方式是否宜（适当），也在于自己的认识水平。这有助于规避统治者只知治人、不知自治的问题。

第二，常变经权论。董仲舒讲常与变的关系，是经过详细分析历史事实和公羊学家理论而成的。例如，《公羊传》宣公十五年所载：楚庄王带兵包围宋国，久攻不下，于是楚庄王派大夫司马子反去打探宋城的情况。在得知宋国易子而食等情况后，司马子反也把楚军只有七天粮食的情况告诉了对方，并同意撤兵。楚庄王知道后大怒，但经过司马子反的劝说，楚庄王决定"引师而去之"，撤军回到了楚国。

关于这件事，董仲舒设问：司马子反奉君命去探听敌情，却将本国的军情告诉了对方，并答应敌方的请求，同意停战撤军，这是"内专政而外擅名"。按照《春秋》的原则，"专政则轻君，擅名则不臣"（《春秋繁露·竹林》），应该受到讥贬，但是，《春秋》对这件事不但没有加以讥贬，反而给予赞扬，这是什么原因呢？董仲舒从两个方面分析了这一问题。一是专政轻君的问题。作为臣子，擅自处理重要政事，自作主张，不向国君请示，这叫专政。臣子专政，就是对国君的轻慢无礼，就是轻君。一般情况下，臣子专政轻君，应该受到惩治。司马子反的所作所为，已经是专政轻君。但董仲舒认为，司马子反对别国人民能够产生真诚的同情，这是可贵的，符合仁爱原则，专政轻君，也无不可。二是君臣之礼的问题。董仲舒说："《春秋》之义，臣有恶，擅名美。"（《春秋繁露·竹林》）臣子要兜揽一切过错，使国君有好名声。这也是《春秋》的一项原则和常道。臣子要把功德归于国君，这才符合义。董仲舒把这种思想称为"天下之常，雷同之义"。司马子反是否违背了《春秋》的常道呢？董仲舒认为："子反之行，一曲之变，独修之义也。"（《春秋繁露·竹林》）他是在特殊情况下所做的特殊处理。他见宋国已经困难到易子而食了，于是产生"恻隐之心"，以仁爱的原则来处理这件事。这是《春秋》所以要赞扬司马子反的原因。

董仲舒经过详细分析后，作出理论概括："《春秋》之道，固有常有变。变用于变，常用于常，各止其科，非相妨也。"（《春秋繁露·竹林》）常，就是通常不变的意思。常变关系，相当于现在所谓一般和特殊的关系，也类似于原则性和灵活性的关系。董仲舒的结论大意是：在通常情况下，按一般原则办事；在特殊情况下，就应该变通。常与变各有自己的适用范围，不能乱用。就是说，在一般情况下，要坚持原则，不能随意改动；在特殊情况下，要根据实际情况办事，不能死抱着原则不放。董仲舒虽然把常变关系说成是"《春秋》之道"，但实际上却是他自己总结出的很有价值的辩证思想。

与常变相对应的是经权关系。所谓经，就是指一般原则。《礼记·中庸》云"凡为天下国家有九经"，治理国家有九项原则。《孟子·尽心下》曰："经正则庶民兴。"赵岐注："经，常也。"孟子说："夫道二，常之谓经，变之谓权。怀其常道而挟其变权，乃得为贤。"（《韩诗外传》卷二，第三章）赵岐以"常"注"经"，说明汉人将"经"和"常"看成是同一概念，他也把"常"和"经"并称为"常经"。孟子说："男女授受不亲，礼也；嫂溺援之以手者，权也。"（《孟子·离娄上》）这里所说的"礼"就属于"常经"。权，就是秤锤。《广雅·释器》："锤谓之权。"《汉书·律历志》载："权者，铢、两、斤、钧、石也，所以称物平施，知轻重也。""权，重也。"为了称东西的重量，秤锤要不断移动，直至它与物处于平衡状态为止。从移动引申为变化，变化又是为了不失平衡。因此，《公羊传》桓公十一年称："权者何？权者反于经，然后有善者也。"权违反经，结果却能得到"善"。《后汉书·周章传》论曰："权也者，反常者也。"权反经，权反常，经和常是一致的，权也就和变相合了，"权变"也变成一个词了。权与经的关系，相当于变与常的关系。总之，汉代人对经权关系已经有了比较明确一致的见解，即经是指一般性、原则性，而权是指随机应变的灵活性。

董仲舒反对固守经学教条，主张行权，同时反对以行权为借口做离经叛道的行为，他提出了一些限制行权的原则。

董仲舒还是从《春秋》的历史事实出发，他说："鲁隐之代桓立，祭仲之出忽立突，仇牧、孔父、荀息之死节，公子目夷不与楚国，此皆执权存国，行正世之义、守惓惓之心，《春秋》嘉气义焉，故皆见之，复正之谓也。"（《春秋繁露·王道》）鲁隐公、祭仲、仇牧、孔父、荀息、公子目夷都是古代知权、行权的人。鲁隐公与公子目夷代为国君，仇牧、孔父、荀息均以死节存国，只有祭仲既能行权存亡，又能保存自己，所以被董仲舒选为行权的典范。与此相反，逢丑父牺牲自己，救活国君，却不能算知权。董仲舒选这些例子，进行分析、比较，来确立权的界说，并以此否定"行权必死"和"死难即为行权"的错误看法。

所以，董仲舒认为，在特殊情况下，违反常经的一般原则，实施灵活性的权变，要求最后的结果符合儒家价值观，如"荣""义""正"等。

董仲舒认为"辱生"不如"荣死"，不以苟且偷生为善，而以辱不可避，君子视死如归为荣，这就发展了《公羊传》的思想，把"权"和荣辱、义不义、正邪联系起来，使经权关系不仅关系到生死存亡的问题，而且跟孔子的"杀身成仁"、孟子的"舍生取义"统一起来。不以生存为最高原则，而以仁义为更高标准，从这个意义上说，董仲舒对经权的阐述也是对儒学发展的一种贡献。

董仲舒认为礼也有常变、经权的关系。他说："《春秋》有经礼，有变礼。为如安性平心者，经礼也；至有于性虽不安，于心虽不平，于道无以易之，此变礼也。"（《春秋繁露·玉英》）他认为，"安性平心"是经礼，符合人心，虽然不安于心、不平于道，也要实行，这是变礼。性是制礼的根据，礼是治道的根本，因此，人性应是治道的出发点和归宿。他强调"性"，不是提倡个性解放，而是强调尊重人的本性，强调通情达理，这在当时的历史条件下，显然是有巨大进步意义的，它批评了汉代统治者过分压抑人性的措施。

汉代经学盛行，许多人"守经事而不知其宜，遭变事而不知其权"（《汉书·司马迁传》）。在这种情况下，董仲舒论常变经权关系的思想，反对固守经学教条，而是从实际情况出发，又能恪守儒家大道，含有辩证因素，有着深刻的理论意义和重要的现实意义。

第三，中和论。中和是中国思想史上的重要范畴，被儒家当作思想和行为的重要准则。董仲舒对"中和"的阐述有不同于一般学者的意义，以其中和思想为基础，在养身和治天下两方面都有特定的价值，对今人亦颇有启发意义。

《说文解字》对"中"有两个定义："中，内也。""中，正也。"《礼记·中庸》所谓"喜怒哀乐之未发，谓之中"，这个中就是内，感情在内心中尚未发出来。《礼记·中庸》所谓"中也者，天下之大本也"，这个中就是正的意思。所以中有"内在""中正"之意。

　　《说文解字》:"和,相应也。""应,以言对也。"《管子·白心》:"人倡不和。"所谓"一唱一和",和就是对答、应对的意思。既然有应对,就不是一种声音,各种声音配合起来,才成为和。由此可知,把各种不同的东西协调成一个体系,就叫"和"。和有两个对立面,或说有两个界限。把这两个界限弄清楚了,和的实质也就显露出来了。和的对立面是同与流。儒家以和为德性标准,强调"君子和而不同"(《论语·子路》)和"君子和而不流"(《礼记·中庸》)。"同"与"流"的区别在于:同指固守原则,不善应变;流指灵活过度,丧失原则。同指与上同,流指与下同。所以,与此相反,和就是既坚持原则性,又有一定的灵活性,既不盲从上司,也不附会众意,只是将自己的见解与上、下级的意见相协调,以达到较好的认识。这样,和就成了"天下之达道"。

　　与传统中和论不同,董仲舒汲取天文学的研究成果来丰富中和论。他首先提出独特的"中"与"和",说:"天有两和,以成二中。"(《春秋繁露·循天之道》)又说:"北方之中用合阴,而物始动于下;南方之中用合阳,而养始美于上。其动于下者,不得东方之和不能生,中春是也;其养于上者,不得西方之和不能成,中秋是也。"(《春秋繁露·循天之道》)这是什么意思呢? 在董仲舒的宇宙系统中,"二中"即"北方之中",指冬至,"南方之中"指夏至。中是"起于北而止于南"。"二和"即"东方之和"指春分,"西方之和"指秋分。和是"东方生而西方成"。春分、秋分,是"和","和者,天之正也,阴阳之平也,其气最良,物之所生也"(《春秋繁露·循天之道》)。和气,就是春分和秋分时节的温暖气候,不阴不阳即不冷不热,这是最适宜万物生长的环境。天道曰生,和最利于万物之生,因此,"德莫大于和"。冬至、夏至,是"中","中者,天地之所终始也"。天地之间充满了阴阳之气,阴阳之气运行起伏盛衰,就是"天地之所终始"。"中"在气候方面讲是极寒即热,也就是"胜极"的状态。所谓"中者,天地之太极也"。"阳气……盛极而合乎阴,阴气……

盛极而合乎阳。不盛不合。"盛极以后才能"合"，这就是"中"。总之，中有终始的意思，也有终极而反的意思。中可以说是指"盛极"的状态，因为这种状态是物质变化的时刻，是新事物的开始，也是旧事物的终结，还包含物极而反的过程。

董仲舒"中"与"和"的思想，可以概括为："极阴极阳为中，阴阳相半为和。"别人以不偏不倚的"正"来解释"中"，董仲舒却用"极偏"来解释"中"，这是不同之处；关于和的意思，董仲舒与别人所见略同。阴阳相半，对于五味来说，就是合理调和，可口平心；对于思想来说，就是各种不同意见的协调一致。董仲舒在论述"中"与"和"之后，才提到"中和"，他说："夫德莫大于和，而道莫正于中。……是故能以中和理天下者，其德大盛；能以中和养其身者，其寿极命。"（《春秋繁露·循天之道》）所以，董仲舒的中和论有时跟孔子的中庸、子思的中和很相近，有时却有很大的区别。我们可以从董仲舒用"中和"理论治天下和养身中，看到中和论的特殊性和独创性。

董仲舒在以中和养身方面提出了一系列思想，形成了完整的中和养身之道。

一者，董仲舒认为，要节制性欲，"男女体其盛"是十分必要的。他强调要始终保持气的"盛极"，这就是他所说的"盛极"的"中"。"男女之法，法阴与阳。"男女关系像阴阳关系。阴阳"盛极而合"，"不盛不合"，人也是这样，要做到"养身以全"，就要"使男子不坚牝不家室"。"天气先盛牡而后施精，故其精固；地气先盛牝而后化，故其化良"，男女都要发育到最盛时期才能结婚。"阴不极盛不相接"，这是达到"身精明难衰而坚固寿考"的首要原则。发育成熟后再结婚是健康长寿的重要条件，也是优生的重要条件。

再者，"臭味取其盛"，这是对食物的选择，要吃应季的蔬菜。董仲舒说："凡天地之物，乘于其泰而生，厌于其盛而死，四时之变是也。"（《春秋繁露·循天之道》）又说："春之生，西至金而死，厌于胜也。"还说："春之所生，而不得过秋；秋之所生，不得过夏，天之数也。饮食臭味，每至一时，亦有所胜、有所不胜之理，不可不察也。"董仲舒认为四季有不同的气，不同的气又适应不同的生物。这种生物与气候对应的关系，又是有规律的。所有这些生物又都是"乘于其泰而生，厌于其盛而死"的。那么，春天，草木生长，就是"乘于其泰"，春生的草木到秋天枯死，就是"厌于其盛"。人和万物一样，也是应天气的。董仲舒认为人的饮食在各种不同季节，也有"所胜"和"所不胜"的问题。例如，他说："冬，水气也，荠，甘味也，乘于水气而美者，甘胜寒也。"五行中，冬、寒都属于水，甘味属土，土胜水，所以，"甘胜寒"。荠在冬天就是"乘于其泰"而生的，因此，"荠以冬美"，荠就是人们在冬季的最佳食物。由此又可以推论出甘甜的食物是冬季适宜的食品。

　　所以，董仲舒以中和理论来选择食物时，强调与季节的一致性，这种思想应该说符合人类长期形成的习惯。中医强调用药要考虑季节、气候等因素，也是同样性质的思想。其他如"居处就其和"（强调居住的条件也应该是和的，即不偏阴也不偏阳，不冷不热、不燥不湿的）、精神对养身的作用之大（养身之道关键在养气）、气要不断流动才能达到中和等思想，都是董仲舒在养身方面强调平衡、协调，辨证施治，以达到中和。

　　董仲舒在社会经济方面提倡以中和治天下的思想，是相当有意义的。董仲舒认识到贫富两极分化是乱的根源，他说："富者田连仟伯，贫者亡立锥之地。……民愁亡聊，亡逃山林，转为盗贼。"（《汉书·食货志上》）当官者"因乘富贵之资力，以与民争利于下……富者奢侈羡溢，贫者穷急愁苦……民不乐生，尚不避死，安能避罪！"（《汉书·董仲舒传》）贫富两极分化后，富者更富，贫者更贫，贫者再也无法生活下去，被迫造反。因此，天下难以安定。根据中和理论，董仲舒提出政府要有能力实行调均，社会才能太平，强调以均贫富的方法作为治理天下的策略之一。他说："受禄之家，食禄而已，不与民争业，然后利可均布，而民可家足。"（《汉书·董仲舒传》）食禄之家，指官僚家族，他们拿国家的俸禄，就不应该再从事别的能获利的职业，如经营商业、盐铁业和酒业，而与民争利。这样，物质利益就可以比较均匀地分配，使人民做到家家富足。董仲舒说这是"上天之理""太古之道"，天子都应该按这个"分予"的原则来建立制度，大夫也要遵循这一原则办事。

董仲舒的均贫富，是为了上下相安、天下太平，使统治得到巩固、发展，具有政治哲学的属性。他在《春秋繁露·度制》的开头就说："使富者足以示贵而不至于骄，贫者足以养生而不至于忧，以此为度而调均之。是以财不匮而上下相安，故易治也。"不过，董仲舒的均贫富并不否定差别。他所谓的"上下相安"，就是肯定了有上下级的差别。这种等级差别是必然的、现实的，也是合理的。古代社会要有等级差别，但是差别过大则是不合理的。所以，董仲舒在肯定等级差别的同时，提出了"均贫富"的主张，防止贫富两极分化，要求缩小差距，限制统治阶层的剥削，以保护劳动者的基本生活条件。这无疑是一大进步，是把中和论运用于政治经济领域的一大成果。

另外，必须提到，董仲舒的中和论不是折中主义。他的中和论在反对偏激、反对走极端、反对两极分化等方面，都包含着辩证的思想因素，是值得肯定的。

第四，辞指论。董仲舒在《春秋繁露》中多处讲到辞和指的关系。辞，即词，指语言文字、名词概念、定义命题，还可以引申为"说法""论点"或"实际事例"。指，即意旨、思想内容，或是精神实质之类。辞指问题，就是词和义、语言和思想、语言表达和内在精神的关系问题，魏晋时代叫"言义之辨"。现代所谓"实际事例与精神实质的关系""具体论点和基本观点的关系""语言和思想的关系",都与董仲舒的辞指关系存在相应之处。因此,研究董仲舒的辞指关系,探讨其中的合理因素,对于探索古代思想的发展是有意义的,对于现代人的思维也有启发作用。

董仲舒在《春秋繁露·竹林》中说:"《春秋》之常辞也,不予夷狄,而予中国为礼。至邲之战,偏然反之,何也?曰:《春秋》无通辞,从变而移。今晋变而为夷狄,楚变而为君子,故移其辞以从其事。"这里的"礼"指的是儒家的礼节。按《春秋》经常的说法,只承认中原地区国家的行为合乎礼节,不承认夷狄的行为也合乎礼节。儒家认为,中原国家的文化比较发达,是礼义之邦,而四夷的国家,文化落后,不懂礼义。董仲舒认为,讲礼义的就是君子,不讲礼义的就是夷狄。中原地区文化发达,各诸侯国都讲礼义,而边远地区的夷狄文化落后,不知礼义,所以,《春秋》只与中原国家为礼,不与夷狄为礼。如今,楚国讲了礼义,升为君子,而晋国不讲礼义,情同夷狄。因此,《春秋》只与楚国为礼,不与晋国为礼。董仲舒的这一见解,说明不要拘泥于地域的差别,而要看它是否讲礼义。或者说,夷夏之别不在于外在的地理位置,而在于内在的精神实质、文明程度。董仲舒说:"《春秋》无通辞,从变而移。""通辞",即通用的辞,指放之四海而皆通的说法。无通辞,大意是没有到处都可以套用的说法。这句话是说,《春秋》中的任何说法都不是可以到处套用的,要随着实际情况的变化而改变。所谓"不予夷狄,而予中国为礼"是《春秋》的"常辞"。什么叫"常辞"呢?这个"常"跟常变关系中的"常"、经权关系中的"经",都很相近,意思是经常。常辞就是经常的说法、一般原则。董仲舒有时也把"无通辞"叫作"无达辞",如《精华》篇有:"所闻'《诗》无达诂,《易》无达占,《春秋》无达辞'。"总之,他强调不要拘泥于《春秋》

中的具体说法、一般结论，而要从随时变化的实际情况出发，根据《春秋》的精神，作出具体的分析。在这一点上，董仲舒主张从实际出发，辞要"从变而移"，是符合实事求是精神的。另外，对于合礼与否的分别，董仲舒不局限于外在的地理位置，而强调内在是否实行礼义的实质，含有辩证的思想因素。可见，董仲舒在当时经学盛行的时代，提出《春秋》经书"有常辞，无通辞"的说法，是有合理性的，对于反对经学教条主义也是很有意义的。

　　古人有"不知来，视诸往"的说法，不知道后事如何，只要了解一下过去就明白了。《春秋》这本书都是记载往事的，因此，认真读它就可以明白未来。但是，《春秋》的"辞"是"体天之微"的，是"难知"的。如果不加以深入研究，就会一无所知，一无所获；如果深入研究，融会贯通，那就会无所不知。这当然是董仲舒这样的经学家对经书的溢美之词，但其中也体现了董仲舒的辩证思考。董仲舒认为，《春秋》难知的原因之一在于有"诡辞"。有什么就说什么，是什么就讲什么，这叫"正辞"。但由于社会情况复杂等原因，《春秋》没有都如实说出，而是改变说法。这种改变了的说法，就是"诡辞"。董仲舒说："《春秋》之书事，时诡其实，以有避也；其书人，时易其名，以有讳也。"（《春秋繁露·玉英》）《春秋》写事有时不符合实际，是因为有所避，写人有时换了名字，是因为有所忌讳。例如，晋文公称霸的时候，两次召见周天子。孔子不同意这种不注重天子的行为，所以在《春秋》僖公二十八年载："天王狩于河阳。"周天子在河阳这个地方狩猎。董仲舒说："晋文再致天子，讳致言狩。"（《春秋繁露·王道》）又说："诡晋文得志之实，以代讳避致王也。"（《春秋繁露·玉英》）"天王狩于河阳"这句话中，"狩"字就是"诡辞"，是不符合实际的，事实是晋文公把天王召到河阳去。

　　《春秋》有"正辞"，也有"诡辞"，所以不能都按字面意思来理解，主要靠领会它的含义、意义。字面是辞，含义、意义是指。关于辞指关系问题，董仲舒是在分析战争中进行论述的。因为战争给人民带来了重大灾难，所以，《春秋》对于几百次战争都作了详细的记载。战争"皆非义"，《春秋》对于一切战争都是"甚疾"的。所以他又设难者曰："《春秋》之书战伐也，有恶有善也，恶诈击而善偏战，耻伐丧而荣复仇。奈何以《春秋》为无义战而尽恶之也？"（《春秋繁露·竹林》）这是说，《春秋》对战伐有反对的，也有赞成的，尤其是《春秋》对"偏战"（指堂堂正正的阵地战，各摆队伍，然后击鼓对战）和"复仇"（基于义之上、为国复仇）的战争有所肯定和赞扬，怎么能说它反对一切战争，把一切战争都看成"非义"的呢？对此，董仲舒从两个方面加以分析：

一者，董仲舒从《春秋》记灾异讲起。他认为，受灾以后，一亩地虽然还有几根麦苗，《春秋》还是说："无麦苗。"（《春秋》庄公七年）同样的道理，天下这么大，时间又是三百年，战争的次数也非常多，而复仇的战争只有两次，一是鲁庄公，一是齐襄公。这跟一亩地只有几根麦苗有什么不同呢？如果认为《春秋》无义战是不行的，那么，说"无麦苗"也是不行的。如果"无麦苗"的说法是可以的，那么，"无义战"的说法也就可以了。这就是说，所谓《春秋》无义战，只是从大体上说，不能理解为一次义战也没有。进一步说，"无义战"是辞，大体上无义战是指，对辞的理解不能表面化、凝固化、绝对化，这样才能正确地把握指。董仲舒反对绝对化，包含辩证思考的合理因素。

二者，关于偏战问题，董仲舒认为"《春秋》善其偏，不善其战"。《春秋》提倡的是"爱人"，而战争却是"杀人"的，它怎么会赞成杀害所爱的人呢？《春秋》不提倡战争，为什么却赞成"偏战"呢？董仲舒认为，偏战"比之诈战，则谓之义，比之不战，则谓之不义"（《春秋繁露·竹林》）。为了说明偏战的相对性，董仲舒又以诸夏作比喻，诸夏对于鲁国来说是外，对于夷狄来说是内，因此，他认为："战不如不战，然而有所谓善战。"战争是不好的，但将各种战争作比较，还是有好坏之分，即堂堂正正的阵地战（偏战）比起偷袭（诈战）来，要好一些。同样的道理，"盟不如不盟，然而有所谓善盟"。董仲舒总结说："不义之中有义，义之中有不义。"他从讨论战争中概括出义和不义互相包含的相对性，是符合辩证原理的。他对战争的看法可以归纳如下：和平是义，战争是不义。战争中又可以分为义与不义。义战不如和平，但胜于不义之战。因此，复仇、偏战是义战，是不义之中的义。

董仲舒从比较联系中谈义，对义作相对的理解。他认为："辞不能及，皆在于指。"（《春秋繁露·竹林》）这种复杂的理论问题，不能用语言完全表达，要靠领会其中的含义。但要领会这种精神实质并不容易，"非精心达思者，其孰能知之"。没有下功夫思索，怎么能知道呢？只要认真思考，精神实质还是可以把握的。就是说，掌握精神实质并不是高不可攀的事。最后，董仲舒下结论说："由是观之，见其指者，不任其辞；不任其辞，然后可与适道矣。"（《春秋繁露·竹林》）大意是：由此可见，如果领会了精神实质（见其指），就不必拘泥于语言文字、具体结论（不任其辞）。只有不拘泥于儒家的具体说法，才能够真正遵循儒家的道。也就是说，不要墨守成规，而要领会精神实质，才能获得真理。董仲舒的这种见解包含深刻的辩证思想。这在汉代章句之学盛行的时代，对于反对繁琐哲学，无疑是有积极意义的；对于汉代的儒学教条主义，迂儒、腐儒的僵化思想，也都有深刻的批判意义。

在经学时代，许多儒者埋头研究经书中章句的时候，董仲舒提出辞指之说，认为不能拘泥于语言文字，而要领会其精神实质，从微言中发现大义。董仲舒的辞指说开了今文经学的新风气。他主张掌握经书中的精神实质，将其灵活地运用于实际，而反对生搬硬套，反对经学教条主义，这是通经致用的重要原则。董仲舒论辞指关系，包含"言不尽意"论的基本内容，即语言和意思不完全一致，语言不能完全表达思想，主观不能完全反映客观，这是合理的，含有辩证思想。

第五，名实论。关于名的问题，中国古代思想家极为重视。老子就有"常名""无名"之说。孔子把"名正"作为"言顺""事成"的前提。战国诸子有专门研究"名"的学派，人称名家。惠施、公孙龙就是这一学派的代表人物。战国后期的儒家学者荀子还写过《正名》篇，论述了"名"的一系列理论问题。

董仲舒主张"深察名号"。他重点讲了"名"与"号"。名即荀子的大别名，指个别事物的名称。号就是共名，指特殊的名称。他说："号凡而略，名详而目。目者，遍辨其事也；凡者，独举其大也。"（《春秋繁露·深察名号》）号有概括性，比较简略，名比较详细具体。例如说"祭"，这就是号。春天的祭叫"祠"，夏天的祭叫"礿"，秋天的祭叫"尝"，冬天的祭叫"烝"。祠、礿、尝、烝，就是祭的散名。祭与祠等的关系，就是号与名的关系。"物莫不有凡号，号莫不有散名。"（《春秋繁露·深察名号》）一切事物都有号，一切号都有散名。名号是对应的，不存在没有散名的凡号，也不存在没有凡号的散名。

但是，董仲舒认为，之所以要"深察名号"，是为政治服务的，因为"名发天意"，名表达了天的意志，正名是圣人用来表达天意的。他说："是非之正，取之逆顺；逆顺之正，取之名号；名号之正，取之天地，天地为名号之大义。"（《春秋繁露·深察名号》）因此，"欲申是非，莫若引名"。要用名来判断是非。"事各顺于名，名各顺于天。"做事情要顺从名，名要顺从天。天地是名号的根本。

笔者认为，有些名是约定俗成的，有些名是个别人定的，并非都是圣人定的。在这一点上，董仲舒的见解不及荀子。关于名与真的关系问题，也就是历史上讨论的名实问题。名与实是有差别、有矛盾的，不可能完全一致。这是由于事物是复杂的，概念只能反映事物最本质的特征。同时也由于事物是具体的、丰富的、千差万别的、发展变化的，而概念则是比较抽象的、相对稳定的。董仲舒在《竹林》篇中讲：辞要"从变而移"，"以从其事"。辞即名，名要随事物的变化而变化，这包含了辩证因素。

中国传统思想对名的重视，主要还不是因为名是圣人按天意所定，而是由于名寓有褒贬的意义。董仲舒认为，《春秋》立义，"亲近以来远，未有不先近而致远者也"。因此，所谓"内其国而外诸夏，内诸夏而外夷狄"，就是说，"自近者始也"（《春秋繁露·王道》）。诸夏是礼仪之邦，所以要特别尊重，以礼相待。夷狄僻远，不知礼义，不予为礼，这就是所谓夷夏之分。董仲舒认为，夷夏之分的实质在于礼义，地域只是客观条件。当地处诸夏的晋国不讲礼义的时候，就"变而为夷狄"（《春秋繁露·竹林》）；处于夷狄的楚国由于讲礼义，则"变而为君子"。董仲舒又提出：讲礼义、重思想、轻形式。他说："礼之所重在其志。"他还说"贵志"，"重志"，"志为质，物为文"，"先质而后文，右志而左物"（《春秋繁露·玉杯》），都说明志的重要性，志是本质。因此，夷狄虽然不懂礼义，但其内心向往礼义，也予以褒扬。总之，董仲舒认为，夷夏之分看礼义，而不拘泥于地域；礼义重思想志向，轻物质形式。这些都是重实质的表现，包含一定的辩证思想。

第六，五行论。汉代，宇宙系统论成为流行的思维方式，人们把万事万物都纳入阴阳五行的系统模式中。四季在夏秋之间加上一个"季夏"，四方加上中央，以与五行中的"土"相对应。当时，人们用五行的关系来解释自然现象和社会现象。连改朝换代，也用五行相生相胜的理论来加以说明。宋代李石撰《续博物志》载："自古帝王五运之次，有二说：邹衍以五行相胜为义，刘向以五行相生为义。汉魏共尊刘说。"[12]邹衍用五行相胜的理论来说明政权的转移，刘向用五行相生的道理来解释改朝换代。董仲舒跟他们不同，对于相生、相胜二说，兼收并用，融为一体。

　　学术界一般认为，五行说的源头来自《尚书·洪范》，也就是"殷周之际五行说"。《洪范》开篇讲周武王打败商纣王，俘虏了箕子。周武王向箕子征求治同的意见，箕子介绍了"洪范九畴"。洪，大；范，规则、法则；畴，类。"洪范九畴"，就是治国的九大法则。其中第一大法则就是五行。"初一曰五行。……五行：一曰水，二曰火，三曰木，四曰金，五曰土。水曰润下，火曰炎上，木曰曲直，金曰从革，土爰稼穑。润下作咸，炎上作苦，曲直作酸，从革作辛，稼穑作甘。"这里提到五行，并且详细说明五行是指水火木金土，及其各自的基本性质和味道。水的性质向下浸润，味道咸；火的性质向上升腾，味道苦；木的性质有弹性，弯的能直，直的能弯，味道酸；金的性质是可以任意改变它的形状，即可塑性，味道辣；土的性质可以种庄稼，庄稼的味道甘。这里没有讲到五行的其他性质，也没有讲它们之间的相互关系。这是最质朴的一种说法。

　　《洪范》没有讲五行之间的关系，以后的思想家增加了五行学说的内容，有了相生、相胜说。但是，相生、相胜，不是同时提出来的，应该有先后之分。那什么时候形成五行生克的思想呢？清代学者崔述认为战国时期的邹衍有相克的思想，相生的思想则产生于西汉刘向父子。他在《驳五德终始说》中说："衍虽有五德终始之说，而初不以母传子，固未尝以木、火、土、金、水为五帝相承之次第也。以母传子之说，始于刘氏向、歆父子，而其施诸朝廷政令，革故说，从新制，则在王莽篡汉之时。《汉书·律历》《郊祀》两志及《王莽传》，言之详矣。"⑬崔氏的说法，先有相克，后有相生，是比较高明的见解。以疑古为特点的崔述确定时代容易偏晚，也是可以理解的。笔者也认可先有五行相胜说，但时代要提前，可追溯到西周至春秋时代，例如，《左传》昭公三十一年载：史墨说"火胜金"，又说"水胜火"。说明当时已经有五行相胜的某些说法。从实践经验而论，也是可以找到依据的。水火的关系，水胜火，是比较容易理解的；火胜金，只有火能把金属熔化，就是说有了冶炼技术，才会给人们带来新观念；金胜木，自然是使用金属器具所形成的思想观念，金属制作的刀具可以砍伐树木；木胜土，是树木的根扎入地下，深入土层；土胜水，是人们在与洪水斗争中形成的观念，堤坝就是土胜水的典型实例。五行相胜比较容易理解，因为这都是在生活与生产的实践中获得，并由一些智者加以总结归纳而成的。

战国时代的邹衍只是用五行相胜的道理来解释朝代的更迭，被称为"五德终始说"，但这并不能说明邹衍是最早提出五行相克说的。"五德终始说"大意是：黄帝时代得土德，夏朝取代前朝，得木德，木克土；商朝得金德，金克木，因此取代了夏朝；周朝得火德，火胜金，因此推翻了商朝，取得统治权。邹衍的说法流行于战国时代，影响深远，秦始皇就相信五行相胜，认为自己取代周朝，胜火者水，自己得了水德。

先秦可靠的典籍中没有发现五行相生的说法。因为五行是怎么相生的，是个很难的问题。大概最好的理解是水生木，木生火。火如何生土？古人认为火燃烧以后留下的灰，就是土。土如何生金？金是矿石中炼出来的，矿石在山中，古人认为石是由土生成的。金如何生水？古人用金属容器在晴空的夜里对着月亮，容器中就会产生水。古人认为这些水是金生的。但是五行相生学说绝不会在刘向、刘歆父子时才出现。因为在董仲舒的思想中，已经有了五行相生相克的论述。

董仲舒讨论五行的文章有《五行对》《五行之义》《五行相胜》《五行相生》《五行顺逆》《治水五行》《治乱五行》《五行变救》《五行五事》九篇。董仲舒的五行论主要在于他对五行生克两方面辩证的论述，以及在伦理、政治活动中的运用。

首先，董仲舒将五行重新排列，顺序是：木、火、土、金、水。五行之间的关系是"比相生而间相胜"。所谓"比相生"，具体地说，就是相邻的两者是相生的关系，即木生火、火生土、土生金、金生水，水生木，木又生火，如此循环相生。所谓"相"，不是两者间相互的关系，而是指五行循环的关系。所谓"间相胜"，是指相间的两者之间是相胜的关系，即木间隔着火而胜土，火间隔着土而胜金，土间隔着金而胜水，金胜木，水胜火，如此循环相胜。胜，也称克。相生相胜，又叫相生相克。这是中国特有的辩证思想，也可以说是有中国特色的辩证法则之一。

其次，董仲舒继承了已有的五行相生、五行配四时的思想，他在答河间献王的问话时说："天有五行：木、火、土、金、水是也。木生火，火生土，土生金，金生水，水生木。水为冬，金为秋，土为季夏，火为夏，木为春。春主生，夏主长，季夏主养，秋主收，冬主藏。藏，冬之所成也。"（《春秋繁露·五行对》）

最后，董仲舒运用五行生克思想为伦理、政治服务。在伦理方面，他提出父子相承说。他认为五行和四季都是上天安排的顺序，而人也应该按此顺序，这个顺序就是父子相承。木、春天、万物发生，这是父。木生火，火、夏天、万物成长，这是子。"诸父所为，其子皆奉承而续行之，不敢不致如父之意，尽为人之道也。"子继承并发展父的事业，这是孝道，也是天经地义的事。在政治运行方面，董仲舒提出用五行相胜来说明汉代政府内部权力互相制约的规章制度。在五行相胜中，董仲舒把五行和政治紧密联系起来。他认为木是司农，金是司徒，司农不轨，司徒诛之，这叫"金胜木"。火是司马，执法者是水，司马犯法，执法者诛之，这叫"水胜火"。土是君之官，木是农，"农者，民也"。"君大奢侈，过度失礼，民叛矣。其民叛，其君穷矣。故曰木胜土。"金者司徒，司徒软弱，司马诛之，这叫"火胜金"。这里表达了一种思想，政权机构内部要互相制约，包括皇帝在内，所有权力，只要失去制约，就会导致腐败。制约是防止腐败最重要的手段。同时，董仲舒在《五行相生》中讲各官如何尽职和互相配合，才能使政府机能进入正常轨道、顺利运行，而这就是政治清明、良性循环，就是治世。这些理论都反映了董仲舒运用五行学说为政治服务，同时限制不合理、不稳定因素的辩证思想，对于汉代政治秩序的良性发展有一定的积极意义。

（二）历史地位与历代影响

董仲舒的思想对后世影响很大。《史记·儒林列传》记载董仲舒的传记资料只有几百字，而司马迁说："故汉兴至于五世之间，唯董仲舒名为明于《春秋》，其传公羊氏也。"太史公认为从汉高祖到汉武帝的五世之中，可以说只有董仲舒一个人精通《春秋》这本经书，他继承了公羊氏的学问。但司马迁与董仲舒都是武帝朝同时代人，因此董子的思想影响，实际上远远超过了《儒林列传》中的那些记载。

董仲舒在西汉的影响，除了"桃李满天下"，弟子学业有成者极多之外，还体现在西汉中后期著名的盐铁会议上。当时从全国各地选拔来的文学贤良所引以为据的话，与董仲舒的原话大同小异，可见董仲舒的思想在社会上广泛流传。如董仲舒在《对策三》中说："故王者有改制之名，亡变道之实。"（《汉书·董仲舒传》）《盐铁论·遵道》载文学言："师旷之调五音，不失宫商。圣王之治世，不离仁义。故有改制之名，无变道之实。上自黄帝，下及三王，莫不明德教，谨庠序，崇仁义，立教化。此百世不易之道也。殷、周因循而昌，秦王变法而亡。"马非百注："语本董仲舒《对策》。"⑭ 同时，董仲舒的观点也被文学贤良们所重复，有时也被辩论对方所认可。我们可以清楚地看到，董仲舒思想对参加盐铁会议的那些文学贤良有很大影响。董学在全国各地甚为流行，称他为"儒者宗"，不为过誉。

董仲舒对东汉的影响可以分为两个方面，一是对官方的影响，一是对民间的影响。对官方的影响反映在《白虎通》中，对民间的影响主要反映在《论衡》一书中。东汉章帝召集白虎观会议，天下经学大家聚会，讨论经学中的不同意见，最后由皇帝"称制临决"，由史学家班固写成会议纪要，名曰《白虎通义》，简称《白虎通》。在《白虎通》中经常引《春秋》经传和其他经书，虽不提董仲舒的名字，但它采用董仲舒的说法却是经常可以看到的。例如《白虎通·爵》中言:"王者有改道之文,无改道之实。"这不就是董仲舒《对策》以及《春秋繁露·楚庄王》等关于论道的翻版吗? 董仲舒说"王道之三纲,可求于天"(《春秋繁露·基义》),《白虎通·三纲》说"三纲法天地人"。董仲舒在《五行对》中首先提出"五行莫贵于土",《白虎通·五行》也采取了这种说法。董仲舒的灾异谴告说被《白虎通》收入《灾变》篇,关于性情阴阳之说,也被辗转收入《白虎通·情性》篇等。可知董仲舒对《白虎通》的影响之大。董仲舒在民间的影响也是十分广泛的,如许慎在《说文解字》中多处采用董仲舒的说法,甚至直接引用董子的原话,《说文解字》释"王"曰:"王,天下所归往也。董仲舒曰:'古之造文者,三画而连其中谓之王。三者,天、地、人也,而参通之者,王也。'孔子曰:'一贯三为王。'"许慎被称为"五经无双"的精通经学的人物,在编这部权威字典时,也采用了董仲舒的说法,说明董仲舒的思想在当时是有权威性的。关于王充与董仲舒的关系,过去学术界许多人说王充是批判董仲舒天人感应之说的,是与董仲舒针锋相对的。但其实王充特别赞赏董仲舒,认为董仲舒"策文最善"(《论衡·佚文篇》),"策既中实,文说美善,博览膏腴之所生也"(《论衡·别通篇》),就是说它击中时弊,文章又美。"董仲舒虽无鼎足之位,知在公卿之上。"(《论衡·别通篇》)据说乌获是古代的大力士,王充称董仲舒为"文之乌获也"(《论衡·效力篇》)。王充甚至把周文王、孔子和董仲舒作为一脉相承来看待,他说:"文王之文在孔子,孔子之文在仲舒。"(《论衡·超奇篇》)说明在王充的心目中,董仲舒的思想是孔子思想的正宗嫡传,也就是说,董子是汉代新儒家的代表人物,是儒家的新圣人。王充还说,董仲舒论"君臣政治得失,言可采行,事美足观。鸿知所言,参贰经传,虽古圣之言,不能过增"(《论衡·案书篇》)。王充在高度赞扬董仲舒的时候,也批评了他的不足之处。例如,他认为董仲舒说"雩祭可以应天,土龙可以致雨,颇难晓也"（《论衡·案书篇》），但仍然认为董仲舒设土龙致雨还是有根据的，是为了表达自己的精诚愿望。总之，王充对于董仲舒，赞扬多于批评，由上述材料以及王充在《论衡》中曾经62次提到董仲舒来看，看不到"王充和董仲舒是针锋相对的"。另外，王充在《论衡·案书篇》载："谶书云'董仲舒乱我书'。"此处"乱"当作"理"，即"整理"来对待。可见汉代谶纬学也是十分重视董仲舒思想的，甚至很多谶纬的造作者可能就是董仲舒的后世弟子。

北宋时代，王安石要实行政治改革，提出"三不足"，其中有"天变不足畏"之说。而司马光用董子的"天不变，道亦不变"来反对王安石变法。司马光所题《独乐园咏·读书堂》诗，崇拜董仲舒之情溢于言表，其诗云："吾爱董仲舒，穷经守幽独。所居虽有园，三年不游目。邪说远去耳，圣言饱充腹。发策登汉庭，百家始消伏。"当时的"二程"（程颢、程颐）也都推崇董仲舒，认为他"最得圣贤之意"（《二程集》卷一）。从北宋各派言论来看，董仲舒的学说对当时的思想界是有深刻影响的。

南宋时代有三大著名学派，以陈亮、叶适为代表的功利学派，以朱熹为代表的理学学派，以陆九渊为代表的心学学派。董仲舒对这三大学派都有一定的影响。董学的天人感应论对陈亮影响很大。陈亮数言天命，上言孝宗："天人之际，岂不甚可畏哉！"与董仲舒给汉武帝对策中言"观天人相与之际，甚可畏也"几乎一致。董仲舒的义利观对于朱熹有明显的影响。董仲舒的"正其谊不谋其利，明其道不计其功"，被朱熹写入学规，用来教育学生。朱子把董子这句话作为天下万事的根本原则。他在《拙斋记》中写道："尝闻之天下之事不可胜穷，其理则一而已矣。君子之学，所以穷是理而守之也。其穷之也，欲其通于一；其守之也，欲其安以固，以其一而固也，是以近于拙。盖无所用其巧智之私，而唯理是从。极其言，则正其谊不谋其利，明其道不计其功，是亦拙而已矣。"并称赞董仲舒为"醇儒"。董学对心学也有明显的影响。陆九渊对于董学的内容和形式的区别，提出了高见。他在《政之宽猛孰先论》中说："左氏不足道也，吾观西汉董生三策，不能无恨。三策之辞，大抵粹然有皋、夔、伊、傅、周、召之风，使人增敬加慕。其首篇有'王者宜求端于天，任德不任刑'之说，尤切时病。至武帝再策之，有所谓'商人执五刑以督奸，伤肌肤以惩恶'之说，且继以周秦之事为问。尝谓当时待诏者百有余人，至于此语，未必非仲舒'任德不任刑'之言，有以激之也；此其说盖亦有所自来，而仲舒乃不之辩，特推周家刑措之效，以为由于教化之渐，仁义之流，非独伤肌肤之效也。"可知陆九渊对于董仲舒"天人三策"的思想内容是赞许和基本肯定的。但陆九渊认为董仲舒的灾异谴告、天人感应这些说法是牵强附会的，既不能由此而"知天道"，增加对自然规律的认识，也不能由此"见圣人之心"，了解圣人的意思。

从元至明代，在公羊学相对消沉的情况下，董学的影响却常有可观者。元至顺元年（1330），董子从祀孔庙。明洪武二十九年（1396），董仲舒被封为汀都伯；成化二年（1466），改封广川伯。这一时期，又是建祠堂，又是塑雕像，对董子推崇有加。

清代公羊学复兴，董仲舒这位公羊学大家自然也就显赫起来。清代著名公羊学者有孔广森、庄存与、刘逢禄、龚自珍、魏源、凌曙、戴望、陈立、王闿运、廖平、康有为、苏舆、皮锡瑞、唐晏等。这一大批学者研究并重新评价公羊学，同时也给予了董仲舒充分的重视。他们对董仲舒思想给予很高的评价，在对他天人感应说进行批评的同时，也给予理解，认为是当时时代的需要。这一时期，董仲舒成为相当于圣人的角色，被许多治公羊学的学者称颂，他们认为董仲舒是历代儒家最卓异者。如魏源称："抉经之心，执圣之权，冒天下之道者，莫如董生。"（《董子春秋发微序》）皮锡瑞则以为"孟子之后，董子之学最醇"[15]。唐晏也说："西汉儒者仲舒最为大宗，所言皆天道性命之旨，孔门之微言也。……仲舒之学亦偏乎五行阴阳之术。古云通天、地、人，曰儒；通天、地，不通人，曰技。仲舒之异于李寻、翼奉者，正以此尔。"⑯此外，凌曙《春秋繁露注》、苏舆《春秋繁露义证》、康有为《春秋董氏学》等都是在学术上有一定影响的著作，并与董仲舒《春秋繁露》密切相关。

近代著名学者梁启超先生认为，康有为研究《公羊传》、董氏学，对思想界的革命起了重要作用。他说："康先生……著有《春秋董氏学》《孔子改制考》等书，于新思想之发生，间接有力焉。"又说："综校清代春秋学之成绩，《左》《穀》皆微不足道，惟公羊极优良。诸经除《仪礼》外，便算他了。今文学运动以公羊为中心，开出晚清思想界之革命，所关尤重。"⑰这可以说是董学思想对近现代的间接影响了。

三、今天来看董仲舒

笔者研究中国哲学，主要研究秦汉哲学，其中又主要研究王充哲学和董仲舒哲学。王充哲学是笔者研究的起点，董仲舒哲学是笔者研究的重点。

（一）

20世纪60年代，笔者上大学时读《中国哲学史》，其中讲董仲舒几乎是一无是处的哲学家：宇宙观是天人感应的神学目的论的唯心主义，方法论是"天不变，道亦不变"的形而上学；董仲舒讲大一统，提倡独尊儒术，都是为反动统治阶级服务的。总之，董仲舒是反动思想家，他的思想都是封建糟粕，应该扔进历史的垃圾堆。当时笔者有一定的疑惑：一无是处的董仲舒为什么要被编入教科书？20世纪70年代，批儒评法，董仲舒成了批判的重要对象。而法家人物成了正面形象，前有荀子，后有王充。书店也有他们的书出售，笔者就买下了《荀子》和《论衡》。感觉《荀子》理论比较强，而《论衡》在分析具体问题时，实事求是，令人信服。其通俗、生动的文风更吸引人。后来，笔者考上研究生，便选择王充哲学作为学位论文的研究对象。当时有人说董仲舒与王充是针锋相对的。笔者在《论衡》中，没有看到他们的思想具有这种矛盾。王充62次提到董仲舒，多是表扬的，如说"董仲舒虽无鼎足之位，知在公卿之上"，认为他的对策，"策既中实，文说美善"（《论衡·别通篇》）。王充甚至把董仲舒列入圣人，他说："文王之文在孔子，孔子之文在仲舒。"（《论衡·超奇篇》）还说：董仲舒论"君臣政治得失，言可采行，事美足观"，"虽古圣之言，不能过增"（《论衡·案书篇》）。只有"土龙致雨"一事，王充认为"颇难晓"，"非实"，还为之辩解，说他"为之致精诚"，说"仲舒览见深鸿，立事不妄"（《论衡·乱龙篇》）。

笔者觉得有必要深入研究一下，为什么唯物主义哲学家王充对董仲舒有如此高的评价，却没有什么批评？唯物论与唯心论是根本对立的，在这里，他们为什么对立不起来？

（二）

董仲舒任《春秋》博士，对《春秋》经传有着深入的研究，同时对于战国、秦以及汉初几十年社会状况、政治利弊，都联系起来进行综合思考，认为治世存在于统一，乱世产生于分裂割据。秦代用郡县制取代分封制，皇帝有至高无上的权力，无法用人力制约他，最后导致动乱。董子用天来限制皇权，提出"屈君而伸天"，这就给皇帝戴上了"精神枷锁"，让他不敢胡作非为。这样才能稳定和巩固大一统的政治局面。儒家将人民的愿望说成天意，人民看到的、听到的，也是天看到的、听到的。皇帝对天敬畏，就会关注民生，这样才能达到长治久安。这是对双方都有利的。过去，过分强调统治者与被统治者的对立，认为封建制度和意识形态，都只对统治者有利，都是十恶不赦的，这既违背事实，又背离马克思主义。马克思主义的基本观点，一种社会形态，其初创时期有巨大的进步意义；统治者也是先进生产力的代表。最残酷的奴隶社会，奴隶来源于部落战争的俘虏，以前都被杀掉，甚至被吃掉。先进生产力的代表将俘虏留下干活，因此可以活命，这个制度显然是奴隶主创立的。两千年前的西汉时代，地主阶级建立起中央集权的封建专制制度，是当时全世界最先进的制度。那时，整个欧洲还处在奴隶制社会，甚至原始社会。董仲舒哲学为封建制度服务，应该是先进文化的代表，也可以说，董仲舒哲学是西汉时代精神的精华。

汉武帝时期是中国历史上的盛世。盛世有盛世的问题，如贫富两极分化，人才培养、选拔、任用、监督都存在问题，论资排辈，贤才不能充分利用，于是出现"冯唐易老""李广难封"这类问题。董仲舒在对策中，或在其他著作中，对当政者有建议、劝谏、批评、警告，不像后代那些佞臣那样，对皇帝阿谀奉承，一味歌功颂德。有人说董仲舒是"犬儒"，也是对他的误解。

董仲舒的对策，切中时弊，论君臣政治得失，中肯深刻，深受王充的赞赏。董子理论的出发点和归宿都是现实社会。这种理论上的实事求是态度，就体现了唯物论精神。因此，笔者曾经称董子哲学"形式是唯心的，内容是唯物的"。

（三）

胡适认为，对人生切要问题从理论上进行探讨，这门学问就是哲学。笔者以为，真善美就是人生切要问题，哲学可以分为求真哲学、求善哲学和求美哲学。西方主流是求真的科学哲学，探讨宇宙本原，认为本原是物质性的，就是唯物论，如果是精神性的，就是唯心论。恩格斯认为唯物、唯心只能在宇宙本原上运用，否则就会造成思想混乱，中国许多哲学家，特别是主流哲学家多不探讨宇宙本原，他们关注的主要是社会治理问题，是求善的政治哲学。政治哲学的主要议题是治与乱、仁政与暴政、王道与霸道、文明与野蛮、道义与功利，以及人才的培养、选拔、任用与监督诸问题，基本上没有涉及宇宙本原问题。六合之外，存而不论。因此，中国哲学家少有唯物、唯心之分，给中国古代主流哲学家如孔子、孟子、董仲舒戴上唯心论的帽子，是错误的，是张冠李戴。中国哲学史上许多哲学家都被学者认为是辩证理论家。董仲舒有极丰富的辩证思想，五行循环相生相克是高于西方的辩证理论。"有常辞，无通辞"，讲辞指之辨、义利之辨，提倡比较、联系地看问题。董仲舒的辩证思想极为突出，却因"天不变，道亦不变"一句话被定为形而上学。在西方哲学中，形而上学在日常生活中是正确的、适用的，而在中国却成了一种错误的代名词。唯心主义与形而上学在中国被认为是错误的，以此观念对中国文化进行解读，从而产生了许多误读，制造了诸多冤案。

董仲舒在《贤良对策》的最后说："《春秋》大一统者，天地之常经，古今之通谊也。"（《汉书·董仲舒传》）所以董仲舒认为，在西汉的社会背景下，诸家学说混杂，无法实现"大一统"的政治理想，因此选择了"六艺之科""孔子之术"作为国家的核心理论，这也是思想统一的重要媒介。

统一国家，必须有统一的意识形态，这是古今各国都一样的。统一的内容、程度是有差异的。在这里，董仲舒强调要统一到六艺、孔子之术，即儒学，其他思想不能并进。后人概括为"独尊儒术，罢黜百家"，应该说是准确的。但是后人有绝对化的理解：只要儒术，消灭其他各家。在独尊儒术之前，司马谈讲了六家，到独尊儒术之后，班固撰《汉书·艺文志》时，一家没少，还增加了几家。这说明罢黜并非消灭，独尊不是独存。于是，有人据此说，汉武帝没有采纳董仲舒的建议而独尊儒术，任用的官员也不全是儒生。非此即彼，如何研究复杂的社会问题？从司马谈《论六家要旨》可以看出来，他是尊黄老道家的。而司马迁写《史记》，将孔子列入《世家》，与诸侯并列。孔子的弟子有专门的《列传》，连汉代儒者也专列《儒林列传》，而其他思想家均无此独尊的待遇。这一变化就在汉武帝时代。如果不是汉武帝独尊儒术，那该怎么解释这种现象呢？

（四）

笔者在研究董仲舒哲学的四十年中，不断重新定性，改变评价。最初是按学术界共同的说法，定董仲舒哲学为唯心主义。真正的哲学是时代精神的精华，唯心主义是错误的，怎么会是精华？董仲舒哲学不是真正的哲学，那为什么要编入《中国哲学史》教科书？笔者说董仲舒哲学是西汉时代精神的精华，自然不被接受。经过一段时间的读书、研究，笔者认为董仲舒哲学形式是唯心主义的，内容是唯物主义的。又经过十多年的研究、思考，笔者对哲学有了新认识，再次改变了对董学的定性，认为它是求善的政治哲学。最近，重新思考董学，从世界历史的宏观视角，对董学进行综合性评议。

秦吞并六国，结束了分裂割据的局面，建立起中央集权的郡县制国家，废除导致分裂的分封制。这么一个强盛的王朝，以法治国，不施仁义，不久便被人民所推翻，有力地证明了孟子的说法：得民心者得天下。

汉朝继承了秦朝的郡县制，又提倡道德教化，纠正了秦朝单纯以法治国的偏颇。董仲舒概括为"德教为主，刑罚为辅"。从此以后，两千多年中，中国一直实行这种制度，不再出现单纯法治的政治。

董仲舒政治哲学的核心是大一统论，包括领土完整、政治统一和意识形态的统一。"屈民而伸君"，就是要削弱地方政权，加强中央集权。加强中央集权，才能防止分裂、平息战乱，让百姓过上安居乐业的生活。两千多年前建立的中央集权制度，是当时世界上最先进的制度。董仲舒又提出独尊儒术，也是为中央集权制度服务的理论。此后的中国，国家统一成为全民族的共识，又以儒学为民族精神的主干，可以说，奠定了中华民族之魂。董仲舒为中华民族长期维持统一的大国政治局面，为以和为特点的文化传统绵延不断、持续丰富发展，做出了巨大贡献。

（五）

笔者将中国文明史分为三个阶段：先秦为前期，汉唐为中期，宋元明清为后期。在璀璨的中华文明中，儒学可以说是中华传统文化的主干。孔子与他的弟子共同创立了一个学派——儒家，他们的理论被称为儒学。后代学者继承儒学的基本精神，被称为历代儒家。儒学是有包容性的学说，历代儒家把很多思想吸收纳入儒学体系，发展了儒学。有的人以为孔孟思想是儒学，与孔孟的思想不一样的都不是儒学，这是错误的观点。儒学盛行于春秋战国时代，思想比较自由活泼，儒者有很强的独立人格。到秦始皇统一中国以后，儒者的独立人格与秦始皇建立的中央集权制度不相适应，遭到焚书坑儒的迫害。汉朝建立以后，汉代新儒家继承儒学思想，又吸收了诸子百家的思想，并根据当时的社会实际，对儒学进行了系统改造，形成了适应汉代社会的新儒学。董仲舒是新儒学的杰出代表，他的学问也可以称为董学。他根据中央集权制度，提出了思想的统一性问题。他认为儒学包容性强，偏见少，容易适应中央集权制度，他建议独尊儒术，被当时统治者接受，使儒学成为中华民族之魂，也使儒学成为中华文化的主干。这是董仲舒的巨大贡献。后来佛教传入中国，道家演变为道教，从魏晋南北朝到隋唐，出现了三家争立，儒家在政治活动中仍然处于优势，佛教与道教也在社会上流行。宋朝的时候，儒家的地位逐渐升高，又成了独尊的局面，这时的儒家也吸收了佛教、道教的一些合理因素，从而提高和发展了儒学。这一时期的杰出代表就是朱熹，他是宋代的新儒学，也称为理学，他是理学的集大成者。宋元明清几朝，朱熹的思想一直是最高的权威。所以，孔子、董仲舒、朱熹可以称为中国儒学发展史上的三大圣人。以下分而论之。

第一，至圣先师孔子。孔子身处春秋时代的乱世，关注的是治国平天下的政治问题。具体地说，天下为什么乱？怎样才不乱？他总结前人的说法，建构了自己的一套理论，吸引了一批人，形成儒家学派。因此，孟子称他是"集大成者"，孔庙大成殿也是据此命名的。孔子的儒学是根据时代需要，对前人的思想进行综合创新，表现出与时俱进的特征。孟子因此说孔子是"圣之时者"。战国仍然是乱世，孔子儒学仍然有很大的影响。在秦朝以前，孔子儒学一直有很大的影响。秦朝焚书坑儒，对儒家是巨大打击。汉代独尊儒术以后，儒学成为中华民族的核心，对中国和世界都产生了极大影响。现在，世界多国共办了数百所孔子学院，也说明了这一点。孔子在中国思想史上的影响是无与伦比的，而在世界思想史上也占有重要地位，是无可争议的大圣人。

第二，盛世大儒董子。孔子认为，尧舜之前是"天下为公"的公天下时期，那时没有私有财产，是儒家理想的社会形态。从夏朝建立，形成天下为家的家天下，直到清朝，约有四千五百年的历史。这一时期，孔子身处乱世，朱熹处于末世，而董仲舒生于盛世。盛世的形成有一个过程，盛极而衰，物极必反。汉朝以后是魏晋南北朝分裂割据的乱世，唐朝盛世，接着是五代十国乱世。盛世为什么会衰落，为什么会乱？汉代儒家做过研究，发表了一些见解，贾谊、晁错、董仲舒都有精辟的论述。董仲舒对盛世的社会问题有很多论述，重点有二：一者，强调大一统，加强中央集权制，防止分裂割据；二者，主张经济调均，限制占田，防止贫富两极分化。孔子说："礼之用，和为贵。"礼制的作用，就是维系社会的和谐。下级僭越，就是破坏礼制秩序，如不加制止，必然会礼崩乐坏，陷入乱世。在经济上，孔子说"不患寡而患不均"，财富少，分配合理，则相安无事；财富再多，但分配不合理，少数人贪得无厌，多数人穷困无法生活，则天下必乱。汉代"富者田连阡陌，贫者无立锥之地"，唐代"朱门酒肉臭，路有冻死骨"。汉代出现吴楚七国之乱，唐代发生安史之乱，都是地方政权强盛，导致尾大不掉，而农民起义，都因为"为富不仁"，官逼民反。可见董子的大一统与调均的主张，继承了孔子的思想，也被历史证实。著名历史学家班固在《汉书》中称董子"为群儒首""为儒者宗"。在西汉时代，董子是头号儒家，东汉、隋唐缺少这样的儒者，唐代的韩愈、柳宗元是唐宋八大家，却没有这种地位。因此，从后人来看，董仲舒堪称中国封建社会中期的儒家圣人。董学是先进文化、盛世文化的代表。

第三，理学大师朱子。朱熹的思想被元明清几朝奉为正统儒学，他的思想体系庞大。"其为学，大抵穷理以致其知，反躬以践其实，而以居敬为主。"（《宋史·朱熹传》）中国封建社会后期，宋元明清几朝，有几种思潮，有人归纳为三种：理学、心学、功利学；有人归纳为另三种：理学、心学、气学；有人认为清朝盛行考据学。无论哪一种说法，都无法否定理学的主导地位。理学，又称程朱理学，北宋的程颢、程颐两兄弟是理学的开创者，而南宋的朱熹是理学的集大成者。朱熹的《四书章句集注》，是师生研讨十多年著成的，是明清科举考试中的重要参考书。因此，在中国封建社会后期，影响最大的儒家当推朱熹。朱熹可与孔子、董仲舒并列为儒家三大圣人。

孔子、董仲舒、朱熹在中华文明史中并列为大圣人，大约一千年出一个这样的大圣人。常人中杰出者为贤人，许多贤人中最为突出的为伟人，在数百年中最突出、影响也最大的，堪称圣人。孟子说："五百年必有王者兴。"（《孟子·公孙丑下》）从汉到清的两千多年中，对中华民族影响最大的思想家为董仲舒、朱熹，他们作为圣人，当之无愧。孔子生于乱世，朱子生于末世，只有董子生于盛世。董子在"对策"与《春秋繁露》中讲了很多盛世的社会问题，包括政治问题、经济问题、文化教育问题，对当今都很有借鉴意义。

四、本书编选说明

第一，本书节选说明。

本书以《春秋繁露义证》（苏舆撰，钟哲点校，中华书局1992年版）为底本，在《春秋繁露选注》（周桂钿译注，中华书局2011年版）的基础上，参以他本，汇校勘定，疏解注释。

本书校释本主要参照以下诸本：

1. 春秋繁露 《四库全书》本

2. 春秋繁露 清《武英殿聚珍版丛书》本

3. 董子春秋繁露 （清）董慎行校 上海古籍出版社1986年《二十二子》本

4. 春秋繁露 （清）凌曙注 中华书局1975年版

5. 春秋繁露校释（校补本） 钟肇鹏主编 河北人民出版社2005年版

6. 春秋繁露笺注 （清）董天工著 黄江军整理 华东师范大学出版社2017年版

7. 春秋繁露斠补 （清）刘师培撰 万仕国点校 广陵书社2014年《仪征刘申叔遗书》本

8. 春秋繁露译注 张世亮、钟肇鹏、周桂钿译注 中华书局2012年版

9. 春秋繁露新注 曾振宇、傅永聚注 商务印书馆2010年版

苏舆《春秋繁露义证》兼取卢文弨校本和凌曙注本，又得明天启本，是目前较完善的本子。但因历史上《春秋繁露》向无善本，自来错简、文字脱误的现象较多。因此综合诸家，择善而从，苏本有所改动者或有争议之处，也尽量在注释中说明。

本书注释主要针对历史典故、历史地名、历史人物以及疑难字词等，对个别难读之句或者重要句子，作通释全句的句意串讲，对生僻字、多音字词等，加注汉语拼音。

本书做了大量的校改工作，不仅从文字上进行了细致校勘，还从思

想上进行了阐发，并将研究心得融入注释与点评中，突出了思想性。对别人有创见的注释成果，一般都标出注者的姓名。

第二，本书节选篇目标准与目录。

本书节选标准：鉴于《春秋繁露》内容较多，体系庞杂，很多内容对于今天的读者理解起来有困难，而有的篇章内容也有所重复，82篇也有三篇阙文，容易引起歧义，因此本书为《春秋繁露》节选本。隋至宋以来，《春秋繁露》即有十七卷、八十二篇之分类，笔者从苏舆本《春秋繁露义证》十七卷中，保证每卷至少有一篇入选，保证按卷数分类所规划的结构性完整；内容较相近或重复者，二者或三者选其一；而与董仲舒思想关系密切，同时可以与现当代价值观相联系的内容，则全卷全篇收入，如前四卷共六篇是《春秋繁露》的核心内容，故全部收入本书。

本书所选篇目目录如下：

卷一：《楚庄王第一》《玉杯第二》；

卷二：《竹林第三》；

卷三：《玉英第四》《精华第五》；

卷四：《王道第六》；

卷五：《十指第十二》；

卷六：《俞序第十七》《立元神第十九》《保位权第二十》；

卷七：《尧舜不擅移、汤武不专杀第二十五》；

卷八：《度制第二十七》《仁义法第二十九》《必仁且智第三十》；

卷九：《身之养重于义第三十一》《对胶西王越大夫不得为仁第三十二》；

卷十：《深察名号第三十五》《实性第三十六》《五行对第三十八》；

卷十一：《五行之义第四十二》《王道通三第四十四》；

卷十二：《阴阳义第四十九》《天道无二第五十一》《基义第五十三》；

卷十三:《人副天数第五十六》《同类相动第五十七》《五行相生第五十八》《五行相胜第五十九》;

卷十四:《五行五事第六十四》《郊语第六十五》;

卷十五:《四祭第六十八》《顺命第七十》《郊事对第七十一》;

卷十六:《循天之道第七十七》;

卷十七:《天地阴阳第八十一》。

以上所选共计三十五篇,超过原书二分之一的篇幅,是董仲舒《春秋繁露》思想的核心体现。

笔者选注完成后,何大海同志花了很多时间和精力帮我做了整理、校订、修改和批注工作,特此表示衷心感谢!

① 有一《史记》是鲁国史书,为孔子写《春秋》的底本,又叫"未改《春秋》"。

② 即活字版。清乾隆纂修《四库全书》,命馆臣择罕见之书校正刊行,由户部侍郎金简主管此事。金简以枣木制活字 25 万余,用以排印,力省功多。因活字之名不雅,赐名"聚珍版"。

③ 《汉书·武帝纪》班固评价汉武帝,说他"罢黜百家,表章《六经》"。《汉书·董仲舒传》载董仲舒对策,说他"推明孔氏,抑黜百家"。这或许是"罢黜百家,独尊儒术"的来源。

④ 《黄帝四经·称篇》载:"凡论必以阴阳□大义。天阳地阴,……主阳臣阴。上阳下阴。男阳(女阴)。(父)阳(子)阴。兄阳弟阴。长阳少(阴)。贵(阳)贱阴。达阳穷阴。"《韩非子·忠孝》言"三顺":"臣事君,子事父,妻事夫,三者顺则天下治,三者逆则天下乱。此天下之常道也,明王贤臣而弗易也。"这些先秦典籍中所论的内容都是董仲舒"三纲"思想的雏形。

⑤ 张岱年:《在全国首届董仲舒思想学术讨论会上的发言》,《河北学刊》1987 年第 1 期。

⑥ 董仲舒举的这些例子,虽然在今天并不具备现实可操作性,但这种调均与分工的思想还是值得当代人重视的,对于解决贫富差距问题也有一定的借鉴意义。

⑦ 这句话出自《汉书·董仲舒传》,应是班固修改过的。《春秋繁露·对胶西王越大夫不得为仁》记载的是:"仁人者,正其道不谋其利,修其理不急其功。致无为而习俗大化,可谓仁圣矣。"董仲舒认为,真正的仁人圣贤除了遵循正道而不谋私利、顺应大道而不急于建立功勋之外,还需要"致无为",即反对过度有为,要

控制自己的欲望，守好自己的底线，才可以达到"移风易俗"的效果，三者相得益彰，不可缺少。此处董仲舒认为应"不急其功"，更加符合他对于诸侯王的劝谏。

⑧　在先秦乃至西汉文献中，经常能见到与董仲舒所述文字相类似者：《黄帝四经·称》言："帝者臣，名臣，其实师也；王者臣，名臣，其实友也；霸者臣，名臣也，其实宾也；危者臣，名臣也，其实庸也；亡者臣，名臣也，其实虏也。"《说苑·君道》载郭隗曰："帝者之臣，其名臣也，其实师；王者之臣，其名臣也，其实友也；霸者之臣，其名臣也，其实宾也；危国之臣，其名臣也，其实虏也。"《战国策·燕策一》载郭隗先生对曰："帝者与师处，王者与友处，霸者与臣处，亡国与役处。"《孟子·公孙丑下》赵岐注："王者师臣，霸者友臣也。"《荀子·王霸》："义立而王，信立而霸，权谋立而亡。"《荀子·尧问》引中蘬言："诸侯自为得师者王，得友者霸，得疑者存，自为谋而莫己若者亡。"《鹖冠子·博选》："故帝者与师处，王者与友处，亡主与徒处。"

⑨　出自《论语·子路》："子适卫，冉有仆。子曰：'庶矣哉！'冉有曰：'既庶矣，又何加焉？'曰：'富之。'曰：'既富矣，又何加焉？'曰：'教之。'"

⑩　董仲舒橐栝之意出自《诗经·魏风·伐檀》："坎坎伐辐，彼君子兮，不素餐兮！"

⑪　出自《论语·卫灵公》："躬自厚而薄责于人，则远怨矣。"

⑫　（宋）李石：《续博物志》卷一，第5页，光绪元年（1875）夏月湖北崇文书局刻本。《四库全书总目》认为李石是"绍兴、乾道间人"。

⑬　《崔东壁遗书·补上古考信录卷之下·后论一则》，上海古籍出版社，1983年版，第49—50页。

⑭　马非百注：《盐铁论简注》之《遵道》，中华书局，1984年版，第178页。

⑮　（清）皮锡瑞：《经学通论·春秋·论董子之学最醇，微言大义存于董子之书，不必惊为非常异义》。

⑯　（清）唐晏：《两汉三国学案》，中华书局，1986年版，第422页。

⑰　梁启超：《中国近三百年学术史》，中国书店，1985年影印1936年中华书局本，第192—193页。

春秋繁露

楚庄王第一

楚庄王杀陈夏徵舒[1]，《春秋》贬其文[2]，不予专讨也。灵王杀齐庆封[3]，而直称楚子，何也？曰："庄王之行贤[4]，而徵舒之罪重，以贤君讨重罪，其于人心善。若不贬，孰知其非正经[5]？《春秋》常于其嫌得者[6]，见其不得也。是故齐桓不予专地而封[7]，晋文不予致王而朝[8]，楚庄弗予专杀而讨。三者不得[9]，则诸侯之得殆此矣。此楚灵之所以称子而讨也。"《春秋》之辞

此即《春秋》笔法之"予其实不予其文"。董天工《春秋繁露笺注》言："弑君当杀，予其实也；诸侯不得专讨，不予其文也。"

《孟子·滕文公下》："世衰道微，邪说暴行有作，臣弑其君者有之，子弑其父者有之，孔子惧，作《春秋》。《春秋》，天子之事也。是故孔子曰：'知我者，其惟《春秋》乎！罪我者，其惟《春秋》乎！'"由此可见，《春秋》乃孔子基于世道衰微而作，对当时诸侯、卿大夫等多有褒贬评述，为孔子价值观之集中体现，后世谓之孔子"拨乱反正"之书，不能当作纯粹记载历史事实之史书来看待。

多所况[10]，是文约而法明也。

[注释]

[1] 楚庄王：芈（mǐ）姓，名旅，楚国国君，前613年—前591年在位，春秋五霸之一。夏徵舒：陈国大夫。陈灵公与夏徵舒的母亲夏姬私通，夏徵舒杀了国君陈灵公。宣公十一年（前598）楚庄王杀了夏徵舒。《春秋》曰："楚人杀陈夏徵舒。" [2] 贬其文：在行文上加以贬斥。《春秋》在称呼上很讲究，有爵位的称爵位，爵位分公、侯、伯、子、男；没有爵位的，最高的称"子"，其次称字、名、人、氏、国、州。楚庄王是子爵，应该称"楚子"，而《春秋》称"楚人"，包含贬的意思。夏徵舒作为臣子，杀死国君，是大逆不道，惩罚这种乱臣是正义之举，楚庄王的行为是正义的。但是，他是楚国国君，却越权擅自去惩治陈国大夫，这种行为叫"专（擅自）讨"。诸侯没有专讨的权力，因此《春秋》对楚庄王的行为从名义上还要加以贬抑，称他为"楚人"。 [3] 灵王：即楚灵王，名围，前540—前529年在位。庆封：齐国大夫。崔杼弑齐庄公，庆封是其同党。庆封先逃到鲁国，齐人责问鲁国。庆封又逃到吴国，吴国接纳了他，并把他封到防（《左传》作"朱方"，在今江苏镇江东）。楚灵王率领的盟军进攻防，抓住并诛杀了庆封这个叛国乱臣。孔子对此表示赞成，所以称楚灵王为"楚子"。庆封已逃到吴国并受封，为什么还称"齐庆封"呢？因为孔子不承认诸侯专封，也表明楚子为齐国来讨伐叛逃的臣子。 [4] "庄王之行贤"二句：楚庄王率领诸侯伐陈，灭了陈国，把陈国变成楚国的一个县。申叔时说，伐陈是正义的行为，占领陈国则是不义的行为。楚庄王采纳了这个意见，恢复陈国，扶立陈灵公的太子为陈成公。孔子知道此事，称赞道："贤哉楚庄王！"（《史记·陈杞世家》）夏徵舒弑君，故罪重。 [5] 正经：正确的规则或原则。 [6] 嫌得者：

好像正确的事情。嫌，怀疑。得，得理，正确。 [7]齐桓不予专地而封：《春秋》不赞成齐桓公擅自封赏。齐桓，指齐桓公，姜姓，名小白，前685—前643年在位，春秋五霸之一。周时，土地和人民都属于周天子，只有周天子才有权把某地区的土地和人民封给臣子，诸侯无权把土地和人民封给别人。但是，在"上无天子，下无方伯"的乱世时代，齐桓公有相当实力，能够救助弱国，保护小国，制止侵暴行为，稳定社会秩序。齐桓公的专封，从实际出发，可予以承认。 [8]晋文不予致王而朝：《春秋》不赞成晋文公召唤天子。晋文，指晋文公，姬姓，名重耳，前636—前628年在位，春秋五霸之一。鲁僖公二十八年（前632），晋文公会诸侯于践土（郑地，在今河南原阳西），召周襄王参加会盟。周襄王是天子，晋文公是诸侯，臣召君不符合礼制。《春秋》记载这件事，写作"公朝于王所"。一般说诸侯到京师朝见天子，由于天子不在京师，被晋文公召到践土来，又不肯说明被召唤这样不礼貌的行为，所以用这种比较含蓄的笔法来书写，这就是《春秋》笔法。董仲舒认为，这样记载说明孔子不赞成作为诸侯的晋文公召唤天子周襄王。 [9]得：通"德"，道德。 [10]况：比较。

问者曰[1]："不予诸侯之专封，复见于陈、蔡之灭；不予诸侯之专讨，独不复见于庆封之杀，何也？"曰："《春秋》之用辞，已明者去之，未明者著之[2]。今诸侯之不得专讨，固已明矣，而庆封之罪未有所见也，故称楚子以伯讨之[3]，著其罪之宜死，以为天下大禁[4]。"曰："人臣之行，贬主之位，乱国之臣，虽不篡杀，其罪皆宜死，

比于此其云尔也 [5]。"

[注释]

[1]"问者曰"六句:提问的人说:"不赞成诸侯擅自封国,已被灭了的陈、蔡两国又重新出现;不赞成诸侯擅自讨伐,却没看到对杀庆封一事的指责,这是为什么呢?"陈、蔡之灭,是说楚灵王于前534年灭陈国,前531年灭蔡国。楚平王继位,于前529年又恢复陈、蔡二国。 [2]著:彰明,阐述清楚。 [3]故称楚子以伯讨之:庆封是崔杼的同党,崔杼的罪行已经明白,而庆封有什么罪,并不清楚。称楚灵王为"楚子",来讨伐庆封,表明庆封的罪行严重。伯,通"霸",诸侯盟主。 [4]天下大禁:天下最大的禁忌。天下最忌讳之事就是臣叛君。 [5]比于此其云尔也:按照这种说法作参照,《春秋》中才有这些称"楚子"杀庆封的说法。比于此,以此为例。此,指乱国之臣有死罪。其,指《春秋》。云尔,指《春秋》所说庆封的罪行。

《春秋》曰:"晋伐鲜虞 [1]。"奚恶乎晋而同夷狄也?曰:"《春秋》尊礼而重信。信重于地,礼尊于身。何以知其然也?宋伯姬疑礼而死于火 [2],齐桓公疑信而亏其地 [3],《春秋》贤而举之,以为天下法,曰礼而信。礼无不答 [4],施无不报,天之数也。今我君臣同姓适女 [5],女无良心,礼以不答 [6],有恐畏我 [7],何其不夷狄也 [8]?公子庆父之乱 [9],鲁危殆亡,而齐桓安之 [10]。于彼无

后儒所谓"饿死事小,失节事大",可与此相参。

亲[11]，尚来忧我，如何与同姓而残贼遇我[12]？《诗》云[13]：'宛彼鸣鸠，翰飞戾天。我心忧伤，念彼先人。明发不寐，有怀二人。'人皆有此心也。今晋不以同姓忧我，而强大厌我[14]，我心望焉[15]。故言之不好[16]，谓之晋而已，是婉辞也。"

［注释］

[1] 晋伐鲜虞：《春秋》昭公十二年载："楚子伐徐，晋伐鲜虞。"文中对晋没称爵位，是把它视为夷狄。因鲜虞是姬姓国，与徐国都是中原国家，楚是夷狄，伐徐，晋没有去救援，却也去伐同姓的鲜虞，因此《春秋》把晋视同夷狄。　[2] 宋伯姬疑礼而死于火：宋国伯姬坚守礼节而死于火灾。宋伯姬，宋共公的夫人。疑礼，坚守礼节。疑，同"凝"，凝滞不变。《春秋》对鲁国以外诸侯夫人的葬礼一般不记载，而宋伯姬的葬礼却在襄公三十年（前543）作了记载。《公羊传》记载伯姬死亡详情：宋国发生火灾，伯姬在宫中，傅姆进来报告：火快烧到这里了，请赶快出去。伯姬说：不行，按礼，妇人不见傅姆和母亲，不能出门，只有傅姆来，还没见母来。结果伯姬被烧死在屋里。《春秋》记载宋伯姬葬礼，是对她死亡的肯定，也表明"礼尊于身"的观念。宁可烧死，也不能违礼。　[3] 齐桓公疑信而亏其地：齐桓公坚守信用而损失土地。疑信，坚守信用，同上注。鲁庄公十三年（前681），齐桓公与鲁庄公在柯（齐邑，今山东阳谷阿城）会面，鲁庄公用武力胁迫齐桓公签订返还汶阳之田的盟约，齐桓公同意了，当胁迫解除后，齐桓公没有怨恨，没有毁约，交还了汶阳之田，这是守信用而损失土地。　[4]"礼无不答"三句：礼节没有不答

谢的，施予没有不回报的，这是天然的道理。天之数，指天道，即客观必然性。　[5]同姓适女：以同姓亲情归从你。同姓，鲜虞与晋国都是姬姓，故称。适，归从，亲近。女，同"汝"，指晋国。　[6]以：通"已"，既。　[7]有：同"又"。　[8]何其不夷狄也：怎么能不被视为夷狄呢？表明华夏为礼仪之邦，华夷之辨不在于地域，而在于有没有礼。　[9]"公子庆父之乱"三句：公子庆父作乱，鲁国危急快要灭亡，齐桓公使鲁国安定下来。公子庆父之乱，前662年，鲁庄公卒，子般立，庆父挑拨邓扈乐弒子般，立闵公；第二年，庆父又弒闵公。三年中接连死了三位国君，都是庆父作乱的结果，所以人称：庆父不死，鲁难未已。庆父，鲁桓公之子，鲁庄公之弟。　[10]而齐桓安之："桓"，苏本误作"侯"，他本皆作"桓"，钟肇鹏《春秋繁露校释》曰："苏本'桓'作'侯'，误。"作"桓"是，今从之。　[11]无亲：指齐、鲁异姓，没有直接的血亲关系。　[12]如何：为什么。　[13]《诗》云：下引诗见《诗经·小雅·小宛》。大意是："那只小斑鸠，羽毛飞上天。我心很忧伤，怀念那祖先。一夜没睡着，想着两伟人。"宛，小貌。鸣鸠，斑鸠。翰，羽毛。戾，至。先人，指祖先。明发，天快亮了。二人，指周文王、周武王。　[14]厌：通"压"，欺压，压制。　[15]望：犹"恨"，责怪，怨恨。　[16]"故言之不好"三句：因此说它不好，称"晋"就可以了，这是委婉的说法。婉辞，委婉的贬斥，没有批评的语言。称晋是贬义，却没有贬词，所以是婉辞。是，苏本脱此字，今据宋本及钟肇鹏校释本补。

　　问者曰："晋恶而不可亲，公往而不敢至[1]，乃人情耳。君子何耻而称公有疾也[2]？"曰："恶无故自来[3]，君子不耻，内省不疚，何忧何惧[4]，是已矣[5]。今《春秋》耻之者，昭公有以取之也。臣陵其君[6]，始于文而甚于昭。公受乱陵夷[7]，而无惧惕之心[8]，嚚嚚然轻计妄讨[9]，犯大礼而取同姓[10]，接不义而重自轻也[11]。人之言曰：'国家治，则四邻贺；国家乱，则四邻散。'是故季孙专其位[12]，而大国莫之正[13]。出走八年[14]，死乃得归。身亡子危[15]，困之至也。君子不耻其困，而耻其所以穷。昭公虽逢此时，苟不取同姓，讵至于是[16]。虽取同姓，能用孔子自辅，亦不至如是。时难而治简[17]，行枉而无救[18]，是其所以穷也。"

［注释］

[1]公：指鲁昭公姬裯（chóu），前542—前510年在位。鲁昭公二年、二十三年曾欲去晋国，但没到晋国就回来了，不敢去晋国的原因，是听说晋国要抓他。　[2]君子何耻而称公有疾也：《春秋》的作者有什么羞耻需要隐晦，而称昭公有病呢？君子，指《春秋》的作者。称公有疾，《春秋》昭公二十三年载："冬，公如晋，至河，公有疾，乃复。"就是说，鲁昭公去晋国，到河边，有了疾病，所以回来了。实际是不敢去，而以疾病为托词。　[3]恶无故自来：灾祸不是自己的行为招来的。恶，指坏事。无故，没有原委。　[4]内省不疚，何忧何惧：出自《论语·颜渊》："内省不疚，夫何忧何惧。"说明灾祸不是自己的行为招来的，则不感

内省不疚，何忧何惧：出自《论语·颜渊》。查检《春秋繁露》，可知董子多处暗引或明引"孔子曰"均来自《论语》，而《繁露》中明引、暗引《孝经》之文亦不少。何也？或以为六经中《易》《书》《诗》《礼》《乐》皆为上古之圣王法言，孔子多传道而未能直接创作；然《春秋》为夫子所作，故董子言《春秋》，谈孔子为汉制法云云；而《论语》主体为夫子之言而群弟子记之，《孝经》为夫子言孝道之言而曾子记之。故《春秋》《论语》《孝经》均为孔子所作，实包含夫子之微言大义，故特为董子重视耳。

春秋时期鲁国"陪臣执国命"、汉末曹操"挟天子以令诸侯"，以史为鉴，没有大一统，只能走向乱世。

到羞耻，也不需要忧虑和惧怕。　[5]是已矣：就这么回事而已。是，这样，这么回事。已，而已。　[6]"臣陵其君"二句：臣子凌驾于国君之上，从鲁文公时开始，到鲁昭公时最为严重。文，鲁文公，姬兴，前626—前609年在位。文公、宣公、成公、襄公到昭公，共五代。　[7]公受乱陵夷：鲁昭公承受了混乱的局势，自己日渐卑下。公，指鲁昭公。受乱，遭受混乱的局面，指臣不听命于君。陵夷，日渐卑下。　[8]惧惕：恐惧，警惕。　[9]嚣嚣然轻计妄讨：随随便便就决定去讨伐季氏。嚣嚣，傲慢的神态。轻计，没有慎重考虑。妄讨，随便去讨伐。这是指前518年，鲁昭公讨伐季孙氏，反被季孙氏打败。　[10]取：通"娶"。周礼言"同姓不婚"，古代认为娶同姓是违犯大礼。吴和鲁都是姬姓，鲁昭公娶了吴王的长女，所以说他违背礼制。　[11]接不义而重自轻也：一再犯错误接近不义。接，接近。重自轻，加倍自轻。讨季氏，是自轻；又犯大礼，更加自轻。　[12]季孙：鲁国大夫，鲁"三桓"之一。专其位：独断专权。　[13]正：纠正。　[14]出走八年：鲁昭公伐季氏失败，逃到齐国，前510年死于晋国乾侯（今河北成安东南）。在外凡八年。　[15]身亡子危：鲁昭公死后，太子衍被废，季氏执政，立昭公弟公子宋。　[16]讵：岂，哪会。　[17]时难而治简：时期不好，又不认真治理。时难，所处时期不好。治简，治理国家过于简慢、任性，考虑不够周全。　[18]行枉而无救：行为不正，又没有贤者匡救。行枉，行为不正，指娶同姓等。无救，周围没有贤人匡救。

《春秋》分十二世以为三等[1]：有见，有闻，有传闻。有见三世，有闻四世，有传闻五世。故哀、定、昭[2]，君子之所见也[3]；襄、成、宣、文[4]，君子之所闻也；僖、闵、庄、桓、隐[5]，君子之所传闻也。所见六十一年[6]，所闻八十五年[7]，所传闻九十六年[8]。于所见[9]，微其辞；于所闻[10]，痛其祸；于传闻[11]，杀其恩，与情俱也。是故逐季氏而言又雩[12]，微其辞也。子赤杀[13]，弗忍言日，痛其祸也。子般杀而书乙未[14]，杀其恩也。屈伸之志[15]，详略之文，皆应之。吾以其近近而远远[16]，亲亲而疏疏也，亦知其贵贵而贱贱，重重而轻轻也。有知其厚厚而薄薄[17]，善善而恶恶也，有知其阳阳而阴阴，白白而黑黑也。百物皆有合偶[18]，偶之合之，仇之匹之，善矣。《诗》云[19]："威仪抑抑，德音秩秩。无怨无恶，率由群匹。"此之谓也。[20]

[注释]

[1]十二世：《春秋》所记鲁国的国君有隐、桓、庄、闵、僖、文、宣、成、襄、昭、定、哀，共十二代。三等：即把十二世分为三个阶段，指"见"（亲身经历）、"闻"（听亲身经历者介绍情况）、"传闻"（指经过两代以上传递情况）三个时期。　[2]哀：鲁哀公，姬将，前494—前467年在位。定：鲁定公，姬宋，前509—前495年在位。昭：鲁昭公。　[3]君子：指《春秋》的作者孔子。孔子亲身经历了昭公、定公、哀公三代。这是从后往前推的顺

序。　[4]襄：鲁襄公，姬午，前572—前542年在位。成：鲁成公，姬黑肱（gōng），前590—前573年在位。宣：鲁宣公，姬倭（tuǐ），前608—前591年在位。文：鲁文公，姬兴，前626—前609年在位。　[5]僖：鲁僖公，姬申，前659—前627年在位。闵：鲁闵公，姬开，前661—前660年在位。庄：鲁庄公，姬同，前693—前662年在位。桓：鲁桓公，姬允，前711—前694年在位。隐：鲁隐公，姬息姑，前722—前712年在位。　[6]所见六十一年：孔子所亲见的三世：昭公32年、定公15年、哀公14年，共61年。孔子生于鲁襄公二十二年（前551），昭公元年（前542）时，孔子已十岁。见三世，没有包含孔子十岁以前生活的鲁襄公时代。　[7]所闻八十五年：孔子所听说的四世：文公18年、宣公18年、成公18年、襄公31年，共85年。　[8]所传闻九十六年：孔子所听传说的五世：隐公11年、桓公18年、庄公32年、闵公2年、僖公33年，共96年。以上三世共计242年，即《春秋》记载的时间年限。　[9]"于所见"二句：对于所亲见的社会上的事情，用比较隐晦的笔法来记述。微其辞，隐微其言辞。对于自己亲身经历之世，没有用明显的言辞来指责批评，既表示为尊者讳，同时也是为了避免迫害，明哲保身。当时国君有生杀之权，要小心谨慎，稍不留心，就可能招致杀身之祸。　[10]"于所闻"二句：对于听说的世事，写到灾祸时特别痛心。所闻之世是父辈所经历的时代，这个时代离自己比较近，因此对于国家的灾祸特别痛心。　[11]"于传闻"三句：对于传说的时代，恩情淡薄了，就按实际情况来写。杀，衰减，减少。所传闻之世，由于感情因素减少，内容就比较客观理性。与以上"微其辞"（有话不敢直说）、"痛其祸"（带着浓厚的感情）两种情况不同。　[12]"是故逐季氏而言又雩（yú）"二句：所以谋伐驱逐季氏，写作"再一次祭祀"，是把鲁昭公的错误掩隐了。又雩，《春秋》昭公二十五年："秋七月上辛大雩，季辛又雩。"《公羊传》："又雩者何？又雩者，非雩也，聚众以逐季氏也。"一个月有三个带"辛"的日子，第一个叫"上辛"，最后一个叫"季辛"或"下辛"。王充《论衡·明雩篇》："《春秋》鲁大雩，旱求雨之祭也。"雩是求雨的祭祀活动，规定在"辛"日，多半在"上辛"日举行。秋七月，上辛举行了雩祭，季辛又举行雩祭，为什么？实际上鲁昭公想用雩祭的办法把民众集中起来，然后把季氏杀了。季氏平时得民心，昭公不得民心，昭公想杀季氏，却被季氏打败，逃亡到了齐国。孔子知道鲁昭公不对，又不好指责国君，为尊者讳，只说"又雩"。这就是"微其辞"。　[13]"子赤杀"三句：写子赤被杀，不忍心记载那个灾祸的日子，是表明对灾祸的极端痛心。子赤，鲁文公之子，被襄仲杀死。《春秋》文公十八年："冬，十月，子卒。"《公羊传》认为：子赤死了，为什么不写日期，是因为被杀。国君之子被杀，是极为痛心的事，不忍心再写那个日子。这表明孔子对国祸的痛心。那个时代对孔子来说是近代史，是所闻世。　[14]"子般杀而书乙未"二句：写子般被杀，却写明是在"乙未"那一天，因为对于久远的时代，感情已非常淡薄。子般，鲁庄公之子，被庆父杀死。《春秋》庄公三十二年："冬，十月，乙未，子般卒。"同样记载国君之子的死亡，为什么这里注明"乙未"（二日。《左传》作"己未"）？因为年代久远，没有那种感情了。　[15]屈伸之志：指孔子的感情变化。　[16]"吾以其近近而远远"四句：我根据《春秋》对待近事的亲近、远事的疏远，对亲戚的亲切、疏客的疏离，也就知道它对尊贵的尊重，对卑贱的轻贱，对要事的重视，对小事的随便。吾以其，或补"知"，作"吾以知其"；或改"见"，作"吾见其"；或不改，也通。近近而远远，亲亲而疏疏，前"近"为动词，后"近"为名词，指与自己有这种关系的对象。近与远，指离自己生活时代的远近，从血缘关系上讲，就是亲疏的区别。 [17]"有知其厚厚而薄薄"四句：又知道它对感情厚的热情，对感情薄的轻慢，对好人友好，对坏人厌恶。又知道它以阳对阳，以阴对阴，以白对白，以黑对黑。有，又。是对上述的推论。 [18]"百物皆有合偶"四句：是对上述思想的理论概括。合、偶、仇（qiú）、匹，意思相同，即成对、对立、对偶、对待的意思。百物，即万物，一切事物。一切事物都有它对偶的东西。 [19]《诗》云：下引诗见《诗经·大雅·假乐》。大意是："威仪壮观，政令顺畅。没有怨声反对，都因符合民心。"抑抑，指威仪美观壮丽。秩秩，指政令（德音）十分顺畅，没有令人反感的法令。无怨无恶，指百姓没有怨恨和厌恶。率，都。群匹，符合大家的意愿。群，可以指群臣，也可以指群众。 [20]这是以孔子写《春秋》根据与自己生活时代的远近而有详略的不同，推论到一切事物都有相对应的关系，再举《诗》句证明，政治清明，就是要使政令法制符合大众之心。董仲舒认为这是学习、研究《春秋》的方法。

　　然则[1]，《春秋》义之大者也[2]。得一端而博达之[3]；观其是非，可以得其正法[4]；视其温辞[5]，可以知其塞怨[6]。是故于外，道而不显[7]；于内，讳而不隐[8]。于尊亦然，于贤亦然，此其别内外、差贤不肖而等尊卑也[9]。义不讪上[10]，智不危身[11]。故远者以义讳，近者以智畏。畏与义兼[12]，则世愈近而言愈谨矣。此定、哀之所以微其辞[13]。以故用则天下平[14]，不用则安其身，《春秋》之道也。

[注释]

[1]然则：这样的话。　[2]义之大者：就是大义的内容。这里不是指《春秋》有哪些大义，而是说学习《春秋》大义，应该如何学习。　[3]得一端：得到一种思想或者一个观点。博达之：推广到各个领域、各个方面。就是举一反三，意思进一步扩展。　[4]正法：正确的法则。　[5]温辞：即蕴辞，也就是微辞。　[6]塞怨：闭塞怨恨。　[7]道而不显：用婉辞记述，不采取明显的说法。　[8]讳而不隐：对内为亲者讳，所以用文字的差别来表达，不能没有表示。　[9]内外：指亲疏的区别。差贤不肖：区别贤与不肖，为贤者讳。等尊卑：以尊卑为等级，为尊者讳。　[10]讪（shàn）上：指责上级。讪，诽谤，讥讽。上，上级。　[11]智不危身：以智慧不让自身处于危险境地，相当于明哲保身。　[12]畏与义兼：畏惧与道义两方面结合。畏，畏惧顶头上司的权势。义，不诽谤尊贵者。这两方面结合起来，就成为《春秋》笔法的依据。　[13]此定、哀之所以微其辞：定公、哀公是孔子生活的时代，为了没有"讪上"的罪名，也为了避免"危身"，孔子写《春秋》时，就特别隐晦，常用"微辞"。　[14]"以故用则天下平"三句：《春秋》笔法被采用，对天下有好处，不被采用，也没有"讪上"的罪名，自身安全。这是孔子写《春秋》的原则。

《春秋》之道，奉天而法古[1]。是故虽有巧手，弗修规矩[2]，不能正方圆；虽有察耳，不吹六律[3]，不能定五音[4]；虽有知心[5]，不览先王，

以上两段话通论《春秋》一书主旨，故有学者认为这应为《春秋繁露》第一篇《繁露》之篇首，而前几段则可能是《竹林》《精华》等篇的内容。此说仅供参考，在无确证之前，仍按原样为妥。

"奉天"指"天人关系"，"法古"指"古今关系"。司马迁论说作《史记》之缘由："究天人之际，通古今之变，成一家之言。"可知，"天人关系""古今关系"是汉代思想的核心表达，是古人对于天道和历史的尊重与继承。

不能平天下。然则先王之遗道[6]，亦天下之规矩六律已。故圣者法天，贤者法圣，此其大数也[7]。得大数而治，失大数而乱，此治乱之分也。所闻天下无二道[8]，故圣人异治同理也。古今通达，故先贤传其法于后世也。

[**注释**]

[1]奉天：指奉天命。法古：效法古代圣王的做法。　[2]修：或作"循"，按照，根据。规矩：圆规和矩尺，校正圆形和方形的两种工具。　[3]六律：定音调的乐器，即黄钟、太簇（cù）、姑洗、蕤（ruí）宾、夷则、无射（yì）。又，六律与六同合为十二律，《周礼·春官·大师》言："大师掌六律、六同，以合阴阳之声。阳声：黄钟、大蔟、姑洗、蕤宾、夷则、无射。阴声：大吕、应钟、南吕、函钟、小吕、夹钟。"阳声六者为六律，阴声六者为六同，总称十二律。　[4]五音：指宫、商、角（jué）、徵（zhǐ）、羽。　[5]知心：指智慧之心，即聪明。　[6]遗道：流传下来的治国法则。　[7]大数：指基本法则。　[8]所闻天下无二道：听说治理天下只有一个道理。所闻，听说的。道，指治国之道。

《春秋》之于世事也，善复古[1]，讥易常[2]，欲其法先王也[3]。然而介以一言曰[4]："王者必改制[5]。"自僻者得此以为辞[6]，曰："古苟可循[7]，先王之道，何莫相因。"世迷是闻[8]，以疑正道而信邪言，甚可患也。答之曰："人有闻

《荀子·解蔽》："凡人之患，蔽于一曲，而闇于大理。治则复经，两疑则惑矣。天下无二道，圣人无两心。"荀子言治国之道唯一，若"异政""异说"者居多，则难以治理。董子此言出自《荀子》，正与此相合。

诸侯之君射《狸首》之乐者^[9]，于是自断狸首，县而射之，曰：'安在于乐也？'"此闻其名，而不知其实者也。

[注释]

[1]善复古："善"是形容词的意动用法，即认为复古是好的。《公羊传》认为《春秋》是"善复古"的，董仲舒继承了这种思想。　[2]讥易常：反对改革。讥，批评。易，改变。常，常规。　[3]法先王：学习先王的治国之道。法，效法，学习。先王，指夏、商、周三代的圣王，主要指周文王。　[4]介以一言：插入一句话。介，介入。　[5]王者必改制：君王必定要进行制度改革。这是当时流行的一种说法。它与上文的"善复古，讥易常"从表面上看是不一致的，因此，董仲舒把这种说法称为"介"入的，是不协调的意思。　[6]自僻者得此以为辞：思想偏激的人就拿这一句话作为借口。自僻者，指思想邪僻的人，此言讲"王者必改制"这句话的人。辞，理由，借口。　[7]"古苟可循"三句：古代的制度如果都可以继承，那么，先王的治国之道为什么都不一样？循，因循，继承。夏、商、周三代的制度都有所改革，所以说都不是相因循的。因，此处同"循"。　[8]世迷是闻：世俗被这种说法所迷惑。世，世俗。迷，被迷惑。是，这个。闻，说法。　[9]"人有闻诸侯之君射《狸（lí）首》之乐者"五句：有人误解了"奏《狸首》以射"这句话，以为是把狸猫的头割下来，挂在那里作为靶子，让人向它射箭，（所以不屑地）说："这哪里有什么快乐？"《狸首》，是逸诗《曾孙》的乐曲。诸侯国君相见时，奏这个乐曲，开始射箭，这种礼仪，见《仪礼·大射》。县（xuán），通"悬"，悬挂。

苏舆《春秋繁露义证》言："汉有天下，沿用秦正，至于服色礼乐，并安苟简。"因此汉初并未改制，仍然沿袭秦制，亟须变革。

董子《对策》中言："道之大，原出于天，天不变，道亦不变。"强调儒家天道之永恒价值，不可改变。

苏舆《春秋繁露义证》云："以循尧道为无为，……《白虎通·三教篇》：'舜之承尧，无为易也。'"即虞舜不改唐尧之道，而实现"无为而治"。

今所谓'新王必改制'者，非改其道，非变其理。受命于天，易姓更王[1]，非继前王而王也，若一因前制[2]，修故业，而无有所改[3]，是与继前王而王者无以别。受命之君，天之所大显也；事父者承意[4]，事君者仪志[5]，事天亦然；今天大显己[6]，物袭所代[7]，而率与同[8]，则不显不明，非天志，故必徙居处[9]，更称号[10]，改正朔[11]，易服色者[12]，无他焉，不敢不顺天志，而明自显也。若夫大纲，人伦道理，政治教化，习俗文义尽如故[13]，亦何改哉！故王者有改制之名，无易道之实[14]。孔子曰[15]：'无为而治者，其舜乎！'言其主尧之道而已[16]，此非不易之效与！"

[**注释**]

[1]易姓更王：易、更，都是改变的意思。由不同姓的人当王，说明不是继承先前的王位，而是受天命而当上新王，因此要有所改制。　[2]一：一切。因：因袭。　[3]无有：有的版本没有"有"字。　[4]承意：指孝子善于继承父亲的意志。　[5]仪志：以其志为准则。仪，准则。　[6]天大显己：上天大显扬自己。己，指新王自己。　[7]物袭所代：一切都沿袭已被取代的王朝。物，指正朔、服色这类象征物。袭，继承。所代，指被取代王朝之物。　[8]率：都。　[9]徙居处：指迁都。　[10]更称号：改朝代名称。　[11]改正朔：改历法的正朔日子，即确定一年的正

月与第一天的时刻。"改正朔"是古代较为复杂的问题。正，正月，岁首。哪一月定为岁首，各代不同。夏建寅，以寅月为岁首，即农历一月。殷建丑，以丑月即农历十二月为岁首。周建子，以子月即十一月为岁首。秦建亥，以亥月即十月为岁首。汉初仍秦制，以冬十月为岁首，后改夏历，以正月为岁首，沿用至今。朔，指初一，即一个月的第一天，这里又确定到第一天开始的具体时刻。夏以平旦（寅时，即清晨3—5时）为朔，殷以鸡鸣（丑时，即凌晨1—3时）为朔，周以夜半（子时，即前一日夜间11时至次日凌晨1时）为朔。这就是"改正朔"的具体内容。汉以后多以夏历正月为岁首，以周代的夜半为朔。　[12]易服色：变换服饰和旗帜的颜色。　[13]文义：指文字训诂。改朝换代，有改变的内容，如正朔、服色等，也有不改变的内容，如人伦、道理、政治、教化、习俗、文义。　[14]无易道之实：治道的本质是没有改变的。　[15]孔子曰：下引文见《论语·卫灵公》。　[16]"言其主尧之道而已"二句：他继承尧的治国之道而已，这难道不是不作改革的证据吗！不易，不作改制。效，证据。

问者曰[1]："物改而天授[2]，显矣，其必更作乐，何也？"曰："乐异乎是[3]，制为应天改之，乐为应人作之，彼之所受命者，必民之所同乐也。是故大改制于初，所以明天命也；更作乐于终，所以见天功也；缘天下之所新乐[4]，而为之文曲[5]，且以和政，且以兴德。天下未遍合和，王者不虚作乐。乐者[6]，盈于内而动发

《礼记·乐记》言:"王者功成作乐,治定制礼。其功大者其乐备,其治辩者其礼具。"《公羊传》隐公五年,何休诂:"王者治定制礼,功成作乐。未制作之时,取先王之礼乐宜于今者用之。尧曰《大章》,舜曰《箫韶》,夏曰《大夏》,殷曰《大濩》,周曰《大武》,各取其时民所乐者名之。"可知王者"功成作乐"之意。

于外者也,应其治时,制礼作乐以成之。成者,本末质文皆以具矣。是故作乐者[7],必反天下之所始,乐于己以为本。舜时,民乐其昭尧之业也[8],故《韶》,韶者,昭也;禹之时,民乐其三圣相继[9],故《夏》,夏者,大也;汤之时,民乐其救之于患害也,故《濩》,濩者[10],救也;文王之时,民乐其兴师征伐也,故《武》[11],武者,伐也。四者天下同乐之[12],一也;其所同乐之端[13],不可一也。作乐之法,必反本之所乐,所乐不同事,乐安得不世异!是故舜作《韶》而禹作《夏》,汤作《濩》而文王作《武》,四乐殊名,则各顺其民始乐于己也,吾见其效矣。《诗》云[14]:'文王受命,有此武功;既伐于崇,作邑于丰。'乐之风也[15]。又曰:'王赫斯怒[16],爰整其旅。'当是时,纣为无道,诸侯大乱,民乐文王之怒,而歌咏之也。周人德已洽天下,反本以为乐,谓之《大武》,言民所始乐者,武也云尔。故凡乐者[17],作之于终,而名之以始,重本之义也。由此观之,正朔服色之改,受命应天,制礼作乐之异,人心之动也,二者离而复合[18]，所为一也。”

[注释]

[1]问者曰：是设问的形式。　[2]物改：指改正朔、易服色之类。天授：天命所授予。　[3]"乐异乎是"九句：音乐跟那些礼制是不一样的。礼制是根据天命进行改革，音乐则是根据人心来制作。那个新王所受的天命，必定是人民所共同感到快乐的事。所以，开初改制是用来表明天命的变化，后来作音乐，是表示天命的成功。　[4]缘：根据。新乐：新王受命，功成作乐，不同于旧王所作，是重新使人民感到快乐的王者之乐，所以称为新乐。　[5]文曲：文词、乐曲。　[6]"乐者"六句：音乐，是涌满于内心而表现出来的。只有政通人和的时代，才能制订礼仪和音乐来表现成功。成功，即政治和礼乐都已具备。本末质文，政治是本是质，礼乐是末是文。成功要政治和礼乐都具备，也就是本末质文都具备。　[7]"是故作乐者"三句：制作音乐，必定要追溯天下人快乐的根源，以使自己快乐为根本。每个人快乐，根本是自己快乐。反，同"返"。　[8]昭：通"绍"，继承。下同。　[9]三圣：指尧、舜、禹三个圣人。　[10]"頀（hù）者"二句：夏桀无道，人民深受苦难，商汤推翻夏桀，是救民脱离苦难。　[11]《武》：商纣王无道，周文王、武王兴师讨伐，推翻商纣王的统治，人民高兴，所以这时的乐曲叫《武》。《白虎通义·礼乐》引《礼记》文曰："黄帝乐曰《咸池》，颛顼（zhuān xū）乐曰《六茎》，帝喾（kù）乐曰《五英》，尧乐曰《大章》，舜乐曰《箫韶》，禹乐曰《大夏》，汤乐曰《大濩》，周乐曰《大武象》，周公之乐曰《酌》，合曰《大武》。"可知作乐是"为应人作之"，而与"民之所同乐"，所以圣王之乐各异，以顺民心。　[12]四者：指舜、禹、汤、周文王。　[13]端：事由，原委。　[14]《诗》云：下引诗出自《诗

经·大雅·文王有声》之第二章（全诗八章）。大意是："文王接
受天命，有了如此武功。既已讨伐崇国，又建京城于丰。"崇，
国名，其地在今陕西户县东。丰，周邑名，周攻占崇国后，迁都
于此，改名为丰。　[15]风：风教，教化。　[16]"王赫斯怒"
二句：出自《诗经·大雅·皇矣》之第五章（全诗八章）。大意
是："文王勃然大怒，于是调发他的军队。"赫，盛怒貌。斯，语
气助词。爰，于是。旅，军队。　[17]"故凡乐者"四句：凡是
音乐，虽是作于成功之后，但取名却用初始的含义，以表示重视
根本。　[18]二者离而复合：因改正朔、易服色在前，制礼作乐
在后，二者虽不同时，但同归于应天顺人，故曰"离而复合"。

[**点评**]

《楚庄王》主要探讨两个问题：一是从称呼、遣词用字
等入手，阐明暗寓褒贬的《春秋》笔法。《春秋》把鲁国
十二公、二百四十二年的历史分为"所见""所闻""所传闻"
三个时期，不同阶段的《春秋》笔法是不同的，总体是"远
者以义讳，近者以智畏"的"畏与义兼"原则，凸显出《春
秋》是孔子含褒贬之意的作品，暗含孔子的政治哲学思想。
二者是议论"新王必改制"的说法，认为"王者有改制之
名，无易道之实"。"改制无易道"是汉代思想的核心体现，
一方面强调新王受命必改制，以凸显新王不同于旧王，所
以新王要迁移居处（迁都），改变称号，变更正朔（历法），
更改服装、旗帜颜色，以表明自己是受命之君，另一方面
强调最基本的儒家圣王所提出的治国大原则，如人伦、道
理、政治、教化、习俗、文字都应照旧，不应改变。

玉杯第二

《春秋》讥文公以丧取[1]。难者曰[2]："丧之法[3]，不过三年，三年之丧，二十五月。今按经：文公乃四十一月方取[4]，取时无丧，出其法也久矣[5]，何以谓之丧取？"曰："《春秋》之论事，莫重于志[6]。今取必纳币[7]，纳币之月在丧分，故谓之丧取也。且文公以秋袷祭[8]，以冬纳币，皆失于太蚤[9]，《春秋》不讥其前[10]，而顾讥其后[11]，必以三年之丧，肌肤之情也[12]，虽从俗而不能终[13]，犹宜未平于心，今全无悼远之志[14]，反思念取事，是《春秋》之所甚疾也。故讥不出三年于首[15]，而已讥以丧取也。不别先后，贱其无人心也。"

[**注释**]

[1]《春秋》讥文公以丧取：《春秋》批评鲁文公在丧期内娶亲。取，同"娶"。古代规定守丧三年即二十五个月，在此期间不能进行娱乐活动，更不能娶亲。鲁文公违背了这个规定，《春秋》给予批评。　[2] 难者曰：这是说"非难之人"。"难者曰"多为古人设问之辞，未必实有其人。《公羊传》亦多"某某何""曷谓某某"之问，未必实有此问。　[3] 丧之法：守丧的法则。《论语·阳货》载孔子说："子生三年，然后免于父母之怀。夫三年之丧，天下之通丧也。"小孩三岁以后才脱离父母的怀抱，因此要守孝三年，是天下共同的守丧期限。　[4] 四十一月方取：鲁僖公于三十三年十二月卒，第二年就是鲁文公元年。鲁文公四年夏五月才去齐国迎亲，离鲁僖公逝世已经四十一个月，超过了规定的二十五个月的期限。　[5] 出其法：超出法定的期限。　[6] 志：指办事的动机、志向。　[7] 纳币：婚娶前，男方给女方送的彩礼、聘金。送彩礼表示有娶亲的意图，也是动机。文公二年冬纳币，纳币的月份在守丧期限内，所以说文公"丧取"。　[8] 袷（xiá）祭：把远近祖先的牌位放在祖庙里一起祭祀，叫袷祭，即合祭。　[9] 失于太蚤：袷祭必须在丧期过后进行，即二十五个月后。文公于二年八月进行袷祭，离僖公卒才二十一个月，还差四个月，因此说"失于太蚤（通'早'）"。　[10] 前：指秋八月进行袷祭，《春秋》没有批评。　[11] 讥其后：指冬纳币。　[12] 肌肤之情：《孝经》说："身体发肤，受之父母。"肌肤指父母生养之恩情。　[13] 终：即坚持三年整的丧期。鲁国旧风俗，丧期比较短，没有三年整，只有二十五个月。　[14] 悼远：即慎终追远。　[15] 首：首恶，最坏的事。

缘此以论礼[1]，礼之所重者，在其志。志敬而节具^[2]，则君子予之知礼；志和而音雅^[3]，则君子予之知乐；志哀而居约^[4]，则君子予之知丧。故曰"非虚加之"^[5]，重志之谓也。志为质^[6]，物为文，文着于质^[7]，质不居文，文安施质？质文两备，然后其礼成。文质偏行^[8]，不得有我尔之名。俱不能备^[9]，而偏行之，宁有质而无文，虽弗予能礼，尚少善之，"介葛卢来"是也。有文无质^[10]，非直不予，乃少恶之，谓"州公寔来"是也。

[注释]

[1]"缘此以论礼"三句：按照以上的说法来讨论礼，礼最重要的方面在于志向、动机。缘此，根据这个道理，指论事重志。　[2]志敬而节具：有礼敬之心志，再加上节文（即适合的礼节）周全。具，通"俱"。　[3]志和：内心平和。音雅：声音优美。　[4]志哀而居约：内心悲哀，生活简约，没有排场和娱乐。　[5]非虚加之：指《春秋》讥文公以丧娶。加，加责，给予批评、谴责。见《公羊传》文公二年："非虚加之，以人心为皆有之。"[6]"志为质"二句：心志是本质，事物是形式。文，文饰，形式。相对于本质、内容而言。　[7]"文着于质"三句：形式是依附于本质的，本质若不容纳形式，形式怎么能附在本质上？居，安置，容纳。　[8]"文质偏行"二句：形式或本质只有一个方面，那么，两方面都不能有礼的名称。偏行，指文饰和本质两方面不全，或只有文饰，或只有本质。　[9]"俱不

能备"六句：不能具备两方面时，宁可有本质而没有形式，虽然也称不上礼，还可以说比较好些，像"介葛卢来"就是明显的例子。介葛卢来，载于《春秋》僖公二十九年。介，国名。葛卢，介国国君名。介国是东夷的一个小国，不懂华夏的礼节。缺少"文"，而愿意来礼仪之邦，说明心中有向往礼仪的志向，动机是善的，因此称他的名字。　[10]"有文无质"四句：有形式而没有本质，不仅不承认有礼，还认为是比较坏的，说州公来，记作"这个人来"，就是典型例子。州是国名，公是爵号，是很有社会地位的人物。州公去曹国，经过鲁国，没有去朝拜鲁公，是无礼的表现，因此，《春秋》桓公六年春正月载"寔（shí）来"。为什么不说来人的名字呢？这人就是"州公"，批评他没有礼貌，才这样称呼他。寔，通"是"，此，这。寔来，意即这个人来。

《公羊传》宣公十六年，何休诂："孔子以《春秋》当新王。"孔子在汉代被公羊学家推崇为"素王"，即有德无位之王，而绝非是一位教师或一位大学者。孔子为汉世所立"一王大法"，正是汉儒立足于儒家经典而指导帝王政治、更化革新之重要内核，更影响汉代乃至中国文化两千余年。

《春秋繁露·三代改制质文》言：《春秋》作新王之事，变周之制。"《公羊传》桓公十一年，何休诂："《春秋》改周之文，从殷之质。"正与此相参。

　　然则《春秋》之序道也[1]，先质而后文，右志而左物[2]，故曰："礼云礼云[3]，玉帛云乎哉！"推而前之[4]，亦宜曰："朝云朝云，辞令云乎哉！乐云乐云，钟鼓云乎哉！"引而后之，亦宜曰："丧云丧云，衣服云乎哉！"是故孔子立新王之道[5]，明其贵志以反和[6]，见其好诚以灭伪，其有继周之弊[7]，故若此也。

［注释］

[1]序：排顺序。道：法则。　[2]右志：重视本质。古代尚右，认为"志"比"物"重要。　[3]"礼云礼云"二句：出自《论语·阳货》。意思是：礼呀礼呀，难道只是玉帛之类的礼器吗？　[4]推而前之：往前类比推论。犹言推而言之，由《论语·阳货》中的话推论而说。　[5]孔子立新王之道：汉代人认为孔子为汉世创立新王的法则。　[6]贵志以反和：重精神心志，轻物质之利。和，疑为"利"或"物"之误，指物质、物利。　[7]继周之弊：周朝重文饰，周道衰微，孔子继周弊之后，故提倡质。

《春秋》之法：以人随君[1]，以君随天[2]。曰：缘民臣之心，不可一日无君；一日不可无君，而犹三年称子者[3]，为君心之未当立也，此非以人随君耶？孝子之心，三年不当[4]，而逾年即位者，与天数俱终始也，此非以君随天邪？故屈民而伸君[5]，屈君而伸天，《春秋》之大义也。

《公羊传》文公九年："缘民臣之心，不可一日无君；缘终始之义，一年不二君，不可旷年无君；缘孝子之心，则三年不忍当也。"可知，《繁露》此处盖由《公羊》出。

［注释］

[1]人：指万民，包括百官和各地方的诸侯王。随：依附，服从。　[2]天：中国古代哲学的重要概念，董子用儒家思想来解释天，天就成了儒学的象征。　[3]三年称子：国君死后，其子继位，居丧三年，不称爵号，只称"子"，说明"子"有孝心，不忍当国君。　[4]"三年不当"三句：三年不当父位，为什么逾年就即位呢？这是为了与天数终始相一致。例如鲁僖公

三十三年十二月卒，鲁文公继位，第二年就是鲁文公元年。这样，年份连接才能严密，不出现旷年。　[5]"故屈民而伸居"三句：因此，屈抑民众而伸舒国君，屈抑国君而伸舒上天，是《春秋》的要义。屈伸之义，相对为言。屈民防止叛乱，巩固大一统的政治局面；屈君防止肆行无忌惮，以免权力产生腐败，导致灭亡。两屈伸，董仲舒认为是《春秋》的大义，实是董子天人感应和大一统论两大思想的集中表达，也是他政治哲学的最重要的内容之一。

董天工《春秋繁露笺注》引沈鼎新语："上曰天，此曰人，见人心即天命。"

《春秋》论十二世之事[1]，人道浃而王道备[2]，法布二百四十二年之中[3]，相为左右[4]，以成文采，其居参错[5]，非袭古也[6]。是故论《春秋》者，合而通之[7]，缘而求之[8]，五其比[9]，偶其类[10]，览其绪[11]，屠其赘[12]，是以人道浃而王法立[13]。以为不然[14]，今夫天子逾年即位，诸侯于封内三年称子，皆不在经也，而操之与在经无以异[15]，非无其辨也。有所见而经安受其赘也[16]，故能以比贯类[17]，以辨付赘者[18]，大得之矣。

[注释]

[1]十二世：指鲁国国君十二代：隐、桓、庄、闵、僖、文、宣、成、襄、昭、定、哀。　[2]人道：指处世之道。浃（jiā）：完善，

完备。王道：指治国之道。　[3]法布二百四十二年之中：《春秋》中论人道与王道的法则，分布在二百四十二年的历史中。从鲁隐公元年（前722）到鲁哀公十四年（前481），共计242年。　[4]相为左右：这些法则互相配合。　[5]参（cēn）错：参差交错。　[6]非袭古：不是继承古代已有的法制，而是创新的。袭，因袭。　[7]合而通之：是将许多类似的事例联系在一起，加以研究，融会贯通，从而得出结论。这是董仲舒提出的研究《春秋》的方法。　[8]缘而求之：由一个说法，探求更深一层的道理，意即深入研究。缘，根据。求，探求。　[9]五其比：把类似的事例排列在一起，所谓合并同类项。五，通"伍"，队伍。比，类似。　[10]偶其类：把同类的道理合并起来。偶，合并。类，同类。　[11]览其绪：观察事情的端绪，掌握经书的根本精神。绪，端绪，头绪。　[12]屠其赘：删除多余的、不重要的内容。这是指当时经师繁琐解经的内容。屠，删除。赘，从属的、多余的内容。　[13]王法：即王道，或指王道指导下产生的具体法则。　[14]"以为不然"四句：如果认为不是这样，那么，现在"天子过一年才即位"，"诸侯在封地内三年只称子，不称爵号"，都没有写在经书里。经，指《春秋》。《春秋》没有记载天子即位时间与诸侯称子等内容。　[15]"而操之与在经无以异"二句：人们把它当作写在经书里的说法一样看待，并非没有经过考辨。操之，掌握理论，指不在经书中的说法。当时大概已有一些经师把没有根据的说法附会于经书，后来发展为纬书思想。故董仲舒强调要做辨别。　[16]有所见而经安受其赘也：有新的正确创见，经书也愿意接受这种（附会的）发挥。有所见，有正确的创见。经，指经书。安受，愿意接受。赘，附会经书的内容。　[17]以比贯类：通过并列事例进行比较，来理解同类的道理。比，并列。贯，贯通。类，同类的道理。　[18]以辨付赘：通过分辨，确定哪些内容是经书上没有而后人附加上去的多余部分。

人受命于天，有善善恶恶之性[1]，可养而不可改，可豫而不可去[2]，若形体之可肥臞[3]，而不可得革也[4]。是故虽有至贤[5]，能为君亲含容其恶，不能为君亲令无恶。《书》曰："厥辟不辟[6]，去厥祇。"事亲亦然，皆忠孝之极也。非至贤安能如是？父不父则子不子[7]，君不君则臣不臣耳。

孔子言："君使臣以礼，臣事君以忠。"（《论语·八佾》）孟子亦言："君之视臣如手足，则臣视君如腹心；君之视臣如犬马，则臣视君如国人；君之视臣如土芥，则臣视君如寇雠。"（《孟子·离娄下》）可知儒家认可的合理的君臣关系，一定是双向的，大臣对君主的责任与君主对大臣的行为有重要关系。

[注释]

[1]善善恶恶：喜欢善良的，厌恶丑恶的。前"善""恶"均为动词，相当于喜欢与厌恶。　[2]可豫而不可去：（恶的方面）可以预防，但不能除去。豫，预防，防患于未然。去，根除。　[3]臞（qú）：瘦。　[4]革：改变。　[5]"是故虽有至贤"三句：所以即使是最贤智的人，能够为国君或父亲容忍某些恶性，但不能使国君和父亲没有恶性。含容，包涵，容忍。　[6]"厥辟不辟"二句：大意是那个国君不像国君，要除去他的毛病。伪《古文尚书·太甲上》有"辟不辟，忝厥祖"句，《礼记·坊记》也载："《书》云：'厥辟不辟，忝厥祖。'"厥，其，他的。辟，国君。辟不辟，国君不像国君的样子，没有认真尽自己作为国君的职责。董仲舒引文"去厥祇"，意思是除去他的毛病。祇（qí），通"疧（qí）"，疾病。　[7]"父不父则子不子"二句：父亲不像当父亲的那样慈爱子女，子女也不会像做子女的那样孝顺父亲。

国君不像国君的样子尊重臣子，臣子也不会像做大臣的样子忠于国君。这里是说，只有大贤才能做到父不父而仍然以子女之道孝顺父亲，君不君而仍然以大臣之道忠于国君，一般人则做不到这一点。苏舆认为"此节非董子原文"，与董仲舒思想不符，可备一说。

文公不能服丧[1]，不时奉祭[2]，不以三年，又以丧取，取于大夫[3]，以卑宗庙[4]，乱其群祖，以逆先公[5]。小善无一，而大恶四五[6]，故诸侯弗予盟，命大夫弗为使，是恶恶之征、不臣之效也[7]。出侮于外[8]，入夺于内[9]，无位之君也[10]。孔子曰[11]："政逮于大夫四世矣。"盖自文公以来之谓也。

[注释]

[1] 文公不能服丧：指鲁文公在丧期中给女方下聘礼，想到娶亲的事。　[2] 不时奉祭：祭祀没有按时进行。僖公丧期未满，文公就把僖公放入祖庙与祖先合祭，即祫祭，提早了四个月。　[3] 取于大夫：文公四年，娶齐大夫之女，不是门当户对。按地位，他应娶齐侯之女。　[4] 卑宗庙：娶妻低贱，降低宗庙的名分。　[5] 以逆先公：违背了先祖的通例。逆，颠倒。先公，对诸侯祖先的尊称。僖公是闵公的庶兄，但闵公在先，僖公在后。闵公时，僖公还是臣子，有君臣关系。文公把僖公放入祖庙中，升在闵公之上。董仲舒认为，僖公虽为庶兄，但论任位先后，应

排在闵公后面。升僖公于闵公之上，是乱了群祖的顺序，违反了先公的通例。　[6]大恶四五：指不能服丧、不时奉祭、娶于大夫、乱其群祖等。　[7]恶恶（wù è）之征：《春秋》的作者厌恶丑恶的表现。不臣之效：大夫不肯出使，是臣子不像臣子的样子。　[8]出侮于外：在外面受到轻视、侮辱。指诸侯不肯与鲁国结盟。　[9]入夺于内：在国内权力被剥夺。指命大夫出使，大夫不肯听从。　[10]无位之君：没有实权的国君。　[11]孔子曰：下面引文见《论语·季氏》。宣公死后，季文子驱逐东门氏，自此任正卿，掌握鲁国大权。自季氏掌权到孔子说话时，经历了文子、武子、平子、桓子四代，故称四世。

《礼记·经解》载孔子曰："入其国，其教可知也。……其为人也：温柔敦厚而不愚，则深于《诗》者；疏通知远而不诬，则深于《书》者；广博易良而不奢，则深于《乐》者也；絜静精微而不贼，则深于《易》者也；恭俭庄敬而不烦，则深于《礼》者也；属辞比事而不乱，则深于《春秋》者也。"由此可知"六艺"教化，各自不同，然俱可培养君子的德性。

君子知在位者之不能以恶服人也，是故简六艺以赡养之[1]。《诗》《书》序其志[2]，《礼》《乐》纯其美[3]，《易》《春秋》明其知[4]。六学皆大[5]，而各有所长。《诗》道志[6]，故长于质；《礼》制节[7]，故长于文；《乐》咏德[8]，故长于风；《书》著功[9]，故长于事；《易》本天地[10]，故长于数[11]；《春秋》正是非[12]，故长于治人。能兼得其所长，而不能遍举其详也。故人主大节则知闇[13]，大博则业厌[14]，二者异失同贬[15]，其伤必至，不可不察也。是故善为师者，既美其道[16]，有慎其行[17]，齐时早晚[18]，任多少[19]，适疾徐[20]，造而勿趋[21]，稽而勿苦[22]，省其所为[23]，而成其所湛[24]，故力不劳而身大成。此之谓圣化[25]，吾取之[26]。

[注释]

[1]简六艺以赡养之：选择"六艺"来培养人的德性。简，选择。六艺，即下文所言《诗》《书》《礼》《乐》《易》《春秋》。赡养之，指涵养当政者个人的德性。赡，通"澹"。　[2]《诗》《书》序其志：《诗经》和《尚书》能够叙述心志。序，通"叙"，叙述，抒发。志，志向，情绪。　[3]《礼》《乐》纯其美：《礼经》和《乐经》能够净化心灵，陶冶情操。纯，净化。美，审美情趣。　[4]《易》《春秋》明其知：《易经》讲万物的变化规律，《春秋》讲社会人事的是非原则，二者使人对自然界和人类社会有正确的认识，使人明白道理。　[5]六学皆大："六艺"的学问都很重要。六学，即六艺之学。大，重要。　[6]质：朴素的本质，没有伪装修饰的心理，是真实的思想。　[7]"《礼》制节"二句：《礼经》的种种规定都是为了节制欲望，所以有许多文饰的形式。是说礼是以统一的形式抑制个人不同的欲望。文，文饰，形式。　[8]"《乐》咏德"二句：《乐经》是咏颂功德的，从而影响社会风气。音乐有感化性情的作用，所以"长于风"。　[9]"《书》著功"二句：《尚书》记载了历代帝王的功绩，所以保存了古代许多重大的史事。　[10]天地：自然界整体的代称。　[11]长于数：《易经》是关于天地阴阳变化和事物相互关系的典籍，其卦与卦之间、爻之位次及奇偶变化，都常用数来表示。[12]"《春秋》正是非"二句：《春秋》是孔子根据鲁国史记改编的，通过特殊的写法，寓以褒贬，确定是非，因此此书成为指导政治活动的政治法典，故称"长于治人"。　[13]人主大节则知闇（àn）：国君兴趣太少就孤陋寡

闻。人主，国君。大，即"太"。节，节制。知闇，知识太少。闇，同"暗"。 [14]大博则业厌：爱好太广泛就可能荒废政务。博，广博，爱好广泛。业，事业，职业。厌，抛弃，厌恶。 [15]二者异失同贬：两个极端的错误不同，却受到同样的批评。二者，指"大节"和"大博"。异失，不同的错误。同贬，一样受到批评。 [16]道：指六艺之学。 [17]有：通"又"。 [18]齐时早晚：在时间上能调剂早晚，即确定最适当的时刻，不早不晚。齐，通"剂"，调剂。 [19]任：胜任，担任。 [20]适疾徐：快慢的速度适中。 [21]造而勿趋：能够到达目的地就可以了，不必急速跑步。造，到达。趋，急速，跑步。 [22]稽而勿苦：需要休息整顿，而不能停滞。稽，滞留，休息。苦，困苦，停滞。 [23]省其所为：少花力气。省，约省，少。为，做。 [24]成其所湛：所成就的结果很丰富。成，成就。湛，丰富，深厚。 [25]圣化：即指董仲舒所讲教师的最理想的教化过程。 [26]吾取之：是说董仲舒自己赞赏这种教学方法。

另有句读为"《春秋》之好微与？其贵志也"。董天工《春秋繁露笺注》云："'志'字，一篇之骨。此篇以论赵盾为主，许止贯而比之。公于比连而及之，'志'字为赵盾原情。"可备一说。

《春秋》之好微与其贵志也[1]。《春秋》修本末之义[2]，达变故之应[3]，通生死之志，遂人道之极者也[4]。是故君弑贼讨[5]，则善而书其诛[6]；若莫之讨，则君不书葬而贼不复见矣[7]。不书葬，以为无臣子也；贼不复见，以其宜灭绝也。今赵盾弑君[8]，四年之后，别牍复见[9]，非《春秋》之常辞也。古今之学者异而问之曰[10]："是弑君，何以复见？"犹曰："贼未讨[11]，何以书葬？"

何以书葬者，不宜书葬也而书葬；何以复见者，亦不宜复见也而复见[12]。二者同贯[13]，不得不相若也。盾之复见，直以起问而辨不亲弒[14]，非不当诛也[15]。则亦不得不谓悼公之书葬[16]，直以起问而辨不成弒，非不当罪也。若是，则《春秋》之说乱矣，岂可法哉？故贯比而论[17]，是非虽难悉得，其义一也。今诛盾有传[18]，弗诛无传。以比言之，法论也；无比而处之，诬辞也。今视其比，皆不当死，何以诛之？《春秋》起问数百，应问数千，同留经中。翻援比类[19]，以发其端，卒无妄言，而得应于传者。今使外贼不可诛[20]，故皆复见，而问曰[21]："此复见何也？言莫妄于是，何以得应乎？"故吾以其得应，知其问之不妄，以其问之不妄，知盾之狱不可不察也。夫名为弒父而实免罪者[22]，已有之矣。亦有名为弒君而罪不诛者。逆而罪之[23]，不若徐而味之[24]。且吾语盾有本[25]，《诗》云[26]："他人有心，予忖度之。"此言物莫无邻[27]，察视其外[28]，可以见其内也[29]。今按盾事而观其心，愿而不刑[30]，合而信之，非篡弒之邻也。按盾

《春秋》载"赵盾弑君"，在于其放纵罪犯，没有为君讨贼，这是不忠的表现，于礼法不合。但他确实没有弑君的大恶，所以也需从情理而论，不宜诛杀，这是兼顾法与情两方面的考量。《后汉书·霍谞传》载："谞闻《春秋》之义，原情定过，赦事诛意，故许止虽弑君而不罪，赵盾以纵贼而见书。此仲尼所以垂王法，汉世所宜遵前修也。"霍谞之论，深得《春秋》大义。

辞号乎天[31]，苟内不诚，安能如是？故训其终始[32]，无弑之志，挂恶谋者[33]，过在不遂去[34]，罪在不讨贼而已[35]。臣之宜为君讨贼也，犹子之宜为父尝药也。子不尝药[36]，故加之弑父；臣不讨贼，故加之弑君，其义一也。所以示天下废臣子之节，其恶之大若此也！故盾之不讨贼，为弑君也，与止之不尝药为弑父，无以异。盾不宜诛，以此参之。

[注释]

[1]《春秋》之好微与其贵志也：《春秋》喜欢用微言与它重视志向相联系。微，隐蔽含蓄而有所寓托的记事方式。贵志，重视思想动机、志向。这句话把"好微"和"贵志"相联系，可以说明，董仲舒认为《春秋》从笔法上说是"好微"的，从思想实质上说是"贵志"的，就是用隐晦的笔法来表达重视思想动机的态度。　[2]《春秋》修本末之义：《春秋》论说了关于本末关系的道理。先后、轻重、贵贱、农商、物志等都有本末关系。修，有撰写著述之义，如修书。　[3]变故：意外发生的事故或灾祸。　[4]遂人道之极：达到人生的最高精神境界。遂，成就。人道之极，指人生最崇高的精神境界。儒家以仁、义、礼、智、信等道德为最高境界。　[5]君弑贼讨：君被杀死，臣子应该去讨伐贼盗。这是《春秋》大义。　[6]善而书其诛：这种做法是对的，凶手被诛杀也应该记录在史书上。《春秋》隐公四年二月"卫州吁（xū）弑其君完"，九月"卫人杀州吁于濮（pú）"。州吁弑了

卫国国君，卫国人杀了州吁。为什么写作"人"？这表明人人都可以杀他，说明杀弑君的贼是善的行为。但是这里也表示是国人去讨贼，而当官者却没有去讨贼，犯了该诛的罪行。　[7]不书葬：国君被弑，若臣子未去讨贼，《春秋》就不写安葬的事，也不写弑君者的名字。　[8]赵盾：晋国正卿。前607年，赵盾族弟赵穿攻杀晋灵公，史官董狐认为赵盾负有责任，乃直书"赵盾弑其君"。　[9]别牍（dú）：别的书简，指另外记载。赵盾弑君发生在宣公二年，而宣公六年又出现赵盾的名字，所以说"别牍复见"。　[10]古今之学者：指通达古今的学者。　[11]"贼未讨"二句：《春秋》昭公十九年载："冬，葬许悼公。"许悼公是饮了世子止的药而死的，属于被弑杀。按《春秋》之义，君弑贼不讨，不得书葬。此处书葬，表明世子止并未弑君。许止并不是想毒杀许悼公，而是所献之药出了问题，《春秋》仍然记录许止"弑君"，是言其难逃"过失杀人"之罪。　[12]不宜复见也而复见：亲手弑杀晋灵公的是赵穿，赵盾作为臣了，只是没有讨贼，因此与弑君同罪。只是在文字上或名义上谴责赵盾，所以赵盾可以再出现。而赵穿是弑君者，就没有再出现。　[13]二者：指许止弑其君与赵盾弑其君。　[14]直以起问而辨不亲弑：只是由于发问而辨清他不是亲自弑君的。直以，只是由于。起问，发问。　[15]诛：谴责，声讨。　[16]"则亦不得不谓悼公之书葬"三句：也不得不说书写许悼公安葬之事，只是由于发问而分辨清楚许止弑君是不成立的，并不是说不应该承担罪过。不成弑，弑君不成立。　[17]贯比而论：联系比较同类的事情，加以推论。贯，贯通。比，同类事联系比较。　[18]"今诛盾有传"六句：现在传中有谴责赵盾的内容，没有不谴责的说法。根据事实讨论，是有法则依据的论说；没有依据的处治，就是胡说八道。法论，以法为根据来论定。法，法律。　[19]"翻援比类"四句：反复引用事实进行类比分析，提出论题，从来没有乱说，与传中所说都能相应。翻援：演绎引述。以发其端，提出论题。发，引发。端，端绪。　[20] 外贼：弑君者潜逃到他国去，称为外贼。　[21]"而问曰"八句：那么可以问："这种情况为什么可以重复出现？没有比这种说法更加荒谬的，怎么能跟传中说法相应呢？"因此我根据这种说法能与传中说法相应，知道这些发问并不荒谬，根据并不荒谬的发问，知道赵盾的弑君案不能不细心加以考察。狱，案件。　[22]"夫名为弑父而实免罪者"三句：名义上称许世子"弑父"，而实际上又免了他的罪行，这是已有的事实。也有名义上为"弑君"而又不谴责他叛逆罪行的。　[23] 逆而罪之：以叛逆罪来给他定罪。逆，谓叛逆，所以加之罪。　[24] 徐而味之：慢慢体味其中的道理。　[25] 语盾有本：讲赵盾的事是有根据的。　[26]《诗》云：下引诗见《诗经·小雅·巧言》。大意是："别人的想法，我要猜测它。"忖度，思考，猜测。　[27] 物莫无邻：事物都有同类的。　[28] 外：指事物的外在形式，也指《春秋》微言。　[29] 内：指事物的内容和实质，也指《春秋》的大义。　[30] 愿而不刑：究其本心而不予刑罚。愿，同"原"，考究，追本溯源。刑，刑罚。　[31] 辞号乎天：赵盾听说晋史写他弑君，大声呼喊："天乎！无辜！吾不弑君，谁谓吾弑君者乎？"（《公羊传》宣公六年）[32] 训其终始：考察事件的前前后后。训，顺。　[33] 挂恶谋者：跟弑君有某种牵连。挂，挂牵，牵连。恶谋，指弑君。　[34] 不遂去：指赵盾"亡不越境"，逃亡没有逃到他国去。越境就不再追究了。　[35] 不讨贼：赵盾逃亡，不久又返回，回来后又不声讨弑君者，因此有罪，与弑君者似有某种牵连。《左传》宣公二年说赵盾"亡不越境，反不讨贼，非子（指赵盾）而谁？"与上说正相印证。　[36]"子不尝药"二句：儿子不尝药，所以给他加上弑父的罪名。加，加责，给予谴责。《礼记·曲礼下》记载："君有疾，饮药，臣先尝之。亲有疾，饮药，子先尝之。"许世子止给许悼公进药时没有先尝，致使许悼公饮药而死。《公羊传》认为许世子止没有尽孝道，所以谴责他"弑父"。

　　问者曰："夫谓之弑而有不诛[1]，其论难知，非蒙之所能见也[2]。故赦止之罪[3]，以传明之[4]。盾不诛，无传，何也？"曰："世乱义废[5]，背上不臣，篡弑覆君者多，而有明大恶之诛，谁言其诛？故晋赵盾、楚公子比皆不诛之文，而弗为传，弗欲明之心也。"

[注释]

[1]有：通"又"。　[2]蒙：问者自谦词，说自己无知。　[3]赦止之罪：止，即许世子止。进药给父亲而没有亲尝，父服药而死，许止有弑父之罪。后又写"葬许悼公"，说明《春秋》赦了许止的罪，因为他没有弑父的意向与动机。　[4]传：指《公羊传》。《公羊传》昭公十九年："止进药而药杀，是以君子加弑焉尔，曰：'许世子止弑其君买。'是君子之听（治罪，判罪）止也。'葬许悼公。'是君子之赦止也。赦止者，免止之罪辞也。"《公羊传》有赦止的明确记载。　[5]"世乱义废"八句：春秋以来，背叛君主、不守臣节而弑君弑父者很多，若说明大恶还可以不受谴责，那么谁能知道这些罪行其实是应该严厉谴责的呢？所以晋国的赵盾、楚国的公子比都有不谴责的文字，而不在传中写下，是不想直接明了说出的意思，以此表明礼法为本的重要性。背上不臣，背叛君上，不守臣节。有明大恶之诛，连上下文，颇费解。卢文弨认

为此句中脱"不宜"二字，应为"有明大恶之不宜诛"。"之"为"不"之讹误，也通。本句若为"有明大恶不诛"，与下文"皆不诛"正相应。有，通"又"。楚公子比，楚共王之子，楚灵王之弟。前 529 年，公子比从晋国回到楚国，其弟弃疾逼他即位，并弑杀了楚灵王，随后又杀了公子比。公子比已立为王，《春秋》还称他为"公子"，表明他不应为王，楚灵王被公子弃疾逼迫，无路可走，自缢而亡，公子比没有为君效忠而讨贼，却继承王位，其身份于礼法不合；但公子比受公子弃疾胁迫即位，事实上并没有直接弑君，所以虽然记录他"弑君"，表明他不忠，但于情理上却"不诛"。

问者曰："人弑其君，重卿在而弗能讨者[1]，非一国也。灵公弑，赵盾不在。不在之与在[2]，恶有薄厚。《春秋》责在而不讨贼者[3]，弗系臣子尔也；责不在而不讨贼者，乃加弑焉，何其责厚恶之薄、薄恶之厚也？"曰："《春秋》之道[4]，视人所惑，为立说以大明之。今赵盾贤而不遂于理[5]，皆见其善，莫知其罪[6]，故因其所贤，而加之大恶，系之重责，使人湛思[7]，而自省悟以反道[8]。曰：'吁！君臣之大义，父子之道，乃至乎此，此所由恶薄而责之厚也。他国不讨贼者，诸斗筲之民[9]，何足数哉！弗系人数而已[10]，此所由恶厚而责薄也。'《传》曰：'轻为重，重为轻[11]。'非是之谓乎？故公子比嫌可以立[12]，赵盾嫌无臣责，许止嫌无子罪。《春秋》为人不知恶[13]，而恬行不备也，是故重累责之[14]，以矫枉世而直之[15]。矫者不过其正，弗能直，知此而义毕矣。"

[注释]

[1] 重卿：指国家重臣，掌握大权的重要官员。　[2] "不在之与在"二句：灵公被弑的时候，赵盾在不在场，责任有大小的不同。在场责任大，即恶厚；不在场责任小，即恶薄。　[3]《春秋》责在而不讨贼者"五句：《春秋》责备在场而不能讨贼的臣子，只是不算臣子而已；责备不在场而不讨贼的人，却加上"弑君"的罪名，为什么对罪过大的责备轻、对罪过小的责备重呢？弗系臣子，不算臣子，指不守臣节。　[4]《春秋》之道"三句：《春秋》的原则，针对人所容易迷惑的问题，提出说法，使它是非特别明白。立说，立一种说法，建一个理论。　[5] 遂：通，顺。　[6] 罪：指"君弑不讨贼"之罪。　[7] 湛思：即深思。　[8] 反道：回到正道上来。　[9] 斗筲（shāo）之民：指气量小的人，没有作为的平庸之人。斗与筲都是小量器。　[10] 弗系人数：不在统计人数之中。　[11] 轻为重，重为轻：罪轻而责重，罪重而责轻。　[12] 公子比嫌可以立：公子比可以立为王是有嫌疑的。即是说公子比是否可以立，被迫而立，能否说明他可以弑君自立？嫌，疑虑，怀疑。　[13]《春秋》为人不知恶"二句：《春秋》因为人们不知哪些是恶的，因此安然实行而没有戒备。恬，安然。备，戒备。　[14] 重累责之：反复地用严厉的语气批评这些罪过

董子认为，《春秋》非孔子单纯记录春秋时代史实之书，而是寓含褒贬之意，以图拨乱反正，实现国家的良性秩序。因此对于世人容易忽略而又颇为重要之处，多加强调而罪责之，"治乱世当用重典"，只有矫正世俗的错误观念，才能真正实现直道，才能使世人知《春秋》之大义，以恢复合理的政治秩序。

行为。重，加大，犹如重判。累，多次，再三。 [15]枉世：世俗的错误观念。

[点评]

《玉杯》是董仲舒著书的篇名，《汉书》提到这一篇名，不知此篇名所取何意。本篇主要通过《春秋》所载鲁文公、许止、赵盾、公子比等人之事，并加以复杂的分析，认为《春秋》特别重视人的心志、办事的动机，"《春秋》之论事，莫重于志"。这种重视没有明白说出，而是用曲折隐晦的笔法，即"微言"来表达的。因为心志是本质，事物是形式，形式是依附于本质的，本质是容纳形式的，因此"质文两备，然后其礼成"。所以《春秋》之道的原则是，先本质而后文饰，重志向而轻物质。因此，《春秋》重志的目的在于"矫枉世而直之"，即通过矫正世俗的错误观念，而使其回到正确的轨道上来。同时，本篇也提出了一些研究《春秋》的方法论问题。

竹林第三

《春秋》之常辞也，不予夷狄[1]，而予中国为礼[2]，至邲之战[3]，偏然反之[4]，何也？曰："《春秋》无通辞[5]，从变而移。今晋变而为夷狄[6]，楚变而为君子，故移其辞以从其事。夫庄王之舍郑[7]，有可贵之美，晋人不知其善，而欲击之；所救已解，如挑与之战，此无善善之心，而轻救民之意也，是以贱之，而不使得与贤者为礼。秦穆侮蹇叔而大败[8]，郑文轻众而丧师[9]，《春秋》之敬贤重民如是。是故战攻侵伐[10]，虽数百起，必一二书，伤其害所重也。"问者曰："其书战伐甚谨，其恶战伐无辞，何也？"曰："会

韩愈《原道》云："孔子之作《春秋》也，诸侯用夷礼则夷之，夷而进于中国则中国之。"苏舆《春秋繁露义证》："以此见中国夷狄之判，圣人以其行，不限以地，明矣。"韩愈、苏舆均明确表达董仲舒所阐发的《春秋》大义：华夷之辨不局限于地域划分，主要从礼乐文明的程度来划分。

此句申明《公羊传》义例：战争双方，有"起之者"，即主动者、发起者，有被动者，而战争发动者放在后面，表示贬抑；被动者、受侵略者放在前面，表示赞同。如文公十二年，秦伐晋，而书"晋人、秦人战于河曲"。这是《春秋》笔法，虽然不说战争是坏事，但这样书写就表明反对战争。

同之事[11]，大者主小；战伐之事，后者主先，苟不恶，何为使起之者居下？是其恶战伐之辞已！且《春秋》之法，凶年不修旧[12]，意在无苦民尔；苦民尚恶之，况伤民乎？伤民尚痛之，况杀民乎？故曰：凶年修旧则讥，造邑则讳[13]，是害民之小者，恶之小也；害民之大者，恶之大也。今战伐之于民，其为害几何！考意而观指[14]，则《春秋》之所恶者，不任德而任力，驱民而残贼之；其所好者，设而勿用[15]，仁义以服之也。《诗》云[16]：'弛其文德，洽此四国。'此《春秋》之所善也。夫德不足以亲近[17]，而文不足以来远，而断断以战伐为之者，此固《春秋》所甚疾已，皆非义也。"

[注释]

[1] 夷狄：泛指除华夏族以外的四方各族。古称东方为夷，北方为狄，南方为蛮，西方为戎。　[2] 予中国为礼：给予中原华夏族礼遇。中国，指居于中原地区的华夏族。为礼，指有礼，意即以礼相待。　[3] 邲（bì）：郑地，在今河南郑州东。鲁宣公十二年（前597），楚军与晋军战于邲，大败晋军，楚庄王因而成为霸主。　[4] 偏然反之：偏偏相反，截然不同。邲之战，《春秋》载："晋荀林父帅师及楚子战于邲。"《公羊传》认为："大夫

不敌君，此其称名氏以敌楚子何？不与（肯定）晋而与楚子为礼也。"　[5] 通辞：确定无疑、固定不变之辞。　[6] "今晋变而为夷狄"二句：邲之战时，《春秋》认为晋国的行为如同异族夷狄一样无礼，楚国的做法却像君子。　[7] 庄王之舍郑：前597年，楚庄王围攻郑国，郑国求和，庄王应允。后晋国借口救郑出兵，向楚军挑战，发生邲之战。楚郑和解时，有将军对胜利后而不要战利品的做法不能理解。楚庄王做了解释："君子笃于礼而薄于利，要其人而不要其土。"庄王笃礼轻利，重民舍郑，这是仁爱的表现，很可贵。　[8] 秦穆侮蹇（jiǎn）叔而大败：秦穆公羞辱蹇叔而吃了大败仗。秦穆，秦穆公，姓嬴，名任好，前659—前621年在位。蹇叔，秦国大夫。前627年，蹇叔劝阻秦穆公派兵偷袭郑国，穆公非但不听，反而侮辱蹇叔说："若尔之年者，宰上之木拱矣！尔曷知？"（《公羊传》僖公三十三年）结果秦军大败于崤（xiáo），"匹马只轮无反者"。　[9] 郑文轻众而丧师：郑文公轻视民意而丧失了军队。郑文，郑文公，姓姬，名踕（jiàn），前671—前628年在位。《春秋》闵公二年："郑弃其师。"《公羊传》："郑弃其师者何？恶其将也。郑伯恶高克，使之将，逐而不纳，弃师之道也。"认为郑文公厌恶将领高克，让他率军在外，久而不召，以致兵溃丧师。　[10] "是故战攻侵伐"四句：因此各类战争，尽管有几百起，必定一一记载下来，以哀伤战争对民众造成的严重伤害。一二，犹言一一，所有战争都作详细记载，不遗漏。侵伐，伐是鸣钟鼓进攻，即正式宣战；侵是没有钟鼓，即不需任何理由的"不宣而战"。二者连用，泛指各式战争。　[11] "会同之事"六句：诸侯之间的交往会盟，强大的排在弱小的之前；攻战侵伐的事情，被迫应战者则列在挑起者之前。如果不是反对战争，为什么记载战争时要把挑起者放在后边呢？使起之者居下，把挑起战争者放到后面。会同，指诸侯的会谈、结成同盟。　　[12] 凶年不修旧:《公羊传》认为灾年不应动用民力翻修建筑物,即"凶年不修",这是为了减轻受灾年份人民的负担。《春秋》庄公二十九年载"新延厩",延厩是郑庄公的马厩名,郑庄公灾年翻修马厩,《春秋》提出谴责。　　[13] 造邑则讳:修筑城邑则予以避讳。《春秋》庄公二十八年:"冬,筑微,大无麦禾。"《公羊传》认为先记修筑微邑（今山东东平县南）,后记没有麦禾,是避讳说在灾年建邑。　　[14] 指:旨意,意向。　　[15] 设而勿用:虽设军队但不轻用。苏舆认为此句"上或有脱字",并引《汉书·公孙弘传》及《盐铁论·世务》作证,认为脱字是"兵刑"之类。今从之。　　[16]《诗》云:下文所引见《诗经·大雅·江汉》(《诗经》"弛"作"矢")。又《礼记·孔子闲居》引此二句,"洽"作"协"。大意为:施行他的文德,和洽这四方诸国。　　[17]"夫德不足以亲近"五句:仁德不能够亲睦近邻,礼乐教化不能够招服远国,而专门用战争来达到目的,这绝对是《春秋》所深恶痛绝的,都不是正义的行为。断断,专一。

难者曰:"《春秋》之书战伐也,有恶有善也,恶诈击而善偏战[1],耻伐丧而荣复仇[2]。奈何以《春秋》为无义战而尽恶之也?"曰:"凡《春秋》之记灾异也[3],虽亩有数茎,犹谓之无麦苗也;今天下之大,三百年之久[4],战攻侵伐,不可胜数,而复仇者有二焉[5],是何以异于无麦苗之有数茎哉?不足以难之,故谓之无义战也。以无义

孟子言:"春秋无义战。"(《孟子·尽心下》)于是难者引孟子之言以为前后矛盾。

战为不可，则无麦苗亦不可也；以无麦苗为可，则无义战亦可矣。若《春秋》之于偏战也[6]，善其偏，不善其战，有以效其然也。《春秋》爱人，而战者杀人，君子奚说善杀其所爱哉[7]？故《春秋》之于偏战也，犹其于诸夏也[8]，引之鲁，则谓之外，引之夷狄，则谓之内；比之诈战[9]，则谓之义，比之不战，则谓之不义。故盟不如不盟，然而有所谓善盟；战不如不战，然而有所谓善战。不义之中有义，义之中有不义。辞不能及，皆在于指，非精心达思者，其孰能知之！《诗》云[10]：'棠棣之华，偏其反而；岂不尔思，室是远而。'孔子曰[11]：'未之思也！夫何远之有？'由是观之[12]，见其指者，不任其辞；不任其辞，然后可与适道矣。"

[注释]

[1]恶诈击而善偏战：反对欺诈性的进攻而赞同堂堂正正的宣战。诈击，用诈骗于战争，所谓"兵不厌诈"。偏战，约定时间和地点相战，指各据一面，鸣鼓而战，不用偷袭等诈击战术，与今日阵地战相似。《周礼·地官》言五十人为偏，《司马法》谓车战二十五乘为偏，取"偏"之"拒"义，是为战车编组单位，俱与此用法不同。　[2]耻伐丧而荣复仇：以侵伐服丧者为耻，以

复仇而战为荣。耻伐丧，乘丧期发起进攻是可耻的。《公羊传》襄公二年："虎牢者何？郑之邑也。其言城之何？取之也。取之则曷为不言取之？为中国讳也。曷为为中国讳？讳伐丧也。"荣复仇，为复仇而战是光荣的。《春秋》庄公四年："纪侯大去其国。"《公羊传》："大去者何？灭也。孰灭之？齐灭之。曷为不言齐灭之？为襄公讳也。《春秋》为贤者讳。何贤乎襄公？复仇也。"《公羊传》解释说："大去"即亡国。齐襄公灭了纪国，因齐襄公的九世祖齐哀公遭纪国先祖的谗言而被烹，故齐襄公为祖先复仇，《春秋》为贤者避讳。齐襄公复仇而被认为是贤，说明《春秋》以复仇为荣。　[3]"凡《春秋》之记灾异也"三句：凡是《春秋》记录的灾异，即便是田野里有几棵庄稼，仍旧称没有小麦和禾苗。无麦苗，见《春秋》庄公七年。《公羊传》认为："无苗，则曷为先言无麦，而后言无苗？一灾不书，待无麦，然后书无苗。何以书？记灾也。"　[4]三百年：《春秋》计二百四十二年，三百是举其成数。　[5]复仇者有二：一指鲁庄公四年"纪侯大去其国"。另一事指鲁庄公九年鲁国为复仇而与齐国战于乾时（今山东桓台），鲁军失败。　[6]"若《春秋》之于偏战也"四句：就好像《春秋》对于堂堂正正的战争，赞同的是它的堂堂正正，不赞同的是它的杀伐，这也可以验明其中的道理。　[7]说善：疑"说"字衍。或"说"通"悦"，"说善"即"悦善"，乃同义词。　[8]诸夏：周代分封的中原各个诸侯国。《春秋》以鲁国为中心，称诸夏为"外"；当以诸夏为中心时，则夷狄即是"外"。所以《公羊传》成公十五年说："《春秋》内其国而外诸夏，先诸夏而后夷狄。"　[9]"比之诈战"四句：与夷夏之辨类似，与欺诈性的作战相比，则称堂堂正正的作战是正义的；与不作战相比，则称它是非正义的。　[10]《诗》云：下引诗不见《诗经》，而见《论语·子罕》，乃孔子摘引的逸诗。大意是说："棠棣的花朵，摇摆着先开后合。难道我不思念你？是你住的太遥远了。"棠棣，亦作唐棣、常棣，是一种果树。华，即花。偏，同"翩"，随风翻动。而，语助词。一般树木开花都是先合后开，而棠棣开花却是先开后合，违反常规，故说"反而"。室，居住的地方。　[11]孔子曰：下引文亦见《论语·子罕》。　[12]"由是观之"五句：从此来看，领会了《春秋》的精神实质，就不必拘泥于它的言辞。不拘泥于它的言辞，这样才能达到完美的境界。任，用，听信。引申指拘泥。适道，语出《论语·子罕》。适，往，达到。

"司马子反为其君使[1]，废君命，与敌情，从其所请，与宋平，是内专政而外擅名也[2]。专政则轻君，擅名则不臣，而《春秋》大之，奚由哉？"曰："为其有惨怛之恩[3]，不忍饿一国之民，使之相食[4]。推恩者远之为大，为仁者自然为美。今子反出己之心，矜宋之民，无计其间[5]，故大之也。"难者曰："《春秋》之法[6]，卿不忧诸侯，政不在大夫[7]。子反为楚臣而恤宋民，是忧诸侯也；不复其君而与敌平，是政在大夫也。溴梁之盟[8]，信在大夫，而《春秋》刺之[9]，为其夺君尊也；平在大夫，亦夺君尊，而《春秋》大之，此所闻也[10]。且《春秋》之义，臣有恶

董天工《春秋繁露笺注》引茅坤曰："'专政则轻君，擅名则不臣'堪作纲目外，传后复以'常变'二字抑扬其旨，原出情事。其文法逸宕，错落甚佳。"可知《春秋》赞成权变，而非墨守成规、不知变通。

擅名美[11]，故忠臣不显谏，欲其由君出也。《书》曰[12]：'尔有嘉谋嘉猷，入告尔君于内，尔乃顺之于外，曰：此谋此猷，惟我君之德。'此为人臣之法也；古之良大夫，其事君皆若是。今子反去君近而不复，庄王可见而不告，皆以其解二国之难为不得已也，奈其夺君名美何？此所惑也。"曰："《春秋》之道，固有常有变，变用于变，常用于常，各止其科[13]，非相妨也。今诸子所称，皆天下之常，雷同之义也[14]；子反之行，一曲之变[15]，独修之意也[16]。夫目惊而体失其容[17]，心惊而事有所忘，人之情也；通于惊之情者，取其一美，不尽其失。《诗》云[18]：'采葑采菲，无以下体。'此之谓也。今子反往视宋，闻人相食，大惊而哀之，不意之至于此也，是以心骇目动而违常礼。礼者，庶于仁[19]，文质而成体者也[20]。今使人相食，大失其仁，安着其礼？方救其质，奚恤其文？故曰：'当仁不让[21]。'此之谓也。《春秋》之辞，有所谓贱者，有贱乎贱者[22]；夫有贱乎贱者，则亦有贵乎贵者矣。今让者[23]，《春秋》之所贵，虽然，见人相食，惊人相馘，救之忘其

《潜夫论·论荣》言："昔自周公不求备于一人。……《诗》云：'采葑采菲，无以下体。'故苟有大美可尚于世，则虽细行小瑕曷足以为累乎？"郑玄注《礼记·坊记》言："言人之交，当如采葑采菲，取一善而已。君子不求备于一人。"可知汉儒识人用人之法："人非圣贤，孰能无过？"当不以小过弃大善，承认众人均有之美德；而成大事者不拘小节，因此要知人善任，察其大端而用之。

让，君子之道，有贵于让者也。故说《春秋》者[24]，无以平定之常义，疑变故之大，则义几可谕矣。"

[**注释**]

[1]"司马子反为其君使"五句：司马子反为他的国君出使到宋国，废弃了国君的命令，把实情告诉给敌国，答应了对方的请求，与宋国媾和。《春秋》宣公十五年载：楚庄王围宋，军有七日之粮；宋国困厄，宋将华元夜见楚将子反，说明宋国危局，子反以楚军有七日之粮的实情相告，订盟退军。司马子反，楚臣，名侧。平，国与国停战讲和，即媾和。　[2]擅名：为自己争取好名声。　[3]惨怛（dá）：忧伤，悲痛，犹言"恻隐之心"。　[4]使之相食：宋国被楚军包围，饥饿难忍，以至于易子而食，析骸而炊。　[5]无计其间：不顾及可能遭致的嫌隙。间，嫌疑。　[6]"《春秋》之法"二句：《春秋》的法则，卿士不应忧虑别国的诸侯。《公羊传》襄公三十年："此大事也，曷为使微者？卿也。卿则其称人何？贬。曷为贬？卿不得忧诸侯也。"何休诂："时虽各诸侯使之，恩实从卿发，故贬起其事，明大夫之义，得忧内，不得忧外，所以抑臣道也。"　[7]政不在大夫：《论语·季氏》载孔子言："天下有道，则政不在大夫。"　[8]渠（jú）梁：渠水上的堤坝。渠水源出河南济源西，东流经孟州市入黄河。梁，堤坝。渠梁当在今济源市西。鲁襄公十六年（前557），鲁、晋、宋等国的大夫曾在此会盟。　[9]而《春秋》刺之："《春秋》"，苏本作"诸侯"，他本皆作"《春秋》"，从上下文可知，此处也是讲《春秋》笔法，苏本误，作"《春秋》"是。　[10]间：非难，指责。　[11]臣有恶擅名美：反对臣下夺占君主的美名。此句有讹误。卢文弨校云："《大典》本作'臣有恶，君名美'。疑当作'恶臣擅君名

美'。"姑从此说。　[12]《书》曰：下引文见《尚书·君陈》，与《礼记·坊记》引同。引文大意为："你有好的谋略，要入朝告诉你的君主，你在外边应合，说：这个谋略，体现了我们君主的美德。"猷（yóu），同"谋"，计划，谋划。　[13]各止其科：常与变各有适用的范围。科，法式，规制。　[14]雷同：随声附和，看法一致。　[15]一曲：指局部的、微小的部分。　[16]独修：自修，谓独出新意。　[17]"夫目惊而体失其容"六句：触目受惊而全身失态，心中受惊而忘记要做的事，这是人之常情。通晓心灵受惊的情理，应取其一方面的优点，不能全盘否定。不尽其失，不将他的错误全部摆出来，与"无求备于一人"相近。尽，竭，悉。　[18]《诗》云：下引诗见《诗经·邶（bèi）风·谷风》。引诗大意是："采芜菁采萝卜，不因根苦而丢弃。"葑（fēng），植物名，即芜菁。菲，萝卜一类的菜。二者的叶与根皆可食，但其根（即"下体"）有时略带苦味，勿因其苦而弃之。此处引此诗，谓勿以小过弃大善。　[19]庶：通"摭"，采集，聚合。　[20]文质而成体者也：文为礼，质为仁，礼节与仁德结合而成为一体。　[21]当仁不让：语出《论语·卫灵公》："当仁不让于师。"此处指遇到应做的事就主动去做，不犹豫推诿。　[22]贱乎贱者：《春秋》哀公四年："盗杀蔡侯申。"《公羊传》以弑君之例，贱者称人，这里不称人而称盗，足见《春秋》认为弑者身份是贱人中的贱人。　[23]"今让者"八句：现在，谦让固然是《春秋》所看重的，但是看到人们易子而食的惨状，震惊于人们用人骨烧饭，救助他们而忘了谦让，君子的原则有比谦让更可贵的。爨（cuàn），齐地方言，即"炊"，烧火煮饭。　[24]"故说《春秋》者"四句：所以解说《春秋》的人，不用普通的常规，去怀疑变通的大法，差不多就能明白要义了。

《春秋》记天下之得失[1]，而见所以然之故，甚幽而明，无传而著，不可不察也。夫泰山之为大，弗察弗见，而况微眇者乎？故按《春秋》而適往事[2]，穷其端而视其故，得志之君子、有喜之人[3]，不可不慎也。齐顷公亲齐桓公之孙[4]，国固广大，而地势便利矣，又得霸主之余尊，而志加于诸侯。以此之故，难使会同[5]，而易使骄奢。即位九年，未尝肯一与会同之事，有怒鲁、卫之志，而不从诸侯于清丘、断道[6]。春往伐鲁[7]，入其北郊，顾返伐卫，败之新筑[8]。当是时也，方乘胜而志广，大国往聘，慢而弗敬其使者[9]。晋、鲁俱怒，内悉其众[10]，外得党与卫、曹，四国相辅，大困之甗[11]，获齐顷公，斳逢丑父[12]。深本顷公之所以大辱身[13]，几亡国，为天下笑，其端乃从慑鲁胜卫起。伐鲁，鲁不敢出；击卫，大败之：因得气而无敌国以兴患也[14]。故曰：得志有喜，不可不戒。此其效也。自是之后，顷公恐惧，不听声乐，不饮酒食肉，内爱百姓，问疾吊丧，外敬诸侯，从会与盟，卒终其身，家国安宁。是福之本生于忧，

《周易·系辞下》载孔子言："危者，安其位者也；亡者，保其存者也；乱者，有其治者也。是故君子安而不忘危，存而不忘亡，治而不忘乱。是以身安而国家可保也。"《道德经·五十八章》言："祸兮，福之所倚；福兮，祸之所伏。"孟子说"生于忧患，死于安乐"，福祸相生，本是古人通识，诸家皆言。故"塞翁失马，焉知非福？"对于未发生之事，能做到居安思危，时刻怀有忧患意识，保持崇德向善之心，内求诸己，三省吾身，方是正道。

而祸起于喜也。呜呼！物之所由然^[15]，其于人切近，可不省邪？

［注释］

[1]"《春秋》记天下之得失"四句：《春秋》记录天下的得失成败，并能显示其中的原因。它很隐晦而又很明确，没有解说却又很清楚。传，说，解说。　[2]"故按《春秋》而遹（zhé）往事"二句：所以根据《春秋》去评论往事，追溯它的初始而观看它的结局。遹往事，精通历史。遹，通。故，苏舆推断当作"效"，效果。　[3]"得志之君子、有喜之人"二句：得志的君子和有喜事的人，是不能不谨慎的。《春秋》之旨，可防患于未然，于微妙时，便可知其最终变化。所以此处所谓得志君子与有喜之人，都只看到了事情的表面现象，而自以为得志，自以为有喜事，因此不可不谨慎。苏舆此处注："《春秋》戒有喜。"可谓深得《春秋》大旨。　[4]齐顷公亲齐桓公之孙：齐顷公是齐桓公的亲孙子。齐顷公，姓姜，名无野，是齐桓公之孙，齐惠公之子，前598—前582年在位。亲，属。　[5]会同：古代诸侯朝拜天子或彼此间交往会盟。　[6]不从诸侯于清丘、断道：不随同诸侯在清丘、断道会盟。清丘，卫地，在今河南濮阳东南七十里。鲁宣公十二年（前597），晋、宋、卫、曹在此会盟，齐国未参加。断道，地名。旧注说法不一，或说是晋地（约在今山西沁阳），或说在今河南原阳西，或说在今河南济源西。鲁宣公十七年，鲁、晋、卫、曹、邾等国诸侯在此会盟，齐顷公亦未参加。　[7]春往伐鲁：此事发生在鲁成公二年，即前589年。　[8]新筑：卫国地名，在今河北魏县南。鲁成公二年，齐顷公的军队在此打败卫军。　[9]慢而弗敬其使者：晋国大夫郤克及鲁、卫、曹的使者访问齐国，齐

顷公与其母萧同侄子（《左传》作"萧同叔子"）嘲弄四国使者，引发仇怨。　[10]悉其众：尽数征发军队。　[11]鞌：齐地，在今山东济南东北。鲁成公二年，晋郤克率鲁、卫、曹四国联军攻齐，在此大败齐军，几乎活捉齐顷公。　[12]靳（zhuó）：斩。逢（páng）丑父：齐顷公的卫士。鞌之战，齐军败，逢丑父因与齐顷公相像，而假扮成齐顷公，因此解救了顷公，但自己被俘杀（《左传》说郤克释放了逢丑父）。　[13]深本顷公之所以大辱身：深究齐顷公之所以身遭大辱。或曰："深"为"探"之误。探本，即探讨本原。本，原。　[14]因得气而无敌国以兴患也：因为趾高气扬、心中没有敌国以引起忧患意识。　[15]"物之所由然"三句：事情都是这样的，它对于人来说更是如此，能不醒悟吗？

"逢丑父杀其身以生其君，何以不得谓知权[1]？丑父欺晋，祭仲许宋[2]，俱枉正以存其君，然而丑父之所为，难于祭仲，祭仲见贤，而丑父犹见非，何也？"曰："是非难别者在此，此其嫌疑相似，而不同理者，不可不察。夫去位而避兄弟者[3]，君子之所甚贵；获虏逃遁者[4]，君子之所甚贱。祭仲措其君于人所甚贵，以生其君，故《春秋》以为知权而贤之；丑父措其君于人所甚贱，以生其君，《春秋》以为不知权而简之[5]。其俱枉正以存君，相似也；其使君荣之，与使君辱，不同理。故凡人之有为也，前枉而后义者，

《公羊传》桓公十一年言："权者反于经，然后有善者也。权之所设，舍死亡无所设。行权有道，自贬损以行权，不害人以行权。杀人以自生，亡人以自存，君子不为也。"祭仲之所以被《春秋》称赞为"中权"，在于郑处国破家亡之时，唯有暂时妥协，假意迎合宋人，才能生存，而在此期间，祭仲能够做到多方调解，保证郑国国君的尊严，自己也毫发无伤，实属难得。

谓之中权，虽不能成，《春秋》善之，鲁隐公、郑祭仲是也[6]；前正而后有枉者，谓之邪道，虽能成之，《春秋》不爱，齐顷公、逢丑父是也。夫冒大辱以生，其情无乐，故贤人不为也，而众人疑焉，《春秋》以为人之不知义而疑也，故示之以义，曰：'国灭[7]，君死之，正也。'正也者，正于天之为人性命也。天之为人性命[8]，使行仁义而羞可耻，非若鸟兽然，苟为生，苟为利而已。是故《春秋》推天施而顺人理[9]，以至尊为不可以加于至辱大羞，故获者绝之；以至辱为亦不可以加于至尊大位，故虽失位，弗君也。已反国[10]，复在位矣，而《春秋》犹有不君之辞，况其溷然方获而虏邪！其于义也[11]，非君定矣；若非君，则丑父何权矣！故欺三军，为大罪于晋，其免顷公，为辱宗庙于齐，是以虽难，而《春秋》不爱。丑父大义，宜言于顷公曰：'君慢侮而怒诸侯，是失礼大矣；今被大辱而弗能死，是无耻也；而复重罪，请俱死，无辱宗庙，无羞社稷。'如此，虽陷其身，尚有廉名。当此之时，死贤于生，故君子生以辱，不如死以荣，正是之谓也。由法

董天工《春秋繁露笺注》言："国君死社稷，以有耻也。顷公偷生忍辱，丑父何得谓知权？"国君为一国之主，不能爱护百姓、匡扶社稷，则有愧于民，有愧于天。

董天工《春秋繁露笺注》云："丑父代顷公为邪道，《春秋》所以不书。"此处亦可见《春秋》笔法：不书之辞暗含贬斥之意。

论之，则丑父欺而不中权，忠而不中义，以为不然，复察《春秋》，《春秋》之序辞也[12]，置'王'于'春''正'之间，非曰：上奉天施，而下正人，然后可以为王也云尔！今善善恶恶[13]，好荣憎辱，非人能自生，此天施之在人者也，君子以天施之在人者听之，则丑父弗忠也。天施之在人者，使人有廉耻，有廉耻者，不生于大辱，大辱莫甚于去南面之位，而束获为虏也。曾子曰[14]：'辱若可避，避之而已；及其不可避，君子视死如归。'谓如顷公者也。"

[**注释**]

[1] 权：权变，变通。　[2] 祭（zhài）仲许宋：卢文弨认为"许"是"诈"之误，文义可通，即"俱枉正以存其君"。祭仲是郑国大夫，先立太子姬忽为君（郑昭公），后宋庄公诱捕祭仲，逼他立宋雍氏之女所生子姬突（郑厉公）。祭仲假意应允，使昭公出奔卫国；但其后不久，他便赶走厉公，迎回了昭公。故有"祭仲诈宋"之说。　[3] 去位而避兄弟：指姬忽出奔卫，其弟姬突归郑即位。　[4] 获虏逃遁者：指齐顷公被俘虏，而后逃了出来。　[5] 简：轻贱。　[6] 鲁隐公：鲁惠公的庶子。惠公死后，鲁人推隐公摄政当国，隐公欲待其弟姬允（桓公）年长后让位。前712年，公子翚（huī）谄媚隐公，欲杀姬允，隐公不许。公子翚怕阴谋泄露，转而求姬允。姬允令其杀了隐公。　[7]"国灭"

三句：载《公羊传》襄公七年："曷为不言莱君出奔？国灭，君死之，正也。"齐国灭了莱国，莱共公死，《公羊传》认为国灭，君死之，是人君的正道。　[8]"天之为人性命"二句：上天赋予人具有善性之生命，让人奉行仁义而羞做可耻的事。　[9]"是故《春秋》推天施而顺人理"三句：因此《春秋》推求天道而顺应人理，认为至尊的君主是不能遭受奇耻大辱的，所以绝对不能被人俘获。天施，天所施设，即天性。此处天性应是天赋予人具有仁义之性的生命。　[10]"已反国"四句：对返国复位的君主，《春秋》尚且称他们不算君主，更何况齐顷公污秽到被人俘虏呢！不君之辞，《春秋》庄公六年载"卫侯朔入于卫"，僖公二十八年载"卫侯郑归于卫"，哀公八年载"归邾娄子于邾娄"，都是直书诸侯的名字，表示他们虽恢复君位，但仍不算国君。溷（hùn），混浊。　[11]"其于义也"四句：按道理来说，那时的齐顷公肯定不是国君了。如果不是国君，那么逢丑父算什么权变呢！　[12]序辞：指《春秋》开篇隐公元年之开头语："元年春王正月。"　[13]"今善善恶恶"五句：现在赞扬善良、厌恶邪恶，喜欢荣耀、憎恨耻辱，不是人能自发产生这些感情的，它们是上天的意志在人身上的体现。君子按照这个道理来评判。听，审察，评判。　[14]曾子曰：下引文出自《大戴礼记·曾子制言上》。

"《春秋》曰：'郑伐许[1]。'奚恶于郑而夷狄之也？"曰："卫侯遫卒[2]，郑师侵之，是伐丧也。郑与诸侯盟于蜀[3]，以盟而归诸侯，于是伐许，是叛盟也。伐丧无义，叛盟无信，无信无义，故大恶之。"问者曰："是君死[4]，其子未逾年[5]，

董天工《春秋繁露笺注》引茅坤之语曰："责以信义，伐丧叛盟何辞，说到无信无义，而败由轻心，足令愧死。"

有称伯不子[6]，法辞其罪何[7]？”曰："先王之制[8]，有大丧者，三年不呼其门，顺其志之不在事也。《书》云[9]：'高宗谅阒，三年不言。'居丧之义也。今纵不能如是，奈何其父卒未逾年即以丧举兵也？《春秋》以薄恩[10]，且施失其子心，故不复得称子，谓之郑伯，以辱之也。且其先君襄公伐丧叛盟，得罪诸侯，诸侯怒之未解，恶之未已。继其业者[11]，宜务善以覆之，今又重之，无故居丧以伐人。父伐人丧，子以丧伐人；父加不义于人，子施失恩于亲以犯中国，是父负故恶于前，己起大恶于后。诸侯果怒而憎之，率而俱至，谋共击之。郑乃恐惧，去楚而成虫牢之盟是也[12]。楚与中国侠而击之[13]，郑罢疲危亡，终身愁辜[14]。吾本其端[15]，无义而败，由轻心然。孔子曰[16]：'道千乘之国，敬事而信。'知其为得失之大也，故敬而慎之。今郑伯既无子恩，又不熟计，一举兵不当，被患不穷，自取之也。是以生不得称子，去其义也；死不得书葬，见其穷也。曰：有国者视此，行身不放义[17]，兴事不审时，其何如此尔[18]。"

［注释］

[1]郑伐许：此文载于《春秋》成公三年。　[2]卫侯遫（sù）：卫穆侯姬遫，在位十一年，前589年卒。　[3]蜀：古地名，在今山东泰安西。鲁成公二年（前589），郑襄公与楚、秦、宋等诸侯会盟于此。　[4]是君：指郑襄公，姓姬，名坚，卒于鲁成公四年（前587）。　[5]其子：指郑襄公之子郑悼公姬费。郑悼公在郑襄公死去的当年冬天就攻打了许国。　[6]有称伯不子：又（对他）称"伯"而不称"子"。有，同"又"。称伯不子，《春秋》之例，旧君卒，不论已葬未葬，新君初立当年皆称子而逾年才称爵。《春秋》成公四年说"郑伯伐许"，这是在讥讽郑悼公。　[7]法辞其罪何：这种谴责性的说法表明了郑悼公有什么罪过呢？法辞，谴责性的言辞。　[8]"先王之制"四句：先王的制度，大臣有大丧的，君主三年不在他家门口叫他，为的是满足他的孝心而不让他任职办公。　[9]《书》云：下引文源出《今文尚书·无逸》"乃或谅闇，三年不言"，引文稍有不同。大意是："高宗居庐守丧，三年不开口说话。"高宗，商王武丁。谅闇，或作谅阴，《礼记·丧服四制》云："《书》云：'高宗谅闇，三年不言。'善之也。"《论语·宪问》云："子张曰：《书》云：'高宗谅阴，三年不言。'何谓也？"据郑玄注，此词指丧庐，为天子守孝之称。　[10]"《春秋》以薄恩"二句：《春秋》因为郑悼公寡情少恩，而且丧失了为子的孝心。施失，废弃，丧失。施，通"弛"，废。　[11]"继其业者"四句：继承他基业的人，应该好好行善来掩盖他的过错，现在却又重新犯错，无缘无故在服丧期间去攻打别国。　[12]去楚而成虫牢之盟：（郑悼公）背叛楚国而与中原诸国订立了虫牢之盟。去楚，背叛楚国。虫牢，地名，在今河南封丘北。鲁成公五年（前586），郑悼公与晋、齐、宋等诸侯会盟于此。　[13]侠：同"夹"，夹击。　[14]辜：即苦。　[15]"吾本其端"三句：我

推究他的祸端，在于不守道义而失败，由轻率放纵而导致这样的结果。　　[16]孔子曰：下引文见《论语·学而》。道，同"导"，治理。乘（shèng），古时一车四马叫作"乘"。　　[17]放：通"仿"，仿照，仿效。　　[18]何：刘师培《春秋繁露斠补》云："'何'疑'祸'讹。"苏舆注同。刘、苏之说近是。

[点评]

《竹林》，篇名何意不详。苏舆注："篇名未详。司马相如《上林赋》'览观《春秋》之林'。《文选》注：'如淳曰：《春秋》义理繁茂，故比之于林薮也。'似足备一义。"本文主要论述两个问题：第一，关于常变的观念。通过"常辞"与"从变而移"的关系，以及有关战争问题的辨析，指出事情不能一概而论，只要掌握了精神实质，就不必拘泥于语言文字；在论述中，作者表明了反战、爱民的态度，指出诸侯不能以礼乐亲近他国，反而以战争达到称霸的目的，为《春秋》所不取。第二，提出了君主的生死荣辱观和行为规范。分析齐顷公的骄纵和改过，阐明孟子"生于忧患而死于安乐"的观点；斥责齐顷公的受辱，说明逢丑父不知权，表达"杀身成仁"的观念；抨击郑襄公、郑悼公父子的过错，揭示君主敬事守信的重要性。

玉英第四

　　谓一元者^[1]，大始也^[2]。知元年志者^[3]，大人之所重，小人之所轻。是故治国之端在正名，名之正，兴五世，五传之外，美恶乃形，可谓得其真矣，非子路之所能见^[4]。

[注释]

[1]元：事物的开始。此处指君王即位的第一年。　[2]大（tài）始：即“太始”，指初始形成万物的混沌之气，宇宙的最初状态。此处指君王始开基业。　[3]元年：指君王即位的第一年。　[4]子路：孔子的学生。此处董仲舒之所以批评子路，在于《论语·子路》载：子路曰：“卫君待子而为政，子将奚先？”子曰：“必也正名乎！”子路曰：“有是哉，子之迂也！奚其正？”子曰：“野哉，由也！君子于其所不知，盖阙如也。名不正，则言不顺；言不顺，则事不成；事不成，则礼乐不兴；礼乐不兴，则刑罚不中；刑罚不

中，则民无所措手足。故君子名之必可言也，言之必可行也。君子于其言，无所苟而已矣。"孔子认为为政之始在于正名，名分端正而诸事可成，名分不正则万事不兴。子路却认为这是孔子迂腐之处，董子故有此辩驳，以论正名的重要性。按：苏舆认为自"是故"开始至此，与上下文不合，疑是《深察名号》篇中的文字错简在此。

惟圣人能属万物于一[1]，而系之元也，终不及本所从来而承之[2]，不能遂其功。是以《春秋》变一谓之元，元犹原也[3]，其义以随天地终始也。故人唯有终始也，而生不必应四时之变[4]，故元者为万物之本[5]，而人之元在焉。安在乎？乃在乎天地之前。故人虽生天气及奉天气者[6]，不得与天元本、天元命而共违其所为也。故春正月者，承天地之所为也，继天之所为而终之也，其道相与共功持业，安容言乃天地之元？天地之元，奚为于此？恶施于人？大其贯承意之理矣。[7]

[注释]

[1]"惟圣人能属万物于一"二句：只有圣人能够把万物和"一"连属起来，并把它归结为"元"。属万物于一，指万物的统一性。属，连属，归属。一，哲学用语。用以称宇宙万物的原始状态，本原，

《春秋》开篇言："元年春王正月，公即位。"元为万物之始，春为一岁之始，王为受命之始，正月为王所颁布历法之始，公即位为一国政治之始。此即公羊家所谓"五始"。五始以后属前，故以公即位系于正月，正月系于王，王系于春，春系于元，因此《春秋》以"元"统天地万物。

《公羊传》隐公元年，何休诂："变一为元。元者，气也，无形以起，有形以分，造起天地，天地之始也。"汉儒多讲"元气"之说，谓之万物之始，故认为《春秋》称"元"而不称"一"，有深意于此。

康有为《春秋董氏学》曰："元为万物之本，人与天同本于元。"乃袭用董子之意。

根本。系之元，与"元"相联系。就是以"元"作为万物的统一物，万物统一于"元"，哲学上说，就是一元论。　[2]"终不及本所从来而承之"二句：所以不探究本原而奉承它，就不能完成功业。终，疑作"故"。　[3]元犹原：《春秋》将一年记为元年，元就是源头，认为当政者要重视开头。　[4]生不必应四时之变："不"字疑衍，当作"生必应四时之变"。或说"不"当作"死"，生应春，死应冬，为"生死必应四时之变"。　[5]"故元者为万物之本"四句：元是万物的根本，而人的元气也在那里。它在哪里呢？它存在于天地万物之前。　[6]"故人虽生天气及奉天气者"二句：所以人虽然生于天命并奉行天命，却不能亲附上天的本原、秉承上天的运命，而共同违背了它的作为。与，亲附。　[7]按：此段文字，或疑是《重政》篇文而错简在此。

是故《春秋》之道，以元之深^[1]，正天之端^[2]，以天之端，正王之政，以王之政，正诸侯之即位，以诸侯之即位，正竟内之治^[3]。五者俱正，而化大行^[4]。

[注释]

[1]元之深：即遥远的元。深，遥远的意思。《公羊传》隐公元年，何休诂作"元之气"，可备一说。　[2]天之端：指四季之始，即春天。元年、春、王、正月、公即位，合称"五始"。　[3]竟：同"境"。　[4]化：教化。此段文字，后亦见于《二端》篇。

非其位而即之^[1]，虽受之先君，《春秋》危之，宋缪公是也。非其位，不受之先君，而自即之，《春秋》危之，吴王僚是也[2]。虽然[3]，苟能行善得众，《春秋》弗危，卫侯晋以立书葬是也。俱不宜立，而宋缪受之先君而危，卫宣弗受先君而不危，以此见得众心之为大安也。故齐桓非直弗受之先君也[4]，乃率弗宜为君者而立，罪亦重矣。然而知恐惧，敬举贤人，而以自覆盖，知不背要盟以自漰浣也[5]，遂为贤君，而霸诸侯。使齐桓被恶而无此美，得免杀灭乃幸已，何霸之有！鲁桓忘其忧而祸逮其身，齐桓忧其忧而立功名。推而散之，凡人有忧而不知忧者凶，有忧而深忧之者吉。《易》曰[6]："复自道，何其咎。"此之谓也。匹夫之反道以除咎尚难，人主之反道以除咎甚易。《诗》云："德辍如毛[7]。"言其易也。

[注释]

[1]"非其位而即之"四句：不该自己即位而即位，即使是接受先君的遗命，《春秋》也为之忧惧，宋缪公就是这样的人。宋缪公，宋国国君，姓子，名和，宋宣公之弟，前728—前720年在位。宋宣公临终遗命不立其子而立其弟和，是为宋缪公。宋缪公卒前不立其子冯而传位给了宣公之子与夷，结果子冯杀了与夷而自立，即宋庄公。 [2]吴王僚：吴国国君。吴王寿梦有四个儿

子：诸樊、余祭、夷末、季札。寿梦想要立最小的儿子季札，季
札让而不受，因此立长子诸樊为吴王。诸樊遗命兄终弟及，故而
余祭继立，余祭卒而夷末即位。夷末卒当传季札，但季札逃走，
于是夷末之子吴王僚继位。诸樊之子阖闾认为自己作为嫡长孙应
当继承王位，于是遣刺客刺杀了吴王僚而自立。　[3]“虽然”四
句：尽管如此，如果能做好事得民心，《春秋》就不忧惧，它记载
卫宣公的即位和丧葬就是这样的。卫侯晋，即卫宣公，姓姬，名
晋，卫桓公之弟，在位十九年。桓公被弑，卫人立公子晋为卫君，
是为卫宣公。《春秋》桓公十三年记载：“三月葬卫宣公。”　[4]齐
桓非直弗受之先君：齐桓公非但没有接受先君的遗命。直，但。
《春秋》庄公九年：“齐小白入于齐。”《公羊传》曰：“其言入何？
篡辞也。”齐桓公行事皆未受先君之命，表明他是篡位，因此下
文说其“罪亦重矣”。　[5]知不背要盟以自湔浣（jiān huàn）也：
懂得不背弃哪怕是被胁迫而签订的盟约，来为自己洗刷过错。要
盟，被迫签订的盟约。湔浣，洗刷、除去过错。　[6]《易》曰：
下引文见《周易·小畜》初九爻辞。大意是：“主动回到正道，哪
还有什么灾祸。”　[7]德輶（yóu）如毛：大意是“美德轻如羽毛”。
语出《诗经·大雅·烝民》。輶，轻。

公观鱼于棠[1]，何？恶也。凡人之性，莫不
善义，然而不能义者，利败之也。故君子终日言
不及利[2]，欲以勿言愧之而已，愧之以塞其源也。
夫处位动风化者，徒言利之名尔，犹恶之，况求
利乎？故天王使人求赙求金[3]，皆为大恶而书[4]。
今非直使人也，亲自求之，是为甚恶，讥。何故

言观鱼？犹言观社也 [5]，皆讳大恶之辞也。

[注释]

[1]公观鱼于棠：此事载于《春秋》隐公五年。隐公作为一国之君，却与民争逐捕鱼之利，因此《春秋》对其进行讥评。但需为君讳，故《春秋》笔法说"观鱼于棠"。观鱼，张网捕鱼。棠，地名，在今山东鱼台。　[2]"故君子终日言不及利"七句：所以君子说话时始终不提及"利"，为的是羞言名利而已，羞言名利来堵塞财利的来源。那些身处高位、主管道德风化的人，只要口头上说到"利"，都会感到羞愧，更何况去追求财利呢？　[3]天王使人求赙（fù）求金：天王派人索求助丧之物与费用。天王，指周桓王姬林、周顷王姬壬臣。赙，助人办丧祭之事的布帛财物。　[4]书：记载。周桓王派人求赙之事载于《春秋》隐公三年："武氏子来求赙。"周顷王派人求金之事载于《春秋》文公九年："毛伯来求金。"　[5]观社：《春秋》庄公二十三年："夏，公如齐观社。"《墨子·明鬼下》："燕之有祖，当齐之社稷、宋之有桑林、楚之有云梦也，此男女之所属而观也。"此处之观，有幽会之意。鲁庄公越境到齐国观社，实为以此为名而与齐女幽会纵乐。

《春秋》有经礼 [1]，有变礼 [2]。为如安性平心者 [3]，经礼也；至有于性虽不安，于心虽不平，于道无以易之，此变礼也。是故昏礼不称主人 [4]，经礼也；辞穷无称 [5]，称主人，变礼也。天子三年然后称王，经礼也；有故，则未三年而称王，变礼也。妇人无出境之事，经礼也；母为子娶妇，奔丧父母，变礼也。明乎经变之事，然后知轻重之分，可与适权矣。难者曰："《春秋》事同者辞同，此四者[6]，俱为变礼，而或达于经，或不达于经，何也？"曰："《春秋》理百物，辨品类，别嫌微，修本末者也。是故星坠谓之陨[7]，蝝坠谓之雨[8]，其所发之处不同，或降于天，或发于地，其辞不可同也。今四者俱为变礼也同，而其所发亦不同，或发于男，或发于女，其辞不可同也。是或达于常，或达于变也。"

此即董子于《竹林》篇所言："故《春秋》以为知权而贤之。"对于经礼与变礼之分析与实践，是儒生最基本之礼仪素养。

[注释]

[1]经礼：一般的、原则性的礼仪规范。　[2]变礼：与"经礼"相对应的特殊的、灵活性的礼仪。　[3]为如安性平心者：做了并且做得合乎心性。如，同"而"。　[4]昏礼不称主人：即婚礼不以结婚人自己的名义，而以父母、兄弟、师友的名义迎。如《春秋》隐公二年载："九月，纪裂繻（rú）来逆女。"纪国大夫裂繻代纪君来鲁国迎亲。　[5]辞穷：没有恰当的说法，迫不得已。如《春秋》成公八年载"宋（共）公使公孙寿来纳币（下聘）"，即点明了结婚人宋共公，那是因为他没有父母，所以不得不直称"主人"。　[6]四者：指婚礼、称王、娶妇、奔丧四事。　[7]星坠：其事载于《春秋》庄公七年："夏，四月辛卯，……夜中，星陨如雨。"据陈遵妫《中国古代天文学简史》引法国天文数学家俾俄《中

国流星》一书，这是世界上最早的天琴座流星雨纪事。 [8]螽（zhōng）坠谓之雨：螽死坠下，叫作"雨"。螽坠，其事载于《春秋》文公三年："雨螽于宋。"螽，蝗虫。雨，《春秋》文公三年，何休诂："不言如雨，言雨螽者，本飞从地上而下至地，似雨尤醇。"蝗虫本来生长于地上，从天上坠下，好像下雨一般，正说明蝗虫是死后从天而降，不同于一般的下雨，所以古人认为这正说明《春秋》记载此事是记录灾异之说，并与政治活动结合而论。

　　桓之志无王，故不书王[1]。其志欲立，故书即位[2]。书即位者，言其弑君兄也。不书王者，以言其背天子。是故隐不言立、桓不言王者，从其志以见其事也。从贤之志以达其义[3]，从不肖之志以著其恶[4]。由此观之，《春秋》之所善，善也；所不善，亦不善也，不可不两省也。

［注释］

[1] 不书王：《春秋》记载十二公之事，于每年必书"王正月"以表示尊王谨始之意，而于鲁桓公除元年、二年、十年、十八年书"春王正月"外，其余十四年只书"春正月"，无"王"。对于此事，何休在《春秋公羊传解诂》中解释说："无王者，以见桓公无王而行也。"是说鲁桓公经常在未得到周天子允许的情况下擅自而为。 [2] 书即位：《春秋》桓公元年书"公即位"。桓公为鲁惠公嫡长子，隐公之弟。惠公薨，桓公本当即位，但因其年幼，其庶兄隐公代立。后桓公听信谗言，弑兄即位。《公羊传》认为

隐公被弑，对于新君是不应该书"即位"的，但这里明写"即位"，旨在说明弑君自立正合桓公之意，并以此来彰显桓公的罪恶。　[3]贤：指鲁隐公。　[4]"从贤之志以达其义"八句：根据鲁隐公的心志来通达他的仁义，通过鲁桓公的心志来彰显他的罪恶。由此看来，《春秋》所赞同的是好的，所不赞同的是不好的，不能不从这两方面来加以省察。不肖，指鲁桓公。两省（xǐng），从两方面来加以省察。省，省察。

《经》曰[1]："宋督弑其君与夷。"《传》言[2]："庄公冯杀之。"不可及于《经》[3]，何也？曰："非不可及于《经》，其及之端眇[4]，不足以类钩之，故难知也。"《传》曰[5]："臧孙许与晋郤克同时而聘乎齐。"按《经》无有[6]，岂不微哉？不书其往而有避也。今此《传》言庄公冯，而于《经》不书，亦以有避也。是以不书聘乎齐，避所羞也；不书庄公冯杀，避所善也。是故让者《春秋》之所善。宣公不与其子而与其弟[7]，其弟亦不与子而反之兄子，虽不中法，皆有让高，不可弃也。故君子为之讳[8]，不居正之谓避，其后也乱，移之宋督，以存善志，此亦《春秋》之义，善无遗也。若直书其篡，则宣、缪之高灭，而善之无所见矣。难者曰："为贤者讳，皆言之；为宣、缪讳，独弗言，何也？"曰："不成于贤也[9]。其为善不法，不可取，亦不可弃。弃之则弃善志也，取之则害王法。故不弃亦不载，以意见之而已。'苟志于仁，无恶。'[10]此之谓也。"

［注释］

[1]《经》曰：下引文见《春秋》桓公二年。宋督，宋臣华督。与夷，宋殇公。　[2]《传》言：下引文见《公羊传》隐公三年。庄公冯，宋庄公子冯，宋缪公之子。《春秋经》言华督弑杀宋殇公，实际上是子冯与华督共同为之。　[3]不可及于《经》：《公羊传》的说法与《春秋经》的说法不同。　[4]眇（miǎo）：微妙，深远。　[5]《传》曰：下引文见《公羊传》成公二年。臧孙许，鲁国大夫。郤（xì）克，晋国大夫。前593年，郤克邀臧孙许和卫国大夫孙良夫、曹国的公子首共同出使齐国，碰巧四人均有生理缺陷：郤克盲一目，臧孙许是秃子，孙良夫是跛子，公子首是驼背。齐顷公从侍臣中挑出类同的残疾者去接待四国使臣，让郤克、臧孙许蒙羞。　[6]"按《经》无有"三句：查找《春秋》中没有这样的记载，这难道不微妙吗？《春秋》不写他们去齐国是有所避讳。　[7]"宣公不与其子而与其弟"五句：宋宣公不传位给儿子而传位给弟弟，他的弟弟宋缪公也不传位给儿子而把君位返还给兄长的儿子，这虽然不合法度，但都有谦让的美德，不能忽略不记录。高，犹"美"，高尚的德行。　[8]"故君子为之讳"七句：所以君子为宋宣公、宋缪公进行隐讳，隐讳二人这种"不正常"的传位方式，将之后的混乱，转移到宋臣华督身上，用来记存宋宣公、宋缪公的善良心愿，这也是《春秋》的原则，不会

遗弃善举人心。　　[9]"不成于贤也"四句：宋宣公、宋缪公还不能算作贤君，他们心存善意却不合法度，这是不可取的，也是不可遗弃的。　　[10]苟志于仁，无恶：语出《论语·里仁》："苟志于仁矣，无恶也。"

器从名、地从主人之谓制[1]。权之端焉，不可不察也。夫权虽反经，亦必在可以然之域。不在可以然之域，故虽死亡，终弗为也，公子目夷是也[2]。故诸侯父子兄弟不宜立而立者，《春秋》视其国与宜立之君无以异也，此皆在可以然之域也。至于酅取乎莒[3]，以之为同居[4]，目曰"莒人灭酅"[5]，此在不可以然之域也。故诸侯在不可以然之域者，谓之大德，大德无逾闲者[6]，谓正经。诸侯在可以然之域者，谓之小德，小德出入可也。权谲也[7]，尚归之以奉巨经耳[8]。故《春秋》之道，博而要，详而反一也[9]。公子目夷复其君，终不与国；祭仲已与，后改之；晋荀息死而不听[10]；卫曼姑拒而弗内[11]，此四臣事异而同心，其义一也。目夷之弗与，重宗庙；祭仲与之，亦重宗庙。荀息死之，贵先君之命；曼姑拒之，亦贵先君之命也。事虽相反，所为同，俱

此处亦在说明权变之范围。《春秋》允许适当之变通、权变，然此种权变有其规范性，不可率意而为，需在儒家大道之内，可知灵活性必须服从原则性。

为重宗庙、贵先君之命耳。难者曰："公子目夷、祭仲之所为者，皆存之事君，善之可矣。荀息、曼姑非有此事也，而所欲恃者皆不宜立者，何以得载乎义？"曰："《春秋》之法[12]，君立不宜立，不书，大夫立则书。书之者，弗予大夫之得立不宜立者也。不书，予君之得立之也。君之立不宜立者，非也；既立之，大夫奉之，是也，荀息、曼姑之所得为义也。"

董天工《春秋繁露笺注》云："以上以可以然之域发制权，下复以诡辞避讳，见制权皆在可以然之域也。"可与上文相参。

［注释］

[1]"器从名、地从主人之谓制"三句：器物依从名称、土地依从主人，这叫作制度。权变的出发点仍本于制度，不可不省察。端，端绪，出发点。　　[2]公子目夷：字子鱼，宋襄公的庶兄。前639年，楚国趁会盟之时俘虏宋襄公以伐宋，公子目夷不受楚人威胁，先称自己为国君，归国带领百姓坚守，楚国见无隙可乘，遂释放宋襄公。宋襄公有意让位于公子目夷，而公子目夷不从，仍迎回襄公执政。此即下文所述公子目夷"终不与国"。　　[3]鄫（zēng）取乎莒（jǔ）：鄫国的国君从莒国娶了夫人。鄫，诸侯国名，姒（sì）姓，在今山东兰陵向城。取，通"娶"。莒，诸侯国名，嬴姓，在今山东莒县一带。　　[4]同居：俞樾《诸子平议》云："'同居'二字无义，疑'司君'之误。'司君'者嗣君也。……'嗣'与'司'古通用。"俞说可从。　　[5]莒人灭鄫：事见《春秋》襄公六年。鄫国的国君从莒国娶了夫人，没有生儿子，只有一个女儿。这个女儿之后又嫁到莒国，生了一个儿子。鄫国国君十分

疼爱自己的外孙，立他为嗣君，《春秋》把这件事视作"莒人灭鄫"。　[6]大德无逾闲：连同下文的"小德出入可也"，出自《论语·子张》。大德，大节。逾，超越。闲，原则，界限。　[7]权谲（jué）：权谋诡诈。　[8]巨经：大经，法度常规。　[9]反一：返约，返归于道。　[10]荀息：晋国大夫。晋献公宠信骊姬，杀太子申生，赶走儿子重耳、夷吾，立骊姬之子奚齐为太子，嘱托荀息辅助奚齐。献公死，奚齐立，大臣里克等谋废奚齐，劝荀息参与，荀息坚拒。里克杀死奚齐，荀息又立骊姬妹妹之子卓子为君，里克又杀卓子，荀息为保护卓子而死。　[11]曼姑：卫灵公的少子。卫灵公和夫人南子厌恶世子蒯聩（kuǎi kuì），将他驱赶出国，欲立曼姑，曼姑多次拒绝，最后提议立蒯聩之子辄继位。内：通"纳"，接纳，采纳。　[12]"《春秋》之法"十三句：《春秋》的法则，君主立了不该立的，就不记载，大夫立了君就得记载。之所以记载，是因为不赞成大夫拥立不该立的人。之所以不记载，是因为赞成君主可以选立嗣君。君主立了不该立的人，是不对的；君主既然即位了，大夫奉拥新君主，就是正确的。

　　难纪季曰[1]："《春秋》之法[2]，大夫不得用地。"又曰："公子无去国之义。"又曰："君子不避外难[3]。""纪季犯此三者，何以为贤？贤臣故盗地以下敌[4]，弃君以避难乎？"曰："贤者不为是。是故托贤于纪季，以见季之弗为也。纪季弗为而纪侯使之可知矣。《春秋》之书事，时诡其实，以有避也；其书人，时易其名，以有讳也。故诡晋文得志之实，以代讳避致王也[5]。诡莒子号谓之人[6]，避隐公也。易庆父之名谓之仲孙[7]，变盛谓之成[8]，讳大恶也。然则说《春秋》者，入则诡辞[9]，随其委曲而后得之。今纪季受命乎君而《经》书专[10]，无善一名而文见贤[11]，此皆诡辞，不可不察。《春秋》之于所贤也，固顺其志而一其辞，章其义而褒其美。今纪侯《春秋》之所贵也[12]，是以听其入齐之志，而诡其服罪之辞也，移之纪季。故告籴于齐者[13]，实庄公为之，而《春秋》诡其辞，以予臧孙辰；以酅入于齐者[14]，实纪侯为之，而《春秋》诡其辞，以与纪季。所以诡之不同，其实一也。"难者曰："有国家者[15]，人欲立之，固尽不听，国灭，君死之，正也，何贤乎纪侯？"曰："齐将复仇，纪侯自知力不加而志距之[16]，故谓其弟曰：'我宗庙之主，不可以不死也。汝以酅往，服罪于齐，请以立五庙，使我先君岁时有所依归。'率一国之众，以卫九世之主[17]。襄公逐之不去[18]，求之弗予，上下同心而俱死之，故谓之'大去'。《春秋》贤死义，且得众心也，故为讳灭。以为之讳，见其贤之也；以其贤之也，见其中仁义也。"

［注释］

[1]纪季：纪侯之弟。《春秋》庄公三年记载有他以纪邑归降齐国之事。当时齐襄公想要灭纪国，纪季认为齐国、纪国实力相差过于悬殊，因此投奔齐君，将酅地献给齐国，作为附庸，以此保存祖先之祭祀。纪，春秋时期诸侯国名，在今山东寿光东南。　[2]"《春秋》之法"二句：《春秋》的法则，是大夫不得擅自动用土地。　[3]外难（nàn）：外患入侵。　[4]下敌：投降敌人，献媚敌国。　[5]代：苏舆注云："'代'疑作'狩'。"苏说可从。周天子被晋文公召至践土会盟，《春秋》以为僭越失礼，便诡其文曰："天王狩于河阳。"（《春秋》僖公二十八年）　[6]诡莒子号谓之人：《春秋》隐公八年："九月辛卯，公及莒人盟于包来。"《公羊传》认为称莒子为莒人，是为鲁隐公屈尊与小国盟避讳。　[7]庆父：鲁庄公之弟。《春秋》闵公元年："冬，齐仲孙来。"仲孙即对庆父的另一称谓。　[8]变盛谓之成：《春秋》庄公八年："夏，师及齐师围成，成降于齐师。"成，即盛之改称，又作郕（chéng），姬姓诸侯国，在今山东宁阳东北。《公羊传》认为把盛改称成，是为鲁国灭同姓国避讳。　[9]诡辞：不如实说出而是改变说法，叫作"诡辞"，与"正辞"（实话实说）相对。　[10]专：专词，苏舆注云："专词是无善之名。"即《春秋》经有关于纪季以纪邑归降齐国的记载，因此表面上看是不善之举，但实际上是纪季受其兄纪侯之命而献城，因此是"诡辞"。　[11]一名：苏舆注："'一'疑作'之'。"其说可从，"一名"当作"之名"。　[12]"今纪侯《春秋》之所贵也"四句：现在纪侯是《春秋》所尊贵的，

所以根据他献地求齐的打算，改变他服罪求和的说法，把献地求饶的事改记在纪季身上。　[13] 籴（dí）：买进粮食。《春秋》庄公二十八年记有鲁国大夫臧孙辰赴齐国请求购粮之事。　[14] 酅（xī）：春秋时期纪国邑名，在今山东淄博临淄东。　[15]"有国家者"三句：拥有国家的人，如果早知不能保存国家，即使众人想拥立你，你也应该坚辞不受。尽，卢文弨校曰："'尽'疑当作'辞'。"卢说可从。　[16] 纪侯自知力不加而志距之：纪侯自知国力不济，但矢志抵抗。不加，不敌，不胜。距，同"拒"，抵拒，抵抗。　[17] 卫九世之主：齐襄公攻打纪国，号称是为九世祖复仇，则纪侯抵抗齐国，就是为了捍卫九世之主。　[18]"襄公逐之不去"四句：齐襄公赶不走他，招降他又不答应，纪国上下一心都为国而死，所以称之为"大去"。此处"大去"是"灭亡"的委婉说法。《春秋》庄公四年："纪侯大去其国。"《公羊传》认为此事既要赞许纪侯的死义，又要赞许齐襄公的复仇，所以将"灭国"讳为"大去其国"。

[点评]

　　"玉英"是宝物名，此处用作篇名。《玉英》开篇论"元"，即"元气"，乃万物之本原。《春秋》重视"五始"，即通过元年、春、王、正月、公即位来端正王者之政，以实践教化，达到善政。同时，集中讨论了"经礼"和"变礼"、"正辞"和"诡辞"的辩证问题，注重挖掘《春秋》的微言大义，既充分肯定《春秋》的直笔、实录和原则性，又以大量避讳性的事例，剖析了《春秋》的曲笔、隐晦和灵活性。

精华第五

《春秋》慎辞，谨于名伦等物者也[1]。是故小夷言伐而不得言战[2]，大夷言战而不得言获，中国言获而不得言执，各有辞也。有小夷避大夷而不得言战，大夷避中国而不得言获，中国避天子而不得言执，名伦弗予，嫌于相臣之辞也。是故大小不逾等，贵贱如其伦，义之正也。

董天工《春秋繁露笺注》言："大小贵贱皆统于天子，天子以下无相臣之理。"是谓反对在言辞上以卑临尊，亦是"大一统"之体现。

[注释]

[1] 名伦等物：根据人伦的贵贱而分别称呼，根据事物的等级而区别对待。　[2] "是故小夷言伐而不得言战"九句：因此对小夷称伐而不能称"战"，对大夷称战而不能称"俘获"，对中原诸侯称俘获而不能称"逮捕"，各有不同的言辞。而且小夷回避大夷而不能称战，大夷回避中原诸侯而不能称俘获，中原

诸侯回避天子而不能称逮捕，贵贱和大小不能混淆，反对在言辞上以卑临尊。

　　大雩者何[1]？旱祭也。难者曰："大旱雩祭而请雨，大水鸣鼓而攻社[2]，天地之所为，阴阳之所起也，或请焉、或怒焉者何[3]？"曰："大旱者[4]，阳灭阴也，阳灭阴者，尊厌卑也，固其义也，虽大甚，拜请之而已，敢有加也。大水者，阴灭阳也，阴灭阳者，卑胜尊也，日食亦然，皆下犯上，以贱伤贵者，逆节也，故鸣鼓而攻之，朱丝而胁之[5]，为其不义也，此亦《春秋》之不畏强御也[6]。故变天地之位，正阴阳之序，直行其道，而不忘其难，义之至也。是故胁严社而不为不敬灵[7]，出天王而不为不尊上[8]，辞父之命而不为不承亲[9]，绝母之属而不为不孝慈[10]，义矣夫！"

孔广森曰："不能，不相能也。襄王之母惠后，恶襄王而爱少子带，每欲立之。至是带率狄人攻王，左右欲御之，王不忍杀弟以失母之意，遂出。"孔氏之意与经传之意不同，可备一说。

[注释]

[1] 大雩（yú）：古代求雨的祭名。　[2] 大水鸣鼓而攻社：此句本《春秋》庄公二十五年："秋，大水，鼓用牲于社于门。"攻社，击鼓以惩戒土地神。　[3] 怒：谴责，击鼓喧闹。　[4] "大旱者"八句：大旱是阳气超过了阴气。阳气超过阴气，是尊贵压

倒了卑贱，当然是应该的，所以即使是旱得很厉害，也只是拜求雨而已，不敢有过分的举动。　[5] 朱丝而胁之：用红绳绕神社一周，以助阳抑阴。胁，责求。　[6] 强御：强暴。御，禁止。　[7] 胁严社而不为不敬灵：惩戒土地神不算是不敬神灵。《春秋》庄公二十五年："六月辛未朔，日有食之，鼓用牲于社。"《公羊传》："日食，则曷为鼓用牲于社？求乎阴之道也。以朱丝营社，或曰胁之。"何休诂："或曰胁之，与责求同义。社者，土地之主也。月者，土地之精也。上系于天而犯日，故鸣鼓而攻之，胁其本也。朱丝营之，助阳抑阴也。"大意是说：古人认为社是土地神，是阴气之本。日食是阴气侵扰阳气所致，所以在社神处摆鼓以责求，用牺牲接引之，以逼退阴气。何休也说，摆鼓是以尊者的命令责求，即求阳气，用牺牲是用臣子之道来接引之，因为社神也需要尊敬。古人认为这种做法是合乎礼制的行为。　[8] 出天王而不为不尊上：让天王出居在外不算是不尊敬君上。《春秋》僖公二十四年："冬，天王出居于郑。"《公羊传》："王者无外，此其言出何？不能乎母也。"何休诂："不能事母，罪莫大于不孝，故绝之言出也。"大意是说：普天之下，莫非王土，天子在郑国，也不能说"出"，但《春秋》记载天子出居，是因为其不孝。周襄王因母亲宠爱幼弟，于是不再供养母亲，被其弟引兵攻击，不得已而出居郑国，表示与母亲决裂。古人认为这是最大的罪过了。　[9] 辞父之命而不为不承亲：辞退父亲的命令不算是不顺从父亲。《春秋》哀公三年："春，齐国夏、卫石曼姑帅师围戚。"《公羊传》："曼姑受命乎灵公而立辄。……不以父命辞王父命，以王父命辞父命，是父之行乎子也。不以家事辞王事，以王事辞家事，是上之行乎下也。"灵公的儿子蒯聩，蒯聩的儿子辄。灵公认为蒯聩不正派，将他赶走，让孙子辄继承君位。蒯聩听说后，带兵回到卫国，要求继承君位。其子辄拒绝蒯聩进城。对于辄来说，灵公的指示是王父命，蒯聩的意见是父命。二者的矛盾如何处理?《春秋》提出的原则是:一、以王事辞家事。传王位是王事,父子关系是家事。二、上之行乎下。王父长父亲一辈,以王父的命而辞父命,是符合义的。这一说法为后代所接受,如《说苑·辨物》:"辞蒯聩之命,不为不听其父。"《汉书·隽不疑传》:"昔蒯聩违命出奔,辄距而不纳,《春秋》是之。" [10]绝母之属而不为不孝慈:拒绝母亲的嘱咐不算是不孝顺母亲。《春秋》庄公元年:"三月,夫人孙(通"逊",逊遁自去)于齐。"《公羊传》:"其言孙于齐何?念母也。正月以存君,念母以首事。""曷为于其念母焉?贬,不与念母也。"何休诂:"念母则忘父,背本之道也。故绝文姜不为不孝。"大意是说:鲁桓公在齐国,被其妻文姜与齐襄公所杀,文姜之子姬同即位,是为鲁庄公。文姜逃到齐国,庄公还会思念母亲,但思念母亲就是忘记父仇,是忘本。所以《春秋》认为拒绝母亲也不是不孝顺。

难者曰:"《春秋》之法,大夫无遂事[1]。"又曰:"出境有可以安社稷、利国家者[2],则专之可也。"又曰:"大夫以君命出[3],进退在大夫也。"又曰:"闻丧徐行而不反也[4]。夫既曰无遂事矣[5],又曰专之可也,既曰进退在大夫矣,又曰徐行而不反也,若相悖然,是何谓也?"曰:"四者各有所处,得其处,则皆是也,失其处,则皆非也。《春秋》固有常义,又有应变。无遂事者,谓平生安宁也;专之可也者,谓救危除患

《说苑·奉使》:"《春秋》之辞,有相反者四……曰:此四者各止其科,不转移也。不得擅生事者,谓平生常经也。专之可者,谓救危除患也。进退在大夫者,谓将帅用兵也。徐行而不反者,谓出使道闻君亲之丧也。公子结擅生事,《春秋》不非,以为救庄公危也。公子遂擅生事,《春秋》讥之,以为僖公无危事也。故君有危而不专救,是不忠也;君无危而擅生事,是不臣也。《传》曰:'《诗》无通诂,《易》无通吉,《春秋》无通义。'此之谓也。"《说苑》此处评论极佳,可与《春秋繁露》相对而论。《春秋》主权变经常各有所宜,即"《春秋》固有常义,又有应变",故有"实事求是"之效,不可片面孤立而论。

也；进退在大夫者，谓将率用兵也；徐行不反者，谓不以亲害尊，不以私妨公也。此之谓将得其私知其指。故公子结受命[6]，往媵陈人之妇于鄄，道生事，从齐桓盟，《春秋》弗非，以为救庄公之危。公子遂受命使京师，道生事，之晋，《春秋》非之，以为是时僖公安宁无危。故有危而不专救，谓之不忠；无危而擅生事，是卑君也。故此二臣俱生事，《春秋》有是有非，其义然也。"

[注释]

[1] 遂事：指大夫按自己的想法处理事情。遂，顺。大夫无遂事，据《春秋》，大夫不能按自己的想法处理事情。《春秋》僖公三十年："公子遂如京师，遂如晋。"《公羊传》："大夫无遂事，此其言遂何？公不得为政尔。"这段话说鲁僖公派鲁大夫公子遂去周天子所在的京师，他途中擅自访问了晋国，很随便，说明国君对大夫失去控制，不能行政。　[2]"出境有可以安社稷、利国家者"二句：大夫出国，对国家有利的好事可以专断。《公羊传》庄公十九年："大夫无遂事，此其言遂何？聘礼。大夫受命，不受辞。出竟有可以安社稷、利国家者，则专之可也。"　[3]"大夫以君命出"二句：大夫受君命而出，可以自行决定退兵。《春秋》襄公十九年："晋士匄（gài）帅师侵齐，至穀，闻齐侯卒，乃还。"《左传》："闻丧而还，礼也。"《公羊传》："还者何？善辞也。何善尔？大其不伐丧也。此受命乎君而伐齐，则何大乎其不伐丧？大夫以君命出，进退在大夫也。"士匄接受晋君命令带兵打齐国，在半

途中听说齐侯死亡，于是带兵回国。《春秋》认为不伐丧是正确的，所以大夫虽受君命，但也可以自行决定退兵。 [4]闻丧徐行而不反也：听到父母的丧事后，慢慢前行而不回来奔丧。《春秋》宣公八年："公子遂如齐，至黄乃复。"《公羊传》："其言至黄乃复何？有疾也。何言乎有疾乃复？讥。何讥尔？大夫以君命出，闻丧，徐行而不反。"何休诂："闻丧者，闻父母之丧。徐行者，不忍疾行，又为君当使人追代之。"奉君命出兵，半途听说有父母之丧，不敢回来，又不肯疾行，而采取徐行的办法，希望国君派人替他出使。 [5]"夫既曰无遂事矣"六句：既然说不得擅自行事，又说可以擅自去做，既然说是进是退取决于大夫，又说慢慢前行而不回来奔丧。像是互相矛盾，这是什么道理呢？ [6]"故公子结受命"六句：所以公子结接受命令去送陪嫁陈侯夫人的鲁女，走到鄄（juàn，卫地，故城在今山东鄄城西北），遇上别的事情，便参加了齐桓公的会盟，但《春秋》不加批评，认为公子结解救了鲁庄公的危难。鲁庄公十九年（前675），卫国之女嫁与陈宣公为夫人，鲁国以女陪嫁，派公子结往送女，本应送至卫国都城，使与陈侯夫人同行，但公子结送到鄄，闻齐侯、宋公会盟欲伐鲁，遂临时改变计划，使他人往送鲁女，自己代表鲁国参加了盟会，化解了一场危机。公子结，鲁国大夫。媵（yìng），古时诸侯娶于一国，二国以庶出之女陪嫁，叫媵。

齐桓挟贤相之能[1]，用大国之资，即位五年，不能致一诸侯。于柯之盟[2]，见其大信，一年，而近国之君毕至，鄄、幽之会是也[3]。其后二十年之间，亦久矣，尚未能大合诸侯也。至于救邢、卫之事^[4]，见存亡继绝之义，而明年，远国之君毕至，贯泽、阳谷之会是也^[5]。故曰：亲近者不以言^[6]，召远者不以使，此其效也。其后矜功^[7]，振而自足，而不修德，故楚人灭弦而志弗忧，江、黄伐陈而不往救^[8]，损人之国，而执其大夫^[9]，不救陈之患，而责陈不纳，不复安郑，而必欲迫之以兵^[10]，功未良成^[11]，而志已满矣。故曰："管仲之器小哉^[12]！"此之谓也。自是日衰，九国叛矣。

[**注释**]

[1] 贤相：指管仲。　[2] 柯之盟：事载《春秋》庄公十三年："公会齐侯盟于柯。"鲁庄公与齐桓公在柯地会盟。当时鲁弱齐强，鲁庄公畏惧，无法要求齐国归还所侵占的鲁国领土。曹沫以生命胁迫齐桓公答应归还汶水以北之地，桓公不得已而答应。事后，齐桓公有点后悔，想不给汶阳之田，并诛杀曹沫。由于管仲的劝阻才作罢。这之后，"桓公之信，著乎天下，自柯之盟始焉"（《公羊传》庄公十三年）。柯，齐邑，在今山东阳谷阿城。　[3] 鄄、幽之会：鄄，卫地，在今山东鄄城县境，明代并入濮州。齐桓公六年，与宋公、卫侯、郑伯在此盟会。幽，宋地，在今河南兰考县境。齐桓公八年，与宋、卫等七个诸侯国在此会盟。　[4] 救邢、卫：齐桓公二十七年，曾出兵驱逐北狄，救助邢国；齐桓公二十八年，在楚丘（卫地，在今河南滑县东）筑城，助卫国防守。　[5] 贯泽、阳谷之会：贯泽，宋地，在今山东曹县南。阳谷，

齐地，即今山东阳谷县。齐桓公二十八年、二十九年，与宋、江、黄三国先后在此二地会盟。　[6]"亲近者不以言"三句：与周围的人亲密，不是靠语言。吸引远方的人们，不是靠派出使者。从齐桓公的事可以得到验证。　[7]"其后矜功"四句：此后齐桓公自夸功劳，骄傲自满，不修养德行，所以楚人灭了弦国他心里也不忧愁。楚人灭弦，事在鲁僖公五年、楚成王十七年，前655年。弦，姬姓小国，在今河南潢川县西北。　[8]江、黄伐陈：事在鲁僖公四年、陈宣公三十七年，前656年。江，嬴姓小国，在今河南息县西南。黄，嬴姓小国，在今河南潢川县西。　[9]执其大夫：事载《春秋》僖公四年："齐人执陈辕涛涂。"《公羊传》："涛涂之罪何？辟军之道也。其辟军之道奈何？涛涂谓桓公曰：'君既服南夷矣，何不还师滨海而东，服东夷且归？'桓公曰：'诺。'于是还师滨海而东，大陷于沛泽之中，顾而执涛涂。"齐人拘捕了陈国大夫辕涛涂，因为他不让齐军经过陈国，建议沿滨海而东，使齐军陷于大泽中。　[10]迫之以兵：鲁僖公六年，齐伐郑。　[11]良：语气助词。　[12]管仲之器小哉：孔子之语，见《论语·八佾》。

　　《春秋》之听狱也[1]，必本其事而原其志。志邪者，不待成[2]；首恶者，罪特重；本直者，其论轻。是故逄丑父当斮[3]，而辕涛涂不宜执[4]；鲁季子追庆父[5]，而吴季子释阖庐[6]，此四者，罪同异论，其本殊也。俱欺三军，或死或不死；俱弑君，或诛或不诛。听讼折狱，可无审耶！故折狱而是也[7]，理益明，教益行；折狱而非也，暗理迷众，与教相妨。教，政之本也；狱，政之末也。其事异域，其用一也，不可不以相顺，故君子重之也。

[注释]

[1] 听狱：审理案件。 [2] 不待成：不等到阴谋得逞（就要惩治）。 [3] 逢丑父当斩：见《竹林》注。 [4] 辕涛涂不宜执：见前一段注 [9]。 [5] 鲁季子追庆父：鲁季子，季友，鲁国大臣，庆父之弟。自僖公元年至十六年卒，执鲁国政凡十六年。庆父犯罪，让季子去追，季子缓慢追赶，故意放走庆父。 [6] 吴季子释阖庐：吴季子，季札，吴王寿梦之子。其侄阖庐（即阖闾，公子光）谋刺吴王僚，季札反对，亦不追究阖庐之罪，自己离开吴国，隐藏终身。 [7]“故折狱而是也”十四句：所以审判对了，道理就更明朗了，教化就更顺畅了；审判错了，就会蒙蔽真理，迷惑众人，妨害教化。教化是政治的根本，审狱是政治的末节。它们虽属于不同的领域，但功用是一致的，不能不相互理顺，所以君子对此十分重视。

难晋事者曰："《春秋》之法，未逾年之君称子，盖人心之正也，至里克杀奚齐[1]，避此正辞，而称君之子[2]，何也？"曰："所闻'《诗》无达诂[3]，《易》无达占，《春秋》无达辞'。从变从义，而一以奉人。仁人录其同姓之祸，固宜异操[4]。晋，《春秋》之同姓也，骊姬一谋[5]，而三君死之，天下之所共痛也。本其所为为之者[6]，蔽于所欲得位，而不见其难也。《春秋》疾其所蔽，故去其正辞，徒言君之子而已。若谓奚齐曰：'嘻嘻！为大国君之子，富贵足矣，何必以兄之位为欲居之，以至此乎云尔！'录所痛之辞也。故痛之中有痛，无罪而受其死者，申生、奚齐、卓子是也；恶之中有恶者，己立之，己杀之，不得如他臣之弑君，齐公子商人是也[7]。故晋祸痛而齐祸重[8]，《春秋》伤痛而敦重，是以夺晋子继位之辞，与齐子成君之号，详见之也。"

[注释]

[1] 里克杀奚齐：里克，晋国大臣。奚齐，晋献公之子。　[2] 称君之子：《春秋》僖公九年："冬，晋里克杀其君之子奚齐。"　[3] "所闻《诗》无达诂"五句：听说"《诗经》没有确切一致的解释，《周易》没有确定无疑、统一遵守的占卜，《春秋》没有通用不变的说法"，根据变化，依从道义，两者兼从，而统一于秉承天意。奉人，卢文弨、苏舆校注改"奉天"，其义可从。　[4] 异操：即异科，特殊的说法。　[5] "骊姬一谋"二句：骊姬设计杀死申生，立奚齐、卓子。奚齐、卓子均被晋卿里克所杀。骊姬，骊戎（今山西晋城西南）之女，晋献公的爱妃，生子奚齐。其妹陪嫁献公，生子卓子。三君，指晋太子申生、奚齐、卓子。　[6] "本其所为为之者"六句：探究奚齐的做法，是

因为只想夺取君位而看不到其中的灾难。《春秋》痛心他的一叶障目，所以抛弃了对他的正常称谓，只称他是"君主的儿子"而已。 [7]公子商人：姜商人，齐桓公之子，昭公之弟。昭公死，其子姜舍立为君。姜商人杀姜舍而自立，是为齐懿公。 [8]"故晋祸痛而齐祸重"五句：所以晋国的灾祸哀痛而齐国的灾祸惨重。《春秋》悲伤哀痛而深惧重祸，因此剥夺了晋子继位的言辞和齐子成为君的名号，详尽地表现了他们的过错。

此言当是古谚，不详何人所说。《管子·形势》曰："疑今者察之古，不知来者视之往。万事之生也，异趣而同归，古今一也。"与此语近似。

苏舆《春秋繁露义证》引扬雄《解难》云："孔子作《春秋》，几君子之前睹也。"可知《春秋》有沟通古今之效。此句与《楚庄王》所言"《春秋》之道，奉天而法古"正合。

古之人有言曰："不知来[1]，视诸往。"今《春秋》之为学也，道往而明来者也[2]。然而其辞体天之微，效难知也。弗能察，寂若无；能察之，无物不在。是故为《春秋》者[3]，得一端而多连之，见一空而博贯之，则天下尽矣。鲁僖公以乱即位[4]，而知亲任季子[5]。季子无恙之时，内无臣下之乱，外无诸侯之患，行之二十年，国家安宁。季子卒之后，鲁不支邻国之患[6]，直乞师楚耳。僖公之情[7]，非辄不肖，而国衰益危者，何也？以无季子也。以鲁人之若是也，亦知他国之皆若是也。以他国之皆若是，亦知天下之皆若是也。此之谓连而贯之。故天下虽大，古今虽久，以是定矣。以所任贤，谓之主尊国安；所任非其人，谓之主卑国危。万世必然，无所疑也。其在《易》曰："鼎折足[8]，覆公悚。"夫"鼎折足"者，任非其人也；"覆公悚"者，国家倾也。是故任非其人，而国家不倾者，自古至今，未尝闻也。故吾按《春秋》而观成败，乃切悁悁于前世之兴亡也[9]。任贤臣者，国家之兴也。夫知不足以知贤，无可奈何矣。知之不能任，大者以死亡，小者以乱危。其若是何邪？以庄公不知季子贤邪[10]？安知病将死，召而授以国政。以殇公为不知孔父贤邪[11]？安知孔父死，己必死，趋而救之。二主知皆足以知贤[12]，而不决，不能任，故鲁庄以危，宋殇以弑。使庄公早用季子，而宋殇素任孔父，尚将兴邻国，岂直免弑哉！此吾所悁悁而悲者也。

《盐铁论·殊路》载："文学曰：'宋殇公知孔父之贤而不早任，故身死。鲁庄知季友之贤，授之政晚而国乱。'"正用《公羊》义。

［注释］

[1]"不知来"二句：不知道未来，可以借鉴过去。　[2]道往而明来：借鉴过去而预见未来。道往，叙述以往的事情。明来，预见未来的趋势。　[3]"是故为《春秋》者"四句：因此研读《春秋》的人，明白一个道理就要把它多方面联系起来，看到一个问题就要把它广泛连贯起来，这样就能尽知天下了。这是说研究《春秋》要采取推论的方法来体会其中的道理。端、空，指一件事、

一种现象或一个问题。　[4]以乱即位：僖公是闵公的庶兄，闵公死，僖公出奔邾，庆父出奔莒。第二年，僖公回鲁即位。　[5]季子：即季友，其出生时手上有"友"字，故以"友"为名。季友是鲁桓公最小的儿子，在鲁庄公死后，先后拥立鲁闵公、鲁僖公等人为国君，平定了鲁国的内乱，是鲁国的中流砥柱。　[6]"鲁不支邻国之患"二句：齐国多次入侵，鲁国只好向楚国求援。《春秋》僖公二十六年："齐人侵我西鄙。""夏，齐人伐我北鄙。""公子遂如楚乞师。"支，抗拒，对付。　[7]"僖公之情"五句：鲁僖公并不总是没有才能，可国家却越发衰危了，这是为什么呢？因为没有了季友。　[8]"鼎折足"二句：出自《周易·鼎卦》九四爻辞："鼎折足，覆公𫗧，其刑渥，凶。"𫗧（sù），鼎中的食物。渥（wò），厚。言鼎足折断，鼎倒，其中食物都丧失。比喻大臣非其任，破坏国典，须加重刑。　[9]悁（yuān）悁：忧愁的样子。语出《诗经·陈风·泽陂》："寤寐无为，中心悁悁。"　[10]"以庄公不知季子贤邪"三句：难道鲁庄公不知道季友贤能吗？哪里想到他病到快要死时，才把季友召来授以国政。《公羊传》庄公三十二年："庄公病将死，以病召季子，季子至，而授之以国政。"　[11]"以殇公为不知孔父贤邪"四句：难道宋殇公不知道孔父贤能吗？哪里想到孔父死了，他自己必死无疑，才急着赶去救孔父。孔父，名嘉，宋国的大司马，孔子的祖先。《公羊传》桓公二年："督将弑殇公，孔父生而存，则殇公不可得而弑也，故于是先攻孔父之家。殇公知孔父死，己必死，趋而救之，皆死焉。孔父正色而立于朝，则人莫敢过而致难于其君者，孔父可谓义形于色矣。"　[12]"二主知皆足以知贤"五句：这两位君主的智力都能够辨识贤才，但犹豫不决，不能任用。所以鲁庄公陷于危难，宋殇公被人弑杀。《公羊传》桓公二年，何休诂："殇公知孔父贤而不能用，故致此祸。设使殇公不知孔父贤，焉知孔父死，己必死？设使鲁庄公不知季子贤，焉知以病召之？皆患安存之时，则轻废之，急然后思之，故常用不免。”

[点评]

《精华》篇主要讲了三个方面的问题。第一，强调《春秋》写人记事，遣词造句殊为慎重，有着严格的等级制度和原则性，即“《春秋》慎辞，谨于名伦等物者也”。又指出这些原则各有其适用的场合，并非一成不变，而提倡具体问题具体分析，“《春秋》固有常义，又有应变”。第二，在审狱断案的过程中，强调对动机的重视，主张“志邪者，不待成；首恶者，罪特重；本直者，其论轻”。第三，提出鉴古知今的论断。本篇通过鲁庄公、鲁僖公、宋殇公及季友、孔父的实例，强调举贤授能的重要性，认为任用贤人则“主尊国安”，否则即“主卑国危”。

王道第六

《春秋》何贵乎元而言之[1]？元者，始也，言本正也；道，王道也；王者[2]，人之始也。王正，则元气和顺[3]，风雨时，景星见[4]，黄龙下[5]；王不正，则上变天，贼气并见[6]。五帝三王之治天下[7]，不敢有君民之心[8]，什一而税[9]，教以爱，使以忠，敬长老，亲亲而尊尊。不夺民时，使民不过岁三日[10]。民家给人足，无怨望忿怒之患、强弱之难[11]，无谗贼妒疾之人[12]。民修德而美好，被发衔哺而游[13]，不慕富贵，耻恶不犯。父不哭子[14]，兄不哭弟。毒虫不螫[15]，猛兽不搏，抵虫不触，故天为之下甘露[16]，朱

赵翼于《廿二史札记·汉儒言灾异》中言："灾异者，天所以儆人君过失，犹严父之明诫，改则祸消，不改则咎罚。是皆援天道以证人事，若有杪忽不爽者。而其时人君亦多遇灾而惧。……其视天犹有影响相应之理，故应之以实不以文。"古人讲天人感应，多与君主有关，君主行政符合天道，则天降祥瑞；君主之行违背天道，则天降灾异。以此见汉儒批评恶性政治、维护合理政治秩序之良苦用心。

《孟子·滕文公上》言："夏后氏五十而贡，殷人七十而助，周人百亩而彻。其实皆什一也。"

草生，醴泉出，风雨时，嘉禾兴，凤凰麒麟游于郊。囹圄空虚[17]，画衣裳而民不犯[18]。四夷传译而朝[19]，民情至朴而不文。郊天祀地[20]，秩山川[21]，以时至封于泰山[22]，禅于梁父。立明堂[23]，宗祀先帝，以祖配天，天下诸侯各以其职来祭。贡土地所有，先以入宗庙，端冕盛服[24]，而后见先。德恩之报，奉先之应也[25]。

[注释]

[1] 元：开始，起端。　[2]"王者"二句：王道，是人道的开始，所谓"为人师表""率先垂范"即此。　[3] 元气：天地之间的阴阳之气。和顺：和谐平衡。　[4] 景星：大星，德星，瑞星。古人认为它出现在有道之国。　[5] 黄龙下：汉代人认为黄龙出现是帝王祥瑞的征兆。黄龙，黄色的龙，古代传说中的动物。下，出现。　[6] 贼气：妖气，在国家政治腐败时就会出现的一种有害之气。　[7] 五帝三王：五帝一般是指黄帝、颛顼（zhuān xū）、帝喾（kù）、唐尧、虞舜；三王指夏禹、商汤、周文王和周武王。　[8] 君民之心：君为动词，意为凌驾于民众之上。　[9] 什（shí）一而税：土地所产的十分之一作为税赋上交。即薄赋。　[10] 使民不过岁三日：政府使用民工劳役，一年不超过三天。即轻徭。　[11] 无怨望忿怒之患、强弱之难：没有埋怨和愤怒这样的忧患，没有以强凌弱的灾难。怨望，怨恨。强弱，以强凌弱。　[12] 谗贼妒疾：用言语诋毁别人，忌妒别人的成就。　[13] 被发：披散着头发。被，同"披"。衔哺：口中含

《周礼·地官·均人》载："凡均力政，以岁上下。丰年，则公旬用三日焉；中年，则公旬用二日焉；无年，则公旬用一日焉。"可知徭役时间以年成好坏为标准，提倡轻徭薄赋。

《汉书·刑法志》载汉文帝诏书："盖闻有虞氏之时，画衣冠、异章服以为戮，而民弗犯，何治之至也！今法有肉刑三，而奸不止，其咎安在？非乃朕德之薄而教不明与？吾甚自愧。"古代帝王多以上古为美，而与今对比，鞭策政治。

着食物。　[14]"父不哭子"二句：没有父亲为儿子先于自己死去而哭泣的情况，也没有兄长为弟弟先于自己死去而哭泣的情况。　[15]"毒虫不螫"三句：毒虫不叮咬人，猛兽不搏杀人，凶鸟也不冒犯人。意思是没有自然灾害。抵，同"鸷"。抵虫，即凶猛的鸟兽。触，冒犯，侵犯。　[16]"故天为之下甘露"六句：于是天为此降下甘美的雨露，赤色的草长出来，甘美的泉水流出来，风调雨顺，五谷丰登，凤凰麒麟在四郊闲游。甘露，甜美的露水。朱草，赤色的草。醴（lǐ）泉，甘美的泉水。嘉禾，长出两穗的禾稻。凤凰，神鸟名，雄的叫凤，雌的叫凰。麒麟，神兽名，像鹿，有鳞，头上有角。这些是汉代人说的瑞物，认为是上天降下的太平瑞征。　[17]囹圄（líng yǔ）：监狱。　[18]画衣裳：人违反了法律，并不给予实际的处罚，而只是在衣服上做一些标记。　[19]四夷传译而朝：四方的人通过翻译来朝见君王。四夷，指东夷、南蛮、西戎、北狄。传译，通过翻译。　[20]郊天祀地：郊祭上天，祭祀土地。　[21]秩：排定次序。古时天子在一年中排定祭祀四方的山神和川神的次序。　[22]"以时至封于泰山"二句：按时到泰山和梁父山上去举行祭祀和封禅。封禅是帝王祭祀天地的典礼。泰山，五岳之一。封于泰山就是在泰山上筑土为坛祭天。梁父，又名梁甫，是泰山下面的小山。禅于梁父，就是在梁父山上辟场祭地。秦汉以后，历代帝王都将封禅当作国家大典，国家稳定后向天地报功。　[23]明堂：天子布政之宫，有人说是祭祀祖先的太庙。北京国子监有遗址。　[24]端冕：礼帽。盛服：华美的衣服。　[25]先：祖先，前句"而后见先"之"先"，也是祖先之意，与"先以入宗庙"中的先后之意不同。

桀、纣皆圣王之后，骄溢妄行。侈宫室，广

苑囿[1]，穷五采之变[2]，极饬材之工[3]，困野兽之足，竭山泽之利，食类恶之兽[4]。夺民财食，高雕文刻镂之观[5]，尽金玉骨象之工[6]，盛羽旄之饰[7]，穷白黑之变。深刑妄杀以陵下[8]，听郑、卫之音[9]，充倾宫之志[10]，灵虎兕文采之兽[11]。以希见之意[12]，尝佞赐谗。以糟为丘，以酒为池。孤贫不养，杀圣贤而剖其心，生燔人闻其臭[13]，剔孕妇见其化[14]，斩朝涉之足察其拇[15]，杀梅伯以为醢[16]，刑鬼侯之女取其环[17]。诛求无已[18]，天下空虚，君臣畏恐，莫敢尽忠，纣愈自贤。周发兵，不期会于孟津者八百诸侯[19]，共诛纣，大亡天下。《春秋》以为戒，曰："蒲社灾[20]。"周衰，天子微弱，诸侯力政[21]，大夫专国，士专邑，不能行度制法文之礼[22]，诸侯背叛，莫修贡聘，奉献天子。臣弑其君，子弑其父，孽杀其宗[23]，不能统理，更相伐锉以广地[24]，以强相胁，不能制属。强奄弱[25]，众暴寡，富使贫，并兼无已。臣下上僭[26]，不能禁止。日为之食，星霣如雨[27]，雨螽，沙鹿崩[28]；夏大雨水，冬大雨雪；霣石于宋五，六鹢退飞[29]；

霣霜不杀草[30]，李梅冬实；正月不雨，至于秋七月；地震，梁山崩[31]，壅河三日不流；昼晦[32]，彗星见于东方，孛于大辰[33]；鹳鹆来巢[34]，《春秋》异之，以此见悖乱之征。孔子明得失，差贵贱，反王道之本，讥天王以致太平，刺恶讥微，不遗小大，善无细而不举，恶无细而不去，进善诛恶，绝诸本而已矣。

此处可知孔子作《春秋》具"拨乱反正"之意，以求"王道之本"，即合理稳定的政治秩序。

[注释]

[1]苑囿：畜养禽兽的园地。 [2]五采：即五色，青、黄、赤、白、黑五种颜色。 [3]饬（chì）：通"饰"，装饰加工。 [4]类恶：凶恶。卢文弨曰："'类'，戾也。" [5]观（guàn）：台榭楼观之属。 [6]工：精巧。 [7]羽旄（máo）：用雉羽、牦牛尾装饰的旌旗。 [8]深刑：重刑。 [9]郑、卫之音：一般被认为是淫靡的乐歌。 [10]倾宫：占地一顷的宫殿。倾，通"顷"。 [11]灵虎兕（sì）文采之兽：把虎兕这些有文采的野兽关押起来。灵，通"棂"，木格栏，引申为用木格栏围绕关押。兕，雌性的犀牛。 [12]以希见之意：用罕见的珍贵物品作为恩惠。意，疑为"惠"之形误。 [13]燔（fán）：烧，烤。臭（xiù），气味。 [14]化：腹中胎儿的发育变化。 [15]朝涉：早上渡河的人。 [16]梅伯：商纣王时的诸侯。醢（hǎi）：肉酱。 [17]鬼侯：商纣王时的诸侯。《史记·殷本纪》作"九侯"。 [18]诛求：征求，索取。 [19]孟津：亦作"盟津"，"孟""盟"古音同。《史记·殷本纪》："西伯既卒，周武王之东伐，至盟津，诸侯叛殷

会周者八百。"　[20]蒲社灾:《春秋》哀公四年:"六月辛丑,亳(bó)社灾。"亳社,又作"薄社",《公羊传》作"蒲社",乃"薄"字转写脱"寸"字所致,"薄""亳"音同,古通。古代建国必先立社,殷都于亳,故殷社曰亳社。　[21]力政:犹力征,指诸侯之间互相征伐。　[22]法文:犹法文王。文,周文王。　[23]孽:即庶子,非嫡妻所生之子。宗:即宗子,嫡妻所生之子。　[24]伐锉(cuò):攻伐。锉,通"剉"。　[25]奄(yǎn):压迫。　[26]僭(jiàn):指超越本分,过分。　[27]霣(yǔn):同"陨",坠落。　[28]沙鹿:城邑名,在今河北大名东。《春秋》僖公十四年:"秋八月,辛卯,沙鹿崩。"　[29]鹢(yì):一种能高飞的水鸟。《春秋》僖公十六年:"春王正月戊申朔,陨石于宋五。是月,六鹢退飞,过宋都。"鹢鸟不前飞而退飞,被视为怪异。　[30]"霣霜不杀草"二句:事载《春秋》僖公三十三年:"陨霜不杀草,李梅实。"降霜,却不能使草木枯黄凋零,李子和梅子在冬天结果实,被视为怪异。李梅冬实,《春秋繁露》旧本均脱"冬"字,盖后人据《春秋》妄删,惠栋校作"李梅冬实",今从惠校补"冬"字。　[31]梁山:山名,在今陕西韩城。《春秋》成公五年:"梁山崩。"　[32]晦:昏暗。　[33]孛(bèi)于大辰:孛星在心宿中出现。孛,彗星。大辰,星名,即心宿,又称大火星。　[34]鹳鹆(guàn yù):鸟名,即鸲鹆(qú yù),又名八哥。《春秋》昭公二十五年:"有鹳鹆来巢。"《公羊传》认为这是在记灾异。此种鸟非中原之禽,应该穴居,而今来巢居,是变其性。何休诂:"非中国之禽而来居此国,国将危亡之象。鹳鹆犹权欲,宜穴又巢,此权臣欲国,自下居上之征也。其后卒为季氏所逐。"何休之意是,鹳鹆的读音与"权欲"相似,从穴居到巢居,象征权臣作乱,所以后来鲁昭公被季氏驱逐。

天王使宰咺来归惠公、仲子之赗[1]，刺不及事也[2]；天王伐郑，讥亲也[3]；会王世子[4]，讥微也；祭公来逆王后[5]，讥失也。刺家父求车[6]，武氏、毛伯求赙金[7]。王人救卫，王师败于贸戎[8]。天王不养[9]，出居于郑，杀母弟[10]，王室乱，不能及外，分为东西周[11]，无以先天下。召卫侯[12]，不能致；遣子突征卫[13]，不能绝；伐郑[14]，不能从；无骇灭极[15]，不能诛。诸侯得以大乱，篡弑无已，臣下上逼，僭拟天子；诸侯强者行威，小国破灭；晋至三侵周，与天王战于贸戎而大败之；戎执凡伯于楚丘以归[16]；诸侯本怨随恶[17]，发兵相破，夷人宗庙社稷[18]，不能统理。臣子强，至弑其君父，法度废而不复用，威武绝而不复行。故郑、鲁易地[19]，晋文再致天子[20]。齐桓会王世子，擅封邢、卫、杞，横行中国，意欲王天下。鲁舞八佾[21]，北祭泰山，郊天祀地，如天子之为。以此之故，弑君三十二，亡国五十二，细恶不绝之所致也。

[**注释**]

[1]天王使宰咺来归惠公、仲子之赗（fèng）：天王派宰咺来馈赠给惠公、仲子办丧事的财物。天王，周平王。宰咺，名咺，"宰"是官名。归，同"馈"，馈赠。惠公，鲁惠公，此时已死。仲子，鲁惠公嫡妻，姓子，字仲，妇人以姓配字，故称仲子。赗，助丧用的如车马束帛等财物。周平王馈赗之事，载于《春秋》隐公元年。　　[2]不及事：指丧事已经结束而赠送丧礼的车马晚至，不及时。　　[3]讥亲：讥刺周桓王亲自率兵征伐。桓王伐郑，事见《春秋》桓公五年。　　[4]王世子：指周惠王的儿子姬郑。《春秋》僖公五年："公及齐侯、宋公、陈侯、卫侯、郑伯、许男、曹伯会王世子于首止。"　　[5]祭公：周桓王的大臣。《春秋》桓公八年："祭公来，遂逆王后于纪。"古人很重视婚礼，天子的地位虽然崇高，但是在结婚时，仍然要亲自迎接王后。天王派祭公去迎接王后，是失礼的行为。　　[6]家父：周桓王的大夫。《春秋》桓公十五年："春二月，天王使家父来求车。"《春秋》讥其贪利。　　[7]武氏、毛伯求赙金：隐公三年，周室大夫武氏为葬周平王，曾赴鲁国求赙；文公九年，周室大夫毛伯为葬周襄王，曾来鲁国求金。《春秋》讥刺求赙求金非礼。　　[8]贸戎：亦作"茅戎"，地名，在今河南陕县北。《春秋》成公元年："秋，王师败绩于贸戎。"　　[9]天王不养：指周襄王不赡养自己的母亲。事见《春秋》僖公二十四年。　　[10]母弟：指周景王同母之弟年夫。《春秋》襄公三十年："天王杀其弟年夫。"　　[11]东西周：周景王死后，王子猛作乱，昭公二十三年，尹氏立王子朝于王城（在今洛阳西北），称为西周；昭公二十六年，周敬王进入成周（在今洛阳东二十里），称为东周。　　[12]"召卫侯"二句：事载《春秋》桓公十六年："卫侯朔出奔齐。"卫宣公卒，子朔（即卫惠公）立。周庄王召卫国民众服役，卫侯朔不从命，后逃至齐国。致，招

致。　[13]"遣子突征卫"二句：事载《春秋》庄公六年："夏六月，卫侯朔入于卫。"周庄王派"王人"子突救卫国，但不能阻止卫侯朔回国。　[14]"伐郑"二句：周桓王讨伐郑国，蔡、卫、陈三国的国君不亲自随从征伐，只派大夫出击。　[15]无骇灭极：无骇，鲁国公子展无骇，展禽（柳下惠）之父。极，鲁国边境的附庸小国，与鲁同姓，在今山东金乡南。《春秋》隐公二年："无骇帅师入极。"　[16]戎执凡伯于楚丘以归：凡伯，周桓王的大夫。楚丘，地名，在今山东曹县东南。隐公七年，戎人在楚丘活捉凡伯。　[17]本怨随恶：因为怨恨而产生憎恶。　[18]夷：铲平，毁灭。　[19]郑、鲁易地：指郑庄公用玉璧交换鲁侯上朝时住宿的地方。　[20]晋文再致天子：《春秋》僖公二十八年，晋文公两次召周襄王前往盟地。再，两次。　[21]八佾（yì）：古代天子专用的舞乐，每佾用八人，八佾共六十四人。佾，舞列。八佾是天子之礼，鲁国季氏用八佾，是僭越的行为。《论语·八佾》孔子说："八佾舞于庭，是可忍也，孰不可忍也？"

《左传》隐公五年："公问羽数于众仲。对曰：'天子用八，诸侯用六，大夫四，士二。夫舞，所以节八音而行八风，故自八以下。'公从之。于是初献六羽，始用六佾也。"可知天子、诸侯、大夫、士之舞乐人数不同，不得僭越。

董天工《春秋繁露笺注》认为此处"赋"当作"军"，即军队数量，而非谓"赋税"，并云："周制：天子六军，诸侯大国三军，次国二军，小国一军。"可备一说。

《春秋》立义，天子祭天地，诸侯祭社稷，诸山川不在封内不祭[1]。有天子在，诸侯不得专地[2]，不得专封，不得专执天子之大夫，不得舞天子之乐，不得致天子之赋[3]，不得适天子之贵[4]。君亲无将[5]，将而诛。大夫不得世[6]，大夫不得废置君命。立适以长不以贤[7]，立子以贵不以长，立夫人以适不以妾。天子不臣母后之党[8]，亲近以来远，未有不先近而致远者也。故内其国而外诸夏^[9]，内诸夏而外夷狄，言自近者始也。

[注释]

[1]封内：所封的疆域之内。　[2]专地：专有土地。专，擅自掌握或占有，也不能以土地相互赠予。　[3]致：收取。　[4]适：同"敌"，同……相匹配。　[5]君亲无将：对于君主和父母亲，不能怀有弑杀之心。将，将要，指策划弑杀或者有弑杀的念头。　[6]世：世袭。　[7]适：同"嫡"。　[8]党：亲族。　[9]"故内其国而外诸夏"二句：内外是相对的，对于鲁国来说，鲁国是内，诸夏即华夏各诸侯就是外；对于诸夏来说，华夏各国就是内，而夷狄才是外。内外关系就有亲疏之别。内，亲近。外，疏远。汉代纬书中言"《春秋》设三科九旨"，何休作《文谥例》云"三科九旨者，新周故宋，以《春秋》当新工"，此一科三旨也；又云"所见异辞，所闻异辞，所传闻异辞"，二科六旨也；又"内其国而外诸夏，内诸夏而外夷狄"，是三科九旨也。科者，段也。旨者，意也。即"内其国而外诸夏，内诸夏而外夷狄"已成为公羊家学者认识《春秋》、解释《春秋》的重要科段主旨，为《春秋》的核心思想之一。

诸侯来朝者得褒^[1]，邾娄仪父称字，滕、薛称侯^[2]，荆得人^[3]，介葛卢得名^[4]；内出言如^[5]，诸侯来曰朝，大夫来曰聘，王道之意也。诛恶而不得遗细大，诸侯不得为匹夫兴师^[6]，不得执天子之大夫，执天子之大夫，与伐国同罪，执凡

康有为《春秋董氏学》曰："《说苑·贵德篇》：'今隐公贪利，而身自渔济上而行八佾，以此化于国人，国人安得不解于义？解于义而纵其欲，则灾害起，而臣下僻矣。'《经》言六羽耳，董子何以知为八佾？盖口说相传也。不然，何《说苑》亦同之耶？"可知鲁隐公乐舞用八佾，是历代通论。

伯言伐 [7]；献八佾 [8]，讳八言六；郑、鲁易地 [9]，讳易言假；晋文再致天子 [10]，讳致言狩；桓公存邢、卫、杞 [11]，不见《春秋》，内心予之 [12]，行法绝而不予，止乱之道也，非诸侯所当为也。《春秋》之义 [13]，臣不讨贼，非臣也；子不复仇，非子也。故诛赵盾 [14]，贼不讨者 [15]，不书葬，臣子之诛也；许世子止不尝药 [16]，而诛为弑父；楚公子比胁而立 [17]，而不免于死；齐桓、晋文擅封致天子，诛乱，继绝存亡，侵伐会同，常为本主 [18]，曰：桓公救中国，攘夷狄 [19]，卒服楚，至为王者事；晋文再致天子。皆止不诛，善其牧诸侯 [20]，奉献天子，而服周室，《春秋》予之为伯 [21]，诛意不诛辞之谓也 [22]。

《公羊传》隐公十一年："子沈子曰：'君弑，臣不讨贼，非臣也；子不复仇，非子也。'"何休诂："沈子称子冠氏上者，著其为师也。不但言'子曰'者，辟孔子也。其不冠子者，他师也。"沈子，鲁国人，为公羊学先师。《公羊传》的先师并非都是公羊氏。公羊氏父子五代相传的说法，于此得到反证。

[注释]

[1]"诸侯来朝者得褒"二句：事载《春秋》隐公元年："三月，公及邾娄仪父盟于昧（miè）。"《公羊传》："眜为称字？褒之也。眜为褒之？为其与公盟也。"邾娄是小国，合音为邹，今山东邹城。国君来鲁国结盟，得到褒奖，所以称他的字"仪父"。　[2]滕、薛称侯：《春秋》隐公十一年："滕侯、薛侯来朝。"《公羊传》："其言朝何？诸侯来曰朝，大夫来曰聘。"滕乃子国，称滕子；薛乃伯国，称薛伯；今来朝，并称侯。　[3]荆得人：《春秋》庄公二十三

年："荆人来聘。"《公羊传》："荆何以称人？始能聘也。"何休诂："《春秋》王鲁，因其始来聘，明夷狄能慕王化，修聘礼，受正朔者，当进之，故使称人也。"关于称呼的等级，《公羊传》庄公十年曰："州不若国，国不若氏，氏不若人，人不若名，名不若字，字不若子。"分为七等，于荆称人，即是褒奖之意。　[4]介葛卢得名：《春秋》僖公二十九年："春，介葛卢来。"《公羊传》："介葛卢者何？夷狄之君也。何以不言朝？不能乎朝也。"何休诂："介者，国也。葛卢者，名也。进称名者，能慕中国，朝贤君，明当扶勉以礼义。"介，国名，在今山东胶州西南。葛卢，介国君王的名称。他因为不会朝礼，所以不称朝；由于向善，所以称名以示褒奖之意。　[5]"内出言如"四句：从鲁国到别国去叫如，诸侯到来叫朝，大夫来叫聘，这是推行王道的意思。《公羊传》隐公十一年："诸侯来曰朝，大夫来曰聘。"何休诂："《春秋》王鲁，王者无朝诸侯之义。故内适外言如，外适内言朝聘。所以别外尊内也。"《公羊传》庄公二十四年："夏，公如齐逆女。"鲁庄公到齐国迎娶，这里用"如"。　[6]诸侯不得为匹夫兴师：楚平王杀伍子胥之父伍奢，伍子胥去楚入吴。吴王阖闾将为他兴师复仇。《公羊传》定公四年："伍子胥复曰：'诸侯不为匹夫兴师。'"　[7]执凡伯言伐：《公羊传》隐公七年："凡伯者何？天子之大夫也。"执天子之大夫与伐国同罪，因此执凡伯言伐。　[8]"献八佾"二句：鲁国在祭祀的时候奉献八佾，《春秋》不说是八佾而称六佾。《春秋》隐公五年："初献六羽。"《公羊传》："初者何？始也。六羽者何？舞也。初献六羽何以书？讥。何讥尔？讥始僭诸公也。"鲁舞八佾，讳言六羽。　[9]"郑、鲁易地"二句：郑国用玉璧换取鲁国的土地，不说是交换而说是借用。《春秋》桓公元年："郑伯以璧假许田。"《公羊传》："其言以璧假之何？易之也。易之则其言假之何？为恭也。曷为为恭？有天子存，则诸侯不得专地也。许田者何？鲁朝宿之邑也。诸侯时朝乎天子，天子之郊，诸侯皆有朝宿之邑焉。"《穀梁传》桓公元年："郑伯以璧假许田。假不言'以'，言'以'非假也。非假而曰假，讳易地也。礼，天子在上，诸侯不得以地相与也。无田则无许可知矣。不言许，不与许也。许田者，鲁朝宿之邑也。"这是诸侯不得专地之意。诸侯朝天子，就在郊区有一住宿的地方，叫朝宿地。许田就是鲁国的朝宿地。因为鲁国不去朝见天子，郑国就用璧来换取这块地。　　[10]"晋文再致天子"二句：晋文公两次招来天子，不说是招来而说是巡狩。《春秋》僖公二十八年五月："公朝于王所。"《公羊传》："曷为不言公如京师？天子在是也。天子在是，则曷为不言天子在是？不与致天子也。"《春秋》僖公二十八年冬："天王狩于河阳。"《公羊传》："狩不书，此何以书？不与再致天子也。"致，即召。致天子，是对天子的不尊重，也说明天子的权威性下降。　　[11]"桓公存邢、卫、杞"二句：齐桓公保存邢、卫、杞，这些事在《春秋》中不见记载。《春秋》僖公元年："齐师、宋师、曹师城邢。"三国军队驻扎在邢国，保护邢国。邢，在今河北邢台。《春秋》僖公二年："城楚丘。"楚丘是卫国地。鲁闵公二年狄人灭卫，齐桓公攘夷狄，徙卫文公于楚丘城之。《春秋》僖公十四年："诸侯城缘陵。"《公羊传》："孰城之？城杞也。"这就是齐桓公"存邢、卫、杞"。为什么没有明确说救存？《公羊传》又云："为桓公讳也。曷为为桓公讳？上无天子，下无方伯，天下诸侯有相灭亡者，桓公不能救，则桓公耻之也。然则孰城之？桓公城之。曷为不言桓公城之？不与诸侯专封也。"因为当时天下大乱，礼崩乐坏，齐桓公能够保存其他小国，已经是难能可贵了，但天子之礼法不可废弃，不赞成诸侯私自封国。所以《春秋》经文没有记载，只见于《传》。　　[12]"内心予之"二句：从心里表示赞成，法律上没有这类内容，因此不在文辞上赞同此事。《春秋》僖公元年："齐师、宋师、曹师次于聂北，救邢。"《公羊传》曰："实与而文不与。文曷为不与？诸侯之义，不得专封也。"苏舆注："以圣心言之，当与；以王法言，则不当与。故不见于《经》。"　　[13]"《春秋》之义"五句:《春秋》的规则是:大臣不讨伐弑君的贼子,就不是大臣;儿子不为被害的父亲复仇,就不是儿子。　[14] 故诛赵盾:《春秋》宣公二年:"秋,九月乙丑,晋赵盾弑其君夷獔(gāo)。"《穀梁传》:"史狐曰:'子为正卿,入谏不听,出亡不远,君弑,反不讨贼,则志同,志同则书重,非子而谁?'"《公羊传》宣公六年:"亲弑君者赵穿,则曷为加之赵盾?不讨贼也。何以谓之不讨贼?晋史书贼曰:'晋赵盾弑其君夷獔。'赵盾曰:'天乎!无辜。吾不弑君,谁谓吾弑君者乎?'史曰:'尔为仁为义,人弑尔君而复国不讨贼,此非弑君如何?'"晋史则史狐,夷獔即晋灵公。虽然亲手弑杀国君的人是赵穿,但赵盾当时并没有讨贼,反而放过了赵穿,史官认为这就是弑君。　[15]"贼不讨者"三句:不讨伐弑君的贼子,就不记载国君的葬事,这实际上是在诛讨臣子。《公羊传》隐公十一年:"《春秋》君弑,贼不讨,不书葬,以为无臣子也。""臣子之诛",诛即责备,不书葬就是对臣子的责备。　[16]"许世子止不尝药"二句:许止给病父进药,自己没有先尝,没有尽孝心,所以将弑父的罪名加在他的头上。《春秋》昭公十九年:"夏,五月戊辰,许世子止弑其君买。""冬,葬许悼公。"《公羊传》:"止进药而药杀,则曷为加弑焉尔?讥子道之不尽也。" [17]"楚公子比胁而立"二句:楚公子比受胁迫而被立为君,但最终还是不免于死难。《春秋》昭公十三年:"楚公子弃疾杀公子比。"楚灵王暴虐无道,公子弃疾杀楚灵王所立的太子禄而胁迫公子比为楚王,灵王自缢。公子弃疾又杀公子比而自立,是为楚平王。　[18] 常为本主:齐桓公、晋文公常为会盟的本主,即主持者、盟主。　[19] 攘:排斥,排除。　[20] 牧:率领,统治。　[21]《春秋》予之为伯:齐桓公、晋文公"牧诸侯","为王者事",《春秋》承认他们为"伯",伯就是霸主,常为之讳。　[22] 诛意不诛辞:在内心批评他们,而不在文辞上斥责。

鲁隐之代桓立[1],祭仲之出忽立突,仇牧、孔父、荀息之死节，公子目夷不与楚国，此皆执权存国，行正世之义，守惓惓之心 [2]，《春秋》嘉气义焉 [3]，故皆见之，复正之谓也。夷狄邾娄人、牟人、葛人，为其天王崩而相朝聘也，此其诛也。杀世子、母弟，直称君，明失亲亲也。鲁季子之免罪，吴季子之让国，明亲亲之恩也。阍杀吴子余祭 [4]，见刑人之不可近。郑伯髡原卒于会 [5]，讳弑，痛强臣专君，君不得为善也。卫人杀州吁 [6]，齐人杀无知 [7]，明君臣之义，守国之正也。卫人立晋 [8]，美得众也。君将不言率师 [9]，重君之义也。正月，公在楚，臣子思君，无一日无君之意也。诛受令 [10]，恩卫葆 [11]，以正囹圄之平也 [12]。言围成 [13]，甲午祠兵，以别迫胁之罪，诛意之法也。作南门，刻桷 [14]，丹楹 [15]，作雉门及两观 [16]，筑三台，新延厩 [17]，讥骄溢不恤下也。故臧孙辰请籴于齐，孔子曰："君子为国 [18]，必有三年之积。一年不熟乃请籴，失君之职也。"诛犯始者，省刑绝恶，疾始也。大夫盟于澶渊 [19]，刺大夫之专政也。诸侯会同，贤为主，贤贤也。

[注释]

[1]鲁隐之代桓立：鲁隐公名息姑，鲁桓公名轨，他们都是鲁惠公的儿子。隐公长而贤，桓公幼而贵，故惠公死时立隐公为国君而没有按礼制立年幼的桓公。隐公将平国而让位于桓公，因此《公羊传》隐公元年云："凡隐之立，为桓立也。" [2]惓（quán）惓：诚恳的样子。 [3]气：苏舆注："'气'疑'其'之误。"其说可从。 [4]"阍（hūn）杀吴子余祭"二句：看门人杀了吴王寿梦的儿子余祭，以此表明被处刑的人不可以亲近。事载《春秋》襄公二十九年。《公羊传》："阍者何？门人也，刑人也。刑人则曷为谓之阍？刑人非其人也。君子不近刑人，近刑人则轻死之道也。"何休诂："刑人不自赖，而用作阍，由之出入，卒为所杀，故以为戒。"阍，守门的人。古代有用刑余之人充当门人的制度，但《春秋》以为这是所任非人，所以说"君子不近刑人"。余祭，吴王寿梦之次子。 [5]"郑伯髡（kūn）原卒于会"二句：郑伯髡原死在与诸侯会盟的地方，讳言弑杀。事载《春秋》襄公七年："郑伯髡原如会，未见诸侯。丙戌，卒于操。"《公羊传》："操者何？郑之邑也。诸侯卒其封内不地，此何以地？隐之也。何隐尔？弑也。孰弑之？其大夫弑之。"郑伯，名髡原，即郑僖公。郑僖公在赴会途中被大臣所伤，中途返回郑国的操地而死。按《春秋》的标准，诸侯卒于国内，则不记录死亡的地点，此处记录是为了说明他是被弑杀的。 [6]州吁（xū）：卫庄公的庶子。卫庄公卒，桓公立，州吁弑杀桓公而自立为国君。卫国人又把他杀了。 [7]齐人杀无知：《春秋》庄公八年："冬，十有一月癸未，齐无知弑其君诸儿。"诸儿，即齐僖公之子齐襄公。无知，齐僖公弟弟夷仲年之子，齐襄公从弟。无知弑杀了诸儿，自立为国君。鲁庄公九年春，齐国人杀了无知。 [8]"卫人立晋"二句：事载《春秋》隐公四年，九月，卫人杀州吁；冬十二月，卫人立

公子晋，是为卫宣公，褒扬他得到了民众的支持。《公羊传》："其称人何？众立之之辞也。然则孰立之？石碏（què）立之。石碏立之，则其称人何？众之所欲立也。"何休诂："晋得众，国中人人欲立之。"　[9]"君将不言率师"二句：事载《春秋》隐公五年："秋，卫师入盛。"《公羊传》："将卑师众称师，将卑师少称人。君将不言率师，书其重者也。"卫师入盛，因为将卑师众，所以不举其名，而只称"卫师"。王者亲征，不言"率师"，只突出统帅之名，如"公伐邾娄"等，这是表示尊重王者的意思。　[10]诛受令：苏舆注："疑当作'诛不受令'。"其说可从。　[11]恩卫葆：施恩惠于卫国的俘虏。葆，通"宝"，义当为"俘"。俞樾《诸子平议》于此释说甚精，可资参详。　[12]囹圄（yǔ）：同"囹圄"，牢狱。　[13]"言围成"四句：鲁国想要消灭成国，但是不愿意明目张胆地暴露，所以于甲午祠兵，夏始围成，以示非胁迫之意，实际上确实是想要消灭成国。《春秋》这样写是为了表明不诛辞而诛意之法。诛意，责备人的动机不善。《公羊传》庄公八年："出曰祠兵，入曰振旅，其礼一也，皆习战也。"何休诂："礼，兵不徒使，故将出兵，必祠于近郊，陈兵习战，杀牲飨（xiǎng）士卒。"出兵之礼称为祠兵，还师之礼称之为振旅，二者的仪式是相同的，都是演习战阵。之所以此处记录祠兵，是因为祠兵的日期拖延了很久，甲午日方行此礼，这其实是为鲁国避讳之辞。　[14]刻桷（jué）：雕刻屋椽（chuán）。桷，方形的椽子。　[15]丹楹：把柱子漆成红色。楹，柱子。　[16]作雉门及两观：雉门，诸侯宫三门之中门。两观，宫殿门外左右两旁的高大楼台。　[17]延厩：马厩。　[18]"君子为国"四句：君子治理国家，必须要有三年的积累。一年收成不好就请求去买米，这是没有负起君王的职责。董仲舒所引孔子之言与《公羊传》文义并同，可知《传》文原出孔子口说。《公羊传》庄公二十八年："君子之为国也，必有三年之委。一年不熟，告籴（dí，买谷），讥也。" [19]澶（chán）渊：地名，在今河南濮阳西南。

《春秋》纪纤芥之失[1]，反之王道，追古贵信，结言而已[2]，不至用牲盟而后成约，故曰："齐侯、卫侯胥命于蒲[3]。"《传》曰[4]："古者不盟，结言而退。"宋伯姬曰[5]："妇人夜出，傅母不在，不下堂。"曰[6]："古者周公东征，则西国怨。"桓公曰[7]："无贮粟，无鄣谷，无易树子，无以妾为妻。"宋襄公曰[8]："不鼓不成列，不阨人。"庄王曰[9]："古者，杅不穿，皮不蠹，则不出。君子笃于礼，薄于利；要其人，不要其土；告从不赦，不祥；强不陵弱。"齐顷公吊死视疾[10]，孔父正色而立于朝，人莫过而致难乎其君；齐国佐不辱君命而尊齐侯[11]，此《春秋》之救文以质也[12]。救文以质，见天下诸侯所以失其国者亦有焉。潞子欲合中国之礼义[13]，离乎夷狄，未合乎中国，所以亡也。吴王夫差行强于越，臣人之主，妾人之妻，卒以自亡，宗庙夷，社稷灭，其可痛也[14]！长王投死[15]，於戏[16]，

孔子曰："质胜文则野，文胜质则史。文质彬彬，然后君子。"（《论语·雍也》）苏舆于《春秋繁露义证》言："文质有以礼言者，有以政言者。孔子筮《贲》而不乐，林放问本而深赞，以礼言也；史公酷刑之说，此篇亡乱之鉴，以政言也。强暴之过谓之文散，则知宽柔之过谓之质散，可以得其相救之用矣。"孔子以人言文质，苏舆以礼、政言文质，可知文质范围涵盖之广，运用之深。

岂不哀哉？晋灵行无礼，处台上，弹群臣，枝解宰人而弃之[17]，漏阳处父之谋[18]，使阳处父死，及患赵盾之谏，欲杀之，卒为赵盾所弑。晋献公行逆理，杀世子申生，以骊姬立奚齐、卓子，皆杀死，国大乱，四世乃定，几为秦所灭，从骊姬起也。楚平王行无度[19]，杀伍子胥父兄。蔡昭公朝之[20]，因请其裘，昭公不与。吴王非之，举兵加楚，大败之，君舍乎君室，大夫舍乎大夫室，妻楚王之母，贪暴之所致也。晋厉公行暴道[21]，杀无罪人，一朝而杀大臣三人。明年[22]，臣下畏恐，晋国杀之。陈侯佗淫乎蔡[23]，蔡人杀之。古者，诸侯出疆，必具左右[24]，备一师，以备不虞[25]。今陈侯恣以身出入民间[26]，到死闾里之庸，甚非人君之行也！

[注释]

[1] 纤芥：亦作"纤介"，细微。　[2] 结言：口头结盟或订约。古世纯朴，结言为信。　[3] 齐侯、卫侯朔（xū）命于蒲：齐僖公、卫宣公在蒲地相约结言为信而不盟。《春秋》桓公三年："夏，齐侯、卫侯朔命于蒲。"《公羊传》："朔命者何？相命也。何言乎相命？近正也。"何休诂："朔，相也。时盟不歃血，但以命相誓。以不言盟也。"朔命，以命相誓。蒲，地名，春秋时卫地，在今

河南长垣境内。　[4]《传》曰：下引文见《公羊传》桓公三年。古代不结盟，只是在口头上订立条约就各自退兵。　[5]宋伯姬曰：下引文可参见《公羊传》襄公三十年。妇人夜晚出去，如果傅父和保姆不在，就不能走下厅堂。　[6]曰：下引文见《公羊传》僖公四年。古代周公向东征伐时，西边的人就会埋怨，（为什么不早点来解救他们呢？）凌曙《春秋繁露注》云："'曰'上当有'传'字。"其说可从。　[7]桓公曰：下引文见《公羊传》僖公三年。不要囤聚粮食，不要阻断川谷中的水流，不要更换继承人，不要把妃妾当作嫡妻一样。贮粟，囤聚粮食。鄣（zhàng）谷，阻塞川谷以断水流。鄣，"障"之本字，阻塞。树子，古代诸侯已经立为世子的嫡长子。　[8]宋襄公曰：下引文可参见《公羊传》僖公二十二年。不击鼓进攻那些没有排列好阵形的军队，不乘人之危而加以攻击。阨（è）人，乘人处在困厄之中而攻之。阨，同"厄"，困苦，危难。　[9]庄王曰：下引文可参见《公羊传》宣公十二年。古时候，盛水的器皿不破裂，皮衣不被蛀蚀，就不出去。君子笃守礼义，淡泊名利；只要敌人降服，就不会占领他们的土地；已宣告服从你，而你还不饶恕别人，这样就不吉祥；强大的不欺凌弱小的。苏舆注："'庄王'上当有'楚'字。"据上文"宋襄公"之例，有"楚"字则相类，苏说可从。杅（yú），通"盂"，盛汤浆或食物的器皿。穿，破败。蠹（dù），蛀蚀，损害，败坏。　[10]齐顷公吊死视疾：事载《公羊传》成公八年："鞌之战，齐师大败。齐侯归，吊死视疾，七年不饮酒、不食肉。"吊死视疾，指慰问作战兵士的伤亡情况。　[11]齐国佐不辱君命而尊齐侯：齐国的国佐没有辜负君主的使命而使齐侯的地位尊贵。事载《春秋》成公二年。国佐，齐国的大夫。　[12]救文以质：用质朴来矫正文采之过。文，华美，有文采。质，质朴。　[13]"潞子欲合中国之礼义"四句：潞国国君想要学习中原的礼义之道，摒除夷狄的陋习，但最终还是没有学会中原的礼义文化，所以败亡了。《春秋》宣公十五年："六月癸卯，晋师灭赤狄潞氏，以潞子婴儿归。"潞氏，春秋时国名，即潞子国，乃赤狄别族，被晋所灭。婴儿，潞子之名。《公羊传》："潞何以称子？潞子之为善也躬，足以亡尔。虽然，君子不可不记也。离于夷狄，而未能合于中国，晋师伐之，中国不救，狄人不有，是以亡也。"何休诂："疾夷狄之俗而去离之，故称子。未能与中国合同礼义，相亲比也，故犹系赤狄。以去俗归义，亡，故君子闵伤进之。"潞子能够被称为"子"，是因为他有向往中原文化之心，因此褒奖之。虽然最终不合中原文化而灭国，但君子仍然记录之，以表示对其的肯定。　[14] 其：杨树达《春秋繁露札记》云："案：'其'通'綦'。"杨说可从。綦（qí），极，甚。　[15] 长：犹"老"，指年老的吴王。　[16] 於戏（wū hū）：感叹词，同"於乎""呜呼"。　[17] 枝：通"肢"。宰人：即膳宰，掌管君主膳食之官。　[18] "漏阳处父之谋"二句：晋襄公泄露阳处父的谋谏，使得阳处父被刺死。《春秋》文公六年："晋杀其大夫阳处父，晋狐射姑出奔狄。"《公羊传》："射姑杀，则其称国以杀何？君漏言也。其漏言奈何？君将使射姑将，阳处父谏曰：'射姑，民众不说，不可使将。'于是废将。阳处父出，射姑入。君谓射姑曰：'阳处父言曰：射姑，民众不说，不可使将。'射姑怒，出刺阳处父于朝而走。"何休诂："自上言泄，下曰漏。"大意是说：晋襄公想要派射姑为中军大将，阳处父进谏说射姑不可，民众不喜欢他，不可以让他作为大将。襄公于是作罢。等到射姑入朝，襄公把阳处父刚才说的话告诉了射姑，射姑十分生气，于是在朝中刺杀了阳处父，之后逃走了。谋，据《公羊传》及凌曙注本，应作"谏"为是。兹备一说。　[19] "楚平王行无度"二句：楚平王行为不合法度，杀死伍子胥的父亲与兄长。事详《左传》昭公二十年及《史记·伍子胥列传》。　[20] "蔡昭公朝之"六句：蔡昭公来朝见楚平王，平王却想要昭公的皮衣，昭公拒绝了他。吴王认为楚平王的做法不合礼法，于是率兵攻打楚国，最终打败了楚国。事详《公羊传》定公四年。　[21]"晋厉公行暴道"三句：晋厉公施行残暴之道，杀死没有犯罪的人，一天杀掉了三位大臣。《春秋》成公十七年："晋杀其大夫郤锜（yǐ）、郤犨（chōu）、郤至。"《左传》云："晋厉公侈，多外嬖（bì），反自鄢（yān）陵，欲尽去群大夫而立其左右。"晋厉公，晋景公之子，名州蒲。　[22]"明年"三句：第二年，大臣们害怕恐惧，晋国人把晋厉公杀死了。《春秋》成公十八年："庚申，晋弑其君州蒲。"何休诂："二月庚申日。"《穀梁传》："称国以弑其君，君恶甚矣。"　[23]"陈侯佗（tuó）淫乎蔡"二句：陈国侯佗到蔡国去淫猎，蔡国人把他杀了。《春秋》桓公六年："蔡人杀陈佗。"《公羊传》："陈佗者何？陈君也。陈君则曷为谓之陈佗？绝也。曷为绝之？贱也。其贱奈何？外淫也。恶乎淫？淫于蔡，蔡人杀之。"陈侯佗，陈文公之子，名佗。　[24]左右：指左右司马。　[25]不虞：没有意料到的事。虞，意料。　[26]"今陈侯恣（zì）以身出入民间"二句：现在陈侯放纵得一个人在民间行走出入，以至于死在民间佣作之人的手里。《穀梁传》桓公六年："陈侯喜猎，淫猎于蔡，与蔡人争禽，蔡人不知其是陈君也而杀之。"恣，放纵，无约束。闾（lǘ）里，乡里，泛指乡间。庸，通"佣（yōng）"，谓佣作之人。

宋闵公矜妇人而心妒，与大夫万博[1]，万誉鲁庄公曰："天下诸侯宜为君者，唯鲁侯尔。"闵公妒其言，曰[2]："此虏也。尔虏焉故，鲁侯之美恶乎？"至万怒[3]，搏闵公，绝脰[4]，此以与臣博之过也。古者，人君立于阴[5]，大夫立于阳[6]，所以别位，明贵贱。今与臣相对而博，置妇人在侧，此君臣无别也。故使万称他国，卑闵公之意，闵公藉万而身与之博[7]，下君自置[8]，有辱之妇人之房[9]，俱而矜妇人，独得杀死之道也[10]。《春秋传》曰[11]："大夫不适君。"远此逼也[12]。梁内役民无已[13]，其民不能堪，使民比地为伍[14]，一家亡，五家杀刑。其民曰："先亡者封[15]，后亡者刑。"君者将使民以孝于父母，顺于长老，守丘墓，承宗庙，世世祀其先。今求财不足，行罚如将不胜，杀戮如屠，仇雠其民，鱼烂而亡[16]，国中尽空。《春秋》曰："梁亡。"亡者自亡也，非人亡之也。

[注释]

[1] 与大夫万博：与大夫万一起博戏。万，南宫万，春秋时期宋国大臣，以力大闻名。博，博戏。　[2] 曰：下引文可参见《公羊传》庄公十二年。宋闵公对身边的妇人说："这个人是俘虏。"又回过头来对南宫万说："你这个俘虏怎么知道鲁侯的好坏呢？"南宫万曾经与鲁庄公交战，被庄公俘获。庄公将其妥善安置，之后就让他回国了。南宫万归国后，作了宋国的大夫，所以有称赞

鲁侯之说。而宋闵公在妇人面前很骄矜，妒忌南宫万的言论，才有这样的说法。尔虏焉故，俞樾《群经平议》认为："《公羊》之'故'，盖'知'之讹。"其说可从。　[3]至：通"致"。　[4]绝脰（dòu）：折断脖子。绝，断。脰，脖子。　[5]阴：北面。君王坐北朝南。　[6]阳：南面。　[7]藉：侮辱，欺凌。　[8]下君自置：君王降低自己的身份。　[9]房：董天工《春秋繁露笺注》校作"旁"，云："原作'房'，非。""旁""房"形近而误，董说可从。　[10]独：乃，于是。　[11]《春秋传》曰：下引文见《公羊传》宣公十二年。大夫不能与君主等同。适，同"敌"，相当，等同。　[12]逼：臣下逼迫其君，指弑君之类。　[13]梁：国名，故地在今陕西韩城南。亡于鲁僖公十九年（前641）。　[14]使民比地为伍：让地方相邻的老百姓编成一伍。伍，古代的一种居民组织，五家为一伍。　[15]封：富足，富厚。　[16]鱼烂而亡：事载《公羊传》僖公十九年："此未有伐者，其言梁亡何？自亡也。其自亡奈何？鱼烂而亡也。"何休诂："梁君隆刑峻法，一家犯罪，四家坐之，一国之中，无不被刑者，百姓一旦相率俱去，状若鱼烂。鱼烂从内发，故云尔者。其自亡者，明百姓得去之，君当绝者。"是言如果不施仁政，不得民心，则如同鱼腐烂从内开始，最终自取灭亡。

虞公贪财[1]，不顾其难，快耳悦目，受晋之璧、屈产之乘[2]，假晋师道，还以自灭，宗庙破毁，社稷不祀，身死不葬，贪财之所致也。故《春秋》以此见物不空来，宝不虚出。自内出者[3]，无匹不行；自外至者，无主不止，此其应也。楚

自内出者，无匹不行；自外至者，无主不止：《庄子·天运》言："中无主而不止，外无正（当为匹）而不行。由中出者，不受于外，圣人不出；由外入者，无主于中，圣人不隐。名，公器也，不可多取。"又《则阳》言："是以自外入者，有主而不执；由中出者，有正而不距。"《淮南子·原道训》言："故从外入者，无主于中不止。从中出者，无应于外不行。"可知此句是古语，应为诸家通识，言内感外应之旨。苏舆《春秋繁露义证》言："此文亦谓功效之相因，先有欲利之缘，然后有取败之道。"可谓信论。

灵王行强乎陈、蔡[4]，意广以武，不顾其行，虏所美，内罢其众[5]。乾溪有物女[6]，水尽则女见，水满则不见。灵王举发其国而役，三年不罢，楚国大怨；有行暴意，杀无罪臣成然[7]，楚国大溃[8]。公子弃疾卒令灵王父子自杀而取其国。虞不离津泽[9]，农不去畴土[10]，而民相爱也，此非盈意之过耶[11]？鲁庄公好宫室[12]，一年三起台。夫人内淫两弟[13]，弟兄子父相杀[14]，国绝莫继，为齐所存[15]，夫人淫之过也。妃匹贵妾，可不慎邪？

[注释]

[1]虞公：虞国的国君。虞，在今山西平陆东。《公羊传》僖公二年："虞受赂，假灭国者道，以取亡焉。"   [2]屈产之乘：北屈所产之马。北屈，晋地，在今山西吉县。鲁僖公二年，晋以玉璧和北屈之马向虞国借道伐虢（guó）。事详《公羊传》僖公二年。   [3]"自内出者"四句：从内心产生的贪欲，如果没有外物诱惑与之相配合，则不能显现出来；外物的诱惑，如果没有内心定力主宰，则不会停止。又见于《公羊传》宣公三年，并见《白虎通·郊祀》。   [4]楚灵王行强乎陈、蔡：楚灵王欺凌陈国和蔡国。《春秋》昭公八年："冬，十月壬午，楚师灭陈，执陈公子招，放之于越。"昭公十一年："冬，十有一月丁酉，楚师灭蔡，执蔡世子有以归，用之。"   [5]罢：通

"疲"，疲困。　[6]乾溪：楚地，在今安徽亳州东南。物女：鬼神之女。　[7]成然：春秋时期楚国大夫。　[8]懑（mèn）：愤慨，愤恨。　[9]虞：古代掌管山泽苑囿、田猎的官员。津泽：渡口和川泽。　[10]畴（chóu）：田地。　[11]盈意：纵欲满志。　[12]"鲁庄公好宫室"二句：鲁庄公喜好修治宫室，一年而起三台，所以《春秋》讥之。事见《春秋》庄公三十一年。　[13]夫人内淫两弟：鲁庄公夫人和庄公的两个弟弟淫乱。《公羊传》庄公二十七年："公子庆父、公子牙通乎夫人，以胁公。"夫人，指鲁庄公之妻哀姜。两弟，指鲁庄公的两个弟弟公子庆父和公子牙。　[14]弟兄子父相杀：《公羊传》闵公二年："庄公死，子般弑，闵公弑，比三君死，旷年无君。"苏舆注："庄公杀公子牙，是兄弟相杀。庆父杀子般、闵公，是子父相杀。古者从父与兄弟之子，通称父子。"子般是鲁庄公之子，继承君位后不久被庆父所派之人谋杀。鲁闵公为鲁庄公庶子，即位时尚年幼，在位两年后也被庆父所派之人弑杀。　[15]为齐所存：鲁国仰赖齐国之力而得以保存。《公羊传》闵公二年："设以齐取鲁，曾不兴师，徒以言而已矣。桓公使高子将南阳之甲，立僖公而城鲁。"鲁国内乱多年，齐国并没有趁机灭鲁，齐桓公反而派兵拥护鲁僖公即位，保留了鲁国的社稷。

　　此皆内自强[1]，从心之败己[2]，见自强之败，尚有正谏而不用[3]，卒皆取亡。曹羁谏其君曰[4]："戎众以无义，君无自适。"君不听，果死戎寇。伍子胥谏吴王，以为越不可不取，吴王不听，至死伍子胥，还九年，越果大灭吴国。秦穆公将袭郑，百里、蹇叔谏曰 [5]："千里而袭人者，未有不亡者也。"穆公不听 [6]，师果大败殽中，匹马只轮无反者。晋假道虞，虞公许之，宫之奇谏曰 [7]："唇亡齿寒，虞、虢之相救，非相赐也，君请勿许。"虞公不听，后虞果亡于晋。

[注释]

[1] 内自强：内心太过自信。　[2] 从心之败己：师心自用而导致自己失败。　[3] 尚：通"倘"，倘若。　[4] 曹羁谏其君曰：下引文见《公羊传》庄公二十四年。戎人众多而且不讲礼义，君主就不要亲自去抵抗他们了。曹羁，春秋时期曹国的大夫。以，而。适，通"敌"，抵抗，《公羊传》"适"正作"敌"。　[5] 百里、蹇叔谏曰：下引文见《公羊传》僖公三十三年。奔波千里去偷袭别人，没有不失败的。百里、蹇叔，指百里奚和蹇叔，二人皆为秦国的大夫。　[6]"穆公不听"三句：秦穆公不听两位大夫的意见，军队果然在殽山中大败，连一匹马、一只车轮都没能回来。《春秋》僖公三十三年四月："晋人及姜戎败秦于殽。"《公羊传》："晋人与姜戎要之殽而击之，匹马只轮无反者。"殽，通"崤"，山名，在今陕西潼关至河南新安一带，形势险要。　[7] 宫之奇谏曰：下引文可参见《公羊传》僖公二年。嘴唇没有了，牙齿就会感到寒冷，虞国和虢国应该是互相救助，不是互相施予恩惠，请君主不要答应晋国的要求。宫之奇，虞国的大夫。赐，施予恩惠。

由此可见《春秋》"奉天法古"之宏旨，与司马迁作《史记》所谓"通古今之变"相通。

《春秋》明此，存亡道可观也 [1]；观乎蒲社，知骄溢之罚；观乎许田[2]，知诸侯不得专封[3]；观乎齐桓、晋文、宋襄、楚庄，知任贤奉上之功；观乎鲁隐、祭仲、叔武、孔父、荀息、仇牧、吴季子、公子目夷[4]，知忠臣之效；观乎楚公子比，知臣子之道，效死之义；观乎潞子，知无辅自诅之败[5]；观乎公在楚，知臣子之恩；观乎漏言，知忠道之绝；观乎献六羽，知上下之差；观乎宋伯姬，知贞妇之信；观乎吴王夫差，知强陵弱[6]；观乎晋献公，知逆理近色之过；观乎楚昭王之伐蔡，知无义之反；观乎晋厉之妄杀无罪，知行暴之报；观乎陈佗、宋闵，知妒淫之祸；观乎虞公、梁亡，知贪财枉法之穷；观乎楚灵，知苦民之壤[7]；观乎鲁庄之起台，知骄奢淫泆之失[8]；观乎卫侯朔，知不即召之罪；观乎执凡伯，知犯上之法；观乎晋郤缺之伐邾娄[9]，知臣下作福之诛；观乎公子翚，知臣窥君之意；观乎世卿[10]，知移权之败。故明王视于冥冥[11]，听于无声，天覆地载，天下万国莫敢不悉靖其职受命者，不示臣下以知之至也。故道同则不能相先[12]，情同则不能相使，此其教也。由此观之[13]，未有去

《荀子·王制》言："夫两贵之不能相事，两贱之不能相使，是天数也。"可知古人论社会分工不同，差别代表秩序，因而身份、等级、服饰等皆有明确规定。

人君之权，能制其势者也；未有贵贱无差，能全其位者也。故君子慎之。

董天工《春秋繁露笺注》云："总结一段，深得治体。所谓道者，即二帝三王之道；所谓慎者，即平天下先慎乎德之慎。"可补董子未发之义。《笺注》引周会元曰："正能全位，比之权能制势更甚。"

[注释]

[1] 存亡道：凌曙注："'道'上当有'之'字。"其说可从。　[2] 观乎许田：《春秋》桓公元年："郑伯以璧假许田。"详见本篇上文"郑、鲁易地"条注。　[3] 专封：董天工《春秋繁露笺注》改作"易地"，云："'专封'恐误。"冒广生校作"专地"，是。　[4] 叔武：卫成公的弟弟。晋文公征伐卫国，卫国人逐其君，成公出逃到陈国。晋人使叔武摄政，叔武告诉晋文公，他想归政于卫侯。卫成公返回卫国后说"叔武篡我"，于是杀了叔武。《公羊传》僖公二十八年："《春秋》为贤者讳，何贤乎叔武？让国也。"让国反而被杀害，所以《春秋》认为叔武是"忠臣"。　[5] 自诅：独断专行。俞樾云："'诅'当读为'作'，言无辅而自作也。《诗·荡篇》：'侯作侯祝。'《释文》曰：'作本作诅。'盖'作''诅'双声，古得通用耳。"其说可从。　[6] 知强陵弱：钟肇鹏主编《春秋繁露校释（校补本）》曰："'知强陵弱之报'，旧本并脱'之报'二字，与上下文例不合，今案文例补。"其说当是。　[7] 壤：卢文弨校注："壤，犹'伤'也。"其说可从。　[8] 泆（yì）：通"佚""逸"，放恣，放纵。　[9] "观乎晋郄缺之伐邾娄"二句：观察晋国郄缺攻伐邾娄，知道大臣恃强弄权、专废置君所应受到的责备。《公羊传》文公十四年："晋郄缺帅师，革车八百乘，以纳接菑于邾娄，力沛若有余而纳之。"并曰："大夫之义，不得专废置君也。"何休诂："明乱义也。"郄缺，晋国大夫。作福，恃强弄权，即"专废置君"之意。接菑是晋国的外孙，晋国女儿生的公子，郄缺率军要将接菑纳入邾娄国为君，军威浩荡，邾娄不得

以接纳了。但郑娄人说这是以大国之威压制他们，并不是道义的，所以郤缺率军离去，接菑没有被立为郑娄国君。　[10]"观乎世卿"二句：观察世袭的卿相，知道转移权力的败亡。《春秋》隐公三年："尹氏卒。"《公羊传》："尹氏者何？天子之大夫也。其称尹氏何？贬。曷为贬？讥世卿。"何休诂："礼：公卿、大夫、士，皆选贤而用之。卿大夫任重职大，不当世。为其秉政久，恩德广大，小人居之，必夺君之威权。故尹氏世，立王子朝，齐崔氏世，弑其君光。君子疾其末则正其本。"大意是说：卿、大夫、士的职位，应该是选贤举能，因为卿、大夫责任重大。如果世代为卿，一方面阻塞进贤之路，另一方面剥夺君主的权威，造成以下犯上的恶果。例如尹氏世代为卿，在鲁昭公二十三年拥立王子朝作乱，又如齐国的崔氏世代为卿，在鲁襄公二十五年，崔杼弑君。所以《春秋》讥世卿，是为了从根源上杜绝祸患。世卿，父死子继，世代为卿。　[11]"故明王视于冥冥"五句：因此明智的君主能在昏暗中明察是非，能在寂静中谛听动静，天所覆盖、地所承载之处，天下各国没有敢不恭谨地尽其职责并接受君命的，明智的君主不把自己的意图示以大臣，这是最大的智慧。其，苏本误作"其"，他本皆作"共"，作"共"是。靖共，恭谨。《诗经·小雅·小明》："靖共尔位，正直是与。"　[12]相先：居于领导地位。　[13]"由此观之"五句：由此看来，没有丢弃君主的权力，还能够控制住形势的；没有贵贱之间不区别，还能够保全其位置的。

［点评］

《王道》论述了君王行王道的问题。君王行为端正，就会出现一系列吉祥的现象；反之，则会灾害并现，国无宁日。这实际上是董仲舒天人感应理论在君王之道问题上的反映，它以"人正天顺""人不正天不顺"说明了君主行王道的重要性和必要性，具有很强的现实针对性。许多内容强调王道社会的等级关系，在用词上很有讲究，是必须知道的《春秋》笔法。

十指第十二

《春秋》二百四十二年之文[1]，天下之大，事变之博，无不有也，虽然，大略之要，有十指[2]。十指者，事之所系也，王化之所由得流也。举事变[3]，见有重焉，一指也；见事变之所至者[4]，一指也；因其所以至者而治之[5]，一指也；强干弱枝[6]，大本小末，一指也；别嫌疑，异同类[7]，一指也；论贤才之义[8]，别所长之能，一指也；亲近来远[9]，同民所欲，一指也；承周文而反之质[10]，一指也；木生火[11]，火为夏，天之端，一指也；切刺讥之所罚[12]，考变异之所加，天之端[13]，一指也。举事变[14]，见有重

《庄子·天下》载："大同而与小同异，此之谓小同异。万物毕同毕异，此之谓大同异。"区别不同事物之同与异，本是中国哲学应有之义。

康有为《春秋董氏学》言："《孟子》：'乐以天下，忧以天下。'乐货、勇、色、园囿、池沼，皆与民同。同民所欲，孔子之至义也。"可知儒家政治哲学之核心即以民为本。

焉，则百姓安矣；见事变之所至者[15]，则得失审矣；因其所以至而治之[16]，则事之本正矣；强干弱枝[17]，大本小末，则君臣之分明矣；别嫌疑，异同类，则是非著矣；论贤才之义，别所长之能，则百官序矣；承周文而反之质[18]，则化所务立矣；亲近来远，同民所欲，则仁恩达矣；木生火[19]，火为夏，则阴阳四时之理相受而次矣；切刺讥之所罚，考变异之所加，则天所欲为行矣。统此而举之[20]，仁往而义来，德泽广大，衍溢于四海，阴阳和调，万物靡不得其理矣。说《春秋》凡用是矣，此其法也。

[注释]

[1]《春秋》二百四十二年：《春秋》记事始于鲁隐公元年（前722），终于鲁哀公十四年（前481）"西狩获麟"，所记凡二百四十二年间之事。　[2]十指：十种意旨，十个重要原则。即下文所概括的：安百姓、审得失、正事本、明君臣之分、著是非、序百官、立教化、达仁恩、次阴阳、顺天意。指，即旨。　[3]"举事变"二句：列举事变，看出它有所重视的方面，即重民。战争被一一记载，因为战争给人民带来的灾难最大。　[4]事变之所至：事变影响所及的各个方面。　[5]因其所以至者而治之：根据事变影响所产生的根由而去治理它。所以至者，就是发生事变的原因。掌握因果关系，就可以采取措施，防患于未然。　[6]"强干弱枝"

二句：治理的办法是增强树干，减弱树枝，扩大根本，减小枝末。干指天子，枝指诸侯；天子为本，诸侯为末。　　[7] 异同类：区分同类。周采刊本、沈鼎新刊花斋本、王谟《汉魏丛书》本皆作"异同异"。钟肇鹏案："作'异同异'是。'异同异'，谓区别同与异也。……本书《玉英篇》云：'《春秋》理百物，辨品类，别嫌疑。'……'异同异'，即'辨品类'……"钟说可从。　　[8]"论贤才之义"二句：评论贤才的道义，分别他们所擅长的才能。义者，宜也。贤才因有差异，适宜任不同职务。能力有所不同，能用其所长，避其所短，这叫知人善任；用非所长，则是人才的浪费。　　[9]"亲近来远"二句：亲善近邻的人，招徕远处的人，和老百姓的欲望取得一致。与民同欲，才能亲近来远。亲近来远，是招揽人才的重要原则。来，应为"徕"，招徕。　　[10] 承周文而反之质：继承周代的文采并返回到质朴上去。古人认为，社会风气朴素，必须提倡文明，过于重视外在的形式，就要提倡质朴。文与质交替发展。汉朝在周朝之后，周朝文饰过了，汉朝就要返回到质朴。文，文化，文明，主要指外在的形式。质，质朴，素质，主要指内在的朴素情感。　　[11]"木生火"三句：木生火，火为夏，《春秋》首书"春"以正天端。关于五行，可参见《春秋繁露》中"五行"诸篇。苏舆注："火由木而生，百物皆本于春。《春秋》首书春，所以正天端也。"钟肇鹏案："此处疑有脱误，当作：'木生火，火为夏，木为春，天之端。'文义始足。"苏、钟之说可从。　　[12]"切刺讥之所罚"二句：考察讥刺那些受惩罚的，考察怪异所施及的人事。《春秋》多讥刺，随处可见。关于灾异，董仲舒认为是上天谴告的表现。　　[13] 天之端：董天工笺注："三字疑衍文。"其说是。　　[14]"举事变"三句：列举事变，发现重大的问题，那么老百姓就会安宁。叙述事件的时候有所重，重的就是民，当政者能够重民，百姓就会安心，社会就会安定。　[15]"见事变之所至者"二句：能预见事变影响的范围，就能明白得失。　[16]"因其所以至而治之"二句：根据事变产生的原因，加以防备，就可以使事变向好的方向发展。这就是正本清源。　[17]"强干弱枝"三句：增强树干，减弱树枝，扩大根本，减小枝末，那么君臣的分别就明白了。天子是干、是本，臣子是枝、是末。强干弱枝，大本小末，都是强调天子的地位。这是加强中央集权制度。　[18]"承周文而反之质"二句：继承周代的文采，回到本质上去，那么所致力的教化就建立起来了。化，即教化。因为时代不同，教化的形式与内容也要与时俱进。强调文化，过一段时间就要强调质朴，文与质交替强调，配合好了，才会实现文质彬彬。　[19]"木生火"三句：木生火，火为夏，以春为始，则阴阳四时的顺序就交替有序了。这是说五行与四季的配合、顺序。木与春，木生火；火与夏，火生土；土与四时，土生金；金与秋，金生水；水与冬，水生木。这样顺序就形成了。　[20]"统此而举之"二句：总和起来，全面地去实行它，对人仁爱，讲求道义。关于"仁义"，董仲舒认为仁在爱人安人，义在正我。所以"仁往"而"义来"。

［点评］

《十指》论述《春秋》的十点要旨及其重要作用。"十指"主要包括：安百姓、审得失、正事本、明君臣之分、著是非、序百官、立教化、达仁恩、次阴阳、顺天意等。本篇详细探讨了十点要旨的具体内容，指出"十指"如果在实际中得到施行，将会出现泽普天下、阴阳和顺的局面。

俞序第十七

仲尼之作《春秋》也[1]，上探正天端王公之位[2]，万民之所欲，下明得失，起贤才，以待后圣。故引史记[3]，理往事，正是非，见王公。史记十二公之间[4]，皆衰世之事，故门人惑，孔子曰："吾因其行事[5]，而加乎王心焉，以为见之空言，不如行事博深切明。"故子贡、闵子、公肩子言其切而为国家资也[6]。其为切，而至于杀君亡国，奔走不得保社稷，其所以然，是皆不明于道，不览于《春秋》也。故卫子夏言[7]："有国家者[8]，不可不学《春秋》。不学《春秋》，则无以见前后旁侧之危，则不知国之大柄，君之重

"以为见之空言，不如行事博深切明"也见于《史记·太史公自序》引董仲舒所记孔子言："我欲载之空言，不如见之于行事之深切著明也。"《史记》受《春秋》影响，也包含深意于其中。因此，非好学深思者，不能心知其意。

《孝经钩命决》言："孔子云：'吾志在《春秋》，行在《孝经》。'"又云："孔子曰：《春秋》属商，《孝经》属参。'"《论语崇爵谶》载："子夏六十四人共撰仲尼微言。"《春秋说题辞》曰："孔子作《春秋》，一万八千字，九月而书成。以授游、夏之徒，游、夏之徒不能改一字。"是知古人言孔子传《春秋》于子夏。

任也。故或胁穷失国^[9]，掩杀于位，一朝至尔。苟能述《春秋》之法，致行其道，岂徒除祸哉！乃尧、舜之德也。"故世子曰^[10]："功及子孙，光辉百世，圣人之德，莫美于恕。"故予先言^[11]："《春秋》详己而略人^[12]，因其国而容天下。"

[注释]

[1] 仲尼之作《春秋》：孔子作《春秋》，是战国秦汉时代的流行看法，包括孟子、荀子、董仲舒、司马迁、扬雄、王充、郑玄都持这种观点。仲尼，孔子的字。　[2] 上探正天端王公之位：向上探求天端，摆正王公的位置。当改为"上探天端，正王公之位。"惠栋、董天工皆如此校改，是，今从之。　[3] "故引史记"二句：因此引述周代史书上所记载的史实，整理过去的事迹。史官所记，谓之"史记"，这里指鲁国史记，即从周初到孔子生活年代的鲁国《春秋》。《春秋公羊传解诂》隐公第一疏："昔孔子受端门之命，制《春秋》之义，使子夏等十四人求周史记，得百二十国宝书，九月经立。"所以《春秋》只是据鲁国历史按照编年体例来写，而所叙述的事则包括各诸侯国的大事。　[4] "史记十二公之间"二句：历史所记载的十二位君王之间的事，都是衰世的事情。十二公，就是《春秋》所记鲁国的隐、桓、庄、闵、僖、文、宣、成、襄、昭、定、哀十二位国君。《孟子·滕文公下》："世衰道微，邪说暴行有作，臣弑其君者有之，子弑其父者有之。孔子惧，作《春秋》。"因此可以说《春秋》所记是衰世之事，多贬也就是正常的。　[5] "吾因其行事"四句：我凭借这些往事，并假借王心的名义，认为用空言表现出来，不如往事深切显明。行事，指

《史记·太史公自序》引董生云："故有国者不可以不知《春秋》，前有谗而弗见，后有贼而不知。"董仲舒引子夏言，司马迁引董仲舒言，可见《春秋》大义相传系统。

《韩非子·外储说右上》引子夏言："《春秋》之记臣弑君、子弑父者，以十数矣，皆非一日之积也，有渐而以至矣。"所以韩非言："凡奸者，行久而成积，积成而力多，力多而能杀，故明主蚤绝之。"不早预防，奸臣渐长，一旦发作，不可收拾。

历代王者行为。在叙述中表达王道之意，讲理论比较空泛，借史事来讲道理，则更加明确切实。　[6] 故子贡、闵子、公肩子言其切而为国家资也：子贡、闵子骞、公肩子说它切合实际，可以作为国家的借鉴。子贡、闵子、公肩子均为孔子弟子，公肩应为复姓。《说苑·建本》："公扈子曰：'有国者，不可以不学《春秋》。生而尊者骄，生而富者傲，生而富贵又无鉴而自得者鲜矣。《春秋》，国之鉴也。《春秋》之中，弑君三十六，亡国五十二，诸侯奔走，不得保其社稷者甚众。未有不先见，而后从之者也。'"此处"公扈"应为"公肩"之误。切，切实可行。资，借鉴，资取，是说可供国家取用。他本亦作"贤"，卢文弨云："资，本或作贤。"可备一说。　[7] 卫子夏：孔子弟子卜商，字子夏，卫国人，故称"卫子夏"。　[8]"有国家者"四句：拥有国家的君王，不可不学《春秋》。不学《春秋》，就无从看见前后及两边的危难。有国家者，即有国有家者。春秋时，国本指国都，后逐渐指代今天所说的诸侯国。家，指代宗族，如赵氏孤儿案中的"赵氏"指代的是赵氏宗族，之后三家分晋，此处所说的"家"同样指代三大宗族。因此，有国者为诸侯，有家者为卿大夫。《春秋》之道，奉天而法古，鉴往而知新，故学《春秋》可以预见危难而从容应对。　[9]"故或胁穷失国"三句：因此有的君王受到胁迫，走投无路，丧失国家，有的出其不意地被杀害，这不是一朝一夕就达到这种地步的。胁穷，被胁迫得走投无路。掩杀，被突然袭击杀害。　[10] 世子：即世硕，相传为孔子弟子。《汉书·艺文志》载《世子》二十一篇。《论衡·本性篇》："周人世硕以为人性有善有恶。"世子作《养书》一篇，讨论养性之道。　[11] 予先：俞樾认为"予先"应为"子先"，生平不可考，可能是七十子之弟子。可备一说。　[12]《春秋》详己而略人：《春秋》记载史事，记鲁国之事详细，记他国之事简略。己，指鲁国。人，指其他诸侯国。

《春秋》之道，大得之则以王，小得之则以霸。故曾子、子石盛美齐侯[1]，安诸侯，尊天子。霸王之道，皆本于仁。仁，天心，故次之以天心[2]。爱人之大者[3]，莫大于思患而豫防之，故蔡得意于吴[4]，鲁得意于齐，而《春秋》皆不告。故次以言："怨人不可迩[5]，敌国不可狎，攘窃之国不可使久亲，皆防患、为民除患之意也。"不爱民之渐[6]，乃至于死亡，故言楚灵王、晋厉公生弑于位[7]，不仁之所致也。故善宋襄公不厄人[8]，不由其道而胜，不如由其道而败，《春秋》贵之，将以变习俗，而成王化也。故子夏言："《春秋》重人[9]，诸讥皆本此，或奢侈使人愤怨，或暴虐贼害人，终皆祸及身。"故子池言："鲁庄筑台[10]，丹楹刻桷[11]；晋厉之刑刻意者[12]；皆不得以寿终。"上奢侈[13]，刑又急，皆不内恕，求备于人。故次以《春秋》，缘人情，赦小过，而《传》明之曰："君子辞也。"孔子明得失，见成败，疾时世之不仁，失王道之体，故缘人情，赦小过。《传》又明之曰："君子辞也[14]。"孔子曰："吾因行事[15]，加吾王心焉。"假其位号[16]，

同为《春秋》传记，《左传》与《穀梁传》对宋襄公评价皆较低：《左传》引子鱼曰："君未知战。勍敌之人，隘而不列，天赞我也。阻而鼓之，不亦可乎？犹有惧焉。"《穀梁传》说他"不顾其力之不足，而致楚成王。……过而不改，又之，是谓之过。襄公之谓也"。可知对于宋襄公之表现，古人本有不同评价，董仲舒为公羊学大师，故沿袭《公羊传》之义。

以正人伦，因其成败，以明顺逆。故其所善，则桓、文行之而遂，其所恶，则乱国行之终以败。故始言大恶[17]，杀君亡国，终言赦小过，是亦始于麤粗，终于精微。教化流行，德泽大洽，天下之人，人有士君子之行，而少过矣，亦讥二名之意也。

故汉儒认为孔子为"素王"，虽无位，实具圣王之德行。

[注释]

[1] 故曾子、子石盛美齐侯：因此曾子、子石极力称赞齐侯。曾子，孔子弟子曾参，鲁人，传《孝经》《春秋》。子石，世硕的字。另，子石也是孔子另一弟子公孙龙的字。　[2] 仁，天心，故次之以天心：仁是天心，因此接着论述天心。《吕氏春秋·不二》："孔子贵仁。"《春秋繁露·王道通三》："仁之美者在于天。天，仁也。"儒家的核心价值观是仁，以天为仁。　[3]"爱人之大者"二句：最爱人之处，没有比担心忧患并预防比它更大的。思考祸患并加以预防，是仁的重要表现。《春秋繁露·仁义法》："未至，豫备之，则美之，善其救害之先也。"　[4]"故蔡得意于吴"三句：因此蔡国在吴国得志，鲁国在齐国得志，《春秋》都不记载。《春秋》定公四年："楚人围蔡，……蔡侯以吴子及楚人战于柏莒，楚师败绩。"杜预注："师能左右之曰'以'，……吴为蔡讨楚，从蔡计谋，故书'蔡侯以吴子'，言能左右之也。"从《春秋》所记载而论，是以蔡国不仅利用吴国的军队，并且使吴军采纳了蔡侯的计谋，从而战胜楚国而得意，可谓蔡得意于楚；董仲舒言蔡得意于吴，从"能左右之"言，似亦可通。《春秋》僖公二十六年："齐人伐我北鄙。""公子遂如楚乞师。""公以楚师伐齐取穀。"这

就是战胜齐国而得意。《春秋》皆不告，说《春秋》不记载这两件事，表示不满意。改告为善，也可以通。《盐铁论·刑德》："鲁以楚师伐齐，而《春秋》恶之。"恶之，与不告、不善，大意相同。　[5]"怨人不可迩"四句：与你有仇怨的人不可亲近，对敌国不要过分亲近，喜好占夺盗窃的国家不可以长久亲近，都是防止祸患、为民除害的意思。怨人、敌国、攘窃之国，都是自己的敌对势力。不可迩、狎、久亲，不可亲密接近，这都是防患、为民除患之意。　[6]不爱民之渐：渐渐地不爱抚人民。　[7]楚灵王、晋厉公生弑于位：楚灵王、晋厉公在君位上被活活杀死。《春秋》昭公十三年："夏，四月，楚公子比自晋归于楚，弑其君虔于乾溪。"《公羊传》："此弑其君，其言归何？归无恶于弑立也。归无恶于弑立者何？灵王为无道，作乾溪之台，三年不成。楚公子弃疾胁比而立之。……灵王经而死。"楚灵王熊虔无道，连年对外征战，修建乾溪之台，耗费民财。公子弃疾在楚都发动政变，立公子比为楚王，灵王无路可走，被逼自缢而亡。《春秋》成公十八年："晋杀其大夫胥童。庚申，晋弑其君州蒲。"晋厉公姬州蒲无道，听信谗言，滥杀大夫，最终被杀。　[8]宋襄公不厄人：宋襄公不使人陷于困境。《春秋》僖公二十二年："冬，十有一月己巳朔，宋公及楚人战于泓，宋师败绩。"《公羊传》："楚人济泓而来。有司复曰：'请迨其未毕济而击之。'宋公曰：'不可。吾闻之也：君子不厄人。吾虽丧国之余，寡人不忍行也。'既济，未毕陈，有司复曰：'请迨其未毕陈而击之。'宋公曰：'不可。吾闻之也：君子不鼓不成列。'已陈，然后襄公鼓之，宋师大败。故君子大其不鼓不成列，临大事而不忘大礼，有君而无臣，以为虽文王之战，亦不过此也。"《公羊传》褒扬宋襄公有正道，即敌军没有全部渡河而不可以击之，没有完全排成军阵也不可以击之，这是讲求大礼。即使大败，也是因为虽为国君，却没有辅佐的大臣，故可比肩于周文王。不厄人，不乘人之危。　　[9]"《春秋》重人"
五句：《春秋》重视人，各种讥刺都是根据这一点，有的生活奢侈
淫靡，使人愤怒，有的暴虐无道杀害人，最终都使祸患到达自己
身上。　　[10]鲁庄筑台：《春秋》庄公三十一年："秋，筑台于秦。"
《公羊传》："何以书？讥。何讥尔？临国也。"何休诂："言国者，
社稷、宗庙、朝廷皆为国，明皆不当临也。临社稷、宗庙则不敬，
临朝廷则泄慢也。"筑台，诸侯可以登高远望以取乐的高台，劳
民而无益于民，并且此筑台临近宗庙等国家祭祀的核心场所，可
知鲁庄公之荒唐，所以受到讥刺。　　[11]丹楹刻桷（jué）：《春秋》
庄公二十三年："秋，丹桓宫楹。"《公羊传》："何以书？讥。何讥
尔？丹桓宫楹，非礼也。"《春秋》庄公二十四年："春，王三月，
刻桓宫桷。"《公羊传》："何以书？讥。何讥尔？刻桓宫桷，非礼
也。"楹是柱子，桷是方椽子。此即后世所谓"雕梁画栋"。鲁庄
公要把其父桓公之庙的柱子漆成红色，椽子进行雕刻，因其奢侈
而不合礼法，故有所讥刺。　　[12]晋厉之刑刻意者：晋厉公在当
政期间，实施严刑峻法。刑，即刑法。刻意，刻薄残酷。　　[13]"上
奢侈"四句：国君奢侈，刑罚残酷，都是因为不行恕道，对别人
求全责备。上奢侈，崇尚豪华。这是当政者自己的享受。上，通
"尚"，崇尚。刑又急，刑法是对人民的，动不动就要用严刑峻
法。鲁庄公、晋厉公都是自己没有仁爱之心，对他人又求全责
备。　　[14]君子辞：君子的话。《春秋》襄公三十年："夏，四月，
蔡世子般弑其君固。""冬，十月，葬蔡景公。"《公羊传》："贼未
讨，何以书葬？君子辞也。"何休诂："君子为中国讳。"　　[15]"吾
因行事"二句：我凭借记述往事，假托王心。意思是阐述王道之
心，即表达王道思想。　　[16]"假其位号"四句：假借其位号，
以纠正人伦，凭借其成功与失败，以表明合理还是不合理。苏舆
注："因成知顺，桓、文是；因败知逆，鲁庄、晋厉是；亦有因败

而得其顺者，宋襄是也。假位号，因成败，此圣人作《春秋》之
意。因故事以明王义，事不虚而义则博贯。凡以维纲纪，定是非，
始于止乱，终于致治。"苏说可从。　　[17]"故始言大恶"十一句：
所以《春秋》开始说重大的罪恶，杀死君主灭亡国家，结束时说
赦免小过失，这也是从粗略处开始，在精微处终结。教化流行，
恩泽遍布，天下之人，人人具有君子的德行，很少有过错，这也
是讥刺"二名"的意思。二名，两个字的名字。《公羊传》认为"二
名"不符合礼仪。后王莽改制，即用《公羊》说，禁人二名。麤
（cū），"粗"的异体字。

[点评]

《俞序》是董仲舒研究《春秋》之后所写的序言。古
人写序一般都放在书后。《汉书·礼乐志》颜师古注：
"俞，答也。"本篇论及孔子作《春秋》之目的在于探求
天人关系、考辨历代得失，并论述曾子、子夏、世硕等
人对《春秋》的评述，探讨《春秋》的意义，是一篇重
要的参考材料。

立元神第十九

君人者[1]，国之元，发言动作[2]，万物之枢机[3]。枢机之发[4]，荣辱之端也，失之豪厘[5]，驷不及追。故为人君者[6]，谨本详始，敬小慎微，志如死灰，形如委衣，安精养神，寂寞无为。休形无见影，掩声无出响，虚心下士[7]，观来察往[8]，谋于众贤[9]，考求众人，得其心，遍见其情，察其好恶，以参忠佞，考其往行，验之于今，计其蓄积，受于先贤。释其仇怨，视其所争，差其党族，所依为皁[10]，据位治人[11]，用何为名[12]？累日积久，何功不成？可以内参外，可以小占大，必知其实，是谓开阖。君人者，国之

美国学者桂思卓在《从编年史到经典：董仲舒的春秋诠释学》中指出：《繁露》中部分内容当为董子仕于景帝朝时所作，故把《繁露》中与此相关之篇目定性为"黄老编"，并认为几乎不涉及儒家思想，而只论述黄老"无为""君主统治术"等内容，《离合根》《立元神》《保位权》诸篇皆是。此分篇之论可探寻诸篇主旨，可备参考。

古今关系不仅是汉人历史观，更是察人、识人、用人之具体准则。

本也，夫为国，其化莫大于崇本。崇本则君化若神^[13]，不崇本则君无以兼人。无以兼人，虽峻刑重诛，而民不从，是所谓驱国而弃之者也，患孰甚焉！何谓本？曰：天地人，万物之本也^[14]。天生之，地养之，人成之。天生之以孝悌，地养之以衣食，人成之以礼乐，三者相为手足，合以成体，不可一无也。无孝悌，则亡其所以生；无衣食，则亡其所以养；无礼乐，则亡其所以成也。三者皆亡，则民如麋鹿，各从其欲，家自为俗，父不能使子，君不能使臣，虽有城郭，名曰虚邑。如此，其君枕块而僵^[15]，莫之危而自危，莫之丧而自亡，是谓自然之罚。自然之罚至，襄袭石室^[16]，分障险阻，犹不能逃之也。明主贤君，必于其信，是故肃慎三本^[17]：郊祀致敬^[18]，共事祖祢，举显孝悌，表异孝行，所以奉天本也；秉耒躬耕^[19]，采桑亲蚕，垦草殖谷，开辟以足衣食，所以奉地本也；立辟雍庠序^[20]，修孝悌敬让，明以教化，感以礼乐，所以奉人本也。三者皆奉，则民如子弟，不敢自专，邦如父母，不待恩而爱，不须严而使，虽野居露宿，厚于宫室。

虽《立元神》篇有黄老特色，然此处论及孝悌、礼乐，则为儒家的最基本思想与核心价值，本与黄老家言相抵牾。而后董子又言"以德为国""崇本而不敢失"，可知此处亦言儒家礼义教化之道。故可知汉初儒者之融合诸子、实现儒道整合之倾向。另，此处反映了董子立足于儒家思想的现实关怀。

如是者，其君安枕而卧，莫之助而自强，莫之绥而自安，是谓自然之赏。自然之赏至，虽退让委国而去[21]，百姓褓负其子[22]，随而君之，君亦不得离也。故以德为国者，甘于饴蜜[23]，固于胶漆，是以圣贤勉而崇本，而不敢失也。君人者，国之证也[24]，不可先倡[25]，感而后应。故居倡之位[26]，而不行倡之势，不居和之职，而以和为德，常尽其下，故能为之上也。

《淮南子·主术训》云："主道员者，运转而无端，化育如神，虚无因循，常后而不先也。"此即君臣分工模式：君主无为，大臣有为，分工不同。君主居于倡导之位，却不首倡。

［注释］

[1]"君人者"二句：作为人民的君，是国家的根本。元，根本。　[2]发言动作：指国君的一言一行。　[3]万物之枢机：君之道包含万事万物。枢机，关键。　[4]"枢机之发"二句：关键的发起，就是荣辱的开端。枢机之发，指国君的言行一旦发出，就会有很大影响，好的为荣，坏的为辱。表明关键作用。　[5]"失之豪厘"二句：稍有疏忽，虽只差了一点点，到后来连四匹马拉的车也追赶不上了。国君的言行如果有一点差错，则追悔莫及。豪，同"毫"。驷，四匹马拉的车，奔走很快。　[6]"故为人君者"七句：所以做君主的，应该谨慎地对待根本性的东西，在开始时非常仔细，对小事也很恭敬地去做，对细微的事也很谨慎，他的心志如冷灰一样平静，他的形体如陈设的衣服一样无所作为，安心休养精神，寂寞而无为。因为国君的言行影响很大，所以从一开始就要认真做好根本性的工作，要非常谨慎地处理哪怕很小的事情。　[7]虚心下士：国君虚心谦退以待士。　[8]观来察往：

观察事情的来龙去脉。不但听其言，还要观其行，观察来往行动。　[9]"谋于众贤"二句：和各位贤才商量，征求大家的意见。《尚书·洪范》有"谋及乃心，谋及卿士，谋及庶人，谋及卜筮"的记载。卿士，即众贤。众人，即庶人。　[10]臬（niè）：标准。惠栋校作"宗"，宗即宗旨。"臬"或"宗"，二者皆可通。　[11]据位治人：凭借君王的地位来管理人民。　[12]用何：旧本皆作"用何"，惠栋校作"何用"，是，当从惠栋校注改。　[13]"崇本则君化若神"二句：崇尚根本就会使君王的教化像神明一样，不崇尚根本就会使君王无法胜过别人。本就是国君，崇本就是要崇敬君主，尊君的君主教化效果神妙。　[14]万物之本：此篇讲本，意义不同。君是本，天地人又是三本。　[15]枕块而僵：头枕土块而僵卧。贾谊《新书·先醒》讲：虢君无道，国破逃亡，枕着驾车夫的膝盖而睡。车夫以土块代膝盖，逃走。虢君遂饿死，为禽兽食。块，土块。僵，死亡。　[16]"裹袭石室"二句：有双重石房子，有界隔的屏障和险关阻拦。《淮南子·览冥训》："重袭石室，介障险阻，其无所逃之。""裹"当作"重"，"分"当作"介"。重袭，双重。介障，界隔的屏障。介，同"界"。　[17]肃慎三本：恭敬谨慎地对待这"三本"。肃慎，恭敬谨慎。三本，指天地人。　[18]"郊祀致敬"五句：祭祀上天表达敬意，恭敬地侍奉先人庙堂，表扬孝悌，表彰孝行，以此来侍奉"天本"。郊祀致敬，祭祀天地。共事祖祢（mí），恭敬地事奉先人的庙堂。共，同"恭"，恭敬。祖，祖先庙。祢，父庙。这是在提倡孝道，孝是天经地义的。所以，祭天祀地，提倡孝道，都是奉天之本。　[19]"秉耒躬耕"五句：手执农具亲自耕种，亲自采桑养蚕，除草种谷，开垦土地以使衣食富足，以此来侍奉"地本"。耕地，蚕桑，进行农业生产，解决衣食需要，就是奉地本。耒（lěi），古代的一种农具，形状像木叉。躬耕，汉朝从文帝开始，亲自耕籍田，所收粮食供祭祀用。亲蚕，皇后亲自种桑树养蚕，也供祭祀使用。　[20]"立辟雍庠序"五句：设立学校，修习孝悌、恭敬和谦让，以教化使人明白，以礼乐使人感动，以此来侍奉"人本"。辟雍庠序，天子皇族的学校为辟雍，乡校曰庠，里学曰序。古代教育机构，就是各级学校。这是从空间来区分，但庠序等也可以从时间角度进行论述，如《孟子·滕文公上》载："夏曰校，殷曰序，周曰庠。"因此庠序等可泛指各类学校。孝悌敬让，这是培养道德素质的基础。礼乐教化，是教化的主要内容。这是奉人本。　[21]退让委国而去：退让丢弃国家而离去。《礼记·曲礼》疏："应进而迁曰退，应受而推曰让。"委，放弃，丢弃。　[22]百姓襁（qiǎng）负其子：老百姓还是会背着孩子紧紧跟随他们的君王。《论语·子路》："樊迟请学稼。子曰：'吾不如老农。'请学为圃。曰：'吾不如老圃。'樊迟出。子曰：'小人哉，樊须也！上好礼，则民莫敢不敬；上好义，则民莫敢不服；上好信，则民莫敢不用情。夫如是，则四方之民襁负其子而至矣，焉用稼！'"襁负，用布包着婴儿背着。襁，婴儿的被子。　[23]"甘于饴（yí）蜜"二句：比饴糖和蜂蜜还甜，比胶与漆的粘性还大。比喻以德治国的优越性。饴，用米、麦制成的糖浆。胶，用动物的角或皮制成的用以黏合器物的物质，黑驴皮胶还是一种中药。　[24]证：证验，征验。　[25]倡：倡导。　[26]"故居倡之位"六句：因此，虽坐在先导的位置，却不实行首倡的权力，虽不担负应和的职责，却有善于应和的美德，常使臣下尽心尽责，所以能处于君王的位置。

体国之道[1]，在于尊神[2]。尊者[3]，所以奉其政也；神者，所以就其化也。故不尊不畏，不神不化。夫欲为尊者，在于任贤；欲为神者，在于同心[4]。贤者备股肱[5]，则君尊严而国安；同心相承[6]，则变化若神。莫见其所为而功德成[7]，是谓尊神也。

[注释]

[1]体：治理。　[2]尊神：尊贵和神圣。　[3]"尊者"六句：尊贵，是用来辅助政治的；神圣，是用来成就教化的。因此不尊敬就不能使人敬畏，不神圣就不能教化别人。奉，辅助。就，成就，完成。　[4]同心：指上下一心，思想认识一致。　[5]贤者备股肱（gōng）：贤能的人充任辅佐的大臣。股肱，股为大腿，肱指胳膊中从肘到肩的部分，都是四肢中肌肉发达的地方，喻指辅佐君王的大臣。《左传》昭公九年："君之卿佐，是谓股肱。"　[6]同心相承：君臣心思互相契合。相承，互相契合。　[7]"莫见其所为而功德成"二句：看不到他有什么作为，而功业和德行却成就了，这就叫作尊贵和神圣。

汉儒善用类比之法，以圣人与天相类比，故天之自然属性与圣人之道德属性、政治属性相参，二者不可分割，凸显古人天人合一的思想理念。

天积众精以自刚[1]，圣人积众贤以自强；天序日月星辰以自光，圣人序爵禄以自明。天所以刚者，非一精之力；圣人所以强者，非一贤之德也。故天道务盛其精，圣人务众其贤。盛其精而壹其阳[2]，众其贤而同其心。壹其阳，然后可以致其神；同其心，然后可以致其功。是以建治之术 [3]，贵得贤而同心 [4]。为人君者，其要贵神。神者 [5]，不可得而视也，不可得而听也，是故视而不见其形，听而不闻其声。声之不闻 [6]，故莫得其响；不见其形，故莫得其影。莫得其影，则无以曲直也；莫得其响，则无以清浊也。无以曲直 [7]，则其功不可得而败；无以清浊，则其名不可得而度也。所谓不见其形者 [8]，非不见其进止之形也，言其所以进止不可得而见也；所谓不闻其声者，非不闻其号令之声也，言其所以号令不可得而闻也。不见不闻，是谓冥昏。能冥则明，能昏则彰。能冥能昏，是谓神人。君贵居冥而明其位 [9]，处阴而向阳，恶人见其情而欲知人之心。是故为人君者 [10]，执无源之虑，行无端之事，以不求夺，以不问问 [11]。吾以不求夺 [12]，则我利矣；彼以不出出 [13]，则彼费矣 [14]。吾以不问问，则我神矣；彼以不对对 [15]，则彼情矣 [16]。故终日问之，彼不知其所对；终日夺之，彼不知其所出。吾则以明，而彼不知其所亡。故人臣居阳而为阴 [17]，人君居阴而为阳。阴道尚形而露情，阳道无端而贵神。

[注释]

[1]"天积众精以自刚"四句：上天积聚众多精气以使自己刚健，圣人积聚众多贤人以使自己强大；上天排列日月星辰的次序以使自己光辉，圣人排列爵禄的等级以使自己明智。苏舆注："《白虎通·封公侯篇》：'天虽至神，必因日月之光；地虽至灵，必有山川之化；圣人虽有万人之德，必须俊贤。'《盐铁论·相刺篇》：'天设三光以照记，天子立公卿以明治。'"　[2]"盛其精而壹其阳"二句：精气旺盛而使得阳气专一，积聚众多贤人而使他们齐心协力。壹，专一。　[3]建治之术：建设治理国家的方法。　[4]贵得贤而同心：贵在得到贤人并齐心协力。《公羊传》隐公元年何休诂："君敬臣则臣自重，君爱臣则臣自尽。"强调君王要礼贤下士，采纳群言，上下一心，才会实现天下大治。　[5]"神者"五句：所谓神妙，是看不见的，也听不到的，因此看也看不见他的形质，听也听不到他的声音。苏舆注："《管子·心术篇》：'是故有道之君，其处也若无之，其应物也若偶之，静因之道也。'《韩非子·难三》云：'术者，藏之于胸中，以偶众端，而潜御群臣者也。'"董仲舒在其思想学说的建构中，杂取百家之学以为己用，这里就是汲取了黄老道家和法家的思想资源。　[6]"声之不闻"四句：听不到他的声音，所以得不到他的声响；看不见他的形质，所以得不到他的影子。苏舆注："非无声形也，以臣言为声，臣事为形，故人君若神耳。案：声之不闻，疑当作'不闻其声'。"苏说可从。下文有"所谓不闻其声者，非不闻其号令之声也"，是其证也。　[7]"无以曲直"四句：无法判断他的曲或直，那么他的功业就不能被败坏；无法分辨他的清或浊，那么他的名声就不能被度量。度（duó），度量，测

此处所言阴阳之道，于政治而言是谓"君无为而臣有为"，即君臣分工模式，常见于先秦诸子文献之中，可谓儒家、道家、法家等学派的共识。而董子创新之处在于实现其"源头性"探索，即通过阴阳理论，将君臣与阳阴相比附，为"君无为而臣有为"之分工寻找形上的依据，建立汉代以阴阳论政治这一诠释模式。即董子于《春秋繁露·基义》中所言："凡物必有合。……阴者，阳之合；……臣者，君之合，……阳兼于阴，阴兼于阳；……君兼于臣，臣兼于君。君臣……之义，皆取诸阴阳之道。君为阳，臣为阴；……阴道无所独行。"

度。　[8]"所谓不见其形者"八句：所谓看不见他的形质，不是指看不见他前进或停止的形质，而是指看不见他之所以前进或停止的原因；所谓听不到他的声音，不是指听不到他发号施令的声音，而是指听不出他之所以发号施令的原因。看不见、听不到，这就叫作幽暗。冥昏，幽暗。冥，幽深。昏，昏暗，暗昧。　[9]"君贵居冥而明其位"三句：君主贵在居于幽深之处而能明了自己所处的位置，处在北面而面向南面，厌恶别人看到他的心思，却想要知道别人的内心想法。处阴而向阳，《春秋繁露·王道》："古者，人君立于阴，大夫立于阳。"《管子·心术上》："人主者立于阴，阴者静，故曰动则失位。阴则能制阳矣，静则能制动矣。"阴阳不仅是北面与南面的位置之分，也是处事静与动、内与外之分。　[10]"是故为人君者"四句：因此做君主的，执持没有根源的思虑，做没有端绪的事情，不用要求人家就能取得想要得到的东西。　[11]以不问问：不用口头问人家就能达到问人家的目的。　[12]"吾以不求夺"二句：君主不用要求人家就能取得想要得到的东西，那么君主就获利了。"吾""我"，皆指君主而言，下文同此。　[13]彼以不出出：大臣不想付出而实际上已经付出了。彼，指大臣而言，下文同此。　[14]费：花费，耗损。　[15]以不对对：大臣不回答问话而实际上已经回答了。　[16]情：指吐露实情。　[17]"故人臣居阳而为阴"四句：因此大臣处在南面而实际做的是阴之道（臣道），君主处在北面而实际做的是阳之道（君道）。大臣之道就是要显现形质而暴露实情，君王之道就是要不露端倪而崇尚神妙。苏舆注："《荀子·正论篇》论'主道利周'一段，与此微异。司马谈《论六家要指》云：'儒者则不然，以为人主天下之仪表也，主倡而臣和，主先而臣随。如此则主劳而臣逸。'此篇颇参道家之旨，然归之用贤，故是正论。《说苑·君道篇》师旷曰：'人君之道，清净无为，务在博爱，趋在任贤。'

即此旨。汉初老学盛行，此二篇疑是盖公诸人之绪论，而时师有述之者。或董子初亦兼习道家，如贾生本儒术，而所著书时称引黄老家言。太史公受道学其父谈，终乃归本于儒者，亦风会使然邪？"苏说是。董仲舒熔道、墨、名、法、阴阳诸家之学为一炉，而以儒术为本，故其不失为儒家。本篇汲取道、法两家之说而立论，故与先秦儒家之说旨趣稍异。

[点评]

《立元神》论述君王要树立根本，使自己具有超凡的才能和智慧，使国家安定团结、繁荣昌盛，使人民安居乐业、生活富足。其中"奉三本"（天、地、人）之说、要求人君"居阴而为阳""君无为而臣有为"等，有较为鲜明的黄老道家思想色彩，体现了董仲舒学说的包容性与整合性，对于理解董仲舒思想的演变也是极其重要的参考。汉代儒学，是重新整合先秦诸子学说后的儒学新形态，这一点，可以通过《春秋繁露》广泛吸收阴阳、道、墨、法、名诸家之精髓要义的做法了解一二，而《立元神》就是一个很典型的范例。

保位权第二十

民无所好[1]，君无以权也；民无所恶，君无以畏也；无以权，无以畏，则君无以禁制也；无以禁制，则比肩齐势，而无以为贵矣。故圣人之治国也，因天地之性情、孔窍之所利[2]，以立尊卑之制，以等贵贱之差。设官府爵禄，利五味，盛五色，调五声，以诱其耳目；自令清浊昭然殊体[3]，荣辱踔然相驳[4]，以感动其心。务致民令有所好[5]，有所好，然后可得而劝也，故设赏以劝之；有所好，必有所恶，有所恶，然后可得而畏也，故设罚以畏之。既有所劝，又有所畏，然后可得而制。制之者[6]，制其所好，是以劝赏而

苏舆《春秋繁露义证》云："君民齐势，乱之端也。《管子·明法解》：'明主之治也，县爵禄以劝其民，民有利于上，故主有以使之。立刑法以威其下，下有畏于上，故主有以牧之。故无爵禄则主无以劝民，无刑罚则主无以威众。'"苏氏引《管子》解此篇，正合董子之意。

此处论君主"南面之术"，正是黄老道家政治思想核心之一，董子仕于景帝朝时多习黄老之术，故此篇应为董子早期作品无疑。另，此处也大量吸收了法家"术"与"势"的御臣驭众之要义。

不得多也；制其所恶，是以畏罚而不可过也。所好多[7]，则作福；所恶多，则作威。作威则君亡权，天下相怨；作福则君亡德，天下相贼。故圣人之制民，使之有欲，不得过节；使之敦朴，不得无欲。无欲有欲，各得以足，而君道得矣。国之所以为国者，德也；君之所以为君者，威也。故德不可共，威不可分。德共则失恩，威分则失权，失权则君贱，失恩则民散，民散则国乱，君贱则臣叛。是故为人君者[8]，固守其德，以附其民；固执其权，以正其臣。

[注释]

[1]"民无所好"十句：百姓没有什么喜好的，那么君王就没有办法劝勉；百姓没有什么厌恶的，君王就没有办法让人畏惧。没有劝勉的办法，没有使人畏惧的办法，那么君王就无法约束人民；没有办法约束，那么就会地位相等，势力相当，就没有办法显出高贵来。权，通"劝"，劝勉。指奖赏、鼓励。下文"无以权，无以畏"之"权"同此。畏，害怕，指用惩罚使人民害怕。比肩，比喻地位平等。　[2]孔窍：指耳目口鼻。比喻官能欲望。　[3]自令清浊昭然殊体：自然使得清与浊明显不同体。清浊，琴以弦的紧缓为清浊。昭然，明显。殊体，不同体。　[4]荣辱踔（chuō）然相驳：荣与辱明显有差异。荣辱，以赏罚为荣辱。踔然，灼然。相驳，不同。　[5]"务致民令有

所好"十二句：一定要使百姓有所喜好。有所喜好，然后才能对他们进行劝勉，于是设立奖赏来劝勉他。有所喜好，必定有所厌恶，有所厌恶，然后才能使他们敬畏，于是设立刑罚来使他们敬畏。既有所劝勉，又有所畏惧，然后就可以管制他们了。劝、畏是统治的两手。《淮南子·泰族训》："民有好色之性，故有大婚之礼；有饮食之性，故有大飨（xiǎng）之谊；有喜乐之性，故有钟鼓管弦之音；有悲哀之性，故有衰绖（cuī dié）哭踊（yǒng）之节。故先王之制法也，因民之所好，而为之节文者也。因其好色，而制婚姻之礼，故男女有别；因其喜音，而正《雅》《颂》之声，故风俗不流；因其宁家室、乐妻子，教之以顺，故父子有亲；因其喜朋友，而教之以悌，故长幼有序。然后修朝聘以明贵贱，乡饮习射以明长幼，时搜振旅以习用兵也，入学庠序以修人伦。此皆人之所有于性，而圣人之所匠成也。" [6]"制之者"五句：管制，管制他们所喜好的，因此劝勉和奖赏就不可太多；管制他们所厌恶的，因此使他们畏惧和受处罚就不要太过分。赏罚不可过滥。《左传》襄公二十六年："赏僭（jiàn），则惧及淫人；刑滥，则惧及善人。若不幸而过，宁僭勿滥。与其失善，宁其利淫。无善人，则国从之。"法律上无罪推定，也在于不冤枉好人。　 [7]"所好多"八句：所喜好的多了，就会擅自赏赐，所厌恶的多了，就会擅自处罚。擅自处罚就会使君主丧失权力，天下的人都会埋怨他；擅自赏赐就会使君主丧失德行，天下的人会想杀死他。作威，擅自惩罚。《韩非子·外储说右下》："司城子罕谓宋君曰：'庆赏赐予，民之所喜也，君自行之。杀戮诛罚，民之所恶也，臣请当之。'宋君曰：'诺。'于是出威令，诛大臣，君曰'问子罕'也。于是大臣畏之，细民归之。处期（jī）年，子罕杀宋君而夺政。故子罕为出彘（zhì）以夺其君国。" [8]"是故为人君者"五句：因此做君王的人，坚持自己的德操，以使老百姓归附；坚固地把持权力，以使大臣正直。

声有顺逆[1]，必有清浊；形有善恶，必有曲直。故圣人闻其声，则别其清浊；见其形，则异其曲直。于浊之中，必知其清；于清之中，必知其浊；于曲之中，必见其直；于直之中，必见其曲。于声无小而不取，于形无小而不举。不以著蔽微，不以众掩寡，各应其事，以致其报。黑白分明[2]，然后民知所去就，民知所去就，然后可以致治[3]，是为象则[4]。为人君者[5]，居无为之位，行不言之教，寂而无声，静而无形，执一无端，为国源泉。因国以为身[6]，因臣以为心，以臣言为声，以臣事为形。有声必有响，有形必有影。声出于内，响报于外；形立于上，影应于下。响有清浊，影有曲直，响所报非一声也，影所应非一形也。故为君[7]，虚心静处，聪听其响，明视其影，以行赏罚之象。其行赏罚也[8]，响清则生清者荣，响浊则生浊者辱，影正则生正者进，影枉则生枉者绌。挈名考质[9]，以参其实。赏不

陆贾《新语·至德》："是以君子之为治也，块然若无事，寂然若无声，官府若无吏，亭落若无民，闾里不讼于巷，老幼不愁于庭，近者无所议，远者无所听，邮无夜行之卒，乡无夜召之征，犬不夜吠，鸡不夜鸣，耆老甘味于堂，丁男耕耘于野，在朝者忠于君，在家者孝于亲。"可知，黄老言君人南面之术、"无为而治"，在汉初被诸多儒家学者所吸收与发展。

空施[10]，罚不虚出。是以君臣分职而治[11]，各敬而事，争进其功，显广其名[12]，而人君得载其中[13]，此自然致力之术也。圣人由之[14]，故功出于臣，名归于君也。

［注释］

[1]"声有顺逆"二十二句：声音有顺有逆，必定有清有浊；形状有善有恶，必定有曲有直。因此圣人听他的声音，就能分别他的清与浊；看见他的形状，就能分别他的曲与直。在浊当中，一定要知道他的清；在清当中，一定要知道他的浊；在曲当中，一定要看到他的直；在直当中，一定要看到他的曲。对于声音不要因为它小就不听取，对于形状不要因为它小就不提示。不用显著的去遮蔽细微的，不用众多去掩盖寡少，各自和他们的事情相应，以得到相应的结果回报。　[2]"黑白分明"二句：使黑白分明，然后老百姓就知道该靠近什么，远离什么。去就，去留，进退。去，离开。就，接近，靠近，趋向。　[3]致治：达至太平。治，治理得好，太平，与"乱"相对。　[4]象则：法则，规范准则。《左传》襄公三十一年："君有君之威仪，其臣畏而爱之，则而象之，故能有其国家。"　[5]"为人君者"七句：做君主的，居住在无所作为的位置上，实行不说话的教化，寂静无声，也没有形状，把握一个没有端倪的事情，作为治理国家的源泉。为人君者恭默于上、精一执中而不依于一端，故能开一国风华之源。《韩非子·主道》言为君者："寂乎其无位而处，漻（liáo）乎莫得其所。"董仲舒之言盖本于此。"为人君者"三句，语本《老子》第二章："是以圣人处无为之事，行不言之教。"　[6]"因国以为身"十句：把

苏舆《春秋繁露义证》云："董论阴阳五行，亦多此旨。"《春秋繁露·五行对》曰："勤劳在地，名一归于天。"正是此意。可知董子于此篇立论兼采道、法两家之言而归为己用。

国家作为身体，把大臣作为心脏，把大臣的话作为声音，把大臣的事作为形状。有声音必有回响，有形体必有影子，声音从内部发出，形体站立在上面，影子回应在下边。《列子·天瑞》："《黄帝书》曰：'形动不生形而生影，声动不生声而生响。'"这里是说形、声皆生于此而应于彼，民之于君，上行下效，因而君主施政于民，要时刻注意自己的一言一行。　[7]"故为君"五句：因此，做君主的人，虚心安静地坐在那里，灵敏地听他的回响，敏锐地看他的影子，以便实行赏罚的法则。就是说君主要自处虚静无为之位，而以其聪明察其群臣，根据得失而行赏罚。　[8]"其行赏罚也"五句：他实行赏罚，回响清晰，则发清声的光荣，回响浑浊，则发浊声的就耻辱，影子正则形状正的就提拔，影子歪则形状歪的就罢退。苏舆注："寄影响于臣下，清浊正枉，又在任人当否。"张之纯《春秋繁露评注》："以考绩定诸臣黜陟（chù zhì），以民之影响定官之曲直。"苏、张之说可从。进，升迁。绌（chù），通"黜"，废，贬退。　[9]"擥（lǎn）名考质"二句：要依据名声考察实质，以参验其真实情况。擥，同"揽"，引取，依据。　[10]"赏不空施"二句：不凭空奖赏，也不凭空处罚。《公羊传》隐公三年何休诂："明君案见劳授赏，则众誉不能进无功；案见恶行诛，则众谗不能退无罪。"何休之意，正与董仲舒相合。　[11]"是以君臣分职而治"二句：于是各位大臣分别职业去治理，各自认真地去办事。君，通"群"，各个，众多。而，犹"其"，如《左传》襄公十八年："必使而君，弃而封守。"两个"而"字均作代词使用。　[12]显广：显扬、光大。　[13]而人君得载其中：君主也就从中安定自得。载，安定。《老子》第二十九章"或载或隳（huī）"，河上公注："载，安也。"　[14]"圣人由之"三句：圣人照这样去做，功业虽出自大臣，而名声却归属于君王。即是说臣有事而君无事，臣劳君逸，则天下可治、位权可保。

［点评］

《保位权》杂取《韩非子》的旨趣，论述国君巩固自己地位和权力的方法。"民无所好，君无以权也；民无所恶，君无以畏也。"君王要顺从人民的好恶，实行赏罚，因其所好而奖赏，因其所恶而惩罚，这样百姓就会劝善归德，畏威而不敢为非。君王只有掌握威、德二柄，地位和权力才会十分牢固。

尧舜不擅移、汤武不专杀
第二十五

尧、舜何缘而得擅移天下哉[1]？《孝经》之语曰[2]："事父孝，故事天明。"事天与父，同礼也。今父有以重予子[3]，子不敢擅予他人，人心皆然。则王者亦天之子也[4]，天以天下予尧、舜，尧、舜受命于天而王天下，犹子安敢擅以所重受于天者予他人也。天有不以予尧、舜渐夺之[5]，故明为子道，则尧、舜之不私传天下而擅移位也，无所疑也。

[注释]

[1]尧、舜何缘而得擅移天下哉：尧、舜因为什么缘故，可以

擅自把天下移交给别人呢？何缘，何故，由于什么原因。 　[2]《孝
经》之语曰：下引文见《孝经·感应章》。其大意是："侍奉父
亲竭尽孝心，就会明白侍奉上天的道理。"事，侍奉。明，明
白。 　[3]"今父有以重予子"三句：如果现在父亲要把继承嫡系
大宗的重任交给儿子，儿子不敢擅自把这重任交给别人，人们的
心理都是这样。重，指继承祖、父作大宗的重任。《公羊传》庄
公二十四年何休诂："继重者为大宗，旁统者为小宗。" 　[4]"则
王者亦天之子也"四句：那么君王也是上天的儿子，上天把天下
交给尧、舜，尧、舜从上天那里接受任命而统治天下，这就像儿
子怎么敢擅自把从上天那里接受的重任交给别人一样。王（wàng）
天下：统治天下。王，称王，统治。苏舆注："受于天，疑当作'受
于父'"。苏说可从。 　[5]"天有不以予尧、舜渐夺之"四句：上
天不让尧、舜把天下传给他们自己的儿子。所以，明白了做儿子
的道理，那么，对尧、舜不私自传授天下而把帝位移交给别人，
就没有什么怀疑的了。渐夺，逐渐夺取，逐渐断绝。渐，王谟本、
董天工笺注本均作"斩"，苏舆注："渐，官本云：他本作'斩'。案：
作'斩'是。尧、舜均不传子，故云'斩夺之'。言天所以斩夺之，
必有其故。"说亦可通，聊备于此，以资参详。

　　儒者以汤、武为至圣大贤也^[1]，以为全道、
究义、尽美者，故列之尧、舜，谓之圣王，如法
则之。今足下以汤、武为不义，然则足下之所
谓义者，何世之王也？曰：弗知。弗知者，以天
下王为无义者耶？其有义者而足下不知耶？则答
之以神农。应之曰：神农之为天子，与天地俱起

儒家思想多肯定周孔之道，对于周代多溢美之词。董子对于秦代周而兴却予以肯定，儒生中难得。董氏的历史变革之进步观，可见一斑。

宋儒程颢说："吾学虽有所受，天理二字却是自家体贴出来。"（《二程集·外书》卷十二）"天理"二字并非程氏首倡，但意味不同：大程子所言天理，是宋代理学中"辨天理人欲"之学，多为内圣之学；而汉代董子所言天理，讲天道映射下人间帝王受命更替之学，多为外王之学。二者同名异实。

乎？将有所伐乎？神农氏有所伐，可；汤、武有所伐，独不可，何也？且"天之生民[2]，非为王也；而天立王，以为民也"。故其德足以安乐民者，天予之；其恶足以贼害民者，天夺之。《诗》云[3]："殷士肤敏，裸将于京，侯服于周，天命靡常。"言天之无常予，无常夺也。故封泰山之上[4]，禅梁父之下，易姓而王，德如尧、舜者，七十二人[5]。王者[6]，天之所予也；其所伐，皆天之所夺也。今唯以汤、武之伐桀、纣为不义[7]，则七十二王亦有伐也。推足下之说，将以七十二王为皆不义也！故夏无道而殷伐之，殷无道而周伐之，周无道而秦伐之，秦无道而汉伐之。有道伐无道，此天理也，所从来久矣，宁能至汤、武而然耶？

［注释］

[1]"儒者以汤、武为至圣大贤也"四句：儒者认为商汤、周武王是伟大的圣贤，是道德、仁义、美行等各方面都很完备完美的人，所以把他们与尧、舜并列，称他们为圣王。全道，指全面完整的道，即符合规律，这是从求真方面讲的。究义，彻底的义，这是从伦理方面讲的，符合善的原则。尽美，达到最美，这是从艺术方面讲的。《论语·八佾》："子谓《韶》：'尽美矣，又尽善

也。'谓《武》:'尽美矣,未尽善也。'"三者表达了真、善、美三方面的追求。三方面都好的为圣王,认为汤、武与尧、舜一样,都是圣王。　[2]"天之生民"四句:上天生养人民,并不是为了君王;而上天设立君王,是为了人民。源出《荀子·大略》:"天之生民,非为君也。天之立君,以为民也。"董仲舒在这里以"王"为"君"。　[3]《诗》云:下引文出自《诗经·大雅·文王之什》。大意是说:"殷商的子孙俊美而敏捷,在周京参与祭祀,都服从周朝,可见天意并不总是在一家一姓啊!"此处引文顺序有所颠倒,《诗经》作:"侯服于周,天命靡常,殷士肤敏,祼将于京。"说的是殷人穿着殷服参加周人的祭祀活动。天命没有亲属,有德者就是上天佑助的对象。殷士,殷商的子孙。肤,美。敏,敏捷,疾速。祼(guàn),祭祀时,把香酒献给尸(代表死者受祭的人),尸接过酒,灌注于地,以此降神。祼将,谓助王行祼祭之礼。京,周京。侯,维。靡常,无常。　[4]"故封泰山之上"二句:所以在泰山上面、梁父山下面举行封禅典礼。《孝经钩命决》:"封于泰山,考绩燔燎(liǎo),禅于梁父,刻石纪号。"　[5]七十二人:《管子·封禅》:"古者封泰山、禅梁父者七十二家,而夷吾所记者十有二焉。"管仲所能记载的虽然只有十二人,但都是古代圣王受命而行封禅之礼。　[6]"王者"四句:称王的人,是上天要把天下交给他;他所征伐的,也是上天要把天下夺取下来。意思是天没有固定支持谁,当上王,就是天给予的,被王所讨伐取代的,就是被天剥夺的。胜负是上天决定的。　[7]"今唯以汤、武之伐桀、纣为不义"十句:现在唯独认为商汤、周武王征伐夏桀和商纣是不义的,那么上面所说的七十二王也征伐过,按您的说法推论,就会认为七十二王都是不义的了?所以,夏朝的君主无道,殷朝的君主就取代了他;殷朝的君主无道,周朝的君主就取代了他;周朝的君主无道,秦朝的君主就取代了他;秦朝的君主无道，汉朝的君主就取代了他。有道的君主取代无道的昏君，这是天理。天理的标准不同，有以臣伐君为不义者，董仲舒以"有道伐无道"为义。因此，对于汤、武伐桀、纣有两种不同的看法，而董仲舒认为是符合义的。

夫非汤、武之伐桀、纣者[1]，亦将非秦之伐周、汉之伐秦，非徒不知天理，又不明人礼。礼，子为父隐恶。今使伐人者[2]，而信不义，当为国讳之，岂宜如诽谤者？此所谓一言而再过者也。君也者[3]，掌令者也，令行而禁止也。今桀、纣令天下而不行，禁天下而不止，安在其能臣天下也？果不能臣天下，何谓汤、武弑？

《论语·子路篇》载：叶公语孔子曰："吾党有直躬者，其父攘羊，而子证之。"孔子曰："吾党之直者异于是，父为子隐，子为父隐。直在其中矣。"之所以需要有所"隐"，一者是为尊者讳、贤者讳，二者在于此种做法是为"直道"，即儒家之父慈子孝之道，邢昺疏："子苟有过，父为隐之，则慈也；父苟有过，子为隐之，则孝也。孝慈则忠，忠则直也，故曰直在其中矣。"

[注释]

[1]"夫非汤、武之伐桀、纣者"四句：那些认为商汤、周武王征伐夏桀、商纣不对的人，也会认为秦朝征伐周朝、汉朝征伐秦朝是不对的，这不仅仅是不懂得天理，也是不明白做人的礼节。　[2]"今使伐人者"五句：现在假设征伐别人的人确实是不义的，那就应当为国家避讳，不谈论这件事，怎么可以像诽谤的人那样？这就是所谓说一句话而犯了双重错误的例子了。这两个错误，一指误认为伐人者为不义，二指没有为国讳。信，确实，的确。　[3]"君也者"八句：君王，是执掌命令的人，他的命令应该得到执行，禁令应该得到遵守。现在，夏桀、商纣向天下颁布命令却没人执行，颁布禁令却没人遵守。怎么能认为他们能使

天下人臣服呢？如果夏桀、商纣确实不能使天下人臣服，怎么能说商汤、周武王是弑君呢？

[点评]

《尧舜不擅移、汤武不专杀》从两个不同的角度阐明天子受命于天。而天选择天子的标准是："其德足以安乐民者，天予之；其恶足以贼害民者，天夺之。"君王的德行足以使人民的生活安乐，上天就把天下交给他；君王的恶行足以伤害人民，上天就从他那里把天下夺取下来。其根据是："天立王，以为民也。"即上天设立君王，是为了人民，而非君王之私欲。所以，论证了汤、武伐桀、纣的正义性，得出"天命靡常""有道伐无道，此天理也"的结论。

度制第二十七

《孟子·梁惠王上》："是故明君制民之产，必使仰足以事父母，俯足以畜妻子；乐岁终身饱，凶年免于死亡；然后驱而之善，故民之从之也轻。"可知"调均"之法，本为儒者共识，从孔子至孟子，再到董子，皆如此，以此见儒生心系天下之责任与担当。

孔子曰[1]："不患贫而患不均。"故有所积重[2]，则有所空虚矣。大富则骄，大贫则忧。忧则为盗，骄则为暴。此众人之情也。圣者则于众人之情，见乱之所从生，故其制人道而差上下也，使富者足以示贵而不至于骄[3]，贫者足以养生而不至于忧，以此为度而调均之[4]。是以财不匮而上下相安[5]，故易治也。今世弃其度制[6]，而各从其欲；欲无所穷[7]，而俗得自恣，其势无极。大人病不足于上[8]，而小民羸瘠于下，则富者愈贪利而不肯为义，贫者日犯禁而不可得止，是世之所以难治也。

［注释］

[1]孔子曰：下引文出自《论语·季氏》。大意是说："不怕贫穷，只怕分配不平均。"今本《论语》作："不患寡而患不均，不患贫而患不安。"　[2]"故有所积重"十句：所以，有人积累大量财富，就有人非常贫困。太富有的人会骄横，太贫困的人会忧愁。为生活忧愁就会偷盗，为人骄横就会暴戾。这是一般人的心理。圣人根据一般人的心理，看到了祸乱产生的原因，所以制定了区分上下等级的社会制度。人道，指社会制度。上下，指社会等级。　[3]"使富者足以示贵而不至于骄"二句：使富有的人足以显示自己的高贵而不至于骄横，使贫穷的人足以生存而不至于忧愁。　[4]调(tiáo)均：调济人们的财富。这里不是指平均主义，而是让富人多交一些税，用于救济贫困者。类似于今天的第二次分配、再分配。　[5]"是以财不匮而上下相安"二句：这样财富就不会匮乏，上下就会相安无事，所以就容易把国家治理好。财富充足，贫富差距缩小，没有饿死的人，这样上下都能安心生活，社会就比较容易治理。匮，匮乏、缺乏。　[6]弃其度制：没有坚持制约富人的制度。　[7]"欲无所穷"三句：欲望是没有穷尽的，而自己的欲望一旦放纵不禁，其发展势头是没有尽头的。　[8]"大人病不足于上"五句：居于上位的官员会为财富不足而忧虑，处于下位的百姓会瘦弱不堪，那么富有的人会更加贪求财富而不肯行善，贫穷的人会天天触犯禁令而无法遏制，这就是社会难以治理的原因。贫富两极分化，富人不肯捐助贫困者，贫困者无法生活，铤而走险，社会就难以治理了。羸瘠(léi jí)，瘦弱。

孔子曰^[1]："君子不尽利以遗民。"《诗》云^[2]："彼其遗秉，此有不敛穧，伊寡妇之利。"故君子仕则不稼^[3]，田则不渔^[4]，食时不力珍^[5]，大夫不坐羊^[6]，士不坐犬。《诗》曰^[7]："采葑采菲，无以下体。德音莫违，及尔同死。"以此防民^[8]，民犹忘义而争利，以亡其身。天不重与^[9]，有角不得有上齿^[10]，故已有大者，不得有小者，天数也。夫已有大者，又兼小者，天不能足之，况人乎？故明圣者象天所为为制度^[11]，使诸有大奉禄^[12]，亦皆不得兼小利、与民争利业，乃天理也。

古人多讲天理、天道、天数、天命，之所以以天为根本，原因在于天是绝对公正而无所不在的，故以此为标准而万事乃成。

[注释]

[1] 孔子曰：下引文见《礼记·坊记》。大意是说："君子不把利益取尽了，以便遗留一些给百姓。"《礼记·坊记》："子云：'君子不尽利以遗民。'《诗》云：'彼有遗秉，此有不敛穧（jì），伊寡妇之利。'故君子仕则不稼，田则不渔，食时不力珍，大夫不坐羊，士不坐犬。《诗》云：'采葑（fēng）采菲，无以下体，德音莫违，及尔同死。'以此坊民，民犹忘义而争利，以亡其身。"董仲舒引了《礼记·坊记》中的一大段话。不尽利，指权贵不能将好处都霸占了，要留一些给平民百姓。穧，收割水稻时，已经割下的禾穗而没有捆成把的叫穧，捆成把的叫秉。遗秉，指捆成把的秉没有收走而遗漏的。这些都是留给寡妇等弱势群体的。仕是当官，稼是农业，田是打猎，渔是捕鱼，这些职业不能兼营。　[2]《诗》云：下引文出自《诗经·小雅·大田》。大意是说："那里有遗落的禾把，这里有未收的禾穗，这些

都是寡妇的利益。"今本《诗经·小雅·大田》作："彼有不穫稺
（huò zhì），此有不敛穧，彼有遗秉，此有滞穗，伊寡妇之利。"
与《礼记》《春秋繁露》所引之文大同小异。　[3] 君子仕则不稼：
当官的有俸禄，不能种庄稼，与民争业。仕，当官。稼，种地。
董仲舒在答汉武帝策问的《对策》中说："故受禄之家，食禄而
已，不与民争业。"并举鲁相公仪休为例："故公仪子相鲁，之其
家见织帛，怒而出其妻；食于舍而茹葵，愠（yùn）而拔其葵。曰：
'吾已食禄，又夺园夫红（gōng）女利乎！'"公仪休认为妻子
织布是夺女红的利，自己家种菜是夺了菜农的利。这也是"仕
则不稼"的意思。　[4] 田则不渔：打猎而不再捕鱼。这是反对
兼职。田，打猎。《毛传》："田，取禽也。"渔，捕鱼。　[5] 食
时不力珍：饮食不追求美味珍品。力，努力争取、尽力追求。珍，
指山珍海味。　[6] 大夫不坐羊：大夫不坐羊皮。古代杀了牲畜，
肉用来吃，皮用来坐。坐羊，指坐羊皮。不坐羊，讲的是不无
故杀羊而坐羊皮。大夫不坐羊皮，意指大夫仅吃羊肉，而把皮
让给别人，以示"不尽利"。下文"士不坐犬"亦同。　[7]《诗》
曰：下引文出自《诗经·邶风·谷风》。大意是："采摘葑菜，采
摘菲菜，不要连根拔掉。美好的话语不要违背，我就与你生死
与共。"下体，根。德音，美好的话语。《礼记·坊记》郑玄注："采
葑菲之菜者，采其叶而可食，无以其根美则并取之，苦则弃之。
并取之，是尽利也。此诗故亲今疏者，言人之交，当如采葑采菲，
取一善而已。"《诗》无达诂，此诗有两解，亦属正常，可以并
存，不为断章取义。　[8] 防民：规范人民。防，或作"坊"，指
防水的堤防，引申为规范的意思。防止人民背义争利以至于为
财而死。　[9] 重与：重复地给予好处。牛有角就没有上齿，马
有上齿就不长角。四条腿的不长翅膀，长翅膀的只有两条腿。《汉
书·董仲舒传》载董仲舒《对策》中说："夫天亦有所分予，予

之齿者去其角，傅其翼者两其足，是所受大者不得取小也。古之所予禄者，不食于力，不动于末，是亦受大者不得取小，与天同意者也。"这是当时流行的说法。《大戴礼记·易本命》："四足者无羽翼，戴角者无上齿。无角者膏而无前齿，有羽者脂而无后齿。"《吕氏春秋·博志》："凡有角者无上齿，果实繁者木必庳（bēi），用智褊者无遂功，天之数也。" [10]"有角不得有上齿"八句：有了角的动物不能再有上齿。所以已经拥有大的利益，就不能再拥有小的利益，这是天数。如果已拥有大的利益，又要兼有小的利益，上天也不能满足他，何况人呢？ [11]故明圣者象天所为为制度：圣明的人仿照上天的行为制定制度。作者谓圣，述者为明。篇名《度制》，意为度的制定。此处"制度"，意为制定具体的度。虽然颠倒，未必需要纠正。象天所为，指不兼利。按这个原则来制定度。 [12]"使诸有大奉禄"三句：使那些拥有高俸禄的人，也都不能兼有小利，去跟人民争夺利益，这是符合天理的。董仲舒《对策》言：官不与民争业，"然后利可均布，而民可家足。此上天之理，而亦太古之道，天子之所宜法以为制，大夫之所当循以为行也"。

凡百乱之源[1]，皆出嫌疑纤微，以渐浸稍长，至于大。圣人章其疑者[2]，别其微者[3]，绝其纤者[4]，不得嫌[5]，以蚤防之。圣人之道[6]，众堤防之类也，谓之度制[7]，谓之礼节。故贵贱有等[8]，衣服有制，朝廷有位，乡党有序，则民有所让而不敢争，所以一之也。《书》曰[9]："鼚服有庸，谁敢弗让，敢不敬应？"此之谓也。

[注释]

[1]"凡百乱之源"四句：大凡各种祸乱的根源，都出于细微的小事，而渐渐发展，最终酿成大祸。嫌疑纤微，指细小。渐浸稍长，逐渐发展。乱象从小渐大，有一个发展过程。　[2]章其疑者：使疑惑不定的东西明显起来。章，明白，明确。　[3]别其微者：分别微小的现象。哪些微小的现象可能导致大乱，能够辨别出来。　[4]绝其纤者：消灭纤小的苗头。绝，消灭，根绝。纤，纤小，指乱的萌芽状态。　[5]"不得嫌"二句：不使有几微之嫌，以便及早预防。蚤，同"早"。　[6]"圣人之道"二句：圣人之道，就是社会伦理的堤防。《汉书·董仲舒传》引《对策》："夫万民之从利也，如水之走下，不以教化堤防之，不能止也。是故教化立而奸邪皆止者，其堤防完也；教化废而奸邪并出，刑罚不能胜者，其堤防坏也。古之王者明于此，是故南面而治天下，莫不以教化为大务。"　[7]"谓之度制"二句：为人民制定了制度，制定了礼节。度制与礼节都是圣王创造以防止乱的措施。谓，为也。　[8]"故贵贱有等"六句：所以贵贱有一定的等级，衣服有一定的制度，朝廷有一定的位置，地方上有一定的次序，这样，人民就会有所礼让而不敢争执，这就是用来统一人民的办法。　[9]《书》曰：下引文出自《尚书·皋陶谟》。大意是："赏赐车子和衣服给他们享用，谁敢不谦让，谁敢不恭敬地响应号召？""轝（yú）服有庸"在今本《尚书》中作"车服以庸"。轝，同"舆"，车。庸，用。

凡衣裳之生也，为盖形暖身也。然而染五采、饰文章者[1]，非以为益肌肤血气之情也，将以贵贵尊贤，而明别上下之伦，使教亟行[2]，使化易成，为治为之也[3]。若去其度制[4]，使人人从其欲，快其意，以逐无穷，是大乱人伦而靡斯财用也，失文采所遂生之意矣。上下之伦不别，其势不能相治，故苦乱也；嗜欲之物无限[5]，其势不能相足，故苦贫也。今欲以乱为治，以贫为富，非反之制度不可[6]。古者天子衣文[7]，诸侯不以燕，大夫衣裸，士不以燕，庶人衣缦，此其大略也。

[注释]

[1]"然而染五采、饰文章者"四句：衣服上染上各种色彩和花纹，不是用来增益肌肤和血气的，而是用来尊重贵人、尊敬贤者，明白地分别上下等级次序的。五采，也称"五色"，即青、黄、赤、白、黑，也泛指各种色彩。伦，条理，顺序。 [2]亟（jí）：赶快，急速。 [3]为治为之：为治理国家而制定它们。 [4]"若去其度制"六句：如果废弃这些制度，使每个人都放纵他的欲望，称心快意，以至无穷无尽地追逐快乐，这样就会使人伦大乱而浪费社会的财富，从而丧失在衣服上装饰文采的本意了。从（zòng），同"纵"，放纵，纵容。靡（mí），浪费，奢侈。遂，从，由。苏舆注："遂，犹'由'也。"苏说可从。 [5]"嗜欲之物无限"二句：喜好的东西没有穷尽，这样在数量上就不能够满足每个人

的要求。势，苏舆本误作"势"，当据凌本、卢本、殿本校正作"数"。　[6]反之制度：反求于制度，即恢复制度。　[7]"古者天子衣文"五句：古代天子穿着有文采的衣服，诸侯闲居时就不能够穿而只在祭祀时能够穿着有文采的衣服，大夫穿着有边缘装饰的衣服，平民穿着没有花纹图案的衣服。衣文，穿着有文采的衣服，即《春秋繁露·服制》所言："服有文章。"文，文采，花纹。褖（tuàn），衣服边缘的装饰。缦（màn），没有花纹图案的布帛，后凡无文饰者皆曰缦。

[点评]

　　度制，即制度。别本注明："一名《调均》篇。"董仲舒认为，贫富悬殊是"世之所难治"的根源，于是论证了"调均"的重要性。他指出调均的途径是"君子不尽利以遗民"，其方法是建立一套制度，"使富者足以示贵而不至于骄，贫者足以养生而不至于忧"。他还强调制度规章的建设与健全，对于防微杜渐、避免出现混乱局面具有不可或缺的作用。最后具体地谈到服饰制度，说明其目的是为治理国家而制定的。可见"调均"并不等于平均主义。

仁义法第二十九

董子所言，有矫枉过正之意，即其时有"以仁爱我""以义正人"之举，对己仁爱而对他人不爱，以义要求他人而不改正自己，故董子特书"仁义法"，以救时弊而求中道。

《春秋》之所治[1]，人与我也。所以治人与我者[2]，仁与义也。以仁安人[3]，以义正我[4]，故仁之为言人也[5]，义之为言我也，言名以别矣[6]。仁之于人，义之于我者，不可不察也。众人不察，乃反以仁自裕[7]，而以义设人[8]，诡其处而逆其理[9]，鲜不乱矣。是故人莫欲乱[10]，而大抵常乱，凡以闇于人我之分，而不省仁义之所在也[11]。是故《春秋》为仁义法[12]，仁之法在爱人，不在爱我；义之法在正我，不在正人。我不自正，虽能正人，弗予为义；人不被其爱，虽厚自爱，不予为仁。

［注释］

[1]治：研究，处理。 [2]"所以治人与我者"二句：用来研究别人与自我关系的，是仁与义。《周易·系辞下》："立人之道曰仁与义。"《墨子·天志中》："今天下之君子之欲为仁义者。"《庄子·天下》："孔子曰：'要在仁义。'" [3]以仁安人：用仁爱思想安抚别人。 [4]以义正我：用义的原则要求自己。《汉书·杜钦传》杜钦对策："王者法天地，非仁无以广施，非义无以正身。克己就义，恕以及人，《六经》之所上也。"董仲舒讲义与我，在训诂学上是有根据的。义，繁体字为"義"，上羊下我，形近。义、仪、我，古音相同。在形音方面有相同者，多可互训。 [5]"故仁之为言人也"二句：所以仁是用来表述怎样对待别人的，义是用来表述怎样对待自我的。 [6]言名以别：一说出名称，就已经区别开来了。名，名称文字。以，通"已"，已经。 [7]以仁自裕：讲仁是为了自己享受。自裕，厚待自己。裕，丰厚。 [8]以义设人：以义的原则来要求别人。设人，对待别人。设，施，对待。 [9]诡其处而逆其理：用错了地方而违背了道理。诡其处，颠倒它们的位置。诡，违背，颠倒。 [10]"是故人莫欲乱"三句：所以人们是不愿意社会混乱的，但社会却常常很混乱，大都是因为人们分不清别人与自我的分别。 [11]不省仁义之所在：不清楚仁义应该分别用在何处。 [12]"是故《春秋》为仁义法"十一句：所以《春秋》提出仁义法则，仁的法则在爱别人，不在爱自我；义的法则在端正自我，不在端正别人。自己不正，即使能端正别人，他也不能算义；别人没有受到他的爱，即使他非常爱自己，也不承认他是仁。被，蒙受。

昔者^[1]，晋灵公杀膳宰以淑饮食，弹大夫以娱其意，非不厚自爱也，然而不得为淑人者[2]，不爱人也。质于爱民[3]，以下至于鸟兽昆虫莫不爱。不爱，奚足谓仁？仁者，爱人之名也。隽，《传》无大之之辞[4]，自为追[5]，则善其所恤远也。兵已加焉，乃往救之，则弗美；未至，豫备之，则美之，善其救害之先也。夫救蚤而先之[6]，则害无由起，而天下无害矣。然则观物之动，而先觉其萌，绝乱塞害于将然而未形之时，《春秋》之志也。其明至矣。非尧、舜之智，知礼之本，孰能当此？故救害而先知之，明也。公之所恤远，而《春秋》美之。详其美恤远之意，则天地之间，然后快其仁矣。非三王之德，选贤之精，孰能如此？是以知明先[7]，以仁厚远。远而愈贤、近而愈不肖者，爱也。故王者爱及四夷[8]，霸者爱及诸侯，安者爱及封内，危者爱及旁侧，亡者爱及独身。独身者，虽立天子、诸侯之位，一夫之人耳，无臣民之用矣。如此者，莫之亡而自亡也。《春秋》不言伐梁者[9]，而言梁亡，盖爱独及其身者也。故曰：仁者爱人，不在爱我，此其法也。

[**注释**]

[1]"昔者"三句：从前晋灵公杀死他的厨师，以便改善饮食；用弹弓弹大夫，以便心中感到快意。膳宰，掌管膳食的小官。淑，善，此处作动词用，改善的意思。《公羊传》宣公六年："膳宰也，熊蹯（fán）不熟，公怒，以斗摮而杀之，支解，将使我弃之。"又："灵公为无道，使诸大夫皆内朝，然后处乎台上，引弹而弹之，己趋而辟丸，是乐而已矣。"《左传》宣公二年："晋灵公不君，厚敛以雕墙；从台上弹人，而观其辟丸也；宰夫胹（ér）熊蹯不熟，杀之，置诸畚（běn），使妇人载以过朝。"晋灵公想吃熊掌，厨师烹熊掌未熟，灵公急于吃却吃不成，就将厨师打死，肢解后，让妇人抬走并抛弃掉。他为了自己的嗜欲而杀人，对自己厚爱，却不爱别人。在台上用弹弓打入朝的大夫，以他们的躲避之举而取乐，这也是厚爱自己而不爱别人的表现。　[2]淑：好，善良。　[3]"质于爱民"四句：真诚地爱护人民以及万物，以致于对鸟兽昆虫也没有不爱护的。没有爱心，怎么能说是仁呢？质，同"挚"，诚恳的意思。　[4]巂（xī），《传》无大之之辞：鲁僖公追赶齐军到巂地，《公羊传》谈到这件事时没有使用高度称赞的话。巂，春秋时期齐国地名，亦作"酁"，在今山东东阿西南。《传》，指《公羊传》。大之，称赞这件事。《春秋》僖公二十六年载："齐人侵我西鄙。公追齐师，至巂，弗及。"《公羊传》："其言至巂弗及何？俴也。"大意是说：齐国人想要侵犯鲁国，陈兵鲁国西部边境。鲁僖公率军抵抗，齐人看见鲁国士兵精猛，带兵回齐。鲁僖公追赶齐军到巂地，不再追赶。俴，也是称许的话，有"张大"之意，但程度不及"大"。　[5]自为追：卢文弨云："庄公十八年：'公追戎于济西。'《传》曰：'大其为中国追也。'又曰：'大其未至而豫御之也。'今案：此亦当有'公追戎于济西'六字，方可接下文。"卢说可从。意即：鲁庄公追逐戎狄到济西，是自

己主动追逐的。这是赞扬预防为先。济西，地名，在今山东菏泽东南。 [6]"夫救蚤而先之"七句：在祸乱产生之前就防止它，那么祸乱就无从产生，天下就没有祸害了。这样看来，《春秋》的心志就是：观察事物的运动，事先发现苗头，把祸乱消灭在将要发生而尚未成形的时候。 [7]"是以知明先"二句：智慧高明就能事先知道事物的发展，仁爱深厚就会施及远方的人。知明先，智者贵在有预见性。仁厚远，仁之德泽深厚，所及者远。 [8]"故王者爱及四夷"五句：所以能成圣王的人，他的爱远及四方夷狄；能成霸主的人，会爱他的诸侯；使国家安定的君主，只爱他本国的人民；使国家危难的君主，只爱他身边的人；使国家灭亡的君主，只爱他自己。封，疆界。封内，即国内。旁侧，指身边的人、左右的亲信。 [9]"《春秋》不言伐梁者"三句：《春秋》没有说征伐梁国的国家而说梁国灭亡了，是因为梁国君主是只爱他自己的人。梁亡，《春秋》僖公十九年载："梁亡。"《公羊传》曰："此未有伐者。其言梁亡何？自亡也。"梁，国名，在今陕西韩城南，亡于鲁僖公十九年（前641）。

义云者，非谓正人，谓正我。虽有乱世枉上[1]，莫不欲正人，奚谓义？昔者，楚灵王讨陈、蔡之贼[2]，齐桓公执袁涛涂之罪[3]，非不能正人也，然而《春秋》弗予，不得为义者，我不正也。阖庐能正楚、蔡之难矣[4]，而《春秋》夺之义辞，以其身不正也。潞子之于诸侯[5]，无所能正，《春秋》予之有义，其身正也，趋而利也。

故曰：义在正我，不在正人，此其法也。夫我无之求诸人[6]，我有之而诽诸人[7]，人之所不能受也。其理逆矣[8]，何可谓义？义者，谓宜在我者；宜在我者，而后可以称义。故言义者，合我与宜以为一言，以此操之[9]，义之为言我也。故曰[10]：有为而得义者，谓之自得；有为而失义者，谓之自失；人好义者，谓之自好；人不好义者，谓之不自好。以此参之，义，我也，明矣。

《论语·颜渊》载：子曰："己所不欲，勿施于人。"《论语·公冶长》载子贡言："我不欲人之加诸我也，吾亦欲无加诸人。"儒者言行，多有换位思考之举，由此及彼，以此见儒生高贵的品格。

[注释]

[1]"虽有乱世枉上"三句：处于乱世的邪曲不正的君主，即使不能端正自我也没有不想端正别人的，怎么能说是义呢？枉上，即枉君，指邪曲不正之君。　[2]楚灵王讨陈、蔡之贼：楚灵王讨伐了陈国、蔡国的叛贼。事见《春秋》昭公八年：陈侯的弟弟招杀陈世子偃师，冬十月壬午，楚师灭陈，执陈公子招，把他迁放到越国去。鲁襄公三十年夏四月，蔡世子般弑杀国君固，鲁昭公十一年夏四月丁巳，楚灵王引诱蔡侯般，在申地把他杀了。解说详见《春秋繁露·王道》。　[3]齐桓公执袁涛涂之罪：齐桓公治了袁涛涂的罪。事载《春秋》僖公四年：齐桓公与诸侯征楚国，陈大夫袁涛涂让桓公出征东夷，结果齐师陷于沼泽之中，桓公怒而拘捕袁涛涂。解说详见《春秋繁露·精华》。　[4]阖庐能正楚、蔡之难：阖庐能公正地处理楚国和蔡国之间的战争。事载《公羊传》定公四年：楚国伐蔡，蔡昭侯求救

于吴。伍子胥欲报父仇，劝吴王阖闾兴师，败楚于伯莒。 [5]潞子之于诸侯：事载《公羊传》宣公十五年。潞子，即潞国国君，名婴儿，其有心为善，但被晋国灭亡。解说详见《春秋繁露·王道》。 [6]夫我无之求诸人：我没有的东西却要求别人有。求诸人，责之于人。求，责。《礼记·大学》："是故君子有诸己而后求诸人，无诸己而后非诸人。"意为"以身作则"，所谓"身教重于言教"。"求"上旧本皆脱"而"字，《黄氏日钞》卷五十六所引有"而"字，依下句文例，有"而"字是，当据《黄氏日钞》补。 [7]我有之而诽诸人：我已有的东西却要别人没有。诽，通"非"，讥讽，责难。 [8]"其理逆矣"八句：违背了道理，怎么可以说是义呢？义，是说我的行为适宜；我的行为适宜，然后才可以称为义。所以，说义，就是把"我"与"宜"合为一个字来说。一言，即一字。如《老子》五千言，即五千字。 [9]操：把握。 [10]"故曰"十三句：所以说：有行为合乎义的，叫作自得；有行为不合乎义的，叫作自失；喜好义的人，叫作自好；不喜好义的人，叫作不自好。用这些来参证，义的意思是我，就明白了。

是义与仁殊。仁谓往[1]，义谓来；仁大远，义大近。爱在人，谓之仁；义在我，谓之义。仁主人，义主我也。故曰：仁者，人也；义者，我也，此之谓也。君子求仁义之别，以纪人我之间[2]，然后辨乎内外之分[3]，而著于顺逆之处也。是故内治反理以正身[4]，据礼以劝福；外治推恩以广施[5]，宽制以容众。孔子谓冉子曰[6]："治民者，先富之而后加教。"语樊迟曰[7]："治身者，先难后获。"以此之谓治身之与治民，所先后者不同焉矣。《诗》曰[8]："饮之食之，教之诲之。"先饮食而后教诲，谓治人也。又曰[9]："坎坎伐辐，彼君子兮，不素餐兮！"先其事，后其食，谓治身也。《春秋》刺上之过[10]，而矜下之苦；小恶在外弗举，在我书而诽之。凡此六者[11]，以仁治人，义治我，躬自厚而薄责于外[12]，此之谓也。且《论》已见之[13]，而人不察。曰[14]："君子攻其恶，不攻人之恶。"不攻人之恶，非仁之宽与？自攻其恶，非义之全与？此谓之仁造人[15]，义造我，何以异乎？故自称其恶[16]，谓之情；称人之恶，谓之贼。求诸己，谓之厚；求诸人，谓之薄。自责以备，谓之明；责人以备，谓之惑。是故以自治之节治人，是居上不宽也；以治人之度自治，是为礼不敬也。为礼不敬则伤行，而民弗尊；居上不宽则伤厚，而民弗亲。弗亲则弗信，弗尊则弗敬。二端之政诡于上而僻行之[17]，则诽于下。仁义之处[18]，可无论乎？夫目不视，弗见；心弗

《管子·牧民》言："仓廪实则知礼节；衣食足则知荣辱。"古人言教化，首先保证百姓的基本生活需求，并且达到富足，在此基础上方可以谈伦理道德，乃立足于一般人性方可成。

儒者修身则不同于治民。《论语·述而》载：子曰："饭疏食饮水，曲肱而枕之，乐亦在其中矣。不义而富且贵，于我如浮云。"《论语·雍也》载孔子评颜回之语："贤哉回也！一箪食，一瓢饮，在陋巷，人不堪其忧，回也不改其乐。"此之谓"孔颜之乐"，为儒者之高尚情操，但不能强求所有人都如此。

论，不得。虽有天下之至味，弗嚼，弗知其旨也；虽有圣人之至道，弗论，不知其义也。

[注释]

[1]"仁谓往"四句：仁是施于别人，向外推广，所以叫"往"；义是责于自我，所以说是"来"。仁施与得越远越值得赞美，义要求自己越切近越值得赞美。　[2]纪：调节，调理。　[3]"然后辨乎内外之分"二句：然后辨清内与外的分别，而明白顺与逆的地方。义是对自我，是内；仁是对别人，是外。与此相同的，是顺；反之，是逆。　[4]"是故内治反理以正身"二句：因此，在对待自我方面，他依据道理端正自身，所作所为都按照礼的规定行事，以求取更多的幸福。反理，回到道理，即以道理为依据。劝福，求取更多的幸福。劝，增加，增多。　[5]"外治推恩以广施"二句：在对待别人方面，则把恩施扩大，广泛地施与别人，宽厚而能容纳众人。　[6]孔子谓冉子曰：下引文出自《论语·子路》："子适卫，冉有仆。子曰：'庶矣哉！'冉有曰：'既庶矣，又何加焉？'曰：'富之。'曰：'既富矣，又何加焉？'曰：'教之。'"冉子，即孔子弟子冉有。　[7]语樊迟曰：下引文出自《论语·雍也》："樊迟问知。子曰：'务民之义，敬鬼神而远之，可谓知矣。'问仁。曰：'仁者先难而后获，可谓仁矣。'"先难而后获，先做难的，把效果的获得放在后面。　[8]《诗》曰：下引诗见《诗经·小雅·绵蛮》。大意是说："让他喝，让他吃；教育他，训导他。"先饮食后教诲，也是先富后教的思想。　[9]又曰：下引文出自《诗经·魏风·伐檀》。大意是说："砍伐树木，发出坎坎的声音，然后用这木料制造车辐；那是个君子啊！不会白吃饭啊！"坎坎，伐木声。辐，车辐。素餐，苏舆注："餐，

疑当作'食'。此引《诗》第二章。"苏说可从。案《诗经·魏风·伐檀》共有三章，次章《伐辐》作"素食"，此引"坎坎伐辐"乃《伐辐》之词，则当作"素食"。素餐或素食，皆指白吃饭。《楚辞·九辨》王逸注："居位食禄，无有功德，名曰素餐也。"　[10]"《春秋》刺上之过"四句：《春秋》讽刺居上位者的过错，而怜惜下层人民的痛苦；在别国的小过错不指出来，在本国（指鲁国）的就记载下来，加以批评。《公羊传》隐公十年："《春秋》录内而略外，于外大恶书，小恶不书；于内大恶讳，小恶书。"　[11]六：旧本并有此字，俞樾云："（以上）并无六者，则此'六'字为衍文。"俞说可从。　[12]躬自厚而薄责于外：严厉地责备自身的过错而轻微地责备别人的过失。《论语·卫灵公》："躬自厚而薄责于人，则远怨矣。"本文的"外"即"人"。以义要求自己，即厚；对别人宽恕，即薄。这样可以远离别人的埋怨。　[13]《论》：指《论语》。　[14]曰：下引文出自《论语·颜渊》。大意是说："君子责备自己的过错，不责备别人的过错。"这是孔子回答樊迟之问时所说："攻其恶，无攻人之恶。"攻，责备。　[15]"此谓之仁造人"二句：这就是所谓的仁造福别人，义造就自我。　[16]"故自称其恶"四句：所以，说出自身的过错，叫作坦白；说出别人的过错，叫作中伤。贼，损害，在这里是中伤的意思。　[17]二端之政诡于上而僻行之：居于上位的人颠倒了自治与治人的标准，而歪曲地去实行。二端，指自治与治人两个方面。政，同"正"，标准。诡，违背，颠倒。　[18]"仁义之处"十二句：仁义所施行的对象，怎能不加思索呢？不用眼睛去看，就见不到事物；不用心去思考，就不能得到真理。即使有天下最好吃的食物，不咀嚼，就不知道它的滋味；即使有圣人最高明的道理，不思考，就不知道它的意义。

［**点评**］

仁义法，即仁与义的法则、标准。《仁义法》阐述了《春秋》的宗旨，强调："仁之法在爱人，不在爱我；义之法在正我，不在正人。"作者赞赏"绝乱塞害于将然而未形之时"，提倡"躬自厚而薄责于外"，并且提出"鸟兽昆虫莫不爱"的观点，这可以看作是孔子"泛爱众"思想的进一步升华与深化。《春秋繁露》别篇强调仁，此篇则仁义并举，"以仁安人，以义正我"，以免统治者偏于治人，而不知自治。

必仁且智第三十

莫近于仁[1]，莫急于智。不仁而有勇力材能[2]，则狂而操利兵也；不智而辩慧獧给，则迷而乘良马也。故不仁不智而有材能，将以其材能，以辅其邪狂之心，而赞其僻违之行，适足以大其非[3]，而甚其恶耳[4]。其强足以覆过[5]，其御足以犯诈[6]，其慧足以惑愚，其辨足以饰非，其坚足以断辟[7]，其严足以拒谏。此非无材能也，其施之不当，而处之不义也。有否心者[8]，不可藉便埶[9]；其质愚者，不与利器。《论》之所谓不知人也者[10]，恐不知别此等也[11]。仁而不智[12]，则爱而不别也；智而不仁，则知而不为也。故仁

此处谓选贤任能时，需要"必仁且智"，仁爱与智慧，二者必不可少。"有否心者"谓之"不仁"，没有仁爱之心，不能给他便于利用之权势，因为他会利用权力为非作歹；"其质愚者"谓之"不智"，资质愚鲁、迟钝之人，不能把"国之利器"，即国家权力交付于他，因为他没有治理好国家的能力。

者所爱人类也，智者所以除其害也。

[注释]

[1]"莫近于仁"二句：人的德行没有比需要仁爱更切近的了，没有比需要智慧更迫切的了。　[2]"不仁而有勇力材能"四句：没有仁爱而有勇力材能，就像是疯狂的人拿着锐利的武器；没有智慧而口齿伶俐，就像昏乱的人骑着好马。操利兵，拿着锐利的武器。獧给（juàn jǐ），敏捷。獧，同"狷"，疾急。　[3]适足以大其非：正足以加大他的错误。　[4]甚其恶：增加其罪恶。　[5]其强足以覆过：他的强辩足以掩盖过失。强，强词夺理。覆过，掩盖错误、过失。　[6]御：抵挡，应答。　[7]其坚足以断辟：他的顽固足以破坏法纪。辟，指法纪。　[8]否（pǐ）心：邪恶的心。否，恶，邪恶。　[9]不可藉（jiè）便埶（shì）：不可以给他便于利用的权势。藉，供给。埶，通"势"，权势。　[10]不知人：《论语·尧曰》："不知言，无以知人也。"[11]别此等：区别这几类人，就是区分仁者与"有否心者"、智者与"其质愚者"。　[12]"仁而不智"四句：仁爱而没有智慧，就会爱人而没有差别；有智慧而不仁爱，虽知道什么是善事却不会去做。爱而不别，爱人而没有差别。这是墨家的兼爱主张，儒家主张爱有差等，与此不同。

何谓仁？仁者，憯怛爱人[1]，谨翕不争[2]，好恶敦伦[3]，无伤恶之心，无隐忌之志，无嫉妬之气[4]，无感愁之欲，无险诐之事[5]，无辟违之行[6]。故其心舒，其志平，其气和，其欲节，其

事易，其行道，故能平易和理而无争也。如此者，
谓之仁。

[注释]

[1] 憯怛（cǎn dá）：忧伤痛苦。憯，悲痛。怛，忧伤。　[2] 谨
翕（xī）：恭敬和合。谨，恭敬。翕，和谐。　[3] 好恶敦伦：喜好
并诚恳地遵从伦理道德。敦，厚。旧本作"恶"，惠栋校为"德"。
案："德"本作"惪"，后人不知而改为"恶"，惠校是，当据
正。　[4] 妬（dù）："妒"之异体字。　[5] 险诐（bì）：阴险邪僻。
诐，邪僻。　[6] 辟（pì）违：邪佞。

何谓之智？先言而后当[1]。凡人欲舍行为[2]，
皆以其智，先规而后为之[3]。其规是者[4]，其所
为得其所事，当其行，遂其名，荣其身，故利而
无患，福及子孙，德加万民，汤、武是也。其规
非者，其所为不得其所事，不当其行，不遂其
名，辱害及其身，绝世无复，残类灭宗亡国，桀、
纣是也。故曰："莫急于智。"智者见祸福远，其
知利害蚤，物动而知其化，事兴而知其归，见始
而知其终。言之而无敢哗，立之而不可废，取
之而不可舍。前后不相悖，终始有类[5]，思之而
有复[6]，及之而不可厌[7]。其言寡而足[8]，约而

仁爱，不仅是
对他人的爱护与关
心，还需具有内在
之平和心态，实含
内外两面。

喻^[9]，简而达^[10]，省而具^[11]，少而不可益^[12]，多而不可损。其动中伦^[13]，其言当务^[14]。如是者，谓之智^[15]。

[注释]

[1]先言而后当：先说出来，后来证明所说是恰当的。　[2]欲舍：打算实行或放弃。　[3]规：谋划。　[4]“其规非者”十七句：谋划正确的人，他的行为合乎他想完成的事业，与他的品行相当，能成就他的名声，使他自身荣耀。所以有利而无祸患，福泽荫及子孙，恩德惠及百姓，商汤和周武王就是这样的人。谋划错误的人，他的行为不合乎他想完成的事业，他的事业不与他的品行相当，不能成就他的名声，他自身受到羞辱与祸害，没有子孙后代，宗族绝灭，国家灭亡，百姓都受到残害，夏桀和商纣就是这样的人。绝世无复，即断子绝孙。俞樾云：“（‘复’）疑作‘后’。”俞说是，当据改正。桀、纣，旧本皆无此二字。俞樾云：“‘亡国’下有阙文。据上文云：‘福及子孙，德加万民，汤、武是也。’则此当云：‘桀、纣是也。’”俞说是，今据补。　[5]类：法度。　[6]思之而有复：他所思考谋划的都可以受到行为的重复检验。　[7]及之而不可厌：他为了达到目的而不知厌倦。厌，厌倦。　[8]寡而足：言语不多而理由充分。　[9]约而喻：语言简约而清楚明白。喻，清楚，明白。　[10]简而达：语言简单而表达充分。　[11]具：完备。　[12]“少而不可益”二句：语句少时，别人无法增加；语句多时，别人无法减少。　[13]其动中伦：他的行动符合伦理规范。伦，伦理规范。　[14]其言当务：他说的话都切合时务。这是指所说的话皆为当务之急，无多余之言。　[15]谓之智：此句以下，旧本原有“其大略之类……而况受天谴也”一大段，钟肇

鹏《春秋繁露校释》云："与仁、智无关，乃《二端》篇之文，错简于此。今移入《二端》篇末。"钟说可从，今据乙正。

[**点评**]

《必仁且智》论述仁爱和智慧的重要性，指出"不仁不智而有材能""适足以大其非，而甚其恶"，会造成恶劣的后果，带来严重的灾难。为此，篇中强调仁爱和智慧必须统一起来。作者认为，仁与智的统一是选才用人的标准，所以篇名叫"必仁且智"。仁爱是用来爱人类的，智慧是用来为人类除害的。"故仁者所以爱人类也，智者所以除其害也。"在本篇的后半部分，作者对仁和智的具体表现分别作了详尽的论述。

身之养重于义第三十一

《荀子·大略》："义与利者，人之所两有也。虽尧、舜不能去民之欲利，然而能使其欲利不克其好义也。虽桀、纣亦不能去民之好义，然而能使其好义不胜其欲利也。故义胜利者为治世，利克义者为乱世。"董子义利之说，当由此而来。

此亦属"孔颜之乐"，谓儒生能安贫乐道。

天之生人也[1]，使人生义与利。利以养其体，义以养其心。心不得义，不能乐；体不得利，不能安。义者，心之养也[2]；利者，体之养也。体莫贵于心，故养莫重于义。义之养生人大于利。奚以知之？今人大有义而甚无利，虽贫与贱，尚荣其行以自好，而乐生，原宪、曾、闵之属是也[3]。人甚有利而大无义[4]，虽甚富，则羞辱大恶，恶深，祸患重，非立死其罪者，即旋伤殃忧尔，莫能以乐生而终其身，刑戮夭折之民是也。夫人有义者，虽贫能自乐也；而大无义者，虽富莫能自存。吾以此实义之养生人[5]，大于利而厚于财也。

[注释]

[1]"天之生人也"四句：天地产生人，使人有道义和财利。财利用来养育他的身体，道义用来涵养他的心性。人有义利，不能去掉。董仲舒提出义利不可或缺，各有用处，需要重义而轻利。　[2]"义者"二句：道义是涵养心性的。《孟子·告子下》："故理义之悦我心，犹刍豢（chú huàn）之悦我口。"孟子讲义悦心，董仲舒讲义养心。　[3]原宪、曾、闵之属：原宪，字子思，孔子弟子。据《论语》及《史记·仲尼弟子列传》，孔子卒后，原宪隐居草泽，安贫乐道。曾，即曾参，字子舆，孔子弟子。据《论语》及《史记》记载，曾参以孝著称，并作《孝经》。闵，即闵损，字子骞（qiān），孔子学生，以德行著称。他们都是孔子弟子中的贫贱者。属，类。　[4]"人甚有利而大无义"七句：有些人拥有许多财利，可是缺乏道义，这样，他尽管富裕尊贵，但所遭受的羞辱大，怨恶深，祸患重，不是即刻死于犯罪，就是不久遭受祸害。旋，不久。　[5]"吾以此实义之养生人"二句：我根据这一点而证实，道义涵养人的心性比财利供养人的身体更为重要。实，证实，证明。

民不能知，而常反之，皆忘义而殉利[1]，去理而走邪，以贼其身[2]，而祸其家。此非其自为计不忠也，则其知之所不能明也。今握枣与错金以示婴儿[3]，婴儿必取枣而不取金也；握一斤金与千万之珠以示野人[4]，野人必取金而不取珠

《吕氏春秋·异宝》："今以百金与抟黍以示儿子，儿子必取抟黍矣；以和氏之璧与百金以示鄙人，鄙人必取百金矣；以和氏之璧、道德之至言以示贤者，贤者必取至言矣。其知弥精，其所取弥精；其知弥粗，其所取弥粗。"可知董子之论，当来自《吕氏春秋》。

也。故物之于人^[5]，小者易知也，其于大者难见也。今利之于人小，而义之于人大者，无怪民之皆趋利而不趋义也。固其所闇也。

［注释］

[1]殉（xùn）利：为利牺牲。俗语所谓"人为财死，鸟为食亡"。《史记·屈原贾生列传》载贾谊《鹏鸟赋》："贪夫徇财兮，烈士徇名。"徇，同"殉"，人以身从财利。　[2]贼：残害，伤害。　[3]错金：指钱币。或说是一种工艺品，即在器物上用金属丝镶嵌成花纹或文字为饰。《汉书·食货志下》载：王莽居摄，变汉制，"又造契刀、错刀"。"错刀，以黄金错其文，曰'一刀直五千'。"王莽当皇帝后，取消错刀、契刀及五铢钱。董仲舒在王莽之前，当时可能有错刀，但未必与王莽时一样。　[4]"握一斤金与千万之珠以示野人"二句：拿着一斤黄金和价值千万的珠宝给野人看，野人一定会拿走黄金，而不要珠宝。千万之珠，价值千万的珠宝。野人，指荒野鄙夫。　[5]"故物之于人"七句：所以一般人对于事物，小的容易了解，大的难于看出。而今财利对人的关系小，道义对人的关系大，难怪人民都趋向财利而不趋向道义。这一点本来就是一般人所不了解的。

圣人事明义以照耀其所闇^[1]，故民不陷。《诗》云^[2]："示我显德行。"此之谓也。先王显德以示民^[3]，民乐而歌之以为诗，说而化之以为俗。故不令而自行，不禁而自止。从上之意，不

孔子言"为政以德"，在于以德行教化民众。因此，君王治理天下，应以自身德行修养来引导百姓，讲求"正人正己"，最终实现移风易俗、天下大治之理想境况。

待使之，若自然矣。故曰：圣人天地动、四时化者[4]，非有他也，其见义大，故能动，动故能化，化故能大行，化大行故法不犯，法不犯故刑不用，刑不用则尧、舜之功德。此大治之道也，先圣传授而复也。故孔子曰[5]："谁能出不由户？何莫由斯道也！"

[注释]

[1]"圣人事明义以照耀其所闇"二句：圣人阐明道义，使人民了解道义与财利的关系，所以人民不会犯罪。陷，指陷于罪刑，即犯法。　[2]《诗》云：下引诗见《诗经·周颂·敬之》。大意是说："以显明的德行昭示我。"　[3]"先王显德以示民"三句：古代圣王用显明的德行昭示人民，人民快乐而歌颂，就作了这首诗，心里诚悦而受感化，乃形成风俗。说（yuè），同"悦"，喜欢，高兴。　[4]"圣人天地动、四时化者"十一句：圣人能够感动天地、变化四时，没有别的缘故，因为他晓得大义，所以能够感动；能够感动，所以能够变化；能够变化，所以教化普及；教化普及，所以人民不犯法；人民不犯法，所以不必使用刑罚；不必使用刑罚，就是尧、舜的功德。这是天下大治的道理，是古代圣王传授下来的。　[5]孔子曰：下引语见《论语·雍也》。大意是说："哪一个人不从门户就能走出屋子？为什么治理天下却不依从这个道理呢！"以户比喻道，是必经者。

今不示显德行，民闇于义不能炤[1]，迷于道不能解，固欲大严憯以必正之^[2]，直残贼天民^[3]，而薄主德耳，其势不行。仲尼曰^[4]："国有道，虽加刑，无刑也；国无道，虽杀之，不可胜也。"其所谓有道、无道者，示之以显德行与不示尔。

[注释]

[1] 炤（zhāo）：同"昭"，明显，显著。　[2] 大严憯（cǎn）以必正之：用严刑酷法来纠正他们。严，酷烈。憯，通"惨"，残酷，狠毒，毒虐。　[3] 天民：天所生的人民。　[4] 仲尼曰：下引文又见《孔子集语·颜叔子第十二》，不载于今本《论语》。大意是说："国家政治清明，即使施行刑法，也没有可以处刑的人；国家政治不清明，尽管要杀戮人民，可是杀也杀不尽。"

[点评]

《身之养重于义》由说明"身之养重于义"的道理，论及为政治国的根本方法。董仲舒首先提出"天之生人也，使人生义与利"，认为义与利不可或缺，各有所用，即"利以养其身，义以养其心"。董仲舒与先秦儒家学者一样，不是绝对排斥利而只言义，而是义利并重的。他所强调的，乃是义与利有先后与主次，义为主而利为次，义为本而利为末，必须做到先义而后利。在这种认识的基础上，董子论证了"义养"（即养心）重于"利养"（即养身）。由于一般人平常只见小（"利"）而不见大（"义"），因而"皆趋利而不趋义"。对于这种局面，有两种处理方法：一是直接诉诸严刑酷法，董仲舒认为

这是绝对行不通的；二是采用德行教化，晓民以义，董
仲舒认为这是"大治之道"。总而言之，本篇的中心论点
可以归结为"德为主，刑为辅"的治国思想。

对胶西王越大夫不得为仁
第三十二

　　命令相曰[1]："大夫蠡、大夫种、大夫庸、大夫睾、大夫车成[2]，越王与此五大夫谋伐吴[3]，遂灭之，雪会稽之耻，卒为霸主。范蠡去之，种死之。寡人以此二大夫者为皆贤。孔子曰[4]：'殷有三仁。'今以越王之贤，与蠡、种之能，此三人者，寡人亦以为越有三仁。其于君何如？桓公决疑于管仲[5]，寡人决疑于君。"

[注释]

[1]命令相曰：胶西王问董仲舒说。命令，此处是"询问"之意。相，这里指代董仲舒，因为他当时任胶西相。　[2]大夫蠡（lǐ）：范蠡，字少伯，楚国宛（今河南南阳）人。他是一位战

略思想家，在越王勾践最困难的时期，他与文种通力合作，复兴了越国，使越王成为春秋霸主之一。但当功成名就之后，范蠡明智地弃政经商，"乃乘扁舟浮于江湖，变名易姓，适齐为鸱（chī）夷子皮，之陶为朱公。……十九年之中三致千金，再分散与贫交疏昆弟。此所谓富好行其德者也"（《史记·货殖列传》）。大夫种：文种，字子禽，楚国郢人。他颇有军事和政治才能，与范蠡一起协助越王最终灭掉吴国，立下很大功劳。但文种不晓得归隐，又不听范蠡的劝说，最后被勾践所逼，伏剑自杀。大夫庸：泄庸，又作"后庸"，越国大夫。大夫睪（gāo）：睪即"皋"字，谓皋如，越国大夫。大夫车成：车成，又作"苦成"，越国大夫。大夫车成并以上四位大夫，都为越王勾践消灭吴国、复兴越国立下了汗马功劳。　[3]越王：即春秋时期越王勾践，他曾为吴王夫差所败，困于会（kuài）稽（今浙江绍兴、诸暨之间），不得不向吴国屈辱求和。但越王能够穷益志坚，发愤图强，任用文种、范蠡为相，卧薪尝胆，矢志复仇，"十年生聚，十年教训"，最终灭掉吴国，成为霸主。　[4]孔子曰：下引文见《论语·微子》："微子去之，箕子为之奴，比干谏而死。孔子曰：'殷有三仁焉。'"殷，即商代。三仁，指微子、箕子和比干。　[5]桓公决疑于管仲：齐桓公请管仲决断自己心里的疑虑。桓公，指春秋时期齐国国君，姜姓，名小白，前685—前643年在位。他任用管仲改革内政，使国势逐渐强盛，最后成为春秋首霸。管仲，又称管敬仲，名夷吾，字仲，谥号敬。他是春秋时期齐国著名的政治家，协助齐桓公成为春秋首霸，在政治上提出了"仓廪实则知礼节，衣食足则知荣辱"等重要命题。今传《管子》一书即是管子学派的著作合集。

仲舒伏地再拜，对曰："仲舒智褊而学浅[1]，此处之于仁人描述，亦与《春秋繁露·必仁且智》"仁者，憯怛爱人，谨翕不争，好恶敦伦，无伤恶之心，无隐忌之志，无嫉妒之气，无感愁之欲，无险诐之事，无辟违之行。故其心舒，其志平，其气和，其欲节，其事易，其行道，故能平易和理而无争也。如此者，谓之仁"相合。

"正其道不谋其利"二句后世影响极大，朱熹所定《白鹿洞书院学规》中言："右修身之要：正其义不谋其利，明其道不计其功。"取自《汉书·董仲舒传》。清代实学家颜元则将之改为"正其义以谋其利，明其道而计其功"。可知后人于此或接受、或损益，俱与董子此言有关。

不足以决之。虽然，王有问于臣，臣不敢不悉以对，礼也。臣仲舒闻：昔者，鲁君问于柳下惠曰[2]：'我欲攻齐，何如？'柳下惠对曰：'不可。'退而有忧色，曰：'吾闻之也[3]：谋伐国者，不问于仁人也。此何为至于我？'但见问而尚羞之，而况乃与为诈以伐吴乎？其不宜明矣。以此观之，越本无一仁，而安得三仁？仁人者，正其道不谋其利[4]，修其理不急其功。致无为而习俗大化，可谓仁圣矣，三王是也[5]。《春秋》之义，贵信而贱诈，诈人而胜之，虽有功，君子弗为也。是以仲尼之门，五尺童子言羞称五伯[6]，为其诈以成功，苟为而已也，故不足称于大君子之门[7]。五伯者比于他诸侯为贤者，比于仁贤，何贤之有？譬犹珷玞比于美玉也[8]。臣仲舒伏地再拜以闻。"

[注释]

[1] 褊（biǎn）：狭小。　[2] 柳下惠：春秋时期鲁国大夫，本名展禽，字季，居柳下，谥惠，故称柳下惠。他颇重操行，有"坐怀不乱"的美誉。《孟子·尽心上》："柳下惠不以三公易其介。"介，耿介，直道而行的品格。《孟子·尽心下》："圣人，百世之

师也，伯夷、柳下惠是也。……闻柳下惠之风者，薄夫敦，鄙夫宽。"孟子称他是"圣之和者"。　[3]"吾闻之也"四句：我听说：国君谋划讨伐别的国家，不询问仁人。鲁国国君为什么来问我呢？苏舆注："'此'下当有'言'字。本传（即《汉书·董仲舒传》）作'吾闻伐国不问仁人，此言何为至于我哉？'"苏说是，当据补。　[4]"正其道不谋其利"二句：遵循正道行动而不谋求利益，按照道理做事而不急于见功效。《汉书·董仲舒传》作"正其谊不谋其利，明其道不计其功"，大意是相通的，但仍有若干区别：不急其功，这是说"功"还是要计的，不排斥功利，但不能急功近利，而要把握分寸，恰到好处，收放自如，要把握一个度。这应该是董子的本意。而不计其功是一概排斥合理的功利，则似乎过于绝对化。　[5]三王：此指夏、商、周三代开国君王，即夏禹、商汤、周文王和周武王。　[6]五伯：又称"五霸"，一般指齐桓公、晋文公、秦穆公、宋襄公和楚庄王。《孟子·梁惠王上》："齐宣王问曰：'齐桓、晋文之事，可得闻乎？'孟子对曰：'仲尼之徒，无道桓、文之事者，是以后世无传焉，臣未之闻也。'"　[7]大君子：这里指孔子。《荀子·仲尼》："仲尼之门人，五尺之竖子，言羞称乎五伯。是何也？曰：然。彼诚可羞称也。齐桓，五伯之盛者也，前事则杀兄而争国；内行则姑、姊、妹之不嫁者七人，闺门之内，般乐、奢汰，以齐之分奉之而不足；外事则诈邾袭莒，并国三十五；其事行也若是其险污、淫汰也，彼固曷足称乎大君子之门哉？……非服人之心也，……诈心以胜矣。……小人之杰也，彼固曷足称乎大君子之门哉？"董仲舒继承了孟子、荀子的思想，特别是荀子的说法。　[8]珷玞（wǔ fū）：一种似玉的美石，青质白文。

[点评]

胶西王推崇春秋时期的越王、范蠡和文种，故以

《汉书·董仲舒传》载董子所对之言为"正其谊不谋其利，明其道不计其功，是以仲尼之门……"并无"致无为而习俗大化"之语。或为班固作《本传》时所删。但在董子看来，此四句话形成一完整儒家仁圣观链条：越国之所以没有仁人，是因为所谓"三仁"都是以行诈手段取得霸业，君子不为；而真正仁人圣贤，除遵循正道而不谋私利、顺应大道而不急于建立功勋之外，还需要"致无为"，即反对过度有为，控制自己的欲望，守好自己的底线，才能达到"移风易俗"之效果，三者相得益彰，不可缺少。此乃董子用"无为"思想来规避地方诸侯过度有为之努力，故不可忽略此处"致无为"的作用。

"仁"赞许他们。董仲舒不同意这种看法,理由是《春秋》贵信而贱诈,而越王正是靠行诈而称霸的。这里,董仲舒提出了一个很重要的思想命题:"正其道不谋其利,修其理不急其功。"(《汉书·董仲舒传》作"正其谊不谋其利,明其道不计其功")这句话的内涵在于强调人的内在动机和思想品德之纯洁端正,而不是像有些人所误解的绝对不讲功利,弃绝功利。董仲舒认为功利是可以接受的,但不能过于执着,不能急功近利、以利为先,而要以道义、义理为本,约束自己的求利之心。这是需要注意的。本文所对的是胶西王,而《汉书·董仲舒传》所对的是江都王。

深察名号第三十五

　　治天下之端[1]，在审辨大[2]；辨大之端，在深察名号[3]。名者，大理之首章也[4]。录其首章之意[5]，以窥其中之事，则是非可知，逆顺自著，其几通于天地矣[6]。是非之正[7]，取之逆顺；逆顺之正，取之名号；名号之正，取之天地，天地为名号之大义也。

[注释]

　　[1]端：开头，第一步。　[2]审辨大：审查清楚事物的类别和大纲。审，审察，弄明白。辨，辨别，辨其类别。大，大纲，大要。《荀子·非相》："故人道莫不有辨。辨莫大于分，分莫大于礼，礼莫大于圣王。"苏舆注："事能辨则治，故辨亦可训'治'。……盖辨者治之条理，大者治之要纲。"　[3]名号：《释

《论语·子路》载子路问为政之先，孔子答："必也正名乎！"并解释说："名不正，则言不顺；言不顺，则事不成；事不成，则礼乐不兴；礼乐不兴，则刑罚不中；刑罚不中，则民无所措手足。故君子名之必可言也，言之必可行也。君子于其言，无所苟而已矣。"可知正名之重要性。

名·释言语》："名，明也，名实事使分明也。号，呼也，以其善恶呼名之也。"亦可参看《荀子·正名》。　[4]大理：大道，即大道理。　[5]录：总领，把握。　[6]几（jī）：细微，隐微，即事物的萌芽状态。　[7]正：辨正。

　　古之圣人，謞而效天地谓之号[1]，鸣而施命谓之名[2]。名之为言鸣与命也[3]，号之为言謞而效也。謞而效天地者为号，鸣而命者为名。名号异声而同本，皆鸣号而达天意者也[4]。天不言，使人发其意；弗为，使人行其中[5]。名则圣人所发天意，不可不深观也[6]。

［注释］

[1]謞（hè）而效天地谓之号：大声呼叫而效法天地，叫做"号"。謞，飞剑声，这里指大声呼叫。效，效法。　[2]鸣而施命谓之名：发出声音而给事物命名，叫做"名"。施命，给事物命名。《中论·贵验》引子思曰："事自名也，声自呼也。"　[3]"名之为言鸣与命也"二句："名"就是"鸣"和"命"的意思，"号"就是"謞"和"效"的意思。苏舆注："此以声为训。"　[4]号：卢文弨校曰："'鸣号'之'号'平声，亦疑本是'謞'字。"卢校可从。　[5]中：中道。《论语·尧曰》："允执其中。"朱熹注："中者，无过、无不及之名。"　[6]观：观察，体察。

《论语·阳货》载：子曰："予欲无言。"子贡曰："子如不言，则小子何述焉？"子曰："天何言哉？四时行焉，百物生焉，天何言哉？"可知天虽不言，即天不直接说出话来，但以万物之生生不息、发展演化体现出来，同时需从圣人所制定的名号表现、推演出来。

　　受命之君[1]，天意之所予也。故号为天子者，宜视天如父，事天以孝道也；号为诸侯者^[2]，宜谨视所候奉之天子也；号为大夫者^[3]，宜厚其忠信，敦其礼义，使善大于匹夫之义，足以化也；士者^[4]，事也；民者，瞑也^[5]；士不及化^[6]，可使守事从上而已。

[**注释**]

[1] 受命之君：古代帝王托于神权，自称受天命而当君王。　[2]"号为诸侯者"二句：号为诸侯的，应该谨慎对待他所侍奉的天子。候奉，伺候、事奉。　[3]"号为大夫者"五句：号为大夫的，应该格外忠诚，努力发扬礼义，使自己的品行超过一般人的标准，达到足以感化人民的地步。忠信、礼义之类的善比普通人强，在社会上作为示范，有化成民俗的作用。《白虎通·爵》："大夫之为言大扶，扶进人者也。故《传》曰：'进贤达能，谓之卿大夫。'"大夫，大于匹夫。夫为匹夫，此夫为扶，扶持。敦，注重，推崇。匹夫，庶人，平民。化，感化，教化。　[4]"士者"二句：士是"事"的意思。《白虎通·爵》："士者，事也。任事之称也。……故《传》曰：'通古今，辩然否，谓之士。'"《说文解字》："士，事也。数始于一，终于十。从一从十。孔子曰：'推十合一为士。'"　[5] 瞑（míng）：昏暗，迷乱，分散的状态，或曰目力昏花，引伸为懵懂、愚昧。贾谊《新书·大政下》："夫民之为言也，瞑也。萌之为言也，盲也。故惟上之所扶而以之，民无不化也，故曰民萌。"　[6]"士不及化"二句：士还不够教化的资格，只需谨守自己的职分，服从上级的命令就够了。

五号自赞[1]，各有分[2]，分中委曲[3]，曲有名[4]。名众于号[5]，号其大全。名也者，名其别离分散也[6]。号凡而略[7]，名详而目[8]。目者，遍辨其事也；凡者，独举其大也。享鬼神者号一，曰祭；祭之散名[9]：春曰祠，夏曰礿[10]，秋曰尝，冬曰烝[11]。猎禽兽者号一，曰田；田之散名：春苗，秋蒐[12]，冬狩，夏狝[13]。无有不皆中天意者。物莫不有凡号，号莫不有散名，如是。是故事各顺于名[14]，名各顺于天，天人之际，合而为一。同而通理[15]，动而相益，顺而相受，谓之德道。《诗》曰[16]："维号斯言，有伦有迹。"此之谓也。

[注释]

[1] 五号自赞：从天子到民这五种称号自身表明。五号，指天子、诸侯、大夫、士、民五种称号。赞，指明，表明。　[2] 分（fèn）：职分，名分。　[3] 委曲：细微之处，这里指职分下面所列的每一部分细则。　[4] 曲：旧本作"曲"，苏舆注："'曲'字疑'各'之误。"苏说可从，当据正。　[5] "名众于号"二句：名比号多，号是事物的全体。名与号的分别在于，名是具体事物、个别与特殊事物的名称，号为一类事物的名称。大全，指事物的全体，相当于大概念，荀子称为"共名"。凡号，如下文所说的祭、田；散名如"春曰祠""春苗"等。《荀子·正名》："散名之加于

万物者。"　[6] 别离分散：分别各种具体的事物。　[7] 凡：大凡，大概。　[8] 目：条目，这里引申为具体的意思。　[9] 散（sǎn）名：杂名，各个具体事物的名称。荀子亦称为"别名"。　[10] 礿（yào）：古代宗庙祭祀的名称，周称夏祭为礿。　[11] 烝（zhēng）：古代宗庙祭祀的名称，特指冬祭。　[12] 蒐（sōu）：本指春天打猎。董仲舒为公羊学大师，在这里尊奉公羊之说作"秋蒐"，与古文之说有异。　[13] 夏狝（xiǎn）：卢文弨云："案：此从《公羊》说，故与《周礼》《左氏传》《尔雅》异。然《公羊》桓四年《传》并无'夏狝'之文。何休云：'不以夏田者，《春秋》制也。以谓飞鸟未去于巢，走兽未离于穴，恐伤害于幼稚（zhì），故于苑囿中取之。'则此'夏狝'二字，当是后人妄加，以为衍文可也。"皮锡瑞说同此。卢、皮之说可从。狝，秋天打猎。　[14] "是故事各顺于名"四句：由此可见，一切事物都各自顺着名，一切名都各自顺着天意，天和人的关系就这样统一起来。天人之际，天和人之间的相互关系。际，彼此之间。　[15] "同而通理"四句：天和人相合而通达于道，行动时相互补充，彼此顺从而互相承受，这就叫作道德。德道，犹"道德"。　[16]《诗》曰：下引文见《诗经·小雅·正月》。大意是说："依照名号而发言，是多么有条理啊！"伦、迹，皆为条理之意。

　　深察王号之大意[1]，其中有五科：皇科、方科、匡科、黄科、往科。合此五科以一言，谓之王。王者，皇也[2]；王者，方也[3]；王者，匡也[4]；王者，黄也[5]；王者，往也[6]。是故王意不普大而皇[7]，则道不能正直而方；道不能正直而方，

　　五德终始说中，有一说是以五行相克来解释朝代更替。商为金德，周代商，火克金，周为火德。秦代周，水克火，秦为水德。汉代秦，土克水，汉为土德。董仲舒是西汉人，西汉中期以前强调土德的特殊地位，与土相联系，则甘为美味、黄为贵色，位于中央。四灵（东为苍龙，西为白虎，南为赤鸟，北为玄武）对应四方，中央是圣人。明代又值土运，尚黄色，故黄色成为明皇家专用之色。

则德不能匡运周遍；德不能匡运周遍，则美不能黄；美不能黄，则四方不能往；四方不能往，则不全于王。故曰：天覆无外[8]，地载兼爱，风行令而一其威[9]，雨布施而均其德，王术之谓也[10]。

[注释]

[1]"深察王号之大意"二句：深入研究"王"这个"号"的主要意思，其中共有五条。科，品类。 [2]皇：大。 [3]方：正直，端方。 [4]匡：端正，方正。 [5]黄：黄色。黄色在五行中属于土的颜色，因而是五色中最尊贵的颜色。土居中央，象征君主的地位，故用黄色来比喻君德。 [6]往：归往。天下百姓所归往的，便是王。《荀子·王霸》："用国者，得百姓之力者富，得百姓之死者强，得百姓之誉者荣。三得者具而天下归之。……天下归之之谓王。……汤、武者，循其道，行其义，兴天下同利，除天下同害，天下归之。"《吕氏春秋·下贤》："王也者，天下之往也。"《韩诗外传》卷五："王者何也？曰往也，天下往之谓之王。"得天下人心者为王。 [7]"是故王意不普大而皇"十句：帝王的仁心若不能普遍广大地发扬，那么行事就不能正直端方；行事不能正直端方，德泽就不能普遍流行；德泽不能普遍流行，就不能达到君主最高的美德；不能达到君主最高的美德，四方的百姓就不会归向；四方的百姓不归向，王道就有欠缺了。不全，指有欠缺。 [8]"天覆无外"二句：天笼罩一切而无例外，地承受一切而无不包容。覆，覆盖，笼罩。旧本多作"兼爱"，卢文弨校曰："兼爱，本亦作'兼受'。"卢说是，当据改。 [9]一：统一，一致。 [10]王术：即王道。

深察君号之大意，其中亦有五科：元科、原科、权科、温科、群科。合此五科以一言，谓之君。君者，元也^[1]；君者，原也；君者，权也；君者，温也^[2]；君者，群也^[3]。是故君意不比于元^[4]，则动而失本；动而失本，则所为不立；所为不立，则不效于原^[5]；不效于原，则自委舍^[6]；自委舍，则化不行；化不行^[7]，则用权于变；用权于变，则失中适之宜^[8]；失中适之宜，则道不平、德不温^[9]；道不平、德不温，则众不亲安；众不亲安，则离散不群；离散不群，则不全于君。

[注释]

[1]元：首，本。《春秋繁露·立元神》："君人者，国之元。"[2]温：温和。　[3]群：聚合人群。《白虎通·三纲六纪篇》："君，群也，群下之所归心也。"　[4]比：符合，靠近，依附。　[5]原：苏舆注："本书《玉英篇》：'元犹原也，其义以随天地终始也。'案：'原''元'一义，而分别言之者，'元'是正本之义，'原'是不息之义，故下云'自委舍'。"苏说可从。　[6]委舍：卢文弨曰："委舍，即'委卸'也。"委卸，推卸责任。　[7]"化不行"二句：旧本皆脱，刘师培曰："'化不行'三字下当有'化不行，则用权于变'一语，今脱。"依上下文例合观，刘说是，今据补。用权于变，用权术来加以应变、

补救。　[8]失中适之宜：有失中道而发生偏差。　[9]德不温：德行不能泽及百姓而温暖人心。

　　名生于真[1]，非其真，弗以为名。名者[2]，圣人之所以真物也，名之为言真也。故凡百讥有黮黮者[3]，各反其真，则黮黮者还昭昭耳[4]。欲审曲直，莫如引绳[5]；欲审是非，莫如引名。名之审于是非也，犹绳之审于曲直也。诘其名实[6]，观其离合，则是非之情不可以相谰已。

[注释]

[1]真：真实。　[2]"名者"三句："名"，就是圣人用来表现事物的真实情况的，"名"是为了言说"真实"的。苏舆注："先有物而后有名。象形而为字，辨声以纪物。及其繁也，多所假借，原其始，皆以其真。"　[3]凡百讥有黮（dàn）黮者：凡是暗昧不明的事物。旧本作"讥"，董天工笺注："物，原作'讥'，错。"董笺可从，当据校改。黮黮，黑的，这里指暗昧不明。　[4]昭昭：清朗，明亮。　[5]引绳：用绳墨来做标准。绳，绳墨，木工用来校正曲直的器具。　[6]"诘（jié）其名实"三句：从"名"和"实"上加以深究，并观察它与实际的分合情况，那么对于是非对错的真实情况就不能随意曲解了。诘，追问，深究。相谰（lán），相诬，相欺。谰，欺骗。

　　今世闇于性[1]，言之者不同，胡不试反性之名[2]？性之名非生与？如其生之自然之资，谓之性。性者，质也。诘性之质于善之名[3]，能中之与？既不能中矣，而尚谓之质善，何哉？性之名不得离质，离质如毛[4]，则非性已，不可不察也。

[注释]

[1]闇：暗昧不明。　[2]"胡不试反性之名"四句：为什么不试着返归到"性"的名称上去探讨呢？"性"的名称不就是从"生"字来的吗？像天生的自然本质，就叫作"性"。康有为《春秋董氏学》："《庄子》《孝经纬》皆以性为生之质，于文亦然，当是性之本义。"　[3]"诘性之质于善之名"二句：从"善"的名称中去寻求"性"的本质，能够找到吗？中，切中，符合。　[4]"离质如毛"二句：论"性"而离开本质一丝一毫，就不是"性"了。如毛，言其微小。

《春秋》辨物之理[1]，以正其名，名物如其真，不失秋毫之末。故名賷石[2]，则后其五；言退鹢，则先其六，圣人之谨于正名如此。"君子于其言[3]，无所苟而已"，五石、六鹢之辞是也。

[注释]

[1]"《春秋》辨物之理"四句：《春秋》通过辨别事理来正

确地命名，使名称能够正确地反映真实情况，而没有一分一毫的差错。秋毫之末，鸟兽在秋天所生长的毫毛末端，细微而难以见到，这里用来比喻细微的事物。　[2]"故名霣石"四句：因此说"霣石（陨石）"，便把"五"字放在后边；说"退鹢"，便把"六"字放在前面。事见《春秋》僖公十六年。董仲舒列举此二事，意在表明圣人记事严谨而不苟且，也就表明了圣人对于"名"的严谨态度。　[3]"君子于其言"二句：君子对于自己的言论，是不能有一点马虎的。语出《论语·子路》。苟，苟且，不严肃。

　　栣众恶于内[1]，弗使得发于外者，心也，故心之为名栣也。人之受气苟无恶者，心何栣哉？吾以心之名得人之诚[2]。人之诚，有贪有仁。仁、贪之气[3]，两在于身。身之名，取诸天。天两有阴阳之施[4]，身亦两有贪、仁之性。天有阴阳禁[5]，身有情欲栣[6]，与天道一也。是以阴之行不得干春、夏[7]，而月之魄常厌于日光，乍全乍伤[8]。天之禁阴如此[9]，安得不损其欲而辍其情以应天？天所禁，而身禁之，故曰身犹天也。禁天之所禁[10]，非禁天也。必知天性不乘于教[11]，终不能栣。察实以为名[12]，无教之时，性何遽若是？

[**注释**]

[1]"柧（rèn）众恶于内"四句：从内部禁制一切恶，使它不能向外发展，这是心的作用，所以"心"的得名是由"柧"而来的。柧，禁制。　[2]诚：真实情况。　[3]气：气质。　[4]施：施行，散布。　[5]天有阴阳禁：天道中的阴需要加以禁制。苏舆注："天道好阳而恶阴。此云'阴阳禁'，盖谓禁阴不使干阳，文便耳。"苏说是。此处"阴阳"为偏义副词，"阴阳禁"实为禁阴之意。　[6]身有情欲柧：人身上的情欲也需要加以节制。苏舆注："柧情欲之恶，不使伤善，斯善胜矣。治己之所以贵克也。"[7]"是以阴之行不得干春、夏"二句：因此阴气不得干犯春、夏两个季节，月亮的亏缺阴影总是源于太阳的遮蔽。魄，月亮亏缺部分形成的阴影。厌（yā），损抑，压抑，遮蔽。张衡《灵宪》曰："故月光生于日之所照，魄生于日之所弊。当日则光盈，就日则光尽也。"[8]乍（zhà）全乍伤：月亮时圆时缺。乍，忽然。　[9]"天之禁阴如此"二句：天道对于阴气是这样的禁制，人又怎么能不节制自己的情欲，从而与天道相适应呢？辍（chuò），停止。　[10]"禁天之所禁"二句：禁制天道所要禁制的，而不是禁制天道本身。苏舆注："天禁阴而身禁贪，是禁天之所当禁，非自禁其身，使之束缚也。故曰'非禁天'。"[11]"必知天性不乘于教"二句：必须要知道的是，天性如果不依凭教化，那么应该禁制的最终将不能得到禁制。乘，凭借，依靠。　[12]"察实以为名"三句：从实际情况来考察名称的由来，在未受教化之前，"性"怎么会像是受过教化的那个样子呢？何遽（jù），怎么，如何。

故性比于禾[1]，善比于米：米出禾中，而禾未可全为米也；善出性中，而性未可全为善也。善与米，人之所继天而成于外，非在天所为之内也。天之所为[2]，有所至而止，止之内谓之天性，止之外谓之人事，事在性外，而性不得不成德。民之号，取之瞑也，使性而已善，则何故以瞑为号？以賨者言[3]，弗扶将[4]，则颠陷猖狂[5]，安能善？性有似目[6]，目卧幽而瞑，待觉而后见。当其未觉，可谓有见质，而不可谓见。今万民之性，有其质而未能觉，譬如瞑者待觉，教之然后善。当其未觉，可谓有善质，而未可谓善，与目之瞑而觉，一概之比也。静心徐察之，其言可见矣。性而瞑之未觉，天所为也。效天所为，为之起号，故谓之民。民之为言，固犹瞑也，随其名号，以入其理[7]，则得之矣。

古人论天人分工不同：上天赋予人以善之性，具有善之可能性，但并不可称之为完全之善；人间掌管政教之王者则是激发、实现善的重要角色，而这种善是在上天所赋予的天性基础上实现，二者俱不可缺。

[注释]

[1]"故性比于禾"六句：所以说，性好比禾苗一样，善好比大米一样，大米是从禾苗来的，但禾苗并不完全是大米；善是从性来的，但性并不完全就是善。此处以禾、米比喻性与善的关系，性中有善，但不全善，需要教化才能成为善。说不全善，是纠正孟子的说法；说有善，是纠正性恶的观点。　[2]"天之所为"四句：天的创造，是有一定限度的，限制在天所创造的范围之内的叫作

天性，超出这个范围的叫作人事。天人之分，"止"是分界，自然是止之内，人事加工是止之外。此处"人事"谓政教。 [3] 霣：旧本作"霣"，惠栋校作"瞑"。惠校是，当据正。 [4] 扶将：扶持。 [5] 颠陷：颠倒陷溺。 [6] "性有似目"十五句：性就好像人的眼睛，当人在幽暗之处睡着，闭着眼睛，一定要等到睡醒之后，才能看见东西。在他未醒以前，只能说有能看见的资质，而不能说已看见东西。而今普通民众的性，虽有善的资质而未能觉悟，正好像睡着了的人要在醒后才能看见东西，人也是受了教化之后才能够成善。当人性还未觉悟时，只能说有善的资质而不能说是善，这和眼睛从闭着到睁开是同一情形。一概之比，同一情形的类比。 [7] 以入其理：深入研究它的道理，即循名察理。入，深究。

　　是正名号者于天地[1]，天地之所生，谓之性、情。性、情相与为一瞑[2]。情亦性也，谓性已善，奈其情何？故圣人莫谓性善[3]，累其名也。身之有性、情也[4]，若天之有阴、阳也。言人之质而无其情，犹言天之阳而无其阴也。穷论者，无时受也。

　　［注释］
　　[1] 是正名号者于天地：因此名号的标准应当取决于天地。是，因此。于，取决于。 [2] 相与：相合。 [3] 圣人：孔子。性善说始于孟子。 [4] "身之有性、情也"六句：一个人身上兼

有性和情，好像天道兼有阴和阳一样。论人的本质而不把情欲包括在内，等于说天道只有阳而没有阴，如果穷究下去的话，这种说法永远也不能让人接受。无时受，没有能让人接受的时候。

《论语·雍也》载：孔子曰："中人以上，可以语上也；中人以下，不可以语上也。"儒者品评人物有上、中、下之分，在于上之圣人为生而知之者，不世出之天才，下之冥顽不化者为首恶之源，不世出之庸才与小人，二者俱不可教化，唯有中民之性具中人之资，为范围最广、最普遍者，需教化以成其善性。即董子《春秋繁露·实性》言："圣人之性不可以名性，斗筲之性又不可以名性，中民之性如茧如卵。"

　　名性不以上，不以下，以其中名之。性如茧、如卵，卵待覆而成雏[1]，茧待缫而为丝[2]，性待教而为善，此之谓真天[3]。天生民性有善质而未能善[4]，于是为之立王以善之，此天意也。民受未能善之性于天[5]，而退受成性之教于王，王承天意，以成民之性为任者也。今案其真质，而谓民性已善者，是失天意而去王任也。万民之性苟已善[6]，则王者受命尚何任也？其设名不正，故弃重任而违大命[7]，非法言也[8]。《春秋》之辞，内事之待外者[9]，从外言之。今万民之性，待外教然后能善，善当与教，不当与性。与性[10]，则多累而不精，自成功而无贤圣，此世长者之所误出也[11]，非《春秋》为辞之术也。不法之言，无验之说，君子之所外[12]，何以为哉？

[注释]
[1]覆：覆育，孵化。　[2]缫（sāo）：缫丝，把蚕茧放在滚水里抽丝。　[3]真天：指纯正的天性。或曰"天"为衍文，或曰

"天"为"夫"之误,均可备一说。　[4]天生民性有善质而未能善:天赋予人民的性中有善的资质,但不能说就算善了。这是董仲舒人性论的典型表述。性有善质,是天生的;未能善,故需要王者的教化才能成善。　[5]"民受未能善之性于天"四句:人民从天那里接受了还不能算是善的性,然后再从帝王那里接受使性得以健康成长的教化,帝王是以秉承天意来促成人民的性为责任的。《汉书·董仲舒传》引董仲舒《对策》三:"天令之谓命,命非圣人不行;质朴之谓性,性非教化不成;人欲之谓情,情非度制不节。是故王者上谨于承天意,以顺命也;下务明教化民,以成性也;正法度之宜,别上下之序,以防欲也:修此三者,而大本举矣。"　[6]苟已善:殿本作"苟性已善",苏舆本以此"性"字为衍文而作"苟已善",宋本作"苟信已善",信是相信的意思。当据宋本作"信"是。　[7]大:旧本皆作"大",苏舆注:"大,疑作'天'。"苏说是,当据正。　[8]法言:合乎法度的言论,引伸为正确的言论。《孝经》:"先王之法言。"　[9]"内事之待外者"二句:内在事情需要外因的,要从外因方面加以解释。如鲁桓公因其夫人与齐襄公私通,鲁桓公被齐彭生杀死,《春秋》桓公十八年:"公薨于齐。"一个人内在的"性"需要外部的"教"才会成"善",所以这"善"与外在的"教"是有关系的。这也必须"从外言之"。　[10]"与性"二句:如果归属于性,那么在命名上,就会产生很多毛病而不精确了。性待教而后善,勉强说性善,复杂累赘,不精致。　[11]此世长者:指孟子主张性善说。　[12]外:排斥,拒绝。

或曰:"性有善端,心有善质,尚安非善?"应之曰:"非也。茧有丝,而茧非丝也;卵有雏,而卵非雏也。比类率然[1]，有何疑焉？"天生民有六经[2]，言性者不当异。然其或曰性也善，或曰性未善，则所谓善者，各异意也。性有善端，动之爱父母[3]，善于禽兽，则谓之善，此孟子之善。循三纲五纪[4]，通八端之理[5]，忠信而博爱，敦厚而好礼，乃可谓善，此圣人之善也。是故孔子曰[6]："善人，吾不得而见之，得见有常者，斯可矣。"由是观之[7]，圣人之所谓善，未易当也，非善于禽兽则谓之善也。使动其端善于禽兽则可谓之善，善奚为弗见也？夫善于禽兽之未得为善也，犹知于草木而不得名知。万民之性善于禽兽而不得名善，知之名乃取之圣。圣人之所命，天下以为正。正朝夕者视北辰，正嫌疑者视圣人。圣人以为无王之世，不教之民，莫能当善。善之难当如此，而谓万民之性皆能当之，过矣。质于禽兽之性[8]，则民之性善矣；质于人道之善，则民性弗及也。万民之性善于禽兽者许之，圣人之所谓善者弗许。吾质之命性者[9]，异孟子。孟子下质于禽兽之所为[10]，故曰性已善；吾上质于圣人之所为，故谓性未善。善过性，圣人过善。

《春秋》大元[11]，故谨于正名。名非所始，如之何谓未善、已善也？

[**注释**]

[1]比类率然：同类事物都是这样的。率，一律，一概。　[2]六经：旧本皆作"六经"，刘师培曰："'六经'疑'大经'之讹，'大经'犹言'大常'。"刘说是，当据正。王充《论衡·本性》："董仲舒览孙（荀子）、孟（孟子）之书，作情性之说，曰：'天之大经，一阴一阳。人之大经，一情一性。性生于阳，情生于阴。阴气鄙，阳气仁。曰性善者，是见其阳也；谓恶者，是见其阴者也。'"正相印证。　[3]动：旧本作"动"，苏舆注："动，疑作'童'。"苏说可从，当据校改。《孟子·尽心上》："孩提之童，无不知爱其亲者。"正相印证。　[4]三纲五纪：《白虎通·三纲六纪》："三纲者，何谓也？谓君臣、父子、夫妇也。六纪者，谓诸父、兄弟、族人、诸舅、师长、朋友也。故《含文嘉》曰：'君为臣纲，父为子纲，夫为妻纲。'……何谓纲纪？纲者，张也；纪者，理也。大者为纲，小者为纪。所以张理上下，整齐人道也。"三纲六纪就是为了"整齐人道"，是处理人际关系的原则。董仲舒讲"三纲五常"，这里的"五纪"，或是指"五常"：仁、义、礼、智、信。　[5]八端：孟子只讲四端（仁、义、礼、智），此处"八端"有可能合指三纲和五常而言。　[6]是故孔子曰：下引文见《论语·述而》，文稍异，大意是说："善人，我还没有看见过，能遇见保持善心而持之以恒的人，就很满足了。"《论语·述而》"常"作"恒"，此处《春秋繁露》或是避汉文帝"刘恒"之讳。如《孙子兵法·九地篇》"恒山之蛇"，也作"常山之蛇"，正相印证。　[7]"由是观之"十二句：由此可见，圣人所说的善，是很难做到的，并不是比禽兽善

一些就叫作善了。如果只有开端那一点善的因素比禽兽善一些就可以叫作善，那么为什么善人不可得见呢？比禽兽善一些不能叫作善，就像比草木的智慧高一些不能叫作智慧一样。人民的性比起禽兽来是善了，但不能把它叫作善，善的得名应该取决于圣人。圣人所确定的名，天下人都以它作为标准。　[8]质：根据，对质，评判。　[9]质之命性者：研究、评判定义性的标准。　[10]"孟子下质于禽兽之所为"六句：孟子降低标准去和禽兽的行为比较，所以说人性已经善了；我提高到圣人所谓善的标准来衡量，所以说人性还算不上善。"善"超过了"性"的标准，圣人又超过了"善"的标准。　[11]"《春秋》大元"四句：《春秋》最看重的是"元"，因而对于正名这件事非常慎重。还没有追溯到"名"的起源，怎么就能下"性未善"或"性已善"的结论呢？

［点评］

《深察名号》继承发展了孔子"正名"的思想，除了考察、论述关于"天子、诸侯、大夫、士、民"这五种称号的含义外，还从哲学上探讨了人性的名实问题，最后归结到重视圣王教化的政治思想。这里着重阐释董仲舒的人性论：一方面，他从如下三个层面批驳了孟子的性善论：一者，从正名的角度驳孟子性善论（包括关于性、心、民的命名）。二者，用圣人的言论驳孟子性善论，董仲舒认为圣人的言论从未有关于性善的说法，以此证明性善论不符合圣人的思想。三者，以天道的权威驳孟子性善论，董仲舒认为天有阴、阳，因而人性就有仁、贪两方面的因素，对此必须分别对待，仁性经教化而成善，贪性则需要加以限制。另一方面，董仲舒又批判地继承

荀子的性恶论，主要是从"自然之质"来定义"性"，但
董仲舒认为这种"自然之质"不是"恶"的，而是含有"善
质"，从而修正了荀子的性恶论。董仲舒认为"性比于禾，
善比于米：米出禾中，而禾未可全为米也；善出性中，而
性未可全为善也"。简单地说，"性有善质而未能善"，因
此，董子的人性论可以概括为"性未善"论。另外，董
子论"性"还有"圣人之性""中民之性"和"斗筲之性"
的说法，并且认为"名性，不以上，不以下，以其中名
之"，从而开了"性三品说"的先河。

实性第三十六

孔子曰："名不正则言不顺[1]。"今谓性已善，不几于无教而如其自然[2]，又不顺于为政之道矣[3]。且名者性之实[4]，实者性之质。质无教之时，何遽能善？善如米，性如禾，禾虽出米，而禾未可谓米也；性虽出善，而性未可谓善也。米与善，人之继天而成于外也，非在天所为之内也。天所为，有所至而止，止之内谓之天[5]，止之外谓之王教。王教在性外，而性不得不遂[6]，故曰：性有善质，而未能为善也。岂敢美辞[7]，其实然也。天之所为[8]，止于茧、麻与禾。以麻为布，以茧为丝，以米为饭，以性为善，此皆圣人所继天而进也，非情性质朴之能至也，故不可谓性。

［注释］

[1]名不正则言不顺：见《论语·子路》。　[2]几（jī）：将近，接近。　[3]顺：顺应。　[4]"且名者性之实"二句：而且名称是用来表示性的实际内容，性的实际内容就是性的本质。苏舆注："以名言之，则性为生；以实言之，则性为质。而质原于生，是名亦实也。"　[5]止之内谓之天：限制在天所创造的范围以内的叫作天性。《春秋繁露·深察名号》云："止之内谓之天性。"惠栋据此补"性"字。惠校可从。　[6]遂：成就、完善之意。　[7]美辞：旧本作"美辞"，卢文弨校曰："美辞，疑是'异辞'。"卢校可从，当据校改。异辞，不同的言辞。　[8]"天之所为"九句：天的创造，限制在创造茧、麻和禾苗的范围以内。把麻织成布，把茧缫成丝，把米煮成饭，把"性"教化为"善"，这些都是圣人秉承天的创造，进一步加工而成，不是性情的本质所能达到的，所以不可以说"性善"。进，推进，改进，前进。故不可谓性，陶鸿庆云："'性'下当有'善'字，文义方足。下文云：'善，教训之所然也，非质朴之所能至也，故不谓性。''性'下亦当有'善'字。"陶说是，当据补。

正朝夕者视北辰，正嫌疑者视圣人。圣人之所名，天下以为正。今按圣人言中本无性善名，而有"善人吾不得见之矣"[1]。使万民之性皆已能善，善人者何为不见也？观孔子言此之意，以为善甚难当[2]；而孟子以为万民性皆能当之，过矣。圣人之性[3]，不可以名性；斗筲之性，又不可以名性；名性者，中民之性。中民之性如茧如卵，卵待覆二十日，而后能为雏；茧待缲以涫汤[4]，而后能为丝；性待渐于教训[5]，而后能为善。善，教训之所然也，非质朴之所能至也，故不谓性[6]。

董子上承孔子"性相近，习相远"及"唯上智与下愚不移"之说，而以"圣人之性"同"上智"，以"斗筲之性"同"下愚"，以"中民之性"同"性相近，习相远"，故"性"分为上、中、下三品。

[注释]

[1]善人吾不得见之矣：语出《论语·述而》，文稍异。《论语·述而》"得"下有"而"字。　[2]当：相当，达到。　[3]"圣人之性"六句：圣人的性，不可以用来确定性的名称；小人的性，也不可以用来确定性的名称；确定性的名称是根据中民的性。斗筲（shāo）之性，董仲舒"性三品"说之下品。斗筲，量器。斗，容十升。筲，竹器，容斗二升。斗筲用来比喻人的才识短浅、器量狭小。中民，中资之人，即平常人、普通人。　[4]涫（guàn）汤：即沸水。涫，沸滚。　[5]渐：浸，浸染。　[6]故不谓性：旧本"性"后皆脱"善"字，据陶鸿庆说，当补足，即"故不谓性善"。说详本篇上文相关注释。

性者，宜知名矣，无所待而起[1]，生而所自有也。善所自有[2]，则教训已非性也。是以米出于粟[3]，而粟不可谓米；玉出于璞[4]，而璞不可谓玉；善出于性，而性不可谓善。其比多[5]，在物者为然，在性者以为不然，何不通于类也？卵之性，未能作雏也；茧之性，未能作丝也；麻之性，未能为缕也^[6]；粟之性，未能为米也。《春秋》别物之理，以正其名。名物必各因其真，真其义也，真其情也，乃以为名。名霣石则后其五，退飞则先其六，此皆其真也。圣人于言，无所苟而已矣。性者，天质之朴也；善者，王教之化也。无其质，则王教不能化；无其王教，则质朴不能善。质而不以善性^[7]，其名不正，故不受也^[8]。

[注释]

[1]无所待：不依靠任何外在的因素。　[2]"善所自有"二句：如果善是本来就具有的，那么经教化后形成的善就不是性了。　[3]粟（sù）：谷子，去皮后为小米。　[4]璞（pú）：含有玉的石头或指未经加工琢磨的玉石。　[5]其比多：这种类比的例子是很多的。　[6]缕：麻线。　[7]质而不以善性：天生的本质称为善性。旧本"不以善性"不通，刘师培曰："今考'质而不以善性'当作'质而名以善性'，与下'其名'相应。"刘说可从，当据校改。　[8]受：采纳，接受。

[点评]

在《实性》篇里，董仲舒从"正名"的角度，进一步论证"性"虽有善质，但必须经过王政的教化才能成善。所以董仲舒依然强调："性有善质而未能为善。""善者，王教之化也。"如果说人性已善，那么圣王的教化就成为多余的了，这是董仲舒所不赞成的。董仲舒论"性"而强调王政教化的重要作用，这与荀子"化性起伪"的观点可谓是一脉相承。

五行对第三十八

河间献王问温城董君曰[1]："《孝经》曰[2]：'夫孝，天之经，地之义。'何谓也？"对曰："天有五行：木、火、土、金、水是也。木生火[3]，火生土，土生金，金生水，水生木。水为冬[4]，金为秋，土为季夏，火为夏，木为春。春主生，夏主长，季夏主养，秋主收，冬主藏。藏，冬之所成也。是故父之所生[5]，其子长之；父之所长，其子养之；父之所养，其子成之。诸父所为[6]，其子皆奉承而续行之，不敢不致如父之意，尽为人之道也。故五行者，五行也[7]。由此观之，父授之，子受之，乃天之道也。故曰：'夫孝者，

董子以五行相生之说诠释孝乃"天经地义"之大德，可知董子对五行说之重视，亦可见汉代对于儒家思想之新解读，以寻求其形上来源。

火生土，其实是早期农业耕作实录的反映：早期实行休耕制，轮番耕种，二年不种植，田地即长满灌木野草，放火烧荒，草木灰成为土地的主要肥料，有利于作物的生长，故云"火生土"。五行学说可谓是由日常生产生活现象引申发挥而形成的。

天之经也。'此之谓也。"

[注释]

[1]河间献王问温城董君曰：河间献王问温城董仲舒说。河间献王，指汉景帝的儿子刘德，景帝前二年立为王，好儒学。温城董君，即董仲舒。董仲舒故里在今河北景县。据钟肇鹏《春秋繁露校释》考证，温城即今河北景县。　[2]"《孝经》曰"四句：《孝经》说："孝是天的常道，是地的义理。"《孝经·三才章》载：曾子曰："甚哉！孝之大也。"子曰："夫孝，天之经也，地之义也，民之行也。天地之经，而民是则之。"经，常规，原则。　[3]"木生火"五句：由木生出火，由火生出土，由土生出金，由金生出水，由水生出木。董仲舒提出五行相生，从木开始，循环相生。木生火，木料通过燃烧而生成火；火生土，可燃烧物经火烧而变为土灰；土生金，由土中挖出矿石，矿石可以炼出金属；金生水，指金属制作的承露盘，晴夜向月，可以得到水；水生木，指水的灌溉能使树木生长。由这一基本含义进一步引申、推广为宇宙万物的相互演变化生，这就是五行相生说的基本思想。"水生木"，旧本皆脱此三字，《春秋繁露·五行之义》于"金生水"下有"水生木"，今据补。　[4]"水为冬"十句：水德盛是冬天，金德盛是秋天，土德盛是季夏，火德盛是夏天，木德盛是春天。春天主管孳生，夏天主管成长，季夏主管养育，秋天主管收获，冬天主管储藏。古代人根据日常的生活经验，春季草木都生长起来，所以就以"木"象征春；夏季炎热，所以就用"火"象征夏；金属在古代的一个主要用途是做兵器，寓有杀伤的含义，所以就用"金"象征秋；土是夏、秋之交的季夏，说明它是从夏季的火生出来，转而又生成秋季的金；水是冷的，当凝结为冰时就更冷了，所以就用"水"象征冬。可参看《白虎通·五行》相关论

《盐铁论·论菑》引文学言："始江都相董生推言阴阳，四时相继。父生之，子养之，母成之，子藏之。故春生，仁；夏长，德；秋成，义；冬藏，礼。此四时之序，圣人之所则也。"马非百《盐铁论简注》云："以上几句话是从《春秋繁露·五行对篇》节引出来。"可知董子阴阳之说为汉儒所继承。

述。春（木）主孳生，夏（火）主成长，季夏（土）主养育，秋（金）主收敛，冬（水）主储藏。《礼记·乐记》："春作夏长，仁也；秋敛冬藏，义也。"　[5]"是故父之所生"六句：所以，（从五行的相生我们可以体认出，）父亲所生的，他的儿子使它成长；父亲所成长的，他的儿子加以养育；父亲所养育的，他的儿子完成它。由五行相生之说引出父子关系论，生者为父，所生者为子，子承父业，即为孝。　[6]诸：苏舆注："诸，犹'凡'也。"苏说可从。　[7]五行：这里指"五德""五常"。

王曰："善哉！天经既得闻之矣，愿闻地之义。"对曰："地出云为雨，起气为风。风雨者，地之所为。地不敢有其功名，必上之于天，命若从天气者，故曰天风天雨也，莫曰地风地雨也。勤劳在地[1]，名一归于天，非至有义，其孰能行此？故下事上，如地事天也，可谓大忠矣。土者，火之子也，五行莫贵于土。土之于四时，无所命者，不与火分功名。木名春，火名夏，金名秋，水名冬，忠臣之义、孝子之行取之土。土者，五行最贵者也，其义不可以加矣。五声莫贵于宫[2]，五味莫美于甘[3]，五色莫盛于黄[4]，此谓孝者地之义也。"王曰："善哉！"

五行与五声、五味、五色之搭配：春木，色青、音角、味酸；夏火，色赤、音徵、味苦；季夏土，色黄、音宫、味甘；秋金，色白、音商、味辛；冬水，色黑、音羽、味咸。

［注释］

[1]"勤劳在地"二十句：辛勤劳苦的是地，可是名声完全归属于天。若不是极有义理，怎么能这样做呢？所以在下位的人侍奉在上位的人，就好像地侍奉天一般，可以说是大忠了。土是火生的，是火的儿子，五行中没有比土更尊贵的了。土对于四季，不专主管哪一个季节，不跟火分享功绩名声。木德盛时叫作春，火德盛时叫作夏，金德盛时叫作秋，水德盛时叫作冬，而忠臣的义理、孝子的德行都是效法土德的。土是五行中最尊贵的。五行突出土，是董仲舒思想的特色。西汉中叶，汉统治者奉行"土德"说，正证明董仲舒所处时代与思想之关系。　[2]宫：五音之一。五音即宫、商、角（jué）、徵（zhǐ）、羽。　[3]甘：甜。　[4]盛：盛大，壮美。

［点评］

"五行"（木、火、土、金、水）本指自然界的物质基础。董仲舒提出五行相生，并与四季相配。由此转化为五种"德行"，即所谓"五行者，五行也"，后之"五行"即指"五德""五常"。并且，在"五行"当中又特别推崇土德："五行莫贵于土。"所以，董仲舒强调忠臣孝子应该取法土德，并由此说明了"孝"是天经地义的事情。

五行之义第四十二

天有五行：一曰木，二曰火，三曰土，四曰金，五曰水。木[1]，五行之始也；水，五行之终也；土，五行之中也。此其天次之序也。木生火[2]，火生土，土生金，金生水，水生木，此其父子也。木居左[3]，金居右，火居前，水居后，土居中央，此其父子之序，相受而布。是故木受水而火受木，土受火，金受土，水受金也。诸授之者，皆其父也；受之者，皆其子也。常因其父以使其子，天之道也。是故木已生而火养之[4]，金已死而水藏之，火乐木而养以阳[5]，水克金而丧以阴[6]，土之事火竭其忠[7]。故五行者[8]，乃孝子、忠臣之行也。

[注释]

[1]"木"七句：木是五行的开端，水是五行的终结，土在五行里居于中间，这是上天给它们安排的次序。这里董仲舒按照五行相生的次序来排列五行，即木、火、土、金、水。而最早提出五行的《尚书·洪范》的次序是："一曰水，二曰火，三曰木，四曰金，五曰土。"天次之序，即上天排列的次序，借天说话，也是董仲舒的一大思想特色。　[2]"木生火"六句：由木生出火，由火生出土，由土生出金，由金生出水，由水生出木，这是父子的关系。这是在讲五行相生，而五行相生又以父子关系作为比喻。　[3]"木居左"七句：木的位置在左，金的位置在右，火的位置在前，水的位置在后，土则居于中央，这是根据父子相承的次序而分布的。西汉中叶，崇尚土德，故董仲舒认为君王为土而居中央，其面南而坐，因此东方为木而居左，西方为金而居右，南方为火而居前，北方为水而居后，这是按照父子相承受的次序进行分布的。　[4]"是故木已生而火养之"二句：因此，木生出来了，火就奉养它；金死亡了，水就收藏它。董仲舒以父子关系来比喻五行相生，子对于其父应当生养死葬，五行之间亦然。　[5]火乐木而养以阳：火爱木而用阳气来奉养它。木生火，火属阳，故云。乐，喜爱。　[6]水克金而丧以阴：水胜金而用阴气来给它送终。金入于水，水属阴，故云。克，胜。　[7]土之事火竭其忠：土事奉天以能够竭尽其忠心。苏本误作"火"，他本皆作"天"，是，当据正。《白虎通·五行》："地之承天，犹妻之事夫，臣之事君也。其位卑，卑者亲视事，故自同于一行，尊于天也。"正相印证。　[8]"故五行者"二句：所以说，五行就是指孝子忠臣的行为。《春秋繁露·五行对》："忠臣之义、孝

子之行取之土。土者，五行最贵者也，其义不可以加矣。"

　　五行之为言也，犹五行欤？是故以得辞也^[1]。圣人知之^[2]，故多其爱而少严，厚养生而谨送终，就天之制也。以子而迎成养^[3]，如火之乐木也；丧父，如水之克金也；事君，若土之敬天也，可谓有行人矣。

此处"五行"当作"五种德行"论，即通过五行相生之说所演化的父慈子孝观。分而论之为五，总其论为一。

[注释]

[1] 得辞：获得名称。辞，名称。　[2] "圣人知之"三句：圣人知晓这个道理，因此在父子关系的问题上，就父亲来说，则慈爱的成分应该多一些，而威严的成分应该少一些，就儿子来说，则生前的赡养应该丰厚一些，而死后的送终应该慎重一些。养生，生前的赡养。送终，父母丧葬之事。　[3] "以子而迎成养"七句：如果儿子好好地迎养父亲，能够像火爱木一样；儿子给父亲送终，能够像水胜金一样；臣下侍奉君主，能够像土敬天一样，这样就可以叫作有德行的人了。成，通"盛"，程度深，充分。有行人，有德行的人。

　　五行之随^[1]，各如其序^[2]；五行之官^[3]，各致其能^[4]。是故木居东方而主春气，火居南方而主夏气，金居西方而主秋气，水居北方而主冬气。是故木主生而金主杀^[5]，火主暑而水主寒。使人必以其序，官人必以其能[6]，天之数也。

［注释］

[1]随：运行。　[2]如：按照。　[3]官：职责，任务。　[4]致：尽，发挥。　[5]杀：衰退，残败。　[6]官人：授人以官职，即任用人。

苏舆《春秋繁露义证》云："数，犹'道'也。"苏说可从。天之数，即天之道，意为人尽其能、物尽其用，乃天道之本，不可违背。

土居中央，为之天润[1]。土者[2]，天之股肱也，其德茂美，不可名以一时之事，故五行而四时者，土兼之也。金、木、水、火虽各职[3]，不因土，方不立，若酸、咸、辛、苦之不因甘肥不能成味也[4]。甘者，五味之本也；土者，五行之主也[5]。五行之主土气也，犹五味之有甘肥也，不得不成。是故圣人之行，莫贵于忠，土德之谓也。人官之大者[6]，不名所职，相其是矣；天官之大者，不名所生，土是矣。

《史记·陈丞相世家》载：汉文帝问陈平关于"决狱""钱谷出入"之事，陈平回答并非丞相的职责，而是"有主者"，即"问决狱，责廷尉；问钱谷，责治粟内史"。文帝又问"君所主者何事"，陈平答"主臣"，即丞相的职责是"上佐天子理阴阳，顺四时，下育万物之宜，外镇抚四夷诸侯，内亲附百姓，使卿大夫各得任其职焉"，正与董子所言相合。

［注释］

[1]为之天润：叫作天润。为，同"谓"。天润，天的润泽。　[2]"土者"六句：土是天的辅佐，它的德性丰盛完美，并不局限于一个季节的事务，所以有木、火、土、金、水五行，但却只有春、夏、秋、冬四季，就是因为土兼管四季的缘故。关于五行与四时的搭配问题，董仲舒是将土与四时配对而突出土的地位。股肱，辅佐。

茂美，丰盛完美。兼，兼管。　[3]"金、木、水、火虽各职"三句：金、木、水、火虽各有自己的职务，但如果不依靠居中央的土，它们各自的方位就不能确立。木对应东方，火对应南方，金对应西方，水对应北方。土居中央，所有方位离开了土地，就不存在了。　[4]甘肥：香甜味浓的食品。　[5]主：主导，主位。　[6]"人官之大者"六句：人事中最大的官职，是不专管具体的职务，宰相即是这样的职位；上天最大的官职，是不专管具体的事项，土就是这样的职位。土不主管四季中的任何一季，也不主管四方中的任何一方，它就像人官的宰相那样是最大、最根本的主角。生，苏舆注："生，疑'主'之误。"苏说可从。

[点评]

《五行之义》用五行的道理来比附、说明人事。董仲舒认为土为五行之主，土德忠诚，是最为尊贵的，所以"圣人之行，莫贵于忠，土德之谓也"。五行尊土，是董仲舒关于五行思想的一个特色。

王道通三第四十四

《说文解字》释"王"曰:"王,天下所归往也。董仲舒曰:'古之造文者,三画而连其中谓之王。三者,天、地、人也,而参通之者,王也。'孔子曰:'一贯三为王。'"可知古文经学家许慎亦从此说,并以孔子言为董子证之,此说应为汉儒通识。

古之造文者[1],三画而连其中,谓之王。三画者,天、地与人也,而连其中者,通其道也。取天地与人之中以为贯而参通之,非王者孰能当是?是故王者唯天之施[2],施其时而成之,法其命而循之诸人,法其数而以起事,治其道而以出法,治其志而归之于仁。仁之美者在于天。天,仁也。天覆育万物[3],既化而生之,有养而成之[4],事功无已[5],终而复始,凡举归之以奉人[6],察于天之意,无穷极之仁也[7]。人之受命于天也,取仁于天而仁也。是故人之受命天之尊[8],父兄子弟之亲,有忠信慈惠之心[9],有礼义廉让之行，有是非逆顺之治。文理灿然而厚[10]，知广大有而博[11]，唯人道为可以参天[12]。

[注释]

[1]"古之造文者"八句：古时候造字的人，先写三画然后在中间把它们连接起来，就叫作"王"。其中，三画代表天、地和人，从当中把它们连接起来，就是贯通它们的道理。选取天、地和人的中间，而把三者贯通起来。参（sān），通"三"，配合成三的。 [2]"是故王者唯天之施"六句：所以王者效法天的作为，因循天时而促成人民，效法天命而抚慰人民，效法天数而兴起民事，效法天道而治理人民，效法天志而归向仁德。唯天之施，效法天的行为。施，行。下句"施"字表示因循的意思。循，安慰，抚慰。起事，举事，办事。这里指兴起民事。治其道而以出法，苏舆注："疑当'法其道而以出治'。"出法，施行法度。治其志而不归之于仁，苏舆注："治，疑作'法'。《天地阴阳篇》：'天志仁。'"苏说可从。 [3]覆育：天地的庇护化育。 [4]有：同"又"。 [5]事功无已：所做的事业没有止境。事功，事业、功绩。无已，没有停止，无止境。 [6]凡举归之以奉人：所有的作为都可归结为奉养人类。旧本皆作"凡举"，惠栋校作"举凡"，是，当据乙正。奉人，奉养人类。苏舆注："圣人奉天，天奉人，相参相互，以成事功，凡一本于仁而已。"《春秋繁露·服制象》："天地之生万物也以养人。"即此"奉人"之意也。 [7]无穷极：没有穷尽。 [8]是故人之受命天之尊：所以人接受天命后，就具有尊天的本性。惠栋于"天"字上增一"有"字，其说可从。人之受命有天之尊，即指人接受天命而有了天的至尊。 [9]惠：仁爱，柔顺。 [10]文理灿然而厚：文辞华美、义理深厚。文理，文辞义理，或指礼文仪

节。灿然，鲜明光亮的样子。　[11]有：钟肇鹏《春秋繁露校释》云："'有'字涉上文衍，本作'知广大而博'。"钟说可从。　[12]参（cān）天：参通天道。

《春秋繁露》第五十六篇为《人副天数》，即论天人合一、人法天道之义，可与此相参。

天常以爱利为意，以养长为事，春秋冬夏皆其用也。王者亦常以爱利天下为意[1]，以安乐一世为事，好恶喜怒而备用也。然而主之好恶喜怒[2]，乃天之春夏秋冬也，其俱暖清寒暑而以变化成功也[3]。天出此四者[4]，时则岁美[5]，不时则岁恶。人主出此四者[6]，义则世治，不义则世乱。是故治世与美岁同数，乱世与恶岁同数，以此见人理之副天道也。天有寒有暑。夫喜怒哀乐之发与清暖寒暑，其实一贯也[7]。喜气为暖而当春，怒气为清而当秋，乐气为太阳而当夏，哀气为太阴而当冬。四气者，天与人所同有也，非人所能蓄也[8]，故可节而不可止也[9]。节之而顺，止之而乱。人生于天，而取化于天[10]。喜气取诸春，乐气取诸夏，怒气取诸秋，哀气取诸冬，四气之心也[11]。四肢之答各有处[12]，如四时；寒暑不可移，若肢体。肢体移易其处，谓之壬人[13]；寒暑移易其处，谓之败岁；喜怒移易其处，谓之乱世。明王正喜以当春[14]，正怒以当秋，正乐以当夏，正哀以当冬。上下法此，以取天之道。春气爱[15]，秋气严，夏气乐，冬气哀。爱气以生物，严气以成功，乐气以养生，哀气以丧终，天之志也。是故春气暖者，天之所以爱而生之；秋气清者，天之所以严而成之；夏气温者，天之所以乐而养之；冬气寒者，天之所以哀而藏之。春主生，夏主养，秋主收，冬主藏。生溉其乐以养[16]，死溉其哀以藏，为人子者也。故四时之行，父子之道也；天地之志，君臣之义也；阴阳之理，圣人之法也。

[**注释**]

[1]"王者亦常以爱利天下为意"三句：君王也常常把爱利天下之人作为心意，把天下之人一世道德、安居乐业作为职事，好恶喜怒都是他用来治理天下的手段。而备，苏舆注："而备，疑当作'皆其'。"苏说可从。　[2]主之好恶喜怒：俞樾云："当作'人主之好恶喜怒'。下文云：'然则人主之好恶喜怒，乃天之暖清寒暑也。'可证。"俞说是，当据补。　[3]其俱暖清（qīng）寒暑而以变化成功也：它具有暖清寒暑而用来变化事物以成就功业。俱，通"具"，具备，具有。清，寒冷，凉。苏本"清"作"清"，宋本作"清"，作"清"是，今据改。下文同此。　[4]四：旧本并作"物"，苏舆注："物，疑作'四'。"苏说可从，今据改。下文

"人主出此四者"可证。　[5]时：适时，合乎时宜。　[6]"人主出此四者"六句：君主呈现出四种情感，合乎义就天下太平，不合乎义就天下大乱。因此太平的世道和美好的年岁天数相同，不太平的世道与不好的年岁天数相同，由此可见人理和天道是相符合的。同数，指天数相同。副，相称，符合。　[7]贯：苏本作"贯"，殿本作"类"，纪昀校作"类"，殿本、纪校是，当据改。　[8]蓄（xù）：蓄养。　[9]节：节制。　[10]取化于天：取法天的化育。[11]四气之心：四种气在人心中的表现。　[12]之：此字下，苏本有"答"字，董天工笺注本、王谟本无"答"字。苏舆注："无'答'字是。因'各'字形近误衍。"苏说是，当从董天工笺注本、王谟本删"答"字。　[13]壬：应为"夭（yāo）"，同'妖'，反常的东西或现象。苏本、卢本作"壬"，苏舆注："壬，疑'夭'之误，与"妖"同。"宋本作"夭"，作"夭"是，当据正。　[14]正：纠正，使……正。　[15]"春气爱"九句：春气是仁爱的，秋气是严厉的，夏气是快乐的，冬气是悲哀的。仁爱的气用来生长万物，严厉的气用来成就功业，快乐的气用来养育万物，悲哀的气用来送终，这是天的意志。苏舆注："王者喜怒哀乐之发，即礼乐刑政之用。中庸、中和之效，极之于天地位、万物育，得此可证其理。"　[16]"生溉其乐以养"九句：父母在世时竭尽力量奉养他们而使他们快乐，父母去世后竭尽悲哀地去埋葬他们，这是做儿子的职责。因此四季的运行，就是父子之间的道理；天地的意志，就是君臣之间的义理；阴阳的道理，就是圣人的法则。溉，俞樾云："溉，读为'既'，尽也。"俞说可从。

　　阴，刑气也；阳，德气也。阴始于秋，阳始于春。春之为言，犹偆偆也[1]；秋之为言，犹湫湫也[2]。偆偆者，喜乐之貌也；湫湫者，忧悲之状也。是故春喜、夏乐、秋忧、冬悲，悲死而乐生。以夏养春[3]，以冬藏秋，大人之志也。是故先爱而后严，乐生而哀终，天之当也。而人资诸天[4]，天固有此，然而无所之[5]，如其身而已矣[6]。人主立于生杀之位，与天共持变化之势[7]，物莫不应天化。天地之化如四时，所好之风出，则为暖气，而有生于俗[8]；所恶之风出，则为清气，而有杀于俗；喜则为暑气，而有养长也；怒则为寒气，而有闭塞也。人主以好恶喜怒变习俗，而天以暖清寒暑化草木。喜怒时而当则岁美，不时而妄则岁恶。天地人主一也。然则人主之好恶喜怒，乃天之暖清寒暑也，不可不审其处而出也[9]。当暑而寒，当寒而暑，必为恶岁矣；人主当喜而怒，当怒而喜，必为乱世矣。是故人主之大守[10]，在于谨藏而禁内，使好恶喜怒必当义乃出，若暖清寒暑之必当其时乃发也。人主掌此而无失，使乃好恶喜怒未尝差也，如春秋冬夏之未尝过也，可谓参天矣。深藏此四者而勿使妄发，可谓天矣。

此处可见董子之论的实质：帝王行政必须谨慎，不可妄动；如若妄动，必有大祸；为求限定，乃谓之"不合天道"云云。这与老子所言"治大国若烹小鲜"之说，有异曲同工之妙。

［注释］

[1] 偆（chǔn）偆：喜乐貌。　[2] 湫（qiū）湫：忧愁悲伤貌。
[3] "以夏养春"六句：用夏天来养育春天所生长的万物，用冬天来储藏秋天所收获的万物，这是天的意志。所以先仁爱而后严厉，使活着的人快乐而为故去的人悲伤，这是天的常道。大人，旧本皆作"大人"，惠栋校作"天"，是。当从惠校。当，常道。苏本作"当"，纪昀校作"常"，是。当从纪校。　[4] 资：凭借，依托，资取。　[5] 无所之：苏舆注："'无所之'三字，疑有误。"苏说是。　[6] 如其身：苏舆注："'如其身'者，言天道一同于人身。"此即前文所言"人理之副天道"之意。　[7] 持：掌握。　[8] 俗：习俗。　[9] 审其处：审察清楚它的道理。审，审察，弄明白。处，常理。　[10] "是故人主之大守"十句：因此君主的重大职守，在于谨守机密而禁止内部的奸邪，使好恶喜怒一定合乎义才表现出来，就好像暖清寒暑一定是合乎时节才发出来一样。君主把握这个道理而没有过失，使好恶喜怒没有差错地表现出来，就好像春秋冬夏没有差错地运行一样，这样就可以说是参通天地了。深藏好恶喜怒这四者的表现，而不让它们随意发作，这样就可以说是合于天意了。大守，重大职守。谨藏而禁内，谨守机密而禁止内部的奸邪。掌，掌握。使乃，旧本均误倒作"使乃"，钟肇鹏《春秋繁露校释》作"乃使"，是，当据乙正。此四者，指爱、乐、严、哀，以此对应春、夏、秋、冬。天，合于天意。

［点评］

董仲舒对"王"字作了奇妙的解释：横的三画代表天、地、人，中间一竖表示贯通天人之道，即明了天人关系。但董仲舒并非无的放矢地谈天人关系，他所强调

的是要求君王必须懂得并效法天道。这是因为君王操纵
着生杀予夺的大权，他必须慎重地克制自己的喜怒好恶，
就如同天地的寒暑冷暖当应时而发。所以，董仲舒强调
君王效法天道，此即"王道通三"的要旨。

阴阳义第四十九

《黄帝内经·素问·四气调神大论篇第二》言:"逆春气,则少阳不生,肝气内变。逆夏气,则太阳不长,心气内洞。逆秋气,则太阴不收,肺气焦满。逆冬气,则少阴不藏,肾气独沉。"可知《内经》认为:春为少阳、夏为太阳、秋为太阴、冬为少阴,与董子"秋为少阴""冬为太阴"诸说不同。

天地之常[1],一阴一阳。阳者[2],天之德也;阴者,天之刑也。迹阴阳终岁之行[3],以观天之所亲而任[4]。成天之功[5],犹谓之空,空者之实也。故清溧之于岁也,若酸咸之于味也,仅有而已矣。圣人之治,亦从而然。天之少阴用于功[6],太阴用于空[7]。人之少阴用于严[8],而太阴用于丧[9]。丧亦空,空亦丧也。是故天之道以三时成生[10],以一时丧死[11]。死之者,谓百物枯落也;丧之者,谓阴气悲哀也。天亦有喜怒之气、哀乐之心,与人相副。以类合之,天人一也。春,喜气也,故生;秋,怒气也,故杀;夏,乐气也,故养；冬，哀气也，故藏。四者，天人同有之，有其理而一用之[12]。与天同者大治[13]，与天异者大乱。故为人主之道[14]，莫明于在身之与天同者而用之，使喜怒必当义而出，如寒暑之必当其时乃发也；使德之厚于刑也，如阳之多于阴也。是故天之行阴气也，少取以成秋，其余以归之冬；圣人之行阴气也，少取以立严，其余以归之丧。丧亦人之冬气，故人之太阴不用于刑而用于丧，天之太阴不用于物而用于空。空亦为丧，丧亦为空，其实一也，皆丧死亡之心也。

［**注释**］

[1]天地：卢本、苏本作"天地"，钟肇鹏注曰："仲舒言天人相与、天人合一之道，皆以天与人相类为说。天道有阴阳，故君主治道有刑德。《五行大义》第七《论合德》引《繁露》正作'天道之常'，知古本作'天道'。卢本、苏本臆改为'天地'，无据。"钟说是，当据正。　[2]"阳者"四句：阳气是天的仁德，阴气是天的刑罚。以阴阳比附德刑，这是将阴阳政治化的基础。　[3]迹阴阳终岁之行：探索、考察阴阳之气在一年之中的运行情况。迹，探索、考察之意。阴阳终岁之行，一年中阴阳的运行情况。　[4]以观天之所亲而任：观察天亲的是什么、任用的是什么。另，此处疑有缺文，或从钟肇鹏所校："迹阴阳岁终之行，以观天之所亲而任，可以见刑德之用矣。阴成天之功，犹谓之空，空者之实

也。"　[5]"成天之功"六句：阴气佐助阳气来成就天的职能和功用，仍然还称之为空虚，因为空虚是阴气的实质。所以，清凉寒冷相对于年岁而言，就和酸咸相对于味道一样，仅仅是作为陪衬而存在的。清溧（lì），即清凉寒冷之意。溧，通"冽"。《说文解字》："冽，寒也。"　[6]天之少阴用于功：天的少阴之气用来佐助阳气，以成就秋季万物成熟之功。功，指秋天庄稼成熟。少阴之秋气，佐助阳气成熟万物，故为"用于功"。　[7]太阴用于空：太阴之气用来形成冬季万物的萧条、空寂。太阴之冬气，用来蓄藏、丧亡万物，故为"用于空"。　[8]人之少阴用于严：人的少阴之气，用于威严、肃杀之时。少阴之气属秋，秋主肃杀。以人法天，人之少阴在秋，所以秋日行刑罚、肃杀之事。严，即行刑、肃杀之意。　[9]太阴用于丧：太阴之气用于丧亡之事。丧，丧亡。《说文解字》："丧，亡也。"亡，即"空"之意，所以下文"丧""空"互训。　[10]三时：指春、夏、秋三季。下文的"一时"指冬季。　[11]丧死：在人事中为"悲哀"之事，万物"丧死"在冬季，而冬季为太阴之气主事，所以说"丧之者，谓阴气悲哀也"。　[12]有其理而一用之：他们的道理相同而作用也是一样的。有其理，承上句，指天、人有相同之理。一用之，指它们的作用也是相同的。　[13]与天同者：一方面指君主的喜、乐、怒、哀与天的春、夏、秋、冬四季相同；另一方面指君主的仁德、刑罚与天的阳气、阴气相一致而成比例。　[14]"故为人主之道"十九句：所以做君主的道理，就是要明察自身与天相同的方面并运用它，使喜悦、愤怒在符合义理时才表现出来，就像寒暑必合于时节才发生一样；使仁德比刑罚深厚，就像阳气多于阴气一样。所以，天对阴气的使用，取一小部分以成秋季，其余的归属冬季；圣人对阴气的使用，取一小部分以成威严，其余的归之于丧事。丧亡也是人的冬气，所以，人的太阴之气，不用于刑罚，而用于丧亡之事；天的太阴之气，不用于万物，而用于空虚。空也就是丧，丧也就是空，其实质是相同的，都是丧失、死亡的意思。行，运行，运用。心，刘师培云："'心'疑'意'脱。"刘说可从。

[点评]

《阴阳义》通过对天人之间的比附，申述了天人合一与天人感应的理论，提出君主在施政时，应尚德缓刑、喜怒必合于义以与天道相应的观点。用阴阳之气的变化来讲政治，是以董仲舒为代表的汉代新儒家的说法。天道的运行，一阴一阳，阳为天德，阴为天刑，阴气佐助阳气以成岁功。阳为主，因天道以春夏秋三季来生长、成熟万物。阴为辅，表现为天道以冬季一季来蓄藏、丧死万物。阴阳与四季的关系：春为少阳，夏为太阳，秋为少阴，冬为太阴。春生，夏长，秋收，冬藏。阳为德，阴为刑，春夏生长为德，秋冬严杀为刑。太阴、冬季，万物都枯萎，这时是"空"，天入冬为杀。这叫"太阴用于空"。丧也是空，所以"太阴用于丧"，杀的成分就减少了。天有春夏秋冬四季，其中，春为喜气，夏为乐气，秋为怒气，冬为哀气，天也有喜怒哀乐之情，因而天人相应，"以类合之，天人一也"。所以，君王要效法天道，为政以仁德为主、刑罚为辅，就像天的运行中阳气盛于阴气一样；同时，在表现自己的喜怒时也一定要合乎义，就像天的运行中，寒暑一定要合于时节才发生一样。

天道无二第五十一

天之常道[1]，相反之物也，不得两起，故谓之一。一而不二者，天之行也。阴与阳[2]，相反之物也，故或出或入，或右或左。春俱南，秋俱北，夏交于前，冬交于后，并行而不同路，交会而各代理，此其文与[3]！天之道[4]，有一出一入，一休一伏，其度一也，然而不同意。阳之出[5]，常县于前，而任岁事；阴之出[6]，常县于后，而守空虚。阳之休也[7]，功已成于上，而伏于下；阴之伏也，不得近义，而远其处也。天之任阳不任阴，好德不好刑，如是。故阳出而前，阴出而后，尊德而卑刑之心见矣。阳出而积于夏[8]，任

《春秋繁露·基义》亦言："阳之出也，常县于前而任事；阴之出也，常县于后而守空处。"

德以岁事也；阴出而积于冬，错刑于空处也，必以此察之。天无常于物[9]，而一于时，时之所宜，而一为之。故开一塞一、起一废一，至毕时而止。终有复始于一[10]，一者，一也。是于天凡在阴位者，皆恶乱善，不得主名，天之道也。故常一而不灭[11]，天之道。事无大小，物无难易，反天之道无成者。是以目不能二视，耳不能二听，手不能二事。一手画方，一手画圆，莫能成。人为小易之物，而终不能成，反天之不可行，如是。是故古之人物而书文[12]，心止于一中者，谓之忠；持二中者[13]，谓之患。患，人之中不一者也，不一者，故患之所由生也。是故君子贱二而贵一。人孰无善？善不一，故不足以立身；治孰无常？常不一，故不足以致功。《诗》云[14]："上帝临汝，无二尔心。"知天道者之言也！

董子此处拆字释义，以"心"与"一中"组合为"忠"，以"心"与"二中"组合为"患"，虽与患字本义不合，但此说亦被今文家所继承，谶纬中亦然，可谓汉儒通解，亦凸显汉人解经之特色。

[**注释**]

[1] "天之常道"四句：天道运行的不变法则，就是性质相反的事物，不能两者同时并起，所以称之为一。两起，指两者同时并起。　[2] "阴与阳"十句：阴气与阳气，是性质相反的事物，所以，它们一个出现，另一个则退入，一个在右边，另一个则在

左边。春季，它们都往南运行；秋季，它们都往北运行；夏季，相交会在前；冬季，相交会在后，它们并行而道路不同，交会而各自一长一消，互相代替治理。这里讲的阴阳，指的是天气，即气候变化。用阴阳解释四季变化，阴阳出入，就是寒暑变化。阴出阳入，就是秋冬季节；阳出阴入，就是春夏季节。四季画一圆圈，春季，阳气从东方（左）向南，阴气从西方（右）向南，这就是"春俱南"；秋季，阳气从西方（右）向北，阴气从东方（左）向北，这就是"秋俱北"；夏季，阴阳之气在南方（前）相交，就是"夏交于前"；冬季，阴阳之气相交于北方（后），就是"冬交于后"。阴阳一齐运行，但左右不同路。相交在南北时，阴阳互相代理。冬至日，阳气初生，渐长，阴气由盛转衰；夏至日，阳气开始转衰，阴气初生，渐长。这种交替，叫"代理"。　　[3] 文：指纹路、文理，引申为条理。　　[4] "天之道"五句：天道的运行，一个出现，另一个就退入，一个在位，另一个就隐伏，其规律是一样的，但二者的意义并不相同。阴阳出入就是休伏，其规律是一样的，但意义不同。度，规律。意，意义。另，伏，刘师培校改作"位"，意指出现。于义较通。　　[5] "阳之出"三句：阳气的出现，常常在阴气之前，而主宰完成一年的任务。阳气在夏季主管自然界。县（xuán），同"悬"，悬挂，这里引申为出现之意。岁事，指一年的任务，主管生长。　　[6] "阴之出"三句：阴气的出现，常常在阳气之后，它没有什么实际任务，只是处于空位。阴气主秋冬，为肃杀之气，冬季万物都收藏起来，表现为空虚。　　[7] "阳之休也"六句：冬季阳气退藏而休伏于地下，表示其主宰岁事的任务和功能已经完成，因而退伏于下；夏季阴气退藏而休伏于地下，是因为阴气在春夏之际为不适宜，所以远离它的位置，而退伏于地下。春、夏二季，万物生长，阴气主肃杀，所以相对于春、夏二季来说，阴气是不适宜的，因此阴气远离其所处的位置而休伏。义，指适宜。　　[8]"阳出而积于夏"四句：阳气出现，并在夏季积聚而达到顶点，这表示天重仁德以成就一年的岁事；阴气出现，并在冬季积聚而达到顶点，这表示天安置刑罚于空虚无用之处。阴气放在冬季，没有什么可杀的。错，同"措"，安置。　　[9]"天无常于物"六句：天对于万事万物并没有固定不变的态度，可是对于四时阴阳的消长却有不变的规定，某个季节适合哪一种性质的气，就由哪一种性质的气在那个季节专一地行使自己的职能。所以，放开一个，同时就关闭一个；兴起一个，同时就废止一个，直到年终岁末为止。毕时，指年终岁末。　　[10]"终有复始于一"六句：终结之后又重新出现，还是从专一开始，一指的就是专一。因此，对于天来说，凡是处在阴位的事物，都唯恐其扰乱善事，因而使它不能处于主导和主宰的地位。不得主名，指阴不得居于主宰、主导的地位。　　[11]"故常一而不灭"二句：因此恒常地守一不二，即为效法天道。常一而不灭，苏舆注："灭，疑作'二'。"钟肇鹏校作"二"，并注曰："宋本、明抄本'二'均作'贰'，脱烂误抄为'灭'，其义难通。'常一而不二'，正本篇《天道无二》之义。"钟说可通。天，苏舆注："'天'上疑脱'法'字。"苏说可从。　　[12]物而书文：即因物而书文。谓根据事物的品性而创制文字。又，卢文弨认为"物"当作"象"。可备一说。　　[13]二中：有二心，意指不能一心一意。　　[14]《诗》云：下引文见《诗经·大雅·大明》。意思是说："上帝监视着你，你不可以存有二心。"

［点评］

《天道无二》由天道比附人事，认为天道和人事都是"贵一贱二"的。从天道来看，阴阳之气作为性质相反之物，或出或入，或处于右，或处于左，不能同时并起，以此来说明天道是统一的。且阳气出现在前，阴气出现在后，说明天以阳气而不以阴气、以仁德而不以刑罚为主宰。在人事中也是如此，如眼睛不能两视，耳朵不能两听，君子只有使自己的心意集中于善行，而不三心二意，才能立足于社会。君子治理国家也需要有一定的常规，如此才能取得成功。恒常地守一不二，即是天道；事物不论大小和难易，违背了天道，就不会成功。本篇由"天之任阳不任阴，好德不好刑"得出"君子贱二而贵一"，其天人比附的理论基础就是"天道无二"。

基义第五十三

凡物必有合[1]。合必有上，必有下，必有左，必有右，必有前，必有后，必有表，必有里。有美必有恶，有顺必有逆，有喜必有怒，有寒必有暑，有昼必有夜，此皆其合也。阴者，阳之合；妻者，夫之合；子者，父之合；臣者，君之合。物莫无合，而合各有阴阳。阳兼于阴[2]，阴兼于阳；夫兼于妻，妻兼于夫；父兼于子，子兼于父；君兼于臣，臣兼于君。君臣、父子、夫妇之义，皆取诸阴阳之道。君为阳，臣为阴；父为阳，子为阴；夫为阳，妻为阴。阴阳无所独行[3]，其始也不得专起[4]，其终也不得分功[5]，有所兼之义。

董子为"三纲"寻源头：阴阳。故将人伦关系内化于阴阳这一对立统一的关系中，理论思维具有抽象性，亦为董子天人合一思想之体现。

是故臣兼功于君[6]，子兼功于父，妻兼功于夫，阴兼功于阳，地兼功于天。举而上者，抑而下也，有屏而左也[7]，有引而右也，有亲而任也，有疏而远也，有欲日益也，有欲日损也。益其用而损其妨，有时损少而益多，有时损多而益少。少而不至绝，多而不至溢。阴阳二物，终岁各壹出，壹其出，远近同度而不同意。阳之出也[8]，常县于前而任事；阴之出也，常县于后而守空处。此见天之亲阳而疏阴、任德而不任刑也。是故仁义制度之数，尽取之天。天为君而覆露之，地为臣而持载之。阳为夫而生之，阴为妇而助之；春为父而生之，夏为子而养之，秋为死而棺之[9]，冬为痛而丧之。王道之三纲[10]，可求于天。天出阳为暖以生之，地出阴为清以成之。不暖不生，不清不成。然而计其多少之分，则暖暑居百而清寒居一[11]，德教之与刑罚犹此也。故圣人多其爱而少其严，厚其德而简其刑，以此配天。天之大数必有十[12]。旬天地之数[13]，十而毕举；旬生长之功，十而毕成。天之气徐[14]，不乍寒乍暑[15]，故寒不冻，暑不喝[16]，以其徐来[17]，不

《春秋繁露·天道无二》亦言："阳之出，常县于前，而任岁事；阴之出，常县于后，而守空虚。"

古者，"三纲"或与"六纪"相合，或与"五常"相依，成为古人家国天下之信条，功不可没。而今人或言"三纲一个也不能要，五常一个也不能少"。纲常伦理，于古于今虽有不同，然如何评味，或仍需讨论。

暴卒也[18]。《易》曰[19]："'履霜坚冰。'盖言逊也。"然则上坚不逾等[20]，果是天之所为，弗乍而成也。人之所为，亦当弗乍而极也。凡有兴者[21]，稍稍上之，以逊顺往，使人心说而安之[22]，无使人心恐。故曰君子以人治人[23]，懂能愿，此之谓也。圣人之道，同诸天地，荡诸四海[24]，变易习俗。

清末公羊学重新大盛，盖学者有托古改制之意，以解决严峻的社会问题。然则苏舆借董子言渐进式改革优于骤变式革命，可见苏舆校释《春秋繁露》之另一层苦心。

[注释]

[1]合：配合、匹配。　[2]兼：有合并、配合等意思。　[3]阴阳无所独行：阴阳总是并行，没有单独运行的。　[4]专起：单独发起、兴起。　[5]分功：指平分功劳。　[6]"是故臣兼功于君"七句：所以，臣下的功劳和君王合并，儿子的功劳和父亲合并，妻子的功劳和丈夫合并，阴气的功劳和阳气合并，地的功劳和天合并。有被托举而往上升的，有被抑制而往下降的。陶鸿庆云："此当云：'有举而上也，有抑而下也。'与下文'有屏而左也，有引而右也'以下六句，文义一律。"陶说可从。　[7]屏（bǐng）：摒弃，排斥。　[8]"阳之出也"九句：阳气的出现，常常在前面，而承担岁事的工作和任务；阴气的出现，常常在后面，而守在空虚的地方，不承担实际的工作任务。由此可以看出，上天亲近阳气而疏远阴气、重德政而不重刑罚的态度。因此人事中仁义制度的准则，都是效法上天而来的。上天是君王而笼罩、润泽万物，大地是上天的臣下而支持、承载万物。覆露，笼罩、润泽万物。覆，披覆，笼罩。露，指像雨露一般地润泽。持载，支

持，承载。 　[9]"秋为死而棺之"二句：苏舆注："二语疑衍。下云'三纲可求于天'，不当有此。后人因春、夏二语妄加。"苏说可从。 　[10]三纲：指君为臣纲、父为子纲、夫为妻纲。以此来配天之阴阳。 　[11]暖暑居百而清寒居一：温暖、暑热占有百份，而清凉、寒冷只占有一份。这是从农作物生长、成熟时间的角度来论说"暖燠常多"的主旨。 　[12]十：旧本"十"下有"旬"字，俞樾曰："'旬'字衍，天之数，非以旬记，安得言十旬乎？"俞说可从，今据删。 　[13]"旬天地之数"四句：天地之间的数目，用十这个数就可以全部列举出来；万物生长的功效，到十这个数时就全部完成了。旬，周遍。 　[14]徐：缓慢，舒缓。 　[15]不：旧本皆脱此字，卢文弨云："句上当有'不'字。"卢说是，今据补。乍：突然。 　[16]暍（yè）：伤暑，中暑。 　[17]以其徐来："以其"下，旧本均衍"有余"二字，俞樾云："'有余'二字衍文。'余'即'徐'之误而衍者，既衍'余'字，因又增入'有'字耳。"俞说是，今据删。 　[18]卒（cù）：通"猝"，突然，急速，仓促。 　[19]《易》曰：下引文源出《周易·文言》："'履霜坚冰至。'盖言顺也。"文辞稍异。大意是说："脚踩着地面上的霜，就知道结坚厚之冰的日子就要到来了。"这是说渐渐冻结的意思。"逊，通"顺"，顺序，指自然秩序而言。 　[20]"然则上坚不逾等"五句：既然这样，那么冰是从上面逐渐冻坚硬而不会逾越等级，这表明上天的所作所为果然是不会突然地形成。那么人的所作所为，也应当不会突然地形成和达到。上坚不逾等，冰从上面逐渐冻坚硬而不会逾越等级。苏舆注："冰由霜而驯致其坚，故云'不逾等'。《易》所谓'由来者渐'。"乍，旧本作"作"，卢文弨校作"乍"，卢校是，今据改。下文"乍"字同此。极，到达。 　[21]"凡有兴者"三句：凡是有创新的改革之事，要慢慢地实施，逐步地推行。苏舆注："一法之兴，当有次第，不可过骤，故曰事有渐则民不惊。"董仲舒与苏舆之说皆主张渐进式的改良，而不推崇骤变式的革命。兴，创兴，改革。　[22] 说（yuè）：同"悦"，高兴。　[23] "故曰君子以人治人"二句：所以说君子用存在于人们之中的道理去管理人，仅仅是要求人们行善。懂（jìn），通"仅"，仅仅。愿，善行。　[24] 荡：通行，传播。

[**点评**]

　　基义，即事物的基本含义、基本原理。《基义》篇认为天地万物之道都是阴阳相对、彼此配合的。任何一个事物都有与之相匹配的另一个事物，且这种配合中，对应的双方有阴有阳。正如自然的事物中有上下、左右、寒暑、昼夜等配合一样，在人事中，也有君臣、父子、夫妇之对，它们都源于天的阴阳之对，所以说："王道之三纲，可求于天。"阴阳二物的出现，其意义不同，阳气在前，承担主要的工作和任务；阴气在后，不承担实际的工作，所以天亲近阳气而疏远阴气。而人事效法天道，也应该重德政而轻刑罚。且上天之气的变化，是慢慢进行的，不会突然地发生，那么，人事中新事物的确立、兴起，也应该逐步进行。因此，圣人治理天下的法则和天地万物的法则应该是一致的。

人副天数第五十六

天、地、人三才之道，应为中国传统文化的共识，因此董子多言三才，尤重天人之际。

《庄子·达生》言："天地者，万物之父母也。"天地之精气化生万物，此乃古人通识。

天德施[1]，地德化，人德义。天气上，地气下，人气在其间。春生夏长，百物以兴；秋杀冬收，百物以藏。故莫精于气，莫富于地，莫神于天。天地之精所以生物者[2]，莫贵于人。人受命乎天也[3]，故超然有以倚。物疢疾莫能为仁义[4]，唯人独能为仁义；物疢疾莫能偶天地，唯人独能偶天地[5]。人有三百六十节，偶天之数也；形体骨肉[6]，偶地之厚也；上有耳目聪明[7]，日月之象也；体有空窍理脉[8]，川谷之象也；心有哀乐喜怒[9]，神气之类也。观人之体[10]，一何高物之甚，而类于天也。物旁折取天之阴阳以生活耳[11]，而人乃烂然有其文理[12]。是故凡物之形[13]，莫不伏从旁折天地而行，人独题直立端尚正，正当之。是故所取天地少者[14]，旁折之；所取天地多者，正当之，此见人之绝于物而参天地。是故人之身[15]，首妾而员，象天容也；发，象星辰也；耳目戾戾，象日月也；鼻口呼吸，象风气也；胸中达知，象神明也；腹胞实虚，象百物也。百物者最近地，故要以下，地也。天地之象，以要为带。颈以上者[16]，精神尊严，明天类之状也；颈而下者，丰厚卑辱，土壤之比也；足布而方[17]，地形之象也。是故礼带置绅[18]，必直其颈，以别心也。带而上者尽为阳，带而下者尽为阴，各有分。阳，天气也；阴，地气也。故阴阳之动[19]，使人足病，喉痹起，则地气上为云雨，而象亦应之也。

[注释]

[1]"天德施"十三句：天的德性是施与，地的德性是化生，人的德性是仁义。天的气在上面，地的气在下面，人的气在天地中间。春季生育，夏季长成，百物因此而兴起。秋季肃杀，冬季收敛，百物因此而储藏。所以，没有比气更精美、细致的，没有

比地更富有的，没有比天更神妙莫测的东西。莫精于气，钟肇鹏云："精者细微之物，气体细微，故以精言。"神，神妙。　[2]"天地之精所以生物者"二句：天与地的精气，用来生长百物，百物中没有比人更高贵的了。精，即精气。天地精气化生万物，包括人。王充认为天地元气化生成有生命的万物与人，天的精气产生人的精神。　[3]"人受命乎天也"二句：人从天那里接受命，所以超出百物之上而卓然与天地并立。超然，高超的样子。倚，《广雅·释诂》："倚，立也。"　[4]疢（chèn）疾：疾病，这里引申为缺陷。疢，热病。　[5]偶：匹配，配合。　[6]"形体骨肉"二句：人的身体骨肉，跟地的厚重是相合的。《意林》引《公孙尼子》："形体有骨肉，如地之厚。"董仲舒吸收了公孙尼子的说法。　[7]"上有耳目聪明"二句：人体上都有耳朵和眼睛能视听，这是太阳和月亮的象征。《淮南子·精神训》："是故耳目者，日月也。"　[8]"体有空窍理脉"二句：人体内有穴位和血脉，这是江川山谷的象征。《意林》引《公孙尼子》："有孔窍血脉如山谷也。"空窍，指孔窍。理脉，指血管和脉络。　[9]"心有哀乐喜怒"二句：人有哀乐喜怒，跟精神气息是相类的。《淮南子·精神训》："天有风、雨、寒、暑，人亦有取、与、喜、怒。"神气，神妙之气。　[10]"观人之体"二句：观察人的身体，高出于百物很多。一何，语气词，即又何之意，是战国、秦、汉时代的常用语，相当于现代语言中的"多么"。　[11]物旁折取天之阴阳以生活耳：百物中的兽类偏侧行走，汲取上天的阴阳之气来生活。旁折，指兽类四足偏侧走路。折，折腰。　[12]人乃烂然有其文理：人光彩夺目而文理井然。烂然，光彩夺目的样子。　[13]"是故凡物之形"四句：所以凡是百物的形体，都是俯伏侧身于地面而在天地之间行走，而人独能采取首足端正、直立的姿势，正对着天地。

人直立行走，与兽类不同。直立是人类进化的结果，董仲舒认识到这是人类比兽类高贵的象征。伏从，俯伏顺从。题直立端，是说首足端直。题，头（頭）。《淮南子·本经训》"槁题"高注云："头也。"尚，苏本作"尚"，卢文弨、钟肇鹏校作"向"。卢、钟二校是，当据改。　　[14]"是故所取天地少者"五句：所以取天地之气少的，只能旁侧俯身而行；取天地之气多的，则正对着天地。由此可以看出人是超出于百物之上的，而与天地鼎足为三。绝，超出。参（sān），配合成三的。人与天、地并列鼎足而为三，故曰："参天地。"　　[15]"是故人之身"十八句：所以人的身体，头大而圆，像上天的容貌；头发像星辰；两只耳朵和两只眼睛都两两相背，像日月一般；鼻口之间的呼吸，像风和气的运动；胸中有知觉、有知识，像上天的神明；腹腔中有实的地方，有虚的地方，像百物一般。百物最接近于地面，所以，腰以下，就是地了。人作为天地的象征，以腰为界。这里以腰为分界线，即"带"，腰带以上是天，属于阳；腰带以下是地，属于阴。妦（fén），大头。俞樾言："妦"读为"颁"。《说文解字》："颁，大头也。"要，通"腰"。　　[16]"颈以上者"六句：头颈以上，精气和神明威严端庄，显示出和天相类的情况；头颈以下，丰大、厚实，位置低下，可以和土壤类比。这里又以颈为界，上是头而与天相应，下是身体而与地相应。古人还有一种分法，即以人中为界，上为双窍，如耳、目、鼻；下为单窍，如口与前后阴。　　[17]布：展开。　　[18]"是故礼带置绅"六句：所以按照礼节，腰带应该束于腰部，以和上面的心脏部位相分界。腰带以上都是阳，腰带以下都是阴，各有区分。绅，长衣带。大带很长，束于腰间，其下垂的部分叫"绅"。颈，孙诒让校为"腰"。孙说可从。各其分，旧本均误作"其"，孙诒让云："其，当为'有'。"孙说是，今据正。

《春秋繁露·深察名号》:"五号自赞各有分。"是其证。　[19]"故阴阳之动"五句:所以阴阳气的运动,可以相互影响,人的脚有了毛病,咽喉麻痹,相应地地气从下往上升为云雨,从物象上与之相感应。喉痹（bì）,咽喉麻木。痹,通"痹",麻木。

　　天地之符[1],阴阳之副,常设于身。身犹天也[2],数与之相参,故命与之相连也。天以终岁之数[3],成人之身,故小节三百六十六,副日数也;大节十二分,副月数也;内有五脏,副五行数也;外有四肢,副四时数也;乍视乍瞑,副昼夜也;乍刚乍柔,副冬夏也;乍哀乍乐,副阴阳也;心有计虑[4],副度数也;行有伦理,副天地也。此皆暗肤著身[5],与人俱生。比而偶之弇合[6],于其可数也[7],副数;不可数者[8],副类,皆当同而副天[9],一也。是故陈其有形[10],以著其无形者[11];拘其可数[12],以著其不可数者。以此言道之亦宜以类相应[13],犹其形也,以数相中也。

　　[注释]
　　[1]"天地之符"三句:天地的符信,阴阳之气的副本,常常设置于人的身上。副,这里用作名词,意指副本。　[2]"身犹

天也"三句：人的身体，好像是天，人与天在数量方面可以互相
参照，所以人在命运方面与天也相连在一起。数，数量。参，参
照，如十二个大的关节与十二个月相参照等。《淮南子·精神训》：
"天有风、雨、寒、暑，人亦有取、与、喜、怒。故胆为云，肺
为气，肝为风，肾为雨，脾为雷，以与天地相参也，而心为之
主。"　[3]"天以终岁之数"八句：上天以一年的数，来形成人
的身体，所以，人体小的关节有三百六十六节，和一年的日数相
符合；大的关节有十二节，和一年的月数相符合；人体内有五脏，
和五行的数目相符合。五脏与五行的对应关系，按《黄帝内经》
的说法，肝属木，心属火，脾属土，肺属金，肾属水。与上注释
引《淮南子》的说法不同。　[4]"心有计虑"二句：心有思虑筹划，
和天运行的度数相符合。计虑，思虑筹划。　[5]暗肤著身：即"暗
附着身"，暗暗地附着在人身体上。肤著，附着。　[6]弇（yǎn）
合：密合，吻合。弇，通"奄"，遮蔽，覆盖。　[7]"于其可数也"
二句：能用数目来计算的，就以数来相"副"，即相符合。如天的
四时、五行、十二月、三百六十六日与人的四肢、五脏、十二大
关节、三百六十六小骨节相符合。　[8]"不可数者"二句：不能
用数目来计算的，则以其同类来相"副"，即相符合。如人头圆
像天、足方像地等。"副数"与"副类"为董仲舒天人感应思想
中比附天人相类的两条重要原则。　[9]"皆当同而副天"二句：
不论是数目相符合，还是类别相符合，都应和天相符合，天人一
致、天人相类。"副数"与"副类"两种情况都要"副天"，在这
个层面是一致的。一，指天人一致、天人相类。　[10]陈其有形：
陈列出可以看见的人的有形的身体。陈，陈列。有形，指人的形
体，如四肢、百骸、五脏等。　[11]著其无形：显示出不可以看
见的人无形的精神情感。著，显示。无形，指人的思维情绪，如喜、
怒、哀、乐等精神性的内容。　[12]拘：捕捉，限制。　[13]"以

此言道之亦宜以类相应"三句：这就是说天人感应之道也是依照类别来相应的，就好比从形体而言，天与人在数目上是相合的。相中，相合。

[点评]

《人副天数》认为天与人是同类的，人副天数，天人一致；天与人同类相感、同类相动。天地生人和万物，人比万物更尊贵，其原因在于其他生物得天地之气少，而人得天地之气多。所以，人无论是从类的角度（"副类"），还是从数的角度（"副数"），都和天是一致的。如从类的角度看，人头圆像天，足方像地，头发像星辰，耳目像日月，鼻口呼吸像风和气。从数的角度看，人有小关节三百六十六节，和一年的日数相当；大关节十二节，和一年的月数相当；人身体内有五脏，和五行数相当；外有四肢，和四季数相当；眼睛一开一闭，和昼夜相当；性情有时刚强，有时柔和，和冬季、夏季相当；有时悲哀，有时欢乐，和阴阳之气相当。这些都说明，天与人是合一的，是同类的，它们之间可以互相感应、互相触动。

同类相动第五十七

今平地注水^[1]，去燥就湿；均薪施火，去湿就燥。百物去其所与异^[2]，而从其所与同。故气同则会，声比则应，其验皦然也。试调琴瑟而错之^[3]，鼓其宫则他宫应之，鼓其商而他商应之。五音比而自鸣^[4]，非有神，其数然也^[5]。美事召美类^[6]，恶事召恶类，类之相应而起也，如马鸣则马应之，牛鸣则牛应之。帝王之将兴也^[7]，其美祥亦先见；其将亡也，妖孽亦先见。物故以类相召也^[8]，故以龙致雨，以扇逐暑，军之所处，以棘楚。美恶皆有从来^[9]，以为命，莫知其处所。天将阴雨^[10]，人之病故为之先动，

《吕氏春秋·召类》言："祸福之所自来，众人以为命焉，不知其所由。"

是阴相应而起也。天将欲阴雨，又使人欲睡卧者，阴气也。有忧，亦使人卧者，是阴相求也；有喜者[11]，使人不欲卧者，是阳相索也[12]。水得夜益长数分[13]，东风至而酒湛溢，病者至夜而疾益甚[14]，鸡至几明皆鸣而相薄[15]。其气益精[16]。故阳益阳而阴益阴[17]，阴阳之气因可以类相益损也。

《淮南子·览冥训》云："故东风至而酒湛溢。"《论衡·乱龙篇》说："东风至酒湛溢。"是其证。汉代思想家根据事物之间的相关联系来说明阴阳相感、同类相动之理。

[注释]

[1]"今平地注水"四句：在平地上灌水，水会避开干燥的地方而流向潮湿的地方；在均匀平铺的木柴上点火，火会避开潮湿之处而趋向干燥之处。《周易·乾·文言》："子曰：'同声相应，同气相求；水流湿，火就燥，云从龙，风从虎；圣人作而万物睹。本乎天者亲上，本乎地者亲下，则各从其类也。'"《吕氏春秋·召类》："类同相召，气同则合，声比则应，故鼓宫而宫应，鼓角而角动，以龙致雨，以形逐影。祸福之所自来，众人以为命焉，不知其所由。"可知同类相应的思想也是先秦至汉以来的通识，故被董仲舒用来论证天人感应。　[2]"百物去其所与异"五句：百物之性，都是避开与其相异的事物，而亲近与其相同的事物。所以气相同的事物就会相会合，声相同的事物就会相感应而发生共鸣，这种效验是很明显的。比，相合，会合。验，效验。曒（jiǎo）然，明显的样子。曒，明亮，清晰。　[3]错：通"措"，施行。这里引申为演奏之意。　[4]五音比而自鸣：宫、商、角（jué）、徵（zhǐ）、羽五音各自相应而发出共鸣的声音。五音，五个音阶，

即宫、商、角、徵、羽。比，会合。鼓宫则宫应，这是共鸣现象，古人以为是同类相感。　[5]数：定数，规律。共鸣现象有规律可循，并不神秘。　[6]"美事召美类"二句：好事召来同类的好事，坏事招致同类的坏事。美恶之事也是同类相应，这就将不神秘推向了神秘。　[7]"帝王之将兴也"四句：帝王将要兴起的时候，可以先看到美好的征兆；帝王将要败亡的时候，也会先看到灾异、妖孽。帝王的兴亡也有征兆，也用同类相应来解释，神秘的成分更增添了一些。美祥，指瑞兆。妖孽，指灾异。　[8]"物故以类相召也"五句：事物本来就是依照类别来相感应的，所以用龙来召致雨，用扇子来驱除暑气，军队驻扎的地方，会遍生荆棘。故，旧本作"故"，苏舆注："故，当作'固'。"凌本作"固"，作"固"是，当据正。固，本来。旧本"以棘楚"皆脱"生"字，苏舆注："'以'上脱'生'字。《老子》：'师之所处，荆棘生焉。'《吕览·应同篇》：'师之所处，必生荆楚。'……《淮南·人间训》：'师之所处，生以棘楚。'"苏说可从，应据补"生"字。棘楚，即荆楚。荆楚，大的荆棘。古代军队驻扎之地，常常栽植荆棘于营地周围以抗拒敌人。　[9]"美恶皆有从来"三句：好事和坏事都有它的来由，一般人将之归于命运，是因为不知道它的原由。苏舆注："言美恶固皆有以自召，而及其发也，不知所自来，则归之命而已。"　[10]"天将阴雨"三句：上天将出现阴雨天气的时候，人的旧病就会先于阴雨天气而发作，这是阴气之间互相感应而产生的一种结果。关节炎患者在将要下雨时会感到骨节疼痛，古人用阴气相感来加以解释。病故，当为"故病"，即以前犯的老毛病。　[11]"有喜者"二句：人喜悦、兴奋的时候，不想睡觉。《孟子·告子下》："吾闻之，喜而不寐。"　[12]索：索求。　[13]"水得夜益长数分"二句：水在夜里容易涨高，酒在春风吹起时容易满溢。古人认为水和夜都是阴性物质，因"同类相动"，它们之间会发生相互感应的联系，而使水增溢，而酒在东风吹起时容易满溢。至，旧本皆脱此字，苏舆注："'东风'下当有'至'字。"苏说是，今据补。　　[14]病者至夜而疾益甚：生病的人到了夜晚病情会加重。　　[15]鸡至几明皆鸣而相薄：鸡在天将破晓时都啼叫起来而声音相互激荡。几明，将近天明。相薄，指气机相触动。《论衡·变动篇》："夜及半而鹤唳，晨将旦而鸡鸣，此虽非变，天气动物，物应天气之验也。"《春秋说题辞》："鸡为积阳，南方之象。火阳精，物炎上，故阳出鸡鸣，以类感也。"鸡是阳，早晨太阳出来，阳相感，因此鸡就打鸣了。　　[16]其气益精：同类感应而使发出的气更加纯粹。精，精粹，精华。　　[17]"故阳益阳而阴益阴"二句：所以阳气使阳气更加纯厚，阴气使阴气更加纯厚，阳气和阴气必定可以按类别来增加或减损。益损，同"损益"。益，增强。"益"指阳可以增阳，阴可以增阴；"损"指阳可以减阴，阴可以减阳。

天有阴阳[1]，人亦有阴阳。天地之阴气起[2]，而人之阴气应之而起；人之阴气起，而天地之阴气亦宜应之而起，其道一也。明于此者[3]，欲致雨则动阴以起阴，欲止雨则动阳以起阳。故致雨非神也[4]，而疑于神者，其理微妙也。非独阴阳之气可以类进退也[5]，虽不祥祸福所从生，亦由是也。无非已先起之，而物以类应之而动者也。故聪明圣神[6]，内视反听，言为明圣内视反听[7]。故独明圣者知其本心皆在此耳。故琴瑟报[8]，弹其宫，他宫自鸣而应之，此物之以类动者也。其动以声而无形，人不见其动之形，则谓之自鸣也。又相动无形，则谓之自然。其实非自然也，有使之然者矣。物固有实使之，其使之无形。《尚书大传》言[9]："周将兴之时[10]，有大赤乌衔谷之种，而集王屋之上者，武王喜，诸大夫皆喜。周公曰：'茂哉！茂哉！天之见此以劝之也。'"恐恃之[11]。

今本《尚书大传·大誓》载："武王伐纣，观兵于孟津，有火流于王屋，化为赤乌，三足。"可与董子所据本相参。

［注释］

[1] "天有阴阳"二句：天有阴阳之气，人也有阴阳之气。天有阴阳，日为阳，月为阴；火为阳，水为阴，如此等等。人体也有阴阳，男为阳，女为阴；背为阳，前为阴；腰带以上为阳，以下为阴；外表为阳，内脏为阴；五脏为阴，六腑为阳；血为阴，气为阳，如此等等。　[2] "天地之阴气起"五句：天地的阴气兴起的时候，人体中的阴气也会随之相应而起；人体中的阴气兴起时，天地的阴气也会相应地产生，这其中的道理是一致的。天地阴阳与人体阴阳可以互相感应，道理是一样的。　[3] "明于此者"三句：通晓这个道理，如果要求雨，就可以发动人的阴气以使天的阴气兴起；如果要止雨，就可以发动人的阳气而使天的阳气兴起。求雨与止雨就是根据阴气相感来设计的。汉人认为，求雨让女性出来跳舞，以感动天的阴气。原因在于下雨是阴气的作用。止雨则让男性出来活动；以损阴气而不再下雨。　[4] "故致雨非神也"

三句：所以招致雨水并非是神的作用，之所以认为是神在其中起了作用，是因为招致雨水的道理是很微妙的。疑于神，模拟神的做法。疑，通"拟"（繁体"拟"作"擬"），比拟。又如"凝"，凝于神则是聚精会神之意。《庄子·达生》："用志不分，乃疑于神。"不是神秘的，其中道理是神妙的。　[5]以类进退：以类别来互相招致和摈退。阳可以益阳，阴可以益阴，是"以类进"；阴阳之气又互相克制，阳可以克阴，阴可以克阳，异类相斥为"以类退"。　[6]"故聪明圣神"二句：所以聪明通达的人，断除耳外之声，潜心息虑，从内部反省自我。潜心息虑，自我反思，而能觉察无形、无声之物，见人之所不能见，所以称"聪明圣神"。内视，指反思。反听，指断绝耳外之声。　[7]言为明圣内视反听：苏舆注："八字疑有误。"钟肇鹏云："此八字似为旁注之文，传抄栏入本文，故显然与上句'故聪明圣神，内视反听'相重复。"苏、钟之说可从，故不出注。　[8]琴瑟报：琴瑟合奏。报，犹"合"。　[9]《尚书大传》：西汉伏生所传授的著作。　[10]"周将兴之时"九句：周朝将兴起的时候，有赤色的大乌衔着谷种汇集于王屋之上，武王很高兴，诸大夫也都很高兴。周公说："努力啊！努力啊！上天呈现出这件事，是用来勉励我们的。"赤乌，吉祥的三足神鸟。王屋，指王者所居之屋。茂，通"懋（mào）"，勤勉，努力。见（xiàn），同"现"，呈现。　[11]恐恃之：这是害怕人们依赖天命瑞应而忽视了自身的努力。周朝有了瑞应，怕依靠天命，而人事不努力，所以在有了天命以后，特别强调人事需要努力。恃，依赖。之，这里指代天命瑞应。

[点评]

《同类相动》篇认为，天地间的事物，其类别相同，则相互感应、相互增益，"气同则会，声比则应"。如水

流向潮湿的地方，火趋向干燥的东西。不仅物与物之间
有阴阳感应，天与人之间也有阴阳感应。如天将阴雨，
则人的旧病就复发、情绪也压抑等。因此，阳气可以增
益阳气，阴气可以增益阴气。此道理表现在人对天气的
掌握上，可以用阴气来求阴雨、以阳气来致晴燥；运用
在政事上，则帝王的兴起必然有祥瑞，帝王的败亡也事
先会有灾异的现象出现。

五行相生第五十八

天地之气，合而为一，分为阴阳，判为四时[1]，列为五行。行者，行也[2]，其行不同，故谓之五行。五行者[3]，五官也，比相生而间相胜也[4]。故为治[5]，逆之则乱，顺之则治。

[注释]

[1]判：剖判，区分。 [2]行：德行。 [3]“五行者”二句：五行，指的是五种官职。五官，即司农、司马、司空、司徒、司寇。以五行比附五官，是从五行各有其职责的角度来说的。五行与官职相联系，说明了官职之间的相互制约。 [4]比相生而间相胜：它们之间相比近的就相生，相间隔的就相克制。五行顺序为木、火、土、金、水，“比相生”是指按此顺序而木生火、火生土、土生金、金生水、水生木；“间相胜”是按此顺序而中间间隔一个，即木胜土、土胜水、水胜火、火胜金、金胜木。这个概括是董仲

舒做出的，是对五行学说的重大发展。　[5]"故为治"三句：因此治理天下，违背这个法则就会导致天下混乱，遵守、顺从这个法则就能使天下安定。

东方者木[1]，农之本。司农尚仁[2]，进经术之士，道之以帝王之路，将顺其美，匡捄其恶，执规而生，至温润下，知地形肥硗美恶，立事生则，因地之宜，召公是也。亲入南亩之中，观民垦草发淄[3]，耕种五谷。积蓄有余，家给人足[4]。仓库充实，司马实谷[5]。司马，本朝也[6]。本朝者，火也，故曰木生火。

本篇所列举之召公、周公、（姜）太公、（伍）子胥、孔子，与下篇《五行相胜》所列举之齐桓（公）、季孙（氏）与孔子、楚灵王、司徒得臣、太公诛营荡等历史人物与事件，皆从周朝开国以来乃至春秋时而言，犹以春秋时人为主，可知董子为《春秋》公羊学大师，而将《春秋》与五行相合，以论其思想，陈述其道。

[注释]

[1]"东方者木"二句：东方属木，是农耕的根本。五行有时空界定。从空间而言，木居东方，所以说"东方者木"；从时间而言，木主春气，而春季是农耕的季节，所以说"农之本"。　[2]"司农尚仁"十一句：司农崇尚仁爱，推荐懂得经国安邦之术的人才，引导君主走圣王之路，顺从君主喜好的美德，扶正补救君主的恶习，执持规矩治理百姓而使他们各得生路，极其温和地给百姓布施恩德，通晓地力的肥沃或贫瘠、好与坏，使农事正常地进行而生出财富，根据土地的情况来制定与之相宜的配套措施，召公就是这样的人。经术，犹经学，在这里引申为经世致用之学、治国安邦之术。道（dǎo），通"导"，引导。匡捄（jiù）其恶，扶正补救君主的恶习。匡捄，扶正补救。匡，纠正。

捄，通"救"，拯救。执规而生，执持规矩治理百姓，而使百姓各遂其生。规，圆规，画图的工具，引申为规矩、准则的意思。硗（qiāo），土地坚硬而贫瘠。则，旧本皆作"则"，惠栋、钟肇鹏均校作"财"，是。当据正。召（shào）公，姬姓，名奭（shì），周文王庶子，周武王之臣，因封地在召（今陕西岐山西南），故称召公或召伯。　[3]垦（kěn）草发淄（zī）：开发荒地、砍除草木。垦草，开发荒地。垦，翻耕。发淄，砍除草木。发，开掘，砍伐。淄，通"菑"，茂盛的草丛。　[4]给（jǐ）：丰足。　[5]司马实谷：司马主管的军队有充足的粮食可以食用。　[6]本朝：朝廷，这里是指朝廷的高官要职。

南方者火也[1]，本朝。司马尚智，进贤圣之士，上知天文，其形兆未见，其萌芽未生，昭然独见存亡之机、得失之要、治乱之源，豫禁未然之前，执矩而长，至忠厚仁，辅翼其君，周公是也。成王幼弱[2]，周公相，诛管叔、蔡叔以定天下。天下既宁，以安君。官者，司营也[3]。司营者，土也，故曰火生土。

[注释]

[1]"南方者火也"十三句：南方属火，在朝中是司马的官职。司马崇尚智慧，推荐贤良圣明的人才，精通天时变化的道理，在事物的征兆还没有出现、事物的萌芽还没有产生时，他却能独自明智地预见国家存亡的先兆、事情得失的关键所在以及国家治乱

的根本，预先禁止坏事的发生，执持规矩治理百姓而使百姓得以长养，非常忠实、厚道、仁德，辅助他的君主，周公就是这样的人。"南方者火也，本朝"，苏舆注："'也'字，疑当在'本朝'下。"惠栋校作"本朝也"。苏说、惠校是，当据改。天文，天空中日月星辰等自然现象，泛指一切关于天的道理。形兆，迹象，征兆。机，关键，要点，先兆。要，要领，关键。豫，同"预"，事先准备，预先。执矩而长，执持规矩治理百姓而使百姓得以长养。矩，画直角或方形用的尺子，引申为规矩、准则的意思。　[2]"成王幼弱"三句：当成王幼小的时候，周公担任宰相，诛杀管叔、放逐蔡叔以安定天下。周武王去世后，他的儿子成王年幼，由周公摄政。周武王的弟弟管叔与蔡叔联合商纣王之子武庚发动叛乱，周公东征，将管叔与武庚二人杀死，并流放了蔡叔。　[3]司营：即司空。

中央者土[1]，君官也。司营尚信，卑身贱体，夙兴夜寐，称述往古，以厉主意，明见成败，微谏纳善，防灭其恶，绝源塞隟，执绳而制四方，至忠厚信，以事其君，据义割恩，太公是也。应天因时之化，威武强御以成[2]。大理者[3]，司徒也。司徒者，金也，故曰土生金。

《淮南子·天文训》言："规生矩杀，衡长权藏，绳居中央，为四时根。"正与董说相合。

[注释]

[1]"中央者土"十六句：中央属土，君官是司营。司营崇尚诚信，谦恭有礼，早起晚睡，用赞美的口吻讲述古代圣贤的所作

所为，以此来激励君主，明智地看出事情成功和失败的所在，用隐微的言辞来纠正君主的过失，并进呈好的建议，预防和制止君主的过失，断绝过失的根源、堵塞过失的缝隙，执掌规则来驾驭四方，非常忠诚、厚道、信实地侍奉自己的君主，根据"义"而不计较个人的恩怨来行事，姜太公就是这样的人。厉，原意是磨砺的意思，此处引申为"励"，激励、勉励。微谏，用隐微的言辞来纠正君主的过失。隙（xì），"隙"的古字，缝隙的意思。执绳而制四方，执掌规则来驾驭四方。绳，规则，准绳。据义割恩，根据"义"而不计较个人的恩怨来行事。割，割去。太公，即姜太公吕尚。　[2]强御：横暴有势力的人。　[3]大理：主掌刑法之官。夏代叫作大理，周代为大司寇，秦汉时改为廷尉，隋朝时复置大理寺卿、少卿，北齐为大理卿，九卿之一。历代沿用。此处说法，与周制不符。

西方者金[1]，大理，司徒也。司徒尚义，臣死君而众人死父。亲有尊卑，位有上下，各死其事，事不逾矩，执权而伐。兵不苟克，取不苟得，义而后行，至廉而威，质直刚毅，子胥是也。伐有罪，讨不义，是以百姓附亲，边境安宁，寇贼不发，邑无狱讼[2]，则亲安。执法者，司寇也。司寇者，水也，故曰金生水。

[注释]

[1]"西方者金"十六句：西方属金，大理，指的是司徒。

司徒崇尚"义"，臣下对君主尽职而一般人对父亲尽职。亲情有尊卑之分，地位有高下之别，各尽自己的职责，做事不能超出自己的范围，依据自己的职权范围来讨伐敌人和罪犯。军队不苟且地去获得某种胜利，不苟且地去获得某种东西，而是遵从"义"来行事，非常廉洁、威严，性格质朴且正直刚毅，伍子胥就是这样的人。死，效死，尽职尽责。权，权职，权责。兵不苟克，军队不苟且地去获得某种胜利。苟，苟且，不守道义。克，取胜，战胜。子胥，即伍子胥，春秋时期楚国人。子胥父兄为楚王所杀，于是投奔吴国，帮助吴国伐楚，为父兄复仇。胥，旧本作"耳"，苏舆注："天启本作'耳'，注云：'疑是胥字。'"作"胥"是，今据改。　[2]邑：国都，引申为国家。

北方者水 [1]，执法，司寇也。司寇尚礼，君臣有位，长幼有序，朝廷有爵，乡党以齿，升降揖让，般伏拜谒，折旋中矩，立而磬折，拱则抱鼓，执衡而藏，至清廉平，赂遗不受，请谒不听，据法听讼，无有所阿，孔子是也。为鲁司寇，断狱屯屯 [2]，与众共之，不敢自专。是死者不恨，生者不怨，百工维时 [3]，以成器械。器械既成，以给司农 [4]。司农者，田官也。田官者木，故曰水生木。

［注释］

[1]"北方者水"二十句：北方属水，执法的人，指的是司寇。司寇崇尚礼节，君臣之间有高下之位，长辈和晚辈之间有一定的次序，朝廷中按照爵位的高低排定次序，乡里以年龄的大小排定次序，升堂或下堂都拱手揖让，弯腰伏身鞠躬拜见，行走时曲折迂回而合于规矩，站立时就像磬一般弯曲身体，拱手行礼时就如同手中抱着鼓一般，执持法度权衡而收藏百物，非常清正、廉明、公平，不接受贿赂的财物，也不接受别人的拜谒，根据法律来听理诉讼，没有什么偏私，孔子就是这样的人。有爵，苏舆注："有爵，疑当作'以爵'。"钟肇鹏曰："苏说是。下句'乡党以齿'，作'以'不误。此'有'字涉上'有位''有序'而误。"苏、钟之说可从。乡党以齿，乡里以年龄的大小排列。乡党，乡里。齿，岁数，年龄。般（pán）伏拜谒（yè），弯腰伏身鞠躬拜见。般伏，犹"盘伏"，屈身向下，一种行礼的动作。拜谒，拜见。磬（qìng）折，曲躬如磬，表示谦恭。磬，通"磬"，乐器，以玉、石或金属为材，形状如矩。衡，秤杆，即指秤上的刻度。赂遗（lù wèi），贿（huì）赂的财物。赂，赠送财物。遗，给予，赠送。听讼，听理诉讼。　[2]断狱屯（zhūn）屯：审理和判决案件时表现得严谨忠厚。断狱，审理和判决案件。屯屯，严谨忠厚的样子。　[3]"百工维时"二句：各种工匠及时地制作好各种器械。百工，各种工匠。维时，及时。　[4]给（jǐ）：供给，供应。

［点评］

五行相生，即木生火，火生土，土生金，金生水，水生木。《五行相生》篇以此来比附政事和官职，认为司农（木）、司马（火）、司空（土）、司徒（金）、司寇

（水）这几个官职相互依存、相互制约、平衡促进。此乃天人感应的重要内容。又，此篇旧本作第五十九，列在《五行相胜》之后。卢文弨《抱经堂丛书》本根据文义将此篇改列于前，苏舆注本从之。本书篇次暂依卢、苏二本，但从历史上加以考察，可知五行学说先有相胜之说，邹衍的五德终始说也以相胜为说，秦始皇也相信水胜火；后来才有五行相生之说。由此观之，卢、苏二本之校改似有不妥之处，而留有可以进一步商榷的空间。特此说明。

322

五行相胜第五十九

《吕氏春秋·仲冬纪·长见》载："吕太公望封于齐，周公旦封于鲁，二君者甚相善也。相谓曰：'何以治国？'太公望曰：'尊贤上功。'周公旦曰：'亲亲上恩。'太公望曰：'鲁自此削矣。'周公旦曰：'鲁虽削，有齐者亦必非吕氏也。'其后，齐日以大，至于霸，二十四世而田成子有齐国。鲁公以削，至于覲存，三十四世而亡。"可知齐国的立国之道即为霸道，与鲁不同。

木者[1]，司农也。司农为奸，朋党比周，以蔽主明，退匿贤士，绝灭公卿，教民奢侈，宾客交通，不劝田事，博戏斗鸡，走狗弄马，长幼无礼，大小相殴，并为寇贼，横恣绝理，司徒诛之，齐桓是也。行霸任兵[2]，侵蔡，蔡溃，遂伐楚，楚人降伏，以安中国。木者，君之官也[3]。夫木者，农也；农者，民也，不顺如叛[4]，则命司徒诛其率正矣[5]，故曰金胜木。

[注释]

[1]"木者"十八句：木，就官职而言指的是司农。司农做奸邪之事，结党营私而排斥异己，以此来蒙蔽君主的明智，排

斥匿藏贤良之士，灭杀公卿，倡导百姓行奢侈之风，与宾客交往勾结，不努力去劝勉农事，赌博斗鸡，赛狗玩马，长幼之间没有礼节，大小之间互相抢掠，都去干盗贼之事，蛮横放纵而不讲道理，司徒把他杀了，齐桓公就是这样的人。朋党比周，结党营私而排斥异己。朋党，为了私利而勾结同类。比周，结伙营私。退匿，排斥匿藏，即不推荐的意思。交通，交往勾结。劝，勉励，努力。博戏，赌博的意思。虏，通"掳"，抢掠，掠取。横恣绝理，蛮横放纵而不讲道理。　[2]"行霸任兵"四句：齐桓公推行霸业而兴兵征伐，侵略蔡国，蔡国溃败，又征伐楚国。《左传》僖公四年："齐侯以诸侯之师侵蔡，蔡溃，遂伐楚。"《公羊传》："溃者何？下叛上也。国曰溃，邑曰叛。"　[3]木者，君之官也：俞樾云："下文云：'土者，君之官也。'盖土居中央，于五行最尊，故为君之官。此乃云'木者，君之官也'，义不可通，当为衍文。"俞说可从，故不出注。　[4]如：通"而"。　[5]诛其率正：诛杀他们的首领而使他们归正。率，通"帅"，统领，将帅。正，归正，回归正途。

火者[1]，司马也。司马为谗，反言易辞以谮愬人，内离骨肉之亲，外疏忠臣，贤圣旋亡，谗邪日昌，鲁上大夫季孙是也。专权擅政[2]，薄国威德[3]，反以愆恶谮愬其贤臣[4]，劫惑其君[5]。孔子为鲁司寇，据义行法，季孙自消，堕费、郈城[6]，兵甲有差[7]。夫火者，大朝[8]，有邪谗荧惑其君[9]，执法诛之。执法者，水也，故曰水胜火。

[注释]

[1]"火者"九句：火，就官职而言指的是司马。司马进污蔑诽谤之言，捏造事实来陷害他人，对内离散骨肉亲人，对外疏远忠臣，贤良圣明之人很快就消失隐匿了，谗邪之人则一天天多了起来，鲁国的上卿季孙就是这样的人。谗，谗言，污蔑诽谤的言辞。反言易辞以潛愬（zèn sù）人，捏造事实来陷害他人。反言，与事实相反的言辞。易辞，改变事实的言辞。潛，说坏话诬陷别人。愬，同"诉"，诉说。上大夫，苏舆注："'上大夫'即'上卿'，见《爵国篇》。" [2]政：苏本作"政"，凌本、卢本皆作"势"，作"势"是。当据正。 [3]薄国威德：削弱国家的声威与德泽。薄，削弱。 [4]怠：苏舆注："'怠'字疑误。"钟肇鹏曰："周（采）本作'大'，黄（丕烈）校作'怠'，以作'大'为是。"钟说可从。 [5]劫惑：胁迫迷惑。 [6]堕费（huī bì）、郈（hōu）城：毁掉费城、郈城。堕，毁坏。费，春秋时期鲁国季孙氏邑，在今山东费县西南。郈，春秋时鲁国叔孙氏邑，在今山东东平东南。 [7]兵甲有差：大夫家中收藏兵器有一定的规定。孔子曾劝季孙，认为臣子家里不应该藏有过多的兵器、铠甲。 [8]大朝：卢文弨校曰："疑当作'本朝'。"大，钟肇鹏校作"本"，是，当据改。 [9]荧惑：炫惑，惑乱。

土者[1]，君之官也，其相司营。司营为神，主所为皆曰可，主所言皆曰善。謅顺主指，听从为比，进主所善，以快主意，导主以邪，陷主不义。大为宫室，多为台榭，雕文刻镂，五色成光。赋敛无度，以夺民财；多发繇役，以夺民时；作事无极，以夺民力。百姓愁苦，叛去其国，楚灵王是也。作乾溪之台，三年不成，百姓罢弊而叛[2]，及其身弑。夫土者，君之官也，君大奢侈[3]，过度失礼，民叛矣。其民叛，其君穷矣。故曰木胜土。

木胜土，即木克土，这也是农业生产现象的反映。先秦农具一般为木制，从事耜耕，故云木胜土，后来为五行家比附为人事与政治。换言之，无论五行相胜，还是五行相生，其原始的含义都与社会生产或生活实践活动相关，后来才被哲学化与神秘化。

[注释]

[1]"土者"二十五句：土是辅佐君主的官职，君主之相为司营。司营作奸犯科，君主的所作所为他都认可，君主的言论他都认为是好的。他巴结奉承君主以迎合其意愿，顺从阿谀以勾结偏私，进奉君主所喜爱的，以使君主心里快活，用邪恶之事来引诱君主，使君主陷于不仁不义的境地。大肆建造宫殿，极力修筑楼台亭榭，雕刻彩饰，五颜六色而光彩夺目。没有节制地征收赋税，以此来搜刮百姓的财货；大规模地征发百姓服劳役，以此来耽误农时；兴作各种事情没有止境，以此来夺取百姓的劳力。百姓因此而忧愁困苦，纷纷逃离自己的国家，楚灵王就是这样的人。神，指奸邪不正。苏舆注引俞樾云："宣三年《左传》'使神知民奸'，是'神'与'奸'同类。上云'司农为奸'，此云'司营为神'，则神亦不美之名。故与司马为谗、司徒为贼、司寇为乱一律。"諂（chǎn），同"谄"，巴结，奉承。比，勾结，阿党。善，认为是好的、喜爱的。台榭（xiè），积土高起者为台，台上所盖之屋为榭。雕文刻镂（lòu），雕刻彩饰。文，纹饰。镂，

雕刻图案。繇（yáo），通"徭"，劳役。　[2]罢（pí）弊：疲惫困乏。罢，通"疲"，疲劳，疲乏。弊，困乏，疲惫。　[3]大（tài）：太。

金者[1]，司徒也。司徒为贼，内得于君，外骄军士，专权擅势，诛杀无罪，侵伐暴虐，攻战妄取，令不行，禁不止，将率不亲，士卒不使，兵弱地削，令君有耻，则司马诛之，楚杀其司徒得臣是也。得臣数战破敌，内得于君，骄蹇不邮其下[2]，卒不为使，当敌而弱，以危楚国，司马诛之。金者，司徒。司徒弱[3]，不能使士众，则司马诛之，故曰火胜金。

[注释]

[1]"金者"十七句：金是司徒的官职。司徒破坏法纪，在内得到君主的宠信，在外对军士骄横，独揽大权而滥用势力，诛杀无罪之人，侵略征伐而残暴酷虐，肆意地攻城略地，有命令不执行，有禁令不停止，将帅们不亲近他，士兵们也不听从他的命令，使军队削弱而国土被他人侵吞，使君主承受耻辱，司马因而将其诛杀，楚国诛杀其大夫得臣就是这样一个例子。贼，害，指破坏法纪。得，指得宠。得臣，成得臣，字子玉，春秋时期楚国的将军，城濮之战时被晋军击败，被迫自杀。详见《春秋》僖公二十八年。　[2]骄蹇（jiǎn）不邮（xù）其下：骄纵傲慢而不体恤部下。骄蹇，骄纵傲慢。邮，同"恤"，体

恤。　[3] 弱：软弱无能。

水者[1]，司寇也。司寇为乱，足恭小谨，巧言令色，听谒受赂；阿党不平，慢令急诛，诛杀无罪，则司营诛之，营荡是也。为齐司寇，太公封于齐，问焉以治国之要，营荡对曰："任仁义而已。"太公曰："任仁义奈何？"营荡对曰："仁者爱人，义者尊老。"太公曰："爱人、尊老奈何？"营荡对曰："爱人者，有子不食其力；尊老者，妻长而夫拜之。"太公曰："寡人欲以仁义治齐，今子以仁义乱齐，寡人立而诛之，以定齐国。"夫水者[2]，执法司寇也。执法附党不平，依法刑人，则司营诛之，故曰土胜水。

[注释]

[1] "水者"十一句：水就官职而言指的是司寇。司寇作乱，恭敬谨慎过度，以巧妙的话来骗人，装成态度和悦的样子，听任别人谒见并接受贿赂；结党营私而办事不公平，发布命令迟缓，诛杀百姓迅速，杀害无辜之人，司营就会将他诛杀，营荡就是这样的人。"足恭小谨，巧言令色"，来自《论语·公冶长》："巧言令色足恭。"态度语言都过分恭敬。阿（ē）党不平，结党营私而办事不公平。阿党，结党营私。不平，不公平。司营，周代的六卿为冢宰、司徒、宗伯、司马、司寇、司空。《汉书·百官公卿表》：

《说苑·臣术》亦言："中实颇险，外容貌小谨，巧言令色，又心嫉贤，所欲进，则明其美而隐其恶；所欲退，则明其过而匿其美。使主妄行过任，赏罚不当，号令不行，如此者，奸臣也。"大臣不能推选贤能，反而嫉贤妒能，最终导致君主行政无道，则被视为奸臣。

此处可知：营荡之"仁者爱人，义者尊老"，看似与儒者之义相合，实不符儒家仁义规范，反而是粗俗不堪之论，与董子"仁者爱人、义者正我"相抵牾，或即可谓之"齐鲁间陋儒"，故与孔孟、董子之道大不同。

"天官冢宰、地官司徒、春官宗伯、夏官司马、秋官司寇、冬官司空，是为六卿。"董仲舒在本文中提及，木者司农，火者司马，土者君之官，其相司营，金者司徒，水者司寇。这里没有司空，而司营又是君之相。司营代表土，诛司寇，是"土胜水"。惠栋校曰："'司营'疑即'司空'，然以为土官而反以司寇为冬官。"惠校可备一说。营荡，人名，西周时任齐国的司寇，其他典籍未见此人。　　[2]"夫水者"六句：水就官职而言，是执行法律的司寇。他执行法律时，如果偏袒私党，办事不公平，不依法律来刑审，那么司营就会将他诛杀。所以说土克水。《五行相生》篇已说姜太公为司营，太公诛杀司寇营荡，正与司营诛司寇、土克水相合。附，旧本皆作"附"，卢文弨校曰："'附'疑'阿'字，与上文同。"钟肇鹏校作"阿"。卢、钟二校是，当据正。

[点评]

《五行相胜》篇认为金、木、水、火、土五行之间存在着相胜（即相克）的关系。其中，水胜火、火胜金、金胜木、木胜土、土胜水。在人事中，司徒（金）、司农（木）、司寇（水）、司马（火）、司空（土）这几个官职也是相互监督制约的关系。本篇以五行（自然材料）性质的相互制约来比附政事中各部门职责的制约关系，是董仲舒天人感应理论的重要内容。

五行五事第六十四

王者与臣无礼[1]，貌不肃敬，则木不曲直，而夏多暴风。风者，木之气也，其音角也，故应之以暴风。王者言不从[2]，则金不从革，而秋多霹雳。霹雳者，金气也，其音商也，故应之以霹雳。王者视不明[3]，则火不炎上，而秋多电。电者，火气也，其阴徵也，故应之以电。王者听不聪[4]，则水不润下，而春夏多暴雨。雨者，水气也，其音羽也，故应之以暴雨。王者心不能容[5]，则稼穑不成，而秋多雷。雷者，土气也，其音宫也，故应之以雷。

《汉书·艺文志》载："五行者，五常之形气也。《书》云'初一曰五行，次二曰羞用五事'，言进用五事以顺五行也。貌、言、视、听、思心失，而五行之序乱，五星之变作，皆出于律历之数而分为一者也。其法亦起五德终始，推其极则无不至。而小数家因此以为吉凶，而行于世，浸以相乱。"可知"五行"或指"五常"，即"仁、义、礼、智、信"五种德行所展现之气；或指"五星"，即"木、火、土、金、水"五种行星。而此二者于汉代是相合的，即"律历"之学所表现的万物合一思想。故可为董子"天人感应说"之基础，诉天人合一之道。

［注释］

[1]"王者与臣无礼"八句：如果君王对待大臣没有礼貌，态度不恭敬，那么木材就不能制成器具，而夏天多暴风。风是木气，木发出的声音是角音，所以暴风与它相应。与，对待，结交。木不曲直，指树木不能制作器具而为人所用。角（jué），五音（宫、商、角、徵、羽）之一。　[2]"王者言不从"七句：如果君王的言论不能使人遵从，那么金属就不能让人随意改变其形状，而秋天多霹雳。霹雳是金气，金发出的声音是商音，所以霹雳与它相应。王者言不从，王者发言不能让百姓顺从。从，顺从。金不从革，指金属不能按人的要求铸成各种器物。不从革，指不能改变形状。　[3]"王者视不明"七句：如果君王的眼光不敏锐，火就不会向上焚烧，而秋天多闪电。闪电是火气，火发出的声音是徵音，所以闪电与它相应。阴，苏本误作"阴"，他本皆作"音"，作"音"是，当据正。　[4]"王者听不聪"七句：如果君王的听觉不清晰，水就不会往下渗而润泽土地，而春天和夏天就会多下暴雨。雨是水气，水发出的声音是羽音，所以暴雨与它相应。　[5]"王者心不能容"七句：如果君王的心胸不宽容，那么农业生产就会没有收成，而秋天多雷。雷是土气，土发出的声音是宫音，所以雷与它相应。稼穑（sè），指农业劳动。种谷曰稼，收获曰穑。

五事：一曰貌[1]，二曰言，三曰视[2]，四曰听[3]，五曰思[4]，何谓也？夫五事者，人之所受命于天也，而王者所修而治民也。故王者为民[5]，治则不可以不明，准绳不可以不正。王者貌曰恭[6]，恭者，敬也；言曰从，从者，可从；视曰明，明者，知贤不肖、分明黑白也；听曰聪，聪者，能闻事而审其意也；思曰容，容者，言无不容。恭作肃，从作义，明作哲，聪作谋，容作圣。何谓也？恭作肃，言王者诚能内有恭敬之姿[7]，而天下莫不肃矣。从作义[8]，言王者言可从，明正从行，而天下治矣。明作哲，哲者，知也[9]。王者明，则贤者进，不肖者退，天下知善而劝之，知恶而耻之矣。聪作谋，谋者，谋事也。王者聪，则闻事与臣下谋之，故事无失谋矣。容作圣[10]，圣者，设也。王者心宽大无不容，则圣能施设[11]，事各得其宜也。

"恭作肃"引出下文"王者能敬则肃，肃则春气得，故肃者主春"；"从作义"引出下文"王者能治，则义立，义立则秋气得，故义者主秋"；"明作哲"引出下文"王者能知，则知善恶，知善恶则夏气得，故哲者主夏"；"聪作谋"引出下文"王者无失谋，然后冬气得，故谋者主冬"。则"貌、言、视、听"释为"肃、义、哲、谋"，并与"春、秋、夏、冬"四季相合；而以"思曰容"而"容作圣"统筹其他四事与四季，亦可谓"心为君主之官"而"五行莫贵于土"，因此以之为"圣"。

[注释]

[1]貌：仪容，指态度。　[2]视：眼光。　[3]听：察听，谓察听是非。　[4]思：心胸。苏舆注："'思'下脱'心'字，下同。"苏说可从，"思"应作"思心"。古文《尚书》作"思"，今文《尚书》作"思心"，董仲舒是今文家，应用"思心"。心胸之意。　[5]为：治理。　[6]"王者貌曰恭"二十句：君王的态度要做到恭，恭就是敬的意思；言论要做到从，从就是可以使别人遵从的意思；眼光要

做到明，明就是能够识别人的贤能和不贤能，分辨事情的是非善恶；听觉要做到聪，聪就是指听到事情后能明白它的意思；心胸要做到容，容是指别人的言论没有不容纳的。态度恭敬就能严肃；言论可以使人遵从，就能治理好国家；眼光敏锐就会明智；听觉灵敏就能进行谋划；心胸宽容就会通达事理。审，明白，清楚。容，包容，宽容。乂（yì），治理。圣，通达事理。　[7] 诚：果真，表示假设。　[8] "从作乂"三句：言论可以使人遵从，就能治理好国家，是说如果君王的言论可以使人遵从，则大臣就顺从它去做事。俞樾云："'明正'乃'则臣'二字之误，当作'王者言可从，则臣从行，而天下治矣'。《尚书·洪范》正义引郑注曰：'君言从，则臣职治。'与此义近。"俞说可从。　[9] 知（zhì）：通"智"，聪明，智慧。　[10] "容作圣"三句：心胸宽容就能做到圣，圣是能够设施的意思。董仲舒将"圣"解释为"设"，主要是从王者在政治上设施建树的角度来加以立论的。设，设施。　[11] 施设：设施，安排。

钟肇鹏《春秋繁露校释》曰："据下文例，'则'下当脱二句或三句。《淮南子·时则训》：'故正月失政，七月凉风不至；二月失政，八月雷不藏；三月失政，九月不下霜。'本篇内容与《淮南子·时则训》《管子·四时》多合，可以参补。"钟说可从。

王者能敬则肃[1]，肃则春气得，故肃者主春。春，阳气微，万物柔弱，易移可化。于时阴气为贼[2]，故王者钦[3]。钦不以议阴事[4]，然后万物遂生[5]，而木可曲直也。春行秋政[6]，则草木凋；行冬政，则雪；行夏政，则杀。春失政，则[7]……

［注释］

[1] "王者能敬则肃"七句：君王能够恭敬就会严肃，严肃就

能获得春气，所以严肃的人主持春天。春天的阳气微弱，万物还很柔嫩弱小，容易移植变化。"万物柔弱，易移可化"，苏本误作"万物柔易移弱可化"，不可卒读。今从惠栋校记及钟肇鹏校释本乙正。　[2]贼：伤害。　[3]钦（qīn）：肃敬，钦敬。　[4]阴事：指后宫男女之事。　[5]遂生：成长壮大。　[6]"春行秋政"七句：如果春天施行秋天的政事，草木就会凋零；如果施行冬天的政事，就会下雪；如果施行夏天的政事，就会杀伤万物。如果春天施政有失误。雪，下雪。失政，施政有失误。　[7]则：此字下应有阙文，然诸本皆无明确佚文可补。

　　王者能治，则义立，义立则秋气得，故义者主秋[1]。秋气始杀，王者行小刑罚，民不犯则礼义成。于时阳气为贼[2]，故王者辅以官牧之事，然后万物成熟。秋[3]，草木不荣华，金从革也。秋行春政，则华；行夏政，则乔[4]；行冬政，则落[5]。秋失政，则春大风不解[6]，雷不发声。

[注释]

[1]义者：用"义"来治理天下的人。　[2]"于时阳气为贼"二句：在这个时候阳气会伤害万物，所以君王用为政治国之事作为辅助。官牧之事，为政治国之事。官牧，行政官吏。　[3]"秋"三句：秋天，草木不能够兴旺茂盛，这是因为金属的形状能够让人随意改变。荣华，兴旺茂盛。《尔雅·释草》："木谓之华，草谓之荣。"　[4]乔：孙诒让曰："'乔'疑'槁'之借字，谓枯槁也。"

古人讲四季之政，均有联系，可通过不同形式表现。故秋季失政，并不在秋天直接表现出来，而是在春季产生恶果，即过半年的时间，此乃古人之于事物联系之看法，亦与监督王者施政有关。

孙说可从。钟肇鹏曰："此谓秋行夏令则草木槁，亦亢阳火气太盛所致。"　[5]落：叶落，花落，意指草木凋零。　[6]解：消除，停止。

　　王者能知，则知善恶，知善恶则夏气得，故哲者主夏。夏阳气始盛[1]，万物兆长，王者不揜明，则道不退塞。而夏至之后，大暑隆，万物茂育怀任，王者恐明不知贤不肖，分明白黑[2]。于时寒为贼，故王者辅以赏赐之事，然后夏草木不霜，火炎上也。夏行春政，则风；行秋政，则水；行冬政，则落。夏失政，则冬不冻冰，五谷不藏，大寒不解。

［注释］

[1]"夏阳气始盛"七句：夏天阳气开始兴盛，万物苗壮地成长，如果君王明察而不受障碍，那么正道就不会闭塞。到了夏至以后，暑气还很旺盛，万物还在孕育繁衍。兆长，繁茂地生长。兆，开始，见于形状，表现。不揜（yǎn）明，明察而不受障碍。揜，通"掩"，遮蔽，掩盖。退塞，闭塞。而，苏舆注："'而'字疑衍。"苏注可备一说。隆，隆盛，旺盛。任，通"妊"，怀孕。　[2]王者恐明不知贤不肖，分明白黑：苏舆注："'王者恐'下十三字，疑衍文。"通观上下文意，此二句确与上下文意不相联属，苏说可从，故不出注。

王者无失谋，然后冬气得，故谋者主冬。冬阴气始盛，草木必死，王者能闻事[1]，审谋虑之则不侵伐[2]。不侵伐且杀[3]，则死者不恨，生者不怨。冬日至之后[4]，大寒降，万物藏于下。于时暑为贼，故王者辅之以急断之事，以水润下也。冬行春政，则蒸[5]；行夏政，则雷；行秋政，则旱。冬失政，则夏草木不实[6]，霜[7]，五谷疾枯[8]。

[注释]

[1]事：这里指征伐用兵之事。　[2]审谋虑之：仔细地谋划考虑。　[3]且：又。　[4]"冬日至之后"六句：到了冬至以后，寒气还很旺盛，万物于是躲藏在地下。在这个时候暑热会伤害万物，所以君王用司法审判之事来作为辅助，这是由于水是下渗而润泽万物的缘故。通观上下文例，"以水润下也"之上当有脱误之文。降，宋本作"隆"，可从。急断，惠栋校为"系断"，可从。系断，指司法审判。　[5]蒸：气体上升。　[6]实：结出果实。 [7]霜：苏舆注："'霜'上疑有夺字。《淮南·时则训》：'十一月失政，正月下雹霜。'"苏说可从。　[8]五谷疾枯：五谷因为病虫害而枯萎。

[点评]

《五行五事》取人事以配五行，旨在论证君主要加强自身修养的理由和根据，如果君主修养不够，就会引起灾变。这是董仲舒"天人感应"政治哲学的一个重要内容，实际上是对王权的一种约束和限制。他认为如果王者行为不当，就会导致天气的灾变发生。"五事"指貌、言、视、听、思心五项，王者的这五项表现会与天的暴风、霹雳、电、暴雨、雷相感应。

郊语第六十五

人之言：酤去烟[1]，鸥羽去眯[2]，慈石取铁[3]，赪金取火[4]。蚕珥丝于室[5]，而弦绝于堂；禾实于野[6]，而粟缺于仓。芜荑生于燕[7]，橘枳死于荆[8]。此十物者[9]，皆奇而可怪，非人所意也。夫非人所意而然[10]，既已有之矣，或者吉凶祸福、利不利之所从生，无有奇怪，非人所意如是者乎[11]，此等可畏也。孔子曰[12]："君子有三畏：畏天命，畏大人，畏圣人之言。"彼岂无伤害于人[13]，如孔子徒畏之哉？以此见天之不可不畏敬，犹主上之不可不谨事。不谨事主，其祸来至显；不畏敬天，其殃来至闇。闇者不见

古人不知其中原因，但知必有联系，故以之为"感应"，进而言之"天人感应"，云万事万物皆如此。

其端，若自然也。故曰：堂堂如天殃[14]。言不必立校[15]，默而无声，潜而无形也。由是观之，天殃与主罚所以别者[16]，闇与显耳。然其来逮人[17]，殆无以异。孔子同之，俱言可畏也。天地神明之心[18]，与人事成败之真，固莫之能见也，唯圣人能见之。圣人者，见人之所不见者也，故圣人之言亦可畏也。

[注释]

[1] 酝（yùn）去烟：酒可以去除烟雾。酝，酒。酒如何去烟，未见记载。　[2] 鸱（chī）羽去眯：鹞（yào）鹰的羽毛可以去除进入人眼中的异物。鸱，一种凶猛的鸟，也叫鹞鹰。眯，小东西进入眼中。《庄子·天运》："老聃曰：'夫播糠眯目，则天地四方易位矣。'"《说文解字》："眯，草入目中也。"《字林》："物入眼为眯。"　[3] 慈石：即磁石，又称吸铁石。　[4] 赪（chēng）金：铜镜，古人用来在阳光下取火。赪，红色，旧本皆误作"颈"，刘师培曰："原注一作'赪'，一作'真'。窃以为作'赪'是也。赪为赤色，赤金即铜。……此文'赪金'即'铜燧'矣。"刘说可从，今据正。《淮南子·天文训》："阳燧见日则燃而为火。"高诱注："阳燧，金也。取金杯无缘者，熟摩令热，日中时，以当日下，以艾承之，则燃得火也。"《论衡·乱龙篇》："阳燧取火于天，五月丙午日中之时，消炼五石，铸以为器，乃能得火。"金属凹面镜磨光向日，可以聚火取光，这种凹面镜叫阳燧，或叫遂、夫遂。　[5] "蚕珥（ěr）丝于室"二句：蚕在室内吐丝，而琴弦在堂中断绝。珥

丝，蚕口吐丝。珥，或作"咡"。琴弦是蚕丝制作的，蚕吐新丝，
旧丝老化变脆，容易折断。   [6]"禾实于野"二句：田野中的稻
子成熟，而仓库中的粮食却变少了。   [7]芜荑（wú tí）生于燕
（yān）：芜荑生长在燕地。芜荑，榆树类，荚圆而厚，榆荚可作酱，
味辛香。   [8]橘枳（zhǐ）死于荆：橘枳在楚地死亡。橘，木名，
果实为橘子。枳，常绿灌木，似桔而小，果实可入药。荆，即楚
地，今湖北湖南一带。楚在南，燕在北，芜荑可以在燕生长，而
橘枳在荆却不能生长，这是很奇怪的现象。   [9]"此十物者"三句：
这十种事物，都是奇特而令人感到怪异的现象，不是人能够想象
得到的。上文只提到八物，今说十物，疑有脱文。或将"禾于
野"与"粟于仓"分为两物，"珥丝于室"与"弦绝于堂"也分
为两物，则十物不少。这十物都是特殊现象，当时人们还无法理
解或解释这些现象。意，意料之中。   [10]然：这样，那样，如
此。   [11]"非人所意如是者乎"二句：人们不能理解的现象就
是这样子，它们可以使人感到敬畏。   [12]孔子曰：下引文见《论
语·季氏》。大意是说："君子有三件可敬畏的事情：敬畏上天的
命令，敬畏身居高位的人，敬畏圣人所说的话。"畏，敬畏，畏惧。
大人，指在位者，如天子、诸侯。   [13]"彼岂无伤害于人"二句：
这三者难道不会伤害人，而孔子是无故敬畏的吗？彼，指上面所
讲的天命、大人、圣人之言三项。这三者弄不好就会伤害人，所
以孔子才会畏惧。   [14]堂堂如天殃：堂堂正正像上天一样降下
灾祸。堂堂，盛大的样子。天殃，天灾。   [15]校：通"效"，效
验。   [16]天殃与主罚：上天的灾祸与大人的惩罚。   [17]"然
其来逮人"二句：然而它们在人身上的作用，大概也没有什么不
同。"然"上，各本皆有"不"字，苏舆注："'不'字疑衍。"苏
说可从，今据删。逮，及，达到。殆，大概，恐怕。   [18]"天

地神明之心"三句：天地神灵的想法与人事成败的根本原因，都是看不见的，因此都是可畏的。神明，神灵。

奈何如废郊礼[1]？郊礼者，圣人所最甚重也[2]。废圣人所最甚重，而吉凶利害在于冥冥不可得见之中，虽已多受其病，何从知之？故曰[3]：问圣人者，问其所为，而无问其所以为也。问其所以为，终弗能见，不如勿问。问为而为之，所不为而勿为，是与圣人同实也，何过之有？《诗》云[4]："不愆不忘，率由旧章。"旧章者[5]，先圣人之故文章也；率由者，有循从之也。此言先圣人之故文章者，虽不能深见而详知其则，犹不知其美誉之功矣[6]。今郊事天之义，此圣人故云云[7]。故古之圣王，文章之最重者也，前世王莫不从重，栗精奉之[8]，以事上天。至于秦而独阙然废之[9]，一何不率由旧章之大甚也[10]。

[注释]

[1]如：通"而"。郊礼，天子祭天之礼。　[2]圣：各本皆脱此字，苏舆注："'人'上疑脱'圣'字。"苏说是，今据补。　[3]"故曰"十句：所以说：如果询问圣人，就要问他做什么而不要问他为什么这样做。因为即使问他为什么这样做，一般人最终还是不

董子在《春秋繁露·楚庄王》中言："《春秋》之道，奉天而法古。"此处亦然。

反思"暴秦之政"，一直是西汉学者为汉寻找政治合法性之常态，此处董子言"秦废郊祭之礼"，正是从礼制着手，抑秦扬周，实欲反对"汉承秦制"，而为汉改制、更化政治。

能理解，那还不如不问。问他做什么而后跟着做，他不做的事情自己也不要去做，这样就和圣人的实际行为相同了。问为而为之，俞樾云："当作'问其所为而为之'，夺'其所'二字。"俞说可从。实，实际情况。　[4]《诗》云：下引文见《诗经·大雅·假乐》。大意是说："没有过错也没有失误，遵循先王的典章制度。"愆（qiān），亦作"愆"，过失，差错。忘，通"亡"，失误。率，遵循，沿着。旧章，指先王的法度。　[5]"旧章者"四句：所谓"旧章"，就是指古代圣人制作的典章制度；所谓"率由"，就是遵循的意思。"有循从之也"以上二句各本均作："率由，各有修从之也。"俞樾云："'各'字乃'者'字之误，'修'字乃'循'字之误。"俞说可从，今据改。有，通"又"。　[6]不知：卢文弨校云："不知，钱塘疑是'不失'之误。"钱说可从。　[7]云云：宋本二字为小字，并书于右侧，此下恐有脱文。苏本删此二字，未恰。　[8]栗精奉之：谨慎真诚地奉行。栗，战栗、谨慎的样子。精，诚恳。　[9]阙（quē）然：空缺。阙，通"缺"。　[10]一何不率由旧章之大（tài）甚也：这是多么不遵从古代圣人所制定的典章制度啊！一何，多么。大，通"太"。

天者[1]，百神之大君也。事天不备[2]，虽百神犹无益也。何以言其然也？祭而地神者[3]，《春秋》讥之。孔子曰[4]："获罪于天，无所祷也。"是其法也。故未见秦国致天福如周国也，《诗》云[5]："唯此文王，小心翼翼，昭事上帝，允怀多福。"多福者，非谓人也，事功也，谓天之所钟肇鹏《春秋繁露校释》曰："古者祭天于北郊，祭地于南郊。祭天以正月上辛日，祭地之月则说法不一致。董子以祭天地为同月异日，先天后地，贵阳抑阴。"钟说可从。

福也。《传》曰："周国子多贤[6]，蕃殖至于骈孕男者四，四产而得八男，皆君子俊雄也。"此天之所以兴周国也，非周国之所能为也。今秦与周俱得为天子，而所以事天者异于周。以郊为百神始[7]，始入岁首，必以正月上辛日先享天，乃敢于地，先贵之义也。夫岁先之[8]，与岁弗行也，相去远矣。天下福若[9]，无可怪者，然所以久弗行者[10]，非灼灼见其当而故弗行也。典礼之官常嫌疑[11]，莫能昭昭明其当也[12]。今切以为其当与不当[13]，可内反于心而定也。尧谓舜曰[14]："天之历数在尔躬。"言察身以知天也[15]，今身有子[16]，孰不欲其有子礼也？圣人正名，名不虚生。天子者，则天之子也。以身度天[17]，独何为不欲其子之有子礼也？今为其天子，而阙然无祭于天，天何必善之？所闻曰："天下和平，则灾害不生。"今灾害生，见天下未和平也。天下所未和平者，天子之教化不行也。《诗》曰[18]："有觉德行，四国顺之。"觉者，著也。王者有明著之德行于世，则四方莫不响应，风化善于彼矣[19]。故曰："悦于庆赏[20]，严于刑罚，疾于法令。"

[注释]

[1]"天者"二句：上天是众神的君主。所以祭天是最重要的事情，也是圣人特别重视的事情。　[2]"事天不备"二句：如果侍奉上天不周到，即使侍奉众神再好也是没有用的。例如汉武帝祭太一神，其他帝王祭祀诸神，没有作用。说明不祭天，则祭百神无益。　[3]"祭而地神者"二句：不祭祀天神而祭祀地神的人，受到《春秋》的讥讽。而，通"尔"，彼，那。《春秋》僖公三十一年："夏四月，四卜郊，不从，乃免牲，犹三望。"不从，就是没有参加郊祭。三望，指向泰山、河、海祭祀。《公羊传》："何以书？讥不郊而望祭也。"　[4]孔子曰：下引文出自《论语·八佾》。大意是说："如果得罪了上天，即使祷告也没有用处。"《论语》原文为："王孙贾问曰：'与其媚于奥，宁媚于灶，何谓也？'子曰：'不然。获罪于天，无所祷也。'"董仲舒引最后八个字，以此说明得罪了上天，就没有地方可以祈祷了。　[5]《诗》云：下引文见《诗经·大雅·大明》。大意是说："就是那位周文王啊，小心又谨慎，明白怎样侍奉上天，因为他内心诚恳而得到了众多的赐福。"文王，即周文王。翼翼，小心谨慎的样子。允，信，诚恳。怀，招来。　[6]"周国子多贤"四句：古书上说周国的子孙有许多贤人，以至于繁衍后代时怀了四胎男双胞胎，四次生产就得到了八个男孩，都是君子中的俊杰。骈（pián）孕，双胞胎。骈，并列，对偶。《论语·微子》："周有八士：伯达、伯适（kuò）、仲突、仲忽、叔夜、叔夏、季随、季騧（guā）。"　[7]"以郊为百神始"五句：周朝将郊祭上天作为祭祀众神的开始，所以把它放在一年的开始时，一定要在正月上旬的第一个辛日首先祭祀上天，然后才敢祭祀地，这样做表示把尊贵的放在前面之意。祭祀天地有先

后，先祭天神，后祭地祇，以示天之尊。正月上辛日先享天，正月上辛日，即正月上旬第一个辛日，先祭天。明清时代在天坛祭天仍然是在正月上辛日。　[8]"夫岁先之"三句：在一年的开始时首先祭祀，和一年之中都不祭祀，二者之间相差很远。夫岁先之，指周朝于岁首郊天。岁弗行，指秦朝废弃每岁的郊祀。两者相去甚远。周、秦对于祭天的重视程度差别巨大。　[9]天下福若：天降下福给你。若，即你，代表天子。陶鸿庆曰："'下'乃'不'字之误，'天不福若'为句，'若'指秦言。"依此则全句意为：天不福佑你（指秦朝）。陶注可备一说。　[10]"然所以久弗行者"二句：然而秦代三年一郊，久而久之就不举行郊礼，这并不是出于真知灼见，而是认为应当如此，所以不举行郊祭。灼（zhuó）灼，鲜亮的样子，引申为真知灼见。　[11]典礼之官常嫌疑：主持礼仪的官员常带有怀疑情绪。　[12]莫能昭昭明其当也：不能明明白白地告诉别人如何祭祀才是适当的。昭昭，明白的样子。　[13]切：确切。苏舆注："切，疑作'窃'。"苏注可备一说。窃，私下。　[14]尧谓舜曰：下引文见《论语·尧曰》。大意是说："天道就在你身上。"原文为"尧曰：'咨！尔舜！天之历数在尔躬，允执其中。四海困穷，天禄永终。'"历数，天道。躬，身体，自身。　[15]察身以知天：体察自己本身就可以了解天。《孟子·尽心上》："尽其心者，知其性也。知其性，则知天矣。存其心，养其性，所以事天也。"这里的"察身"就包括尽心知性，这是知天的前提，以此为思想基础，才谈得上事天。　[16]"今身有子"二句：现在他自己有了儿子，怎么会不想让儿子对他行儿子的礼节呢？孰，怎么。　[17]度（duó）：揣度，推测。　[18]《诗》曰：下引文见《诗经·大雅·抑》。大意是说："具有宏大的德行，四方的国家都来归附。"　[19]风化：风俗教化。　[20]"悦于庆赏"三句：德政使人民的喜悦超过赏赐，它的严厉超过刑罚，它的传播速度超过法令。

[**点评**]

　　《郊语》与《春秋繁露》中的《郊义》《郊祭》《四祭》《郊祀》本为一篇。俞樾说："殆由后人欲取足《崇文总目》八十二篇之数，以意妄分之耳。"（《诸子平议》卷二十六）所以这五篇或有首无尾，或上下文不连属，割裂痕迹历历可见。本篇旨在论证郊天的根据和必要性。"天者，百神之大君也。"董仲舒先用一些奇怪的自然现象和孔子的"三畏"之说，论证了人应该对天产生敬畏之情。他认为，如果不敬畏上天，灾祸就会悄然而至。所以郊天是圣人最看重的事情。接着他又以秦朝废郊礼而改祭他神与周朝郊天作对比，得出了对天的敬畏与否决定国家命运这一结论。这是董仲舒"屈君而伸天"理论的一个重要组成部分。

四祭第六十八

古者岁四祭^[1]。四祭者^[2]，因四时之所生，孰而祭其先祖父母也。故春曰祠，夏曰礿，秋曰尝，冬曰蒸，此言不失其时以奉祭先祖也。过时不祭，则失为人子之道也。祠者^[3]，以正月始食韭也；礿者，以四月食麦也；尝者，以七月尝黍稷也；蒸者，以十月进初稻也。此天之经也，地之义也。孝子孝妇缘天之时^[4]，因地之利，地之菜茹瓜果^[5]，艺之稻麦黍稷^[6]；菜生谷熟，永思吉日^[7]，供具祭物，斋戒沐浴，洁清致敬^[8]，祀其先祖父母。孝子孝妇不使时过，已处之以爱敬，行之以恭让^[9]，亦殆免于罪矣^[10]。

古人认为：孝道，不止于"能养""能敬""无违""和颜悦色"，亦在于"能祭"，即孔子言："生，事之以礼；死，葬之以礼，祭之以礼。"（《论语·为政》）

[**注释**]

[1]古者岁四祭：古人每年举行四次祭祀。《公羊传》桓公八年："春曰祠（cí），夏曰礿（yuè），秋曰尝，冬曰烝。……士不及兹四者，则冬不裘，夏不葛。"这里指的是天子一年四时四祭。　[2]"四祭者"三句：所谓四次祭祀，是根据四季中所生长的农作物，在其成熟后用它祭祀祖先和父母。孰，通"熟"，成熟。　[3]"祠者"十句：祠，是在正月开始的时候供奉韭菜；礿，是在四月供奉麦子；尝，是在七月供奉黍稷给祖先品尝；烝，是在十月进奉刚成熟的稻米。这是天的常道，地的义理。《孝经·三才章》："夫孝，天之经也，地之义也。"郑玄注："春夏秋冬，物有死生，天之经也。山川高下，水泉流通，地之义也。"韭（jiǔ），即韭菜，多年生草本植物，叶细长而扁，夏秋间开小花，叶和花嫩时可供蔬食。黍稷（shǔ jì），黍子和谷子，二者皆为谷类，有一定的区别，黍粘而稷不粘。刘师培引《说苑·修文》及《春秋繁露·祭义》之相关记载而判定"稷"字为衍文，可备一说。　[4]"孝子孝妇缘天之时"二句：孝子和孝妇根据天运行的季节，按照土地的生产能力。缘天之时，根据天时，指春夏秋冬。因地之利，按照地利所生长的物品。此即下文所说"地之菜茹瓜果，艺之稻麦黍稷"之类。不同季节、不同地方所产的东西用于祭祀，这是切实可行的。只要表达出内心的敬意就行了，不必贡献稀罕珍贵之物。　[5]茹：蔬菜的总称。　[6]艺：种植。　[7]永思：常想。　[8]洁清致敬：身体洁净而心里崇敬。　[9]恭让：恭敬谦让。　[10]殆：或许。

已受命而王^[1]，必先祭天，乃行王事，文王之伐崇是也。《诗》曰^[2]："济济辟王，左右奉璋。

奉璋峨峨，髦士攸宜。"此文王之郊也。其下之辞曰[3]："淠彼泾舟，烝徒楫之。周王于迈，六师及之。"此文王之伐崇也。上言奉璋，下言伐崇，以是见文王之先郊而后伐也。文王受命则郊，郊乃伐崇，崇国之民方困于暴乱之君[4]，未得被圣人德泽[5]，而文王已郊矣。安在德泽未洽者不可以郊乎[6]？

郊祀祭天，在于承接天命，昭示政权之合法性；无此，则出师无名，进而出师不利。

[注释]

[1]王（wàng）：称王，统治天下。　[2]《诗》曰：下引文见《诗经·大雅·棫朴（yù pò）》。大意是说："恭敬的诸侯王，在天子的左右捧着玉璋（zhāng）。捧着玉璋的人仪容端庄盛美，这是俊秀之士所适宜做的。"意思是诸侯王来回奔走助祭。济济，恭敬的样子。辟王，指诸侯王。辟，君主。左右，诸侯王身边助祭的人。奉璋，捧着玉璋。奉，两手捧着。璋，一种玉器，形状像半个圭。峨（é）峨，指仪容端庄盛美。髦（máo）士，俊秀之士。髦，英俊。攸（yōu），相当于"所"。宜，适宜。　[3]其下之辞曰：下引文亦见《诗经·大雅·棫朴》。大意是说："船只在泾水上行驶，众多的船夫划动船桨。周文王出兵征伐，六师军队跟随着他。"淠（pì），船行驶的样子。泾（jīng），泾水，发源于甘肃，流入山西与渭水相合。烝（zhēng），众多。楫（jí），同"楫"，船桨。迈，行，去。这里指周文王出征。师，二千五百人为一师。及，跟随。　[4]方：正在。　[5]被：蒙受，领受。　[6]安在德泽未洽者不可以郊乎：可见在恩德没有普及的时候怎么就不可以

举行郊祭呢？洽，广博，普遍。

[**点评**]

《四祭》旨在解释一年四时的祭祀：祠、礿、尝、蒸。春季（正月至三月）的祭祀叫作祠，供奉韭菜；夏季（四月至六月）的祭祀叫作礿，供奉麦子；秋季（七月至九月）的祭祀叫作尝，供奉黍稷；冬季（十月至十二月）的祭祀叫作蒸，供奉稻米。董仲舒认为这是孝道的表现，是法天地之经。全篇共两段，第一段解释四祭之义，但第二段与篇义不合，并与《春秋繁露·郊祀》首段重复（原《郊祀》篇首段乃是《郊祭》篇错简，苏本已移入《郊祭》篇，参见《郊祭》篇）。

顺命第七十

此处董子用《穀梁》义，明矣。然苏舆《春秋繁露义证》言："此篇两用《穀梁传》：盖师说同与？"认为此处《公羊》与《穀梁》义同，故可见之于《穀梁》。然钟肇鹏《春秋繁露校释》认为，此处董子用《穀梁》说无疑，非《公羊》说，并《楚庄王》《玉英》《深察名号》诸篇用《穀梁》义，亦同此。评苏舆言："《义证》囿于门户之见，皆以为师说偶同，非也。"钟说是。董子虽为公羊学大师，但并非只通《公羊传》，《汉书·儒林传》载："仲舒通'五经'，能持论，善属文。"董子博通'五经'，此处用《穀梁》义，足见其经学之广博。

父者[1]，子之天也；天者，父之天也。无天而生，未之有也。天者[2]，万物之祖，万物非天不生。独阴不生，独阳不生，阴阳与天地参然后生[3]。故曰：父之子也可尊[4]，母之子也可卑，尊者取尊号，卑者取卑号。故德侔天地者[5]，皇天右而子之[6]，号称天子；其次有五等之爵以尊之[7]，皆以国邑为号。其无德于天地之间者[8]，州、国、人、民；甚者不得系国邑[9]，皆绝骨肉之属，离人伦，谓之阍盗而已。无名姓号氏于天地之间[10]，至贱乎贱者也。其尊至德，巍巍乎不可以加矣；其卑至贱，冥冥其无下矣。

[注释]

[1]"父者"四句：父亲，是儿子的天；祖父，是父亲的天。"天者，父之天也"，俞樾云："当作'祖者，父之天也'。故下文云：'天者，万物之祖。'"俞说可从。　[2]"天者"二句：天是万物的祖先。《白虎通·天地》："天地者，元气之所生，万物之祖也。"句容陈立所校南菁书院道光壬辰九月版《白虎通义》有此文，其他版本不见此文。所生，指父母。《孝经·士章》："无忝尔所生。"注："所生，谓父母也。"天地生元气，元气生万物，因此说天地是"万物之祖"。　[3]参：参与，参合。　[4]"父之子也可尊"四句：天的儿子是尊贵的，母亲的儿子是卑贱的，尊贵的取尊贵的名号，卑贱的取卑贱的名号。苏舆注："父，当作'天'。"《穀梁传》庄公三年："独阴不生，独阳不生，独天不生，三合然后生。故曰母之子也可，天之子也可。尊者取尊称焉，卑者取卑称焉。"范宁集解："王者尊，故称天子；众人卑，故称母子。"苏说可从。　[5]侔（móu）：相等，等同。　[6]皇天右而子之：上天保佑并把他当作儿子来看待。右，通"佑"，保佑。子之，当作儿子看待。　[7]"其次有五等之爵以尊之"二句：其次用五等爵位来表示他地位的尊贵，都用国家城邑作为他的名号。周代的五等爵都有封地，以国邑为号，如鲁公、纪侯、曹伯、楚子等。　[8]"其无德于天地之间者"二句：至于没有德行的人，则用州、国、人、氏作为名号。俞樾云："'民'乃'氏'字之误。"俞说可从。《公羊传》庄公十年："荆者何？州名也。州不若国，国不若氏，氏不若人，人不若名，名不若字，字不若子。"　[9]"甚者不得系国邑"四句：甚至不能与国家城邑联系在一起，同他断绝至亲、人伦的关系，叫作阍人盗贼罢了。不得系国邑，指不能与国名、都邑名联系起来。阍（hūn），守门的人。《公羊传》襄公二十九年："阍者何？门人也，刑人也。刑人则曷为谓之阍？刑人非其人也。"《盐

董子于《春秋繁露·深察名号》言："治天下之端，在审辨大；辨大之端，在深察名号。"可知辨察名号为治国之端倪，而无名号者，则是地位最低贱者，难以纳入治国理政之中。

铁论·周秦》："《春秋》无名号，谓之云盗。所以贱刑人而绝之人伦也。故君不臣，士不友，于闾里无所容。" [10]"无名姓号氏于天地之间"二句：在天地之间没有名姓号氏的人，是极其卑贱的人。《春秋》襄公二十九年："阍弑吴子余祭。"《春秋》哀公四年："盗杀蔡侯申。"《公羊传》："弑君，贱者穷诸人，此其称盗以弑何？贱乎贱者也。贱乎贱者孰谓？谓罪人也。"《公羊传》文公十六年："弑君者曷为或称名氏，或不称名氏？大夫弑君称名氏，贱者穷诸人；大夫相杀称人，贱者穷诸盗。"《穀梁传》昭公二十年："秋，盗杀卫侯之兄辄。盗，贱也。"贱人犯罪只说"盗"或"阍"，不记名字。没有名字是贱中身份最低贱者。

《春秋》列序位[1]，尊卑之陈，累累乎可得而观也。虽闇至愚，莫不昭然。公子庆父罪亦不当系于国[2]，以亲之故为之讳，而谓之齐仲孙，去其公子之亲也。故有大罪不奉其天命者[3]，皆弃其天伦。人于天也[4]，以道受命；其于人，以言受命。不若于道者，天绝之；不若于言者，人绝之。臣子大受命于君，辞而出疆[5]，唯有社稷国家之危，犹得发辞而专安之，鄄盟是也。天子受命于天[6]，诸侯受命于天子，子受命于父，臣妾受命于君，妻受命于夫，诸所受命者，其尊皆天也，虽谓受命于天亦可。天子不能奉天之命[7]，则废而称公，王者之后是也；公侯不能奉天子之命[8]，则名绝而不得就位，卫侯朔是也；子不奉父命[9]，则有伯讨之罪，卫世子蒯聩是也；臣不奉君命[10]，虽善，以叛言，晋赵鞅入于晋阳以叛是也；妾不奉君之命[11]，则媵女先至者是也；妻不奉夫之命，则绝[12]，夫人不言及是也[13]。曰：不奉顺于天者，其罪如此。

[注释]

[1]"《春秋》列序位"三句：《春秋》排列位次，对尊贵卑贱的排列，从前后相连、上下一贯的样子可以看得出来。累累乎，前后相连、上下一贯的样子。 [2]"公子庆父罪亦不当系于国"三句：公子庆父罪恶深重，不应当将其与国家联系起来，因为他是鲁国君主至亲的缘故而为他避讳，因而称他为齐仲孙。公子庆父为鲁庄公之弟，杀子般及闵公，从而导致鲁国内乱。庆父不死，鲁难未已。《公羊传》闵公元年："齐仲孙者何？公子庆父也。公子庆父，则曷为谓之齐仲孙？系之齐也。曷为系之齐？外之也。曷为外之？《春秋》为尊者讳，为亲者讳，为贤者讳。"庆父有弑君大恶，绝其公族属籍，为亲者讳，不系鲁国，而曰齐仲孙。 [3]天命：尊者之命。董仲舒以尊者为天，父为子之天，君为臣之天，夫为妻之天。 [4]"人于天也"九句：人对于天，是根据道义接受天命；对于人，是根据言辞接受命令。不顺从天道的人，天与他断绝关系；不顺从命令的人，人与他断绝关系。大臣接受君主的命令。《穀梁传》庄公元年："人之于天也，以道受命；于人也，以言受命；不若于道者，天绝之也；不若于言者，人绝之也。臣子大受命。"此处董仲舒采取《穀梁传》的说法。若，

类似，顺从。　[5]"辞而出疆"四句：告辞而离开国境后，只有遇到对国家有危险之事的时候，才能说话而自行决定处理，从而使国家安定，鄄（juàn）之盟就是这样的事。《公羊传》庄公十九年："大夫受命不受辞，出竟有可以安社稷、利国家者，则专之可也。"何休诂："先是鄄、幽之会，公比不至，公子结出竟，遭齐、宋欲深谋伐鲁，故专矫君命，而与之盟，除国家之难，全百姓之命。"大夫奉命出使，遇到有关国家安危的大事，来不及请示则可以专政。鄄，各本皆脱，钟肇鹏校释本据陈立《公羊义疏》庄公十九年疏校补，今从之。　[6]"天子受命于天"七句：天子接受上天的命令，诸侯接受天子的命令，儿子接受父亲的命令，男女奴仆接受主人的命令，妻子接受丈夫的命令，所有接受命令的人，他所尊敬的人都是天。受命者对于授命者，都应该尊之为"天"。《仪礼·丧服传》："君者天也，父者天也，夫者天也。"　[7]"天子不能奉天之命"三句：如果天子不能奉行上天的命令，那就废弃他而称之为公，像帝王的后代就是这样。《公羊传》隐公五年："王者之后称公。"《春秋》隐公三年："八月庚辰，宋公和卒。"何休诂："宋称公者，殷后也。王者封二王后，地方百里，爵称公，客待之而不臣也。"宋国为殷商之后所立之国，周天子封其为宋公，意味着天命不在殷而在周，周承接天命而封殷商的后人为公。　[8]"公侯不能奉天子之命"三句：如果公侯不能奉行天子的命令，那就直呼其名，与他断绝关系，使其不能回到本来的爵位上，像卫侯朔就是这样。卫侯朔，即卫惠公，名朔。周庄王命其为卫君，主持宗庙告朔礼，但卫国军队不服从他，后逃至齐国。《春秋》桓公十六年："卫侯朔出奔齐。"《公羊传》："卫侯朔何以名？绝。曷为绝之？得罪于天子也。其得罪于天子奈何？见使守卫朔而不能使卫小众，越在岱阴齐。"天子召卫侯，卫侯不至，得罪天子，书名以绝之。　[9]"子不奉父命"三句：如果儿子不能奉行父亲的命令，那就会有被霸主讨伐的罪行，像卫世子蒯聩（kuǎi kuì）就是这样。卫世子蒯聩，即卫庄公，名蒯聩，卫灵公世子。卫灵公宠爱夫人南子，而蒯聩欲杀南子。于是灵公废蒯聩，而改立蒯聩之子辄为世子，蒯聩出奔于晋。鲁哀公二年，卫灵公卒，晋卿赵鞅率军送蒯聩回卫国继位，但在戚地遭到了齐、卫联军的包围。因为按照《春秋》宗统之义，蒯聩被父亲放逐，则失去了继承权，他被逐而要反卫继位，是不奉父命。事见《公羊传》哀公三年。　[10]"臣不奉君命"四句：如果大臣不能奉行君主的命令，虽然其行为是好的，但还是说他背叛，晋国的赵鞅进入晋阳而背叛就是这样。《春秋》定公十三年："秋，晋赵鞅入于晋阳，以叛。"冬，"晋赵鞅归于晋"。《公羊传》："此叛也，其言归何？以地正国也。其以地正国奈何？晋赵鞅取晋阳之甲以逐荀寅与士吉射。荀寅与士吉射者，曷为者也？君侧之恶人也。此逐君侧之恶人，曷为以叛言之？无君命也。"何休诂："无君命者，操兵乡国，故初谓之叛，后知其意，欲逐君侧之恶人，故录其释兵，书归赦之，君子诛意不诛事。"赵鞅（简子）率领晋阳的军队驱逐了国君身边的恶人荀寅、士吉射，这本来是对的，但因为未奉君命而擅自出兵，所以《春秋》书"叛"以责之。后知善意，书"归"以赦之。晋阳，今山西太原。　[11]"妾不奉君之命"二句：如果妾不能奉行君主的命令，那么《春秋》所说的陪嫁之女先到的事例就是这样的。周时诸侯娶一国之女为妻，同时聘两国之女为媵（yìng）。鲁僖公本聘楚女为夫人，齐女为媵。但齐国的媵女姜氏先到鲁国，齐国于是强迫僖公立姜氏为夫人。《春秋》僖公八年："秋七月，禘于太庙，用致夫人。"《公羊传》："禘，用致夫人，非礼也。夫人何以不称姜氏？贬。曷为贬？讥以妾为妻也。其言以妾为妻奈何？盖胁于齐媵女之先至者也。"媵女，指陪嫁之女。　[12]绝：指断绝夫妻关系。 [13]夫人不言及：《春秋》所记载的妻子与丈夫在一起而不用"及"字的事例就是这样的。各本均无"人"字，刘师培云："'夫不言及'当作'夫人不言及'，即《公羊》桓十八年《传》所云：'公何以不言及夫人'也。"刘说是，钟肇鹏校释本据补"人"字，今从之。鲁桓公夫人姜氏与齐襄公私通，引诱桓公与齐襄公相会于泺（luò），齐襄公派人杀桓公。《公羊传》解释《春秋》说："公夫人姜氏遂如齐"，而不说"公及夫人如齐"，是表示妻不奉夫之命，自外于桓公，故应绝之。

《春秋繁露·郊语》言："天者，百神之大君也。事天不备，虽百神犹无益也。……以郊为百神始，始入岁首，必以正月上辛日先享天，乃敢于地，先贵之义也。"与此相对应，亦可知祭天与祭地之不同：天有诛杀大权，稍有不合道者，即有灾变；而地纵使祭祀不合礼制，亦不会出现灾害。故董子数言郊祭之重。

孔子曰 [1]："畏天命，畏大人，畏圣人之言。"其祭社稷、宗庙、山川、鬼神 [2]，不以其道，无灾无害。至于祭天不享，其卜不从，使其牛口伤 [3]，鼷鼠食其角 [4]。或言食牛 [5]，或言食而死，或食而生，或不食而自死，或改卜而牛死，或卜而食其角。过有深浅薄厚，而灾有简甚，不可不察也。犹郊之变 [6]，因其灾而之变应而无为也 [7]。见百事之变之所不知而自然者 [8]，可胜言与 [9]？以此见其可畏。专诛绝者，其唯天乎！臣杀君，子杀父 [10]，三十有余。诸其贱者则损 [11]。以此观之，可畏者其唯天命、大人乎！亡国五十有余 [12]，皆不事畏者也。况不畏大人 [13]，大人专诛之，君之灭者，何日之有哉？鲁宣违圣人之言[14]，变古易常而灾立至[15]，圣人之言可不慎？此三畏者，异指而同致[16]，故圣人同之[17]，俱言其可畏也。

[注释]

[1]孔子曰：下引文见《论语·季氏》。　[2]"其祭社稷、宗庙、山川、鬼神"五句：祭祀社稷、宗庙、山川和鬼神，如果不按照仪轨进行，还不会发生灾害。至于祭祀天神而天神不享用祭品，占卜郊天的卜兆显示为不吉利。　[3]使其牛口伤：使郊祭所用的牛口受伤。郊天最重要的祭品是牛，牛口受伤是因为饲养不周，《春秋》认为这是十分不恭敬的事。　[4]鼷（xī）鼠：鼠类中一种最小的鼠。[5]"或言食牛"六句：有的说是鼷鼠吃了郊牛的角，有的说是鼷鼠吃了郊牛的角而郊牛死了，有的说是鼷鼠吃了郊牛的角而郊牛还活着，有的说是鼷鼠没有吃郊牛的角而郊牛是自己死去的，有的说是改换占卜另一头牛而那头牛又死了，有的说是占卜后鼷鼠吃了郊牛的角。改卜，改换占卜（另一头牛）。　[6]犹：通"由"，从。　[7]因其灾而之变应而无为也：由于灾异的出现则变故也相应发生，而变故应该是真实的。之，其。无为，即"无伪"，真实的。为，通"伪"。　[8]见百事之变之所不知而自然者：可见许多事情的变化是人所不了解而自然这样的。之所不知，刘师培校"之"为"人"，其说可从。　[9]可胜（shēng）言与：可以完全说出来么？可，苏本及各本皆脱此字，今据惠栋校记及钟肇鹏校释本补。胜言，完全说出来。胜，尽。　[10]臣杀君，子杀父：两句中的两个"杀"字，各本均作"杀"，凌注及钟肇鹏校

释本改作"弑",其义可从。 [11]诸其贱者则损:对于地位卑贱的人就去掉其姓名而称人。损,指去掉姓名而称人。《公羊传》文公十六年:"弑君者曷为或称名氏,或不称名氏?大夫弑君称名氏,贱者穷诸人。" [12]"亡国五十有余"二句:《春秋》所记载的被灭亡的国家有五十多个,都是不知道心怀敬畏的。畏者,即指上文所言之"天命""大人"。 [13]"况不畏大人"四句:何况是不敬畏身居高位的大人,大人专有诛杀的权力,那些被灭亡的国君,怎么会有长久的日子呢? [14]圣人之言:指上文孔子所言:"畏天命,畏大人,畏圣人之言。" [15]变古易常而灾立至:改变古代的制度和通常的准则,灾害马上就会降临了。《春秋》宣公十五年:"初税亩。冬,蝝(yuán)生,饥。"《公羊传》:"未有言蝝生者,此其言蝝生何?蝝生不书,此何以书?幸之也。幸之者何?犹曰受之云尔。受之云尔者何?上变古易常,应是而有天灾,其诸则宜于此焉变矣。"大意是说:鲁宣公改井田制为初税亩,冬天就出现了未生翅膀的蝗虫。《春秋》之所以记录此处,这是庆幸有天灾,因国君变乱古制常法,因此有天灾,以示警诫,国君应当接受并反省。《春秋》之所以讥之,是因为井田制中,一井八家,共九百亩,其中一百亩为公田,每家私田一百亩。八家共耕公田,以劳役为地租。公田一百亩中,其中二十亩作为八家之庐舍(房屋),则八家实耕公田八十亩,如此是十一而税,即在九百亩中抽取十一分之一(约为八十亩)作为税收。但鲁宣公却施行初税亩,打破井田制,不再设公田,收取私田收入中的十分之一作为地租,并且是以收成最好的一块私田作为标准,则超过了井田制中十一而税的标准。 [16]异指而同致:旨意不同而目的相同。指,通"旨",旨意。致,到,这里引申为目的。 [17]同:统一。

[点评]

《顺命》旨在阐明受天命、顺天命和畏天命的道理。董仲舒认为天生万物，"天者，万物之祖，万物非天不生"。天的命令叫作天命，天子作为天的儿子，接受天的命令，诸侯接受天子的命令，儿子接受父亲的命令，男女奴仆接受主人的命令，妻子接受丈夫的命令。并对"天""命""受命"作了新的解释："诸所受命者，其尊皆天也。"即天是一切命令的源头，所有人都可以说是从天那里接受命令。如此，才能各自做好本职工作，万物有序，实现善政。

郊事对第七十一

《礼记·郊特牲》："郊之用辛也。"郑玄注："用辛日者，凡为人君当斋戒自新耳。"《公羊传》成公十七年："郊用正月上辛。"何休诂："三王之郊，一用夏正，言正月者，《春秋》之制也。正月者，岁首。上辛犹始新，皆取其首先之义。"这也是董仲舒慎始之义。

廷尉臣汤昧死言[1]：臣汤承制[2]，以郊事问故胶西相仲舒[3]。臣仲舒对曰："所闻古者天子之礼[4]，莫重于郊。郊常以正月上辛者，所以先百神而最居前。礼[5]，三年丧，不祭其先而不敢废郊。郊重于宗庙，天尊于人也。《王制》曰[6]：'祭天地之牛茧栗[7]，宗庙之牛握[8]，宾客之牛尺。'此言德滋美而牲滋微也[9]。《春秋》曰：'鲁祭周公[10]，用白牡。'色白、贵纯也。'帝牲在涤三月[11]。'牲贵肥洁而不贪其大也。凡养牲之道，务在肥洁而已[12]。驹犊未能胜刍豢之食[13]，莫如令食其母便[14]。"臣汤谨问仲舒："鲁祀周公用白牡，非礼也？"臣仲舒对曰："礼也。"臣汤问："周天子用骍犅[15]，群公不毛[16]。周公[17]，诸公也，何以得用纯牲？"臣仲舒对曰："武王崩[18]，成王立，而在襁褓之中，周公继文、武之业，成二圣之功，德渐天地[19]，泽被四海，故成王贤而贵之。《诗》云[20]：'无德不报。'故成王使祭周公以白牡，上不得与天子同色，下有异于诸侯。臣仲舒愚以为报德之礼。"臣汤问仲舒："天子祭天[21]，诸侯祭土，鲁何缘以祭郊？"臣仲舒对曰："周公傅成王[22]，成王遂及圣，功莫大于此。周公[23]，圣人也，有祭于天道，故成王令鲁郊也。"臣汤问仲舒："鲁祭周公用白牡，其郊何用？"臣仲舒对曰："鲁郊用纯骍犅[24]，周色上赤，鲁以天子命郊，故以骍。"臣汤问仲舒："祠宗庙或以鹜当凫[25]，鹜非凫，可用否？"臣仲舒对曰[26]："鹜非凫，凫非鹜也。臣闻孔子入太庙[27]，每事问，慎之至也。陛下祭躬亲，斋戒沐浴，以承宗庙，其敬谨。奈何以凫当鹜，鹜当凫？名实不相应，以承太庙，不亦不称乎[28]？臣仲舒愚以为不可。臣犬马齿衰[29]，

成王即位时，是否仍在襁褓之中？苏舆《春秋繁露义证》注曰："此与《书·金縢（téng）》不合。《金縢》云：'王与大夫尽弁。'则年在既冠后也。《五经异义》引古文《尚书》说：'成王即位，年十三。'《新书·修政篇》则云成王六岁即位。然幼在襁褓，见于《礼记》《尚书大传》《史记·鲁世家》及《蒙恬传》《淮南子·要略训》《后汉书·桓郁传》窦宪疏等书。而汉武命画周公负成王图以赐霍光，则其说由来已久。"可知诸家记载不同，然董子之说有本，不可忽视。

赐骸骨[30]，伏陋巷。陛下乃幸使九卿问臣以朝廷之事[31]，臣愚陋[32]，曾不足以承明诏，奉大对。臣仲舒昧死以闻。"

[**注释**]

[1]廷尉臣汤昧死言：廷尉张汤冒昧而大胆地述说。廷尉，秦汉两代官名，是中央执掌司法的最高官员，秩千石。汤，指张汤，杜陵（今陕西西安）人，汉武帝时曾任廷尉。秦汉时大臣奏议均称臣名而不加姓氏。昧死，冒昧而犯死罪。秦汉时的大臣向皇帝上书时多用此语，以示敬畏之意。　[2]制：国君的命令，如制书、制诰。　[3]胶西：地名，今山东胶州、高密等地，汉代曾置胶西国。　[4]"所闻古者天子之礼"三句：我听说古代天子的礼仪没有比郊祭更重要的。郊祭通常在正月的第一个辛日举行。天子最重要的礼是郊祭上天，时间一般在正月上辛日。　[5]"礼"三句：礼制规定：父母的丧事要守孝三年，即使不祭祀祖先也不敢废止郊祭。亲属丧葬最为悲痛，不祭祖先也不能废弃郊祭，说明天比祖先更重要。　[6]《王制》：《礼记》中的一篇。　[7]祭天地之牛茧栗：天子祭祀天地所用的牛，牛角只有蚕茧或栗子一样小。茧栗，指小牛的角像蚕茧或栗子一样小。　[8]"宗庙之牛握"二句：天子祭祀宗庙所用的牛的牛角，也只有手一握那么长，宴请宾客所用的牛的牛角可长到一尺。　[9]此言德滋美而牲滋微也：这是说德行越美好，所用的牲畜就越小。滋，益，更加。　[10]"鲁祭周公"二句：鲁国祭祀周公，用白色的公牛。《公羊传》文公十三年："鲁祭周公，何以为牲？周公用白牡。"白牡，白色的公牛。何休诂："白牡，殷牲也。周公死，有王礼，谦不敢与文、武同也。不以夏黑牡者，谦改周之文，当以夏，辟嫌

也。"大意是说：礼制规定：夏尚黑，殷尚白，周尚赤。周公祭祀可以用王礼，但不能同于周天子用赤牲，所以用白牲。之所以不用黑牲，是因为按照改制之说，继周而立的王朝应当尚黑色，所以如果周公用黑牲，则是有改制的嫌疑。　[11]帝牲在涤（dí）三月：祭祀上帝用的牛要放在涤宫里饲养三个月。《公羊传》宣公三年："帝牲在于涤三月。"何休诂："涤，宫名。养帝牲三牢之处也。谓之涤者，取其荡涤洁清。三牢者，各主一月，取三月一时，足，以充其天牲。"帝牲，祭祀上帝用的牛。涤，指养牲畜的房子，取其清洁的意思，故名"涤"。　[12]务：务必，追求，致力于。　[13]驹犊（jū dú）未能胜刍豢（chú huàn）之食：小牲畜不能吃草料，所以说"未能胜刍豢之食"。驹，小马。犊，小牛。刍豢之食，指饲养牲畜的草料。　[14]莫如令食（sì）其母便：为了饲养小牛肥壮，不如给母牛喂好的饲料。食，饲养，给……吃。便，方便，即更有利、更好的意思。　[15]骍犅（xīng gāng）：祭祀用的赤色公牛。骍，泛指赤色。犅，公牛。《礼记·明堂位》："夏后氏牲尚黑，殷白牝，周骍犅。"《公羊传》文公十三年："鲁公用骍犅。"何休诂："骍犅，赤脊，周牲也。"黑白赤，所谓三统。　[16]群公不毛：诸侯们用毛色不纯的牛来祭祀。不毛，不纯的杂色毛。　[17]"周公"三句：群公都是用毛色不纯的牲，周公也是公，为什么可以用白牲即纯色毛的牲呢？　[18]"武王崩"三句：周武王死后，成王继位，但他当时还是个婴儿。襁褓，指背负婴儿用的布被。　[19]"德渐天地"二句：周公的德行感化天地，恩泽遍布四海。渐，浸染，此处引申为感化。被，施及，加于……之上。　[20]《诗》云：下引文见《诗经·大雅·抑》。大意是说："受人恩德，一定要报答。"原文为："无言不仇，无德不报。"　[21]"天子祭天"二句：天子祭祀上天，诸侯祭祀大地。《公羊传》僖公三十一年："天子祭天，诸侯祭土。"何休诂："郊者，所以祭天也。天子所祭，莫重于郊。……土，谓社也。诸侯所祭，莫重于社。"社，即社稷。　[22]傅：教导、辅佐帝王或王子。　[23]"周公"四句：周公是圣人，有祭祀天的道理，所以周成王批准鲁国可以举行郊祭活动。即按照天子的规格祭天。　[24]"鲁郊用纯骍犅"四句：鲁国举行郊祭用纯赤色的牛，因为周朝崇尚赤色，而鲁国是奉天子之命举行郊祭，所以要用赤色的牛。上，通"尚"，崇尚。　[25]以鹜（wù）当凫（fú）：把家鸭当作野鸭。鹜，家鸭。凫，野鸭。陆佃《埤雅》引《尸子》曰："野鸭为凫，家鸭为鹜，不能飞翔，如庶人守耕稼而已。"　[26]臣：苏本脱此字，今据钟肇鹏校释本补。　[27]"臣闻孔子入太庙"二句：臣下听说孔子进入周公庙后，碰到每件事物都要仔细询问。《论语·八佾》："子入太庙，每事问。"太庙，太祖之庙。周公旦封于鲁，为鲁国太祖，所以鲁国的太庙就是周公庙。　[28]称（chèn）：相称，适合。　[29]臣犬马齿衰：臣下已经年老了。犬马，古代大臣对君主自称时用的谦辞。齿衰，指年老。齿，年龄。　[30]赐骸骨：指致仕退休。古人认为，大臣为君主效力，就是将整个身体都奉献给他了，因此君主允许大臣退休，就是将其身体赐还给大臣。骸骨，指年老者的身体。　[31]使九卿：派遣九卿。使，派遣。九卿，汉代以太常、光禄、卫尉、太仆、廷尉、大鸿胪、宗正、大司农、少府为九卿，张汤当时担任廷尉，是九卿之一，所以说"使九卿"。　[32]"臣愚陋"三句：臣下愚笨无知，没有能力接受您英明的诏令，回答重大的问题。这是董仲舒的谦辞。

[点评]

董仲舒曾任胶西王相，因病免官，回到长安老家居住。《汉书·董仲舒传》说他"以修学著书为事……朝廷如有大议，使使者及廷尉张汤就其家而问之，其对皆有明法"。《郊事对》(《汉魏六朝百三家集》作"郊祀对")即是其中一篇。郊事即郊天之事，是国家的重大事情。由于年代久远，汉武帝对郊礼的某些问题不太清楚，因此特派张汤咨询董仲舒。董仲舒就郊礼的意义、鲁国作为诸侯却能举行郊祭，以及一些具体操作的细节问题，根据公羊学理论，一一做了回答。

《说文解字》言："和，相应也。"则董子此处论"和"与传统说法相一致，是不同事物的和谐共生、阴阳平衡，意指和气，即阴阳之气的和谐，故为气候适宜之春分与秋分。

《说文解字》言"中"有二义："中，内也。""中，正也。"而《中庸》所谓"喜怒哀乐之未发，谓之中"，"中"言"内"；《中庸》"中也者，天下之大本也"，"中"言"正"，故传统说法"中"有"内在""中正""不偏不倚"之意。而董子此处言"中"有"终"之意，即"终点""极盛"，故"二中"为极热之"夏至"与极寒之"冬至"。是则董子之"中和"可概括为："极阴极阳为中，阴阳相半为和。"

循天之道第七十七

循天之道以养其身，谓之道也。天有两和[1]，以成二中[2]，岁立其中[3]，用之无穷。是北方之中用合阴[4]，而物始动于下；南方之中用合阳[5]，而养始美于上。其动于下者[6]，不得东方之和不能生，中春是也；其养于上者[7]，不得西方之和不能成，中秋是也。然则天地之美恶在[8]？两和之处[9]，二中之所来归[10]，而遂其为也[11]。是故东方生而西方成[12]，东方和生，北方之所起；西方和成，南方之所养长。起之，不至于和之所不能生；养长之，不至于和之所不能成。成于和，生必和也；始于中，止必中也。中者，天地之所终始也；而和者，天地之所生成也。夫德莫大于和，而道莫正于中。中者，天地之美达理也，圣人之所保守也，《诗》云[13]："不刚不柔，布政优优。"此非中和之谓与？是故能以中和理天下者[14]，其德大盛；能以中和养其身者，其寿极命。

[注释]

[1]两和：指春分、秋分。春分为东方之和，为二月；秋分为西方之和，为八月。　[2]二中：指夏至、冬至。夏至为南方之中，为五月；冬至为北方之中，为十一月。　[3]"岁立其中"二句：每一年中都有两和、二中，年年循环不穷。　[4]"是北方之中用合阴"二句：因此北方的中——冬至，阳气初生而跟阴气相合，万物在地下开始萌动。北方之中，指冬至，为十一月，此时阴气盛极而阳气初生，二气相合使物产生。　[5]"南方之中用合阳"二句：南方的中——夏至，阴气初生而跟阳气相合，万物在地上长得很好。南方之中，指夏至，为五月，此时阳气盛极而阴气初生，二气相合使物成长。　[6]"其动于下者"三句：在地下萌动的，得不到东方的和就不能生成，东方的和就是春分。中春，春之中，即春分。　[7]"其养于上者"三句：在地上成长的，得不到西方的和就不能成熟，西方的和就是秋分。中秋，秋之中，即秋分。　[8]恶（wū）在：在哪里。恶，哪里，怎么。　[9]两和之处：两个和所在的地方，指春分、秋分。　[10]二中之所来归：正是两个中所要趋向的地方。二中，指冬至、夏至，冬至阳气初生后渐盛，由北向东，渐至春分，使万物生长；夏至阴气初生后

中医言人之寿命有"天年"之说，《黄帝内经·素问·上古天真论》云："上古之人，其知道者，法于阴阳，和于术数，食饮有节，起居有常，不妄作劳，故能形与神俱，而尽终其天年，度百岁乃去。""天年"有一百岁之说，亦有一百二十岁（即两个甲子）之论，多认为是人高寿之象征。

渐盛，由南向西，渐至秋分，使万物长成。 [11]遂其为：完成它的作为。 [12]"是故东方生而西方成"二十一句：所以万物在东方生长而在西方成熟，东方的和能生育万物，最初源自北方的初生阳气；西方的和能使万物成熟，依赖于南方的阳气使万物滋长。北方阳气兴起，如果不到达东方的相和之处，万物就不能生长；南方阳气滋长万物，如果不到达西方的相和之处，万物就不能成熟。万物都在相和的地方成熟，生长之处也要相和；万物都从中正的地方开始生长，生长到极点后一定也终结在中正之处。中是天地的终结和开始，和是天地的生长和成熟。德没有比和更大的，道没有比中更正的。中是天下最好的常理。达，常，通行不变。 [13]《诗》云：所引诗文源自《诗经·商颂·长发》。大意是说："不刚强也不柔弱，施行政治很温和。"原文为："不竞不絿（qiú），不刚不柔，敷政优优，百禄是遒（qiú）。"竞，逐。不竞，不与人争前后。絿，急。优优，合适，宽裕。遒，聚集。曾宇康《春秋繁露义证补》云："此为《商颂·长发篇》文，惟'布'作'敷'。《左》成二年及昭二十年《传》、《家语·正论篇》、《后汉书·陈宠列传》、《文选》王元长永明十一年《策秀才文》并引作'布'，与此文同。"《毛传》作"敷"，《齐诗》作"布"，是一差别，大意相同。 [14]"是故能以中和理天下者"四句：所以能用中和来治理天下的人，他的德行一定非常完善；能用中和来保养身体的人，他的寿命一定很长。极命，尽其天年。极，尽。

所谓"冬至一阳生"，冬至虽为至寒，但物极则反，阴气至极而阳气复生，故冬至日亦为"一阳来复"之时。下文"阴气起乎中夏"则反之。

男女之法[1]，法阴与阳。阳气起于北方[2]，至南方而盛，盛极而合乎阴；阴气起乎中夏，至中冬而盛，盛极而合乎阳；不盛不合。是故十月而一俱盛[2]，终岁而乃再合[3]。天地久节[4]，以此为常。是故先法之内矣，养身以全，使男子不坚牡[5]，不家室[6]；阴不极盛[7]，不相接。是故身精明难衰而坚固[8]，寿考无忒，此天地之道也。

男女之婚嫁事，亦取法于阴阳之气"不盛不合"，此亦为董子"天人相合"思想之体现。

［注释］

[1]"男女之法"二句：男女关系的法度，应效法阴气和阳气。男为阳，女为阴，男女的关系效法阴阳的关系。阴阳在四时中，夏为阳，冬为阴。中夏指夏至日，中冬指冬至日。冬至阴盛，阳起；夏至阳盛，阴起。法，效法。　[2]"阳气起于北方"七句：阳气从北方兴起，到南方而旺盛，旺盛到极点就跟阴气相合；阴气从夏至兴起，到冬至而旺盛，旺盛到极点就跟阳气相合。不旺盛就不相合。　[2]十月而一俱盛：一年当中阳气和阴气都有一次达到极盛。一年之中阴盛一次，阳盛一次，都有一次处于盛的状态。　[3]终岁而乃再合：指一年中阴阳二气的两次和合。冬至与夏至，阴盛而阳起，阳盛而阴起，一次夏至合于南方（前），一次冬至合于北方（后）。《春秋繁露·天道无二》中的"夏交于前，冬交于后"以及下文所谓"阴阳之会，冬合北方，而物动于下；夏合南方，而物动于上"，皆是此意。　[4]节：节律。　[5]不坚牡：男人没有发育成熟。牡，雄性，男性。　[6]不家室：不娶妻成家。　[7]"阴不极盛"二句：女子没有发育成熟，不与男子交媾（gòu）。　[8]"是故身精明难衰而坚固"二句：如此就能使身体中的精气不容易衰竭，而身体健康安固，寿命很长而没有减损。考，老，年纪大。忒（tè），差错。

天气先盛牡而后施精[1]，故其精固；地气盛牝而后化，故其化良。是故阴阳之会[2]，冬合北方，而物动于下；夏合南方，而物动于上。上下之大动，皆在日至之后。为寒[3]，则凝在裂地；为热，则焦沙烂石。气之精至于是。故天地之化，春气生，而百物皆出；夏气养，而百物皆长；秋气杀，而百物皆死；冬气收，而百物皆藏。是故惟天地之气而精，出入无形，而物莫不应，实之至也。君子法乎其所贵。

天地阴阳之气为万物生发之根本，虽不可见，然万物皆与之相感应而"春生、夏长、秋收、冬藏"，能感应者即为贵人。此处亦可知董子言"天人感应"，不止于"屈民而伸君，屈君而伸天"之政治伦理，亦在于万物生化与养生之道。

[注释]

[1]"天气先盛牡而后施精"四句：天气先使阳刚雄性旺盛后方才施发出精气，所以这种精气牢固；地气使阴柔雌性旺盛后方才生育，所以生育良好。牝（pìn），雌性，女性。化，化生，生育。 [2]"是故阴阳之会"七句：所以阴阳二气相合，冬天在北方会合，万物在地下萌动；夏天在南方会合，万物在地上生长。万物在地上地下大活动，都是在冬至或夏至之后。日至，冬至、夏至。 [3]"为寒"十八句：天气寒冷时，会使水凝结成冰，把大地冻裂；天气炎热时，就会烤焦沙砾，晒烂石头。气的精纯竟达到了这种程度。因此天地化生万物，春气是滋生的气，使百物都生育出来；夏气是培养的气，使百物都成长起来；秋气是肃杀的气，使百物都死亡；冬气是收敛的气，使百物都隐藏起来。所以天地的气是精纯的，出入没有形迹，而百物没有不与之相感应的，是极尊贵的。实，苏本作"实"，惠栋校作"贵"，钟肇鹏校释本从之。通观上下文之意，惠

校及钟本是，当据改。

天地之阴阳当男女[1]，人之男女当阴阳。阴阳亦可以谓男女，男女亦可以谓阴阳。天地之经[2]，至东方之中[3]，而所生大养；至西方之中[4]，而所养大成。一岁四起业[5]，而必于中[6]。中之所为[7]，而必就于和。故曰和其要也[8]。和者[9]，天之正也，阴阳之平也，其气最良。物之所生也，诚择其和者，以为大得天地之奉也[10]。天地之道，虽有不和者，必归之于和，而所为有功；虽有不中者，必止之于中，而所为不失。是故阳之行[11]，始于北方之中，而止于南方之中；阴之行[12]，始于南方之中，而止于北方之中。阴阳之道不同，至于盛，而皆止于中；其所始起，皆必于中。中者，天地之太极也[13]。日月之所至而却也[14]。长短之隆[15]，不得过中。天地之制也[16]，兼和与不和[17]，中与不中，而时用之，尽以为功[18]。是故时无不时者[19]，天地之道也。顺天之道，节者，天之制也；阳者，天之宽也；阴者，天之急也；中者，天之用也；和者，天之功也。举天地之道，而美于和，是故物生皆贵气而迎养之。孟子曰[20]："我善养吾浩然之气者也。"谓行必终礼[21]，而心自喜，常以阳得生其意也。公孙之《养气》曰[22]："里藏泰实则气不通[23]，泰虚则气不足，热胜则气耗[24]，寒胜则气滞，泰劳则气不入[25]，泰佚则气宛至[26]，怒则气高[27]，喜则气散，忧则气狂，惧则气慑。凡此十者[28]，气之害也，而皆生于不中和。故君子怒则反中[29]，而自说以和；喜则反中，而收之以正；忧则反中，而舒之以意；惧则反中，而实之以精。"夫中和之不可不反如此。

《黄帝内经·素问·举痛论》言："百病生于气也，怒则气上，喜则气缓，悲则气消，恐则气下，寒则气收，炅（jiǒng）则气泄，惊则气乱，劳则气耗，思则气结，九气不同。"可与此相参。

[注释]

[1]当：相当，相比配。　[2]经：常，常道，通行不变的道理。　[3]东方之中：春分。　[4]西方之中：秋分。　[5]一岁四起业：天气变化在一年中表现出春生、夏长、秋收、冬藏四种事功。　[6]必于中：一定要合于中。于，合于。中，指夏至、冬至。　[7]"中之所为"二句：中的作为，一定要归于和。就，相就，归趋。和，指春分、秋分。阴阳平衡为和。　[8]要：要领，关键。　[9]"和者"四句：和是天地的常道，阴阳二气的均衡，而阴阳平衡的气是最好的气，是最适合生长的环境条件。正，正道，常理。平，均衡。　[10]天地之奉：天地的根本要道。苏本

误作"奉"，钟肇鹏校释本据杨树达之说校正作"泰"，是，当从之。泰，太极，中正。 [11]"是故阳之行"三句：阳气产生于北方，冬至日；最盛于南方，夏至日。 [12]"阴之行"三句：阴气产生于南方，夏至日；最盛于北方，冬至日。 [13]太极：最高处，最高境界。极，本指房屋最高的栋梁，引申为极顶的意思。 [14]日月之所至而却也：日月运行到这里就返回运行。却，退却，回转。 [15]隆：高处，极顶。 [16]制：法度。 [17]兼：包容，包含。 [18]尽：全。 [19]"是故时无不时者"十六句：因此说天时没有不准时的，这就是天地之道。顺天之道，有节律，是天的规则。阳气，是天的宽松之气；阴气，是天的急迫之气。中，是天的运用；和，是天的功效。所有天地之道中，和气是最美好的。因此，万物生长都重视气，并接受气的滋养。时无不时者，适时而不失时。节者，节律，法度，秩序。举，全，尽。 [20]孟子曰：下引文见《孟子·公孙丑上》。 [21]"谓行必终礼"三句：行为必须最后归到礼上，心里感到喜悦，经常以阳刚之德生发心意。终礼，止于礼义之中，即符合礼义之意。终，止。阳得，同"阳德"，即阳刚之气。 [22]公孙：指公孙尼子，传为孔子的学生。 [23]里藏（zàng）泰实：人的内脏太实。藏，通"脏"。泰，通"太"。 [24]"热胜则气耗"二句：热太盛了，则精气消耗多，寒太盛了，则气郁积不畅。胜，通"盛"，在人体中偏胜。寒、热是八纲之一对。苏本、卢本此二句作"热胜则气□，寒胜则气□"，两句各阙一字。《黄帝内经·素问·阴阳应象大论》有"寒极生热，热极生寒"的说法，根据上下文义似可补"寒""热"二字，成为"热胜则气寒，寒胜则气热"。《诸子菁华录》本作"热胜则气耗，寒胜则气寡"。钟肇鹏校释本综合文义补"耗""滞"二字。纵观诸家之说，钟本于义为长，今据补。 [25]泰劳则气不入：太劳累了，气就难进体内。古人以为人太劳累，肺活动快，出气多而纳气少，所以叫气不入。　[26] 泰佚（yì）则气宛（wǎn）至：太安逸了，则体内的气就会阻滞不通畅。佚，安逸。宛，通"郁"，郁结。至，通"窒"，阻塞不通。郁窒，人懒散时，气郁积不通畅。　[27]"怒则气高"四句：发怒时，气高扬；高兴时，气分散；忧愁时，气疯狂；恐惧时，气沮丧。慑（shè），恐惧，丧气。　[28]"凡此十者"三句：这十种情况，都是损害气的，都产生于不符合中和。中，不偏不倚（与上文"二中"用法不同）。和，阴阳平衡。中和是维持身体正常生理过程的最好条件，太劳累，太过闲逸，都对身体健康不利，适当活动是生命所需要的。阴阳虚实寒热，是中医强调平衡的地方，有所偏就容易患病。另外，中医重视人的情绪对健康的影响，因此七情过度，喜怒忧惧都会破坏平衡，不利于养身。　[29]"故君子怒则反中"八句：因此君子发怒时就要返回到中道，用和来协调自己的情绪以达到愉悦的状态；喜悦的时候，也要返回到中道，用诚正来收敛自己的喜悦以回到中道；忧愁的时候，也要返回到中道，以此来舒缓自己心中的纠结状态；恐惧的时候，也要返回到中道，用精神的力量充实自己的内心。反，通"返"，回到。说（yuè），通"悦"，喜欢，高兴。

故君子道至[1]，气则华而上。凡气从心[2]，心，气之君，何为而气不随也？是以天下之道者[3]，皆言内心其本也。故仁人之所以多寿者[4]，外无贪而内清净，心和平而不失中正，取天地之美以养其身[5]，是其且多且治[6]。鹤之所以寿者[7]，无宛气于中，是故食不冰；猿之所以寿者，好引其末[8]，是故气四越[9]。天气常下施于地[10]，是故道者亦引气于足；天之气常动而不滞，是故道者亦不宛气。气苟不治，虽满必虚。是故君子养而和之[11]，节而法之，去其群泰[12]，取其众和。高台多阳[13]，广室多阴[14]，远天地之和也，故圣人弗为，适中而已矣。

《后汉书·华佗传》载华佗语："吾有一术，名五禽之戏：一曰虎，二曰鹿，三曰熊，四曰猿，五曰鸟。亦以除疾，兼利蹄足，以当导引。体有不快，起作一禽之戏，怡而汗出，因以著粉，身体轻便而欲食。"此即"五禽戏"，华佗弟子吴普常习之，寿九十余而"耳目聪明，齿牙完坚"。可知古人认为，仿效天地之灵，亦可以延年益寿，与董子之意相合。

［注释］

[1]"故君子道至"二句：因此修养有道的君子，他的气向上升华。　[2]"凡气从心"三句：气服从心的调节，心是气的主宰。心即精神，气指体内的生理活动。心与气的关系：心是君（主宰者），气随着心而动。精神（心）对体内生理活动（气）起引导作用。　[3]"是以天下之道者"二句：天下养生有道的人，都说内心是本。　[4]"故仁人之所以多寿者"三句：有仁德的人之所以大多长寿，其原因是不贪求外物而内心清净，心境平和而保持中正。《论语·雍也》载：孔子说"仁者寿"。仁人的心"外无贪而内清净，心和平而不失中正"，没有不正当的欲望，也没有不合理的想法，所以长寿。　[5]天地之美：指时令食物。　[6]是其且多且治：他的内气充足而且有条理。是，这样。其，指代气。且多且治，指气充分而且有条理。　[7]"鹤之所以寿者"三句：鹤之所以长寿，原因在于它体内没有郁结之气，所以吃东西不凝滞。"食不冰"，各本皆脱"不"字，今据钟肇鹏校释本补。冰，

当作"凝"字为是。食不凝，指吃东西不凝滞。 [8]末：身体的末端，指四肢。 [9]越：散发，流动。 [10]"天气常下施于地"六句：天的气时常向下流到地面，所以有道的人常常导引体内之气到脚上去。天的气经常运动而不停滞，所以有道的人不使气在体内郁结。如果体内之气得不到调治，即使气很多也是虚弱的。苏本作"苟不治，虽满必虚"，卢文弨校曰："案：此七字疑有误，或当作'气苟不治，虽满必虚'。"卢校是，钟肇鹏校释本据补，今从之。 [11]"是故君子养而和之"二句：所以君子保养体内之气而使之和顺，调节内气而使之有条理、有法度。节，调节。法，有法度。 [12]泰：过甚，过分。 [13]高台多阳：地基太高而多阳气。台，指地基。 [14]广室多阴：居室广大而多阴气。多阳气与多阴气都远离天地之和气，不利于人的生活保养。这是批评富贵人家讲究排场的奢侈生活。

　　法人八尺[1]，四尺其中也。宫者，中央之音也；甘者，中央之味也；四尺者，中央之制也。是故三王之礼，味皆尚甘，声皆尚和。处其身，所以常自渐于天地之道。其道同类[2]，一气之辨也。法天者，乃法人之辨。天之道，向秋冬而阴来，向春夏而阴去。是故古之人霜降而迎女[3]，冰泮而杀止[4]。与阴俱近，与阳俱远也。天地之气[5]，不致盛满，不交阴阳。是故君子甚爱气而游于房以体天也。气不伤于以盛通[6]，而伤于不

女性在阴阳理论中属阴，故古人认为于阴气逐渐相盛时娶妻，合乎天道。反之亦然。

时、天并。不与阴阳俱往来，谓之不时；恣其欲而不顾天数[7]，谓之天并。君子治身不敢违天[8]，是故新牡十日而一游于房，中年者倍新牡，始衰者倍中年，中衰者倍始衰，大衰者以月当新牡之日。而上与天地同节矣，此其大略也。然而其要皆期于不极盛不相遇[9]，疏春而旷夏，谓不远天地之数。

朱熹言"存天理灭人欲"，举例云："饮食者，天理也；要求美味，人欲也。"（《朱子语类·卷十三》）可知若不能克制私欲，反而过分纵欲，是为人欲，为古人所不齿。

[注释]

[1]"法人八尺"十三句：标准的人身高八尺，四尺是八尺的中间。宫调是中央的声音，甘甜是中央的滋味，四尺是中央的标准。所以三王的礼仪，滋味都崇尚甘甜，声音都崇尚和谐。身处这样的环境中，所以自己自然地就和天地之道相符合了。法人，标准的人。渐，浸润。　[2]"其道同类"二句：天道和人道是同类的，都是治理自然之气。辨，通"办"，治理。　[3]是故古之人霜降而迎女：所以古代的人在霜降的时候迎娶新妇。迎女，娶新妇。　[4]冰泮（pàn）而杀（shài）止：到冰融化时停止活动。泮，溶解，分离。杀止，旧本均作"杀内"，苏舆注："杀内，当为'杀止'。"苏说是。钟肇鹏校释本据《通典》《北堂书钞》等旧籍所引《春秋繁露》之文校正为"杀止"，今从之。杀，减少。　[5]"天地之气"四句：天地的气，不到旺盛丰盈的时候，阴阳就不会相交。所以君子爱惜自己的精气，行房事时体会天意。致，到达。游于房，男女交媾。　[6]"气不伤于以盛通"二句：人的精气不会因丰盛的时候相交接而损伤，倒是会受到不适时、背离天意而交接的伤

害。通，男女交接。并（bǐng），通"摒"，摒弃。　[7]天数：天理，常道。　[8]"君子治身不敢违天"六句：君子保养身体不敢违背天道，所以新婚的健壮青年十天行房事一次，中年人行房事的时间间隔比青年人加一倍，身体开始衰弱的人行房事的时间间隔又比中年人加一倍，身体中度衰弱的人行房事的时间间隔又比身体开始衰弱的人加一倍，身体大衰的人行房事的时间间隔是用月数来比拟青年人的天数。新牡，新婚男性，年轻力壮的男性。　[9]"然而其要皆期于不极盛不相遇"二句：然而这样做的要点都在于希望精气没有达到旺盛之极的时候不要行房事，春季的时候行房事次数要少，而夏季间隔时间要更长一些。疏，稀疏。旷，历时久远，时间间隔长，这里指行房事的时间间隔较长。疏、旷相比较，疏的时间间隔短，而旷的时间间隔更长一些。

《淮南子·原道训》言："夫形者，生之舍也；气者，生之元也；神者，生之制也。一失位，则三者伤矣。"《史记·太史公自序》："凡人所生者神也，所托者形也。神大用则竭，形大劳则敝，形神离则死。死者不可复生，离者不可复反，故圣人重之。"可知"形、气、神"之关系，俱为古人所重，视为养生之道的根本所在。

　　民皆知爱其衣食，而不爱其天气[1]。天气之于人，重于衣食。衣食尽[2]，尚犹有间，气尽而立终[3]。故养生之大者，乃在爱气。气从神而成，神从意而出。心之所之谓意[4]，意劳者神扰[5]，神扰者气少，气少者难久矣。故君子闲欲止恶以平意[6]，平意以静神[7]，静神以养气。气多而治，则养身之大者得矣。

[注释]

[1]天气：天赋之气，呼吸之气。　[2]"衣食尽"二句：没有衣食，不会立即死亡，还会维持一段时间。间，间隙，疏

离。　[3]气尽而立终：呼吸之气断，则立刻就会死亡。　[4]心之所之谓意：指心动而意生。　[5]"意劳者神扰"三句：心意疲劳的人容易精神纷乱，精神纷乱的人气就少，气少的人生命就难以长久了。董仲舒讲的心、意、神、气四者相联，决定人的健康与寿命。　[6]闲欲止恶以平意：没有强烈追求的欲望，又不做坏事，内心就可以平静。闲欲，寡欲，淡薄欲望。闲，闲置。止恶，不做坏事，消除邪恶的念头。　[7]"平意以静神"四句：平息心意来安定精神，安定精神来保养精气。人气多又得到调治，那么养身的大道理就得到了。内心平静，精神就安静，培养浩然正气，气多而且有条理，即所谓顺气，这样就得到了养身的大道理。

古之道士有言曰[1]："将欲无陵[2]，固守一德。"此言神无离形[3]，则气多内充，而忍饥寒也。和乐者[4]，生之外泰也；精神者[5]，生之内充也。外泰不若内充，而况外伤乎？忿恤忧恨者[6]，生之伤也；和说欢喜者[7]，生之养也。君子慎小物而无大败也。行中正，声向荣[8]，气意和平，居处虞乐[9]，可谓养生矣。凡养生者[10]，莫精于气。是故春袭葛[11]，夏居密阴，秋避杀风，冬避重漯，就其和也。衣欲常漂[12]，食欲常饥，体欲常劳，而无长佚居多也。

《太平御览》卷二十一引《公孙尼子》曰："孔子有病，哀公使医视之。医曰：'子居处饮食何如？'孔子曰：'春居葛笼，夏居密阳，秋不风，冬不炀（yáng）。饮食不匮，饮酒不勤。'医曰：'是良药也。'"此处"夏居密阳"，与《繁露》"夏居密阴"相反；"冬不炀"，即不烤火，与《繁露》"冬避重漯"，即避免潮湿也不同。或谓之顺其自然之意。

《孟子·滕文公上》曰："饱食暖衣，逸居而无教，则近于禽兽。"长期生活奢侈而无所事事，不仅不利于养生，也未达教化而不能至善。

[**注释**]

[1]道士：有道之士。　[2]"将欲无陵"二句：想要不受外邪入侵，必须固守自己的精神。坚守信念，也是抵制外邪的关键。保证身心健康，有相同的路子。陵，侵侮。德，精神。　[3]"此言神无离形"三句：神不离开形体，那么气就会多而使体内充实，能够忍得住饥饿和寒冷。　[4]"和乐者"二句：平和快乐，是生命的外在舒适。泰，安适。　[5]"精神者"二句：精神状态是生命的内在充实。　[6]"忿恤忧恨者"二句：愤怒、顾惜、忧愁、怨恨，这些都对生命有害。忿，忿怒。恤，忧虑。　[7]"和说（yuè）欢喜者"二句：和乐欢喜会滋养生命，是保养生命的重要因素。说，同"悦"。欢喜，旧本均作"劝善"，苏舆注："劝善，疑'欢喜'之误。"苏说是，钟肇鹏校释本据改，今从之。　[8]声向荣：声音洪亮。　[9]虞（yú）：通"娱"，快乐。　[10]"凡养生者"二句：大凡用来养气的，没有比气更精美的。养生讲究气，在不同季节采取不同方式，以达到"和"为目的。和气最利于生命。　[11]"是故春袭葛"五句：所以春天穿葛布衣，夏天居住在凉爽的地方，秋天躲避肃杀之风，冬天避开过度的潮湿，目的就是为了达到平和。袭，穿衣。葛，葛布衣。杀风，肃杀之风。潔（luò），董天工笺注云："潔，《说文》本作'湿'，省作'潔'。"重湿，过度的潮湿。　[12]"衣欲常潔（piǎo）"四句：衣服要经常洗，吃饭不要经常过饱，身体要经常活动，不要长久地过安逸的生活。潔，漂洗。佚居，安逸的生活。佚，通"逸"，安逸，安闲。作此解时，"多"则疑为衍文。刘师培云："'多'与'侈'同。"居侈，生活奢侈。长佚，长期无所事事。

凡天地之物，乘于其泰而生 [1]，厌于其胜而死[2]，四时之变是也。故冬之水气[3]，东加于春而木生，乘其泰也；春之生[4]，西至金而死，厌于胜也。生于木者，至金而死；生于金者，至火而死。春之所生[5]，而不得过秋；秋之所生，不得过夏，天之数也。饮食臭味[6]，每至一时，亦有所胜、有所不胜之理，不可不察也。四时不同气[7]，气各有所宜，宜之所在，其物代美。视代美而代养之[8]，同时美者杂食之，是皆其所宜也。故荠以冬美[9]，而荼以夏成，此可以见冬夏之所宜服矣[10]。冬[11]，水气也，荠，甘味也，乘于水气而美者，甘胜寒也。荠之为言济与？济，大水也。夏[12]，火气也，荼，苦味也，乘于火气而成者，苦胜暑也。天无所言[13]，而意以物。物不与群物同时而生死者，必深察之，是天之所以告人也。故荠成告之甘，荼成告之苦也。君子察物而成告谨[14]，是以至荠不可食之时，而尽远甘物，至荼成就也。天所独代之成者[15]，君子独代之，是冬夏之所宜也。春秋杂物其和，而冬夏代服其宜，则当得天地之美[16]，四时和矣。凡择味之大体[17]，各因其

或言甜食不好，易发胖，不健康，故一年四季不吃甜食，这种思路不符合中国传统观念。因人而异，与时俱进，这是保养身体之重要原则。盲目追求时尚，一味跟风，不但不合实际，也不符合辩证思维。

时之所美，而违天不远矣。

[注释]

[1]乘于其泰而生：万物在良好的环境中生长。乘，趁机。泰，指良好的环境。在五行相生中，前者就是后者的泰，后者就是乘其泰而生，如木生火，火以木为泰。　[2]厌于其胜而死：被胜过它的压迫而致死。在五行相克中，水克火，火灭，就是厌于其胜而死。　[3]"故冬之水气"三句：所以冬天的水气，当太阳向东运行到春天时就使植物生长，就是凭借了水的宽舒之气。冬季在北，是水；春季在东，是木。冬水东加于春木，是"乘其泰"。这是相生关系。　[4]"春之生"三句：春天生成的万物，当太阳向西运行到了金气旺盛的秋天时就要死亡，这是受到了超过它的东西的压迫。东边春季生的是木，到西边秋季是金。金克木，春生的木，到秋季而死，是"厌于胜"。　[5]"春之所生"五句：春天产生的物种活不过秋天，秋天产生的物种活不过第二年的夏天，这是天的定数。天之数，指客观规律。　[6]饮食臭（xiù）味：饮食的各种味道也是相生相克的。味道与五行相联系，春与酸味对应，夏与苦味对应，秋与辛味对应，冬与咸味对应。　[7]"四时不同气"四句：四季不同气，食物各有所宜，只要是适宜的，就是美味。　[8]"视代美而代养之"三句：按季节所生产的美物，与当时美物相同的其他食品，都是适宜的。　[9]"故荠（jì）以冬美"二句：荠菜在冬天长得最好，而荼（tú）却在夏天成熟。荠菜是一种菜，《诗经·邶风·谷风》："谁谓荼苦，其甘如荠。宴尔新昏，如兄如弟。"这是说荼是苦的，荠是甜的。荠冬季生长，味甜，荼夏季生长，味苦。　[10]冬夏之所宜服：从中可以看出冬季和夏季应当食用何种物品了。董仲舒根据

《汉书·召信臣传》载："太官园种冬生葱韭菜茹，覆以屋庑（wǔ），昼夜燃蕴火，待温气乃生。信臣以为此皆不时之物，有伤于人，不宜以奉供养，及它非法食物，悉奏罢，省费岁数千万。"汉时，中国人即创造出暖房栽培蔬菜，召信臣或根据董子时令蔬菜之说，对"不时之物"给予否定。唐贞观十九年，有人于地下生火种菜，太宗征高丽班师时，奉上非时令蔬菜，也因耗费过大而被革职。可知古人对于非时令蔬菜，一者认为不健康，非天时；二者认为耗费过甚而无益。今日技术成熟而非时令蔬菜犹多，冬季可尝遍四季美味，但味道却不如时令鲜蔬；但从生活品质来论，亦是新时代必备之物。时令蔬菜与否，今人可选余地更多。

冬季生长荠菜，荠菜是甜的，说明冬季可以吃甜类食品。夏季生长茶，茶是苦味，说明夏季适合吃苦味食品。他认为天生产什么，就吃什么，这样才符合天意。人在地球上生活、发展、进化，长期适应这种环境，此说是有一定道理的。　[11]"冬"六句：冬天水气盛，荠菜味道甘美，凭借水气而生长得美好，这是甘甜胜过了寒冷。冬，水气，寒冷。荠，甘味，五行属于土。土克水，甘胜寒。荠菜就是乘于水气而美者。　[12]"夏"六句：夏天火气盛，茶的味道苦，凭借火气而生长成熟，这是苦胜过了暑热。茶，苦味。《淮南子·时则训》："苦菜秀。"高诱注："苦菜味苦，感火之味而成。"夏季生苦菜，苦性凉，可胜暑。按照董仲舒的说法，冬季多吃甜食，夏季多吃苦味。　[13]"天无所言"二句：天不会说话，总是以物的变化来表述意思。　[14]君子察物而成告谨：君子仔细观察物品的成熟而体会上天的告诫。钟肇鹏曰："'告谨'，谓上天以物之成熟来告诉人们。谨，注意。"　[15]"天所独代之成者"五句：上天随季节变化而使物品交替成熟，君子也随季节变化而交替食用这些符合节令的物品，荠菜和茶菜是冬天和夏天适宜吃的东西。春天和秋天掺杂食用调和的食物，而冬季和夏季则服用在本季节适宜生长的食物。春秋季节，什么都吃，就可以达到平衡。冬夏季节要吃适宜的东西，即能胜寒暑的食品。夏季吃苦味，冬季吃甜味。　[16]当：苏本作"当"，当据孙诒让说改作"常"。　[17]"凡择味之大体"二句：大凡选择食物滋味的要点，是观察选用那些符合时令、长得好的物品。如何选择美味，以当时生产的为最好。这叫时令蔬菜。

是故当百物大生之时[1]，群物皆生，而此物独死，可食者，告其味之便于人也；其不食者，钟肇鹏《春秋繁露校释》曰："'华'当指华山。'州华之间'即指豫州、雍州之地宜种宿麦也。"钟说可从。

告杀秽除害之不待秋也。当物之大枯之时，群物皆死，如此物独生，其可食者，益食之。天为之利人[2]，独代生之，其不可食，益畜之。天愍州华之间[3]，故生宿麦[4]，中岁而熟之[5]。君子察物之异，以求天意，大可见矣。是故男女体其盛[6]，臭味取其胜，居处就其和，劳佚居其中，寒暖无失适，饥饱无过平，欲恶度理，动静顺性，喜怒止于中，忧惧反之正，此中和常在乎其身，谓之得天地泰。得天地泰者，其寿引而长；不得天地泰者，其寿伤而短。短长之质，人之所由受于天也。是故寿有短长[7]，养有得失，及至其末之，大率而必雠于此，莫之得离。故寿之为言犹雠也。

［注释］

[1]"是故当百物大生之时"七句：所以当万物都生长旺盛的时候，大量物种都开始生长，有一种生物唯独在这时候死亡，如果它是可以食用的，这就是上天在告诉人们它的滋味是有利于人类食用的；如果它是不可食用的，这就是上天在告诉人们去除污秽有害的东西，不要等到秋天。其不食者，苏本脱"可"字，当据钟肇鹏校释本补作"其不可食者"。　[2]"天为之利人"四句：天的作为对人有利，随季节变化而交替生长出时令性食物，那些

不能用来作为食物的物种也同时蓄养着。　[3] 天愍（mǐn）州华之间：上天可怜中州、华山一带的百姓。愍，怜悯。州，中州。　[4] 宿麦：《汉书·食货志上》董仲舒曰："愿陛下幸诏大司农，使关中民益种宿麦，令毋后时。"《汉书·武帝纪》："遣谒者劝有水灾郡种宿麦。"颜师古注："秋冬种之，经岁乃熟，故云宿麦。"　[5] 中岁而熟之：五月夏至时节麦子成熟。中岁，即岁中，五月夏至时。　[6] "是故男女体其盛"十六句：所以男女体内之气要旺盛，选择优越的气味，住处要求平和，劳逸要求适中，冷暖不要失度，饥饱不要过度，喜爱、厌恶要讲道理，活动、休息要顺应天性，喜悦、愤怒要符合中道，忧愁、恐惧要回到中正，中和经常在身上，这就叫得到了天地的安适之道。得到天地安适之道的人，他的寿命得到延伸而长久；得不到天地安适之道的人，他的寿命受到损伤而短促。　[7] "是故寿有短长"四句：保养身体正确，寿命就可以长些，否则就短些，寿命长短与保养水平相对应。大率，苏本作"大卒"，孙诒让曰："大卒，疑当作'大率'，'卒''率'形近而误。"孙说是，钟肇鹏校释本据改，今从之。雠（chóu），通"酬"，相应，所谓天道酬勤。

《论衡·命义篇》言："《传》曰：'说命有三，一曰正命，二曰随命，三曰遭命。'正命，谓本禀之自得吉也。性然骨善，故不假操行以求福而吉自至，故曰正命。随命者，戮力操行而吉福至，纵情施欲而凶祸到，故曰随命。遭命者，行善得恶，非所冀望，逢遭于外而得凶祸，故曰遭命。"《孝经援神契》云："命有三科，有受命以保庆，有遭命以谪暴，有随命以督行。受命谓年寿也。遭命谓行善而遇凶也。随命谓随其善恶而报之。"可与此相参照。

天下之人虽众[1]，不得不各雠其所生，而寿夭于其所自行。自行可久之道者[2]，其寿雠于久；自行不可久之道者，其寿亦雠于不久。久与不久之情，各雠其生平之所行，今如后至，不可得胜，故曰：寿者[3]，雠也。然则人之所自行[4]，乃与其寿夭相益损也。其自行佚而寿长者[5]，命益之康有为《春秋董氏学》曰："继者，天所继而续之，天所缺而补之，裁成辅相之极则也。"天赋是基础，人事是补充，各有作用，不可偏废。

《黄帝内经·灵枢·岁露篇》言："人与天地相参也，与日月相应也。"凸显人之主体性地位。而董子亦强调人之能动性，非言一切听天由命。后人不解，而妄加改动，失董子深意矣。

也；其自行端而寿短者[6]，命损之也。以天命之所损益[7]，疑人之所得失，此大惑也。是故天长之而人伤之者[8]，其长损；天短之而人养之者，其短益。夫损益者皆人，人其天之继欤！出其质而人弗继[9]，岂独立哉！

[注释]

[1]"天下之人虽众"三句：天下的人虽然很多，但每个人的寿命不能不与他天生的本质相应对，长寿和夭折都是由人自身行为决定的。此言寿命长短是与自己保养的行为相应的。　[2]"自行可久之道者"八句：自身奉行长寿之道的人，他的寿命就会很长；自身不能奉行长寿之道的人，他的寿命也就不会长。长寿与不长寿的情形，分别与人所奉行的生活方式相对应，而人的寿命也随其养生之道而达到一定长度，这个法则无法逾越。自己的行为是寿命长短的决定因素，人事在先，命好像在后。今，陶鸿庆云："'今'乃'命'字之误。言人事居先，而天命若从其后也。玩上下文义自明。"陶说可从。不可得胜，这种相应关系不可改变。　[3]"寿者"二句：人的寿命长短与自己的行为相对应。　[4]"然则人之所自行"二句：然而人自身所奉行的养生之道，却可以使人天赋的寿命长短有所增加或减少。人的寿命不完全是由行为决定的，命起着损益的作用。　[5]"其自行佚而寿长者"二句：有些人行为放荡却寿命长久，这是因为他的天赋本质强使而他活得长。有些的行为不是很好，寿命却很长，那是命增加的。　[6]"其自行端而寿短者"二句：有的人行为端正却寿命短，这是因为他的天赋本质弱而使他命短。行为端正的，寿命很

短，那是命减损的。　[7]"以天命之所损益"三句：因为天赋本质的强弱影响人的寿命长短，从而怀疑人类养生之道上的得失好坏，这是非常糊涂的。根据命的增加与减损，怀疑行为的得失，那是太糊涂了。损，减少，减短。益，增加，增长。　[8]"是故天长之而人伤之者"六句：所以天赋予人强的本质而人却自己损伤它，这样他本来应有的长寿命就被减少了；天赋予人弱的本质而人却注意养生之道，这样他本来不长的寿命相对来说就被延长了。人寿命的减少或增长都和人的行为有关，人为大概就是继承天赋而又有所作为吧！损益是人事，是在天赋的基础之上损益。天赋是先期的，人事是天赋的继续。　[9]"出其质而人弗继"二句：天赋予人本质而人却不去继承发扬，这不是很可悲的吗！天出其质，人如果不在天赋的基础上下功夫，那怎么能算是独立的呢！质，本质，根本。此处亦可指人的体质。继，继承，发扬。

[点评]

《循天之道》主要议论养生之道。董仲舒从谈论天地之道开始，认为万物都是在天地、阴阳的中和之处发生、发展和成熟的，中与和是天地的常道，也是万物生长的常道。人的养生之道应该效法天地的这种中和之道，做到外无贪欲，内心安宁，在饮食、住房等日常生活方面保持适度。因为天地、阴阳、人物同属一气，所以，养生之道的关键就在于养气之道，使人体内的气旺盛且有条理，这样就能保证身体健康、寿命长久。董仲舒根据中和、养气等养生之道，具体说明了人应根据天时和身体状况有节制地行房事，随季节变化而注意穿衣、饮食的卫生等。在文末，董仲舒还论述了养生之道、天赋本质与人的寿命长短之间的关系，认为人的天赋本质是人生命、寿命的根基，它决定了人的寿命的大致限度，但是，天赋本质只是一方面的因素，在另一方面，人应发挥自身的有为之道，注意养生，使天赋本质得到完全的展开，从而达到延年益寿的目的。

天地阴阳第八十一

天、地、阴、阳、木、火、土、金、水，九，与人而十者，天之数毕也。故数者至十而止，书者以十为终，皆取之此。人何其贵者[1]，起于天[2]，至于人而毕。毕之外，谓之物。物者，投其所贵之端，而不在其中。以此见人之超然万物之上[3]，而最为天下贵也。人下长万物[4]，上参天地。故其治乱之故，动静顺逆之气，乃损益阴阳之化，而摇荡四海之内。物之难知者若神，不可谓不然也。今投地死伤[5]，而不腾相助，投淖相动而近[6]，投水相动而愈远[7]。由此观之[8]，夫物愈淖而愈易变动摇荡也。今气化之淖[9]，非

"阴阳"与"五行"，可谓汉代思想之特质，董子言"天"含"阴阳"与"五行"，而《繁露》中处处有体现，说董子为汉代思想之代表性人物，可矣！

"天之数"包括"天"本身，前者之"天"范围更广，或可谓之"宇宙"；后者之"天"范围相对狭小，或可谓之"上天"。

《孝经·圣治章》载孔子言："天地之性，人为贵。"《论衡·别通篇》言："倮虫三百，人为之长。'天地之性人为贵'，贵其识知也。"南宋陈亮《祭郑景元提干文》言："死生祸福，不阿不避。天地之性，以人为贵。"古人言"天地之性，人为贵"者，多矣！

《论衡·讲瑞篇》言："瑞物皆起和气而生，生于常类之中，而有诡异之性，则为瑞矣。""和气"当为"民和之气"，故生祥瑞。

《汉书·董仲舒传》载《天人三策》言："国家将有失道之败，而天乃先出灾害以谴告之，不知自省，又出怪异以警惧之，尚不知变，而伤败乃至。以此见天心之仁爱人君而欲止其乱。自非大亡道之世者，天尽欲扶持而全安之，事在强勉而已矣。"《繁露》此处言灾害，谓之自然感应，董子《对策》中则言上天谴告。

直水也，而人主以众动之无已时[10]，是故常以治乱之气[11]，与天地之化相殽而不治也。世治而民和[12]，志平而气正，则天地之化精，而万物之美起；世乱而民乖[13]，志僻而气逆，则天地之化伤，气生灾害起。是故治世之德润草木，泽流四海，功过神明；乱世之所起，亦博若是[14]。皆因天地之化，以成败物；乘阴阳之资[15]，以任其所为。故为恶愆人力而功伤[16]，名自过也[17]。

[注释]

[1]人何其贵者：人是多么尊贵啊！人，苏本作"圣人"，俞樾云："'圣'，衍字。此明人贵于物之义。上文说'天、地、阴、阳、木、火、土、金、水，九，与人而十'，是起于天毕于人也，此人之所以贵也。但言人贵，非言圣人贵。'圣'字明衍耳。"俞说是，钟肇鹏校释本据改，今从之。　[2]"起于天"六句：从天开始到人就终结了。终结之外的叫作物，万物各按其所属类别，分别投到从天到人的十端之下去。投，投入，投到。　[3]"以此见人之超然万物之上"二句：从这里可以看出人超越万物之上，而为天下最尊贵的。《孝经·圣治章》："天地之性，人为贵。"郑玄注："贵其异于万物也。"　[4]"人下长万物"六句：人对下培育万物，向上参与天地的变化。所以人类社会的治理和混乱，它的气的动静、顺逆，能影响阴阳的变化，而使天下动荡。故其治乱之故，前"故"，因此。后"故"，指事情。　[5]"今投地死伤"二句：人或物投到地面达到死伤的程度，地也不会震荡，也不会产生互

相动荡。投，投到。腾，震荡。相助，孙诒让、刘师培等据后有二处"相动"之文而校改"相助"为"相动"，然细览文义，实不必改字。未理解原文，而轻易改字、补字、移字来适应自己的想法，恐非严谨治学之道。前人校注《春秋繁露》，夥矣。　　[6] 投淖（nào）相动而近：人或物投到泥潭中，泥浆波纹波及很近。淖，泥潭，泥沼。　　[7] 投水相动而愈远：人或物投到水中，所产生的波纹震荡更远。　　[8] "由此观之"二句：从这里可以看出，物愈投向稀薄柔软的地方，愈会引发大的变化、动荡。此处淖有稀稠度之意，含有相反两义：稠与稀。稠，如《左传》成公十六年："有淖于前，乃皆左右。"注："淖，泥也。"稀，如《淮南子·原道训》："夫水所以能成其至德于天下者，以其淖溺润滑也。"《管子·水地》："夫水，淖弱以清，而好洒人之恶，仁也。"清水淖弱，意味着稀。物越是在稀薄中越容易相互影响。以土地、泥浆、水为淖的三等级，土地最稠密，泥浆其次，水最稀。投于地，因为地最稠密，所以不会产生震荡。越稀薄，动荡范围越大，震荡距离越远。王充《论衡·变虚篇》："说灾变之家曰：'人在天地之间，犹鱼在水中矣。其能以行动天地，犹鱼鼓而振水也。鱼动而水荡，（人行而）气变。'此非实事也。假使真然，不能至天。鱼长一尺，动于水中，振旁侧之水，不过数尺。大若不过与人同，所振荡者，不过百步，而一里之外，澹然澄静，离之远也。今人操行变气，远近宜与鱼等，气应而变，宜与水均。以七尺之细形，形中之微气，不过与一鼎之蒸火同，从下地上变皇天，何其高也？""灾变之家"是董仲舒的信奉者，讲鱼振荡水，比喻人振荡气，来论证天人感应。王充叙述"灾变之家"的观点，然后加以反驳。这些内容有助于理解董仲舒的说法。　　[9] "今气化之淖"二句：气比水更稀，因此也更容易产生动荡，相动自然更远。淖，此处指稀度。　　[10] 人主以众动之无已时：君主带领众多百姓不停地活动。以，借着，用。众动，指许多人的言行通过气相动，影响人主。无已时，没有结束的时候，持续性。　[11]"是故常以治乱之气"二句：所以常常把人类社会治理和天地之气的变化混杂到一起，从而引起混乱。天地之化本来是好的，治乱之气是人们的欲望所产生的。由于治乱之气与天地之化相混淆，天下就乱，社会就治理不好。殽（xiáo），同"淆"，混杂，错乱。　[12]"世治而民和"四句：社会太平则民众和谐，心意平静则气正直，那么天地的化育就精妙，各种美好的事物就会产生。社会治理好了，万物中美好的东西就产生了。这些美好的东西就是瑞物，或称瑞应，如嘉禾、醴泉、甘露、黄龙、凤凰、赤乌等。　[13]"世乱而民乖"四句：社会混乱而民众不和顺，心意邪僻而气不正，那么天地的化育就会受到损害，邪气产生而灾害出现。社会治理不好，就会产生灾害或怪异。乖，不和。僻，邪僻。　[14]博：广博，大范围。　[15]乘阴阳之资：凭借阴阳的神妙作用。乘，假借，利用。资，作用。　[16]故为恶愆（qiān）人力而功伤：所以作恶使得人力失调而影响功业的取得。愆，过失，过错。"功伤"，惠栋校作"伤功"，是，当据改。　[17]名自过：这就叫自己作孽。

天地之间[1]，有阴阳之气，常渐人者，若水常渐鱼也。所以异于水者，可见与不可见耳，其澹澹也。然则人之居天地之间，其犹鱼之离水，一也，其无间[2]。若气而淖于水[3]，水之比于气也，若泥之比于水也。是天地之间[4]，若虚而实，人常渐是澹澹之中，而以治乱之气与之流通相殽也。故人气调和，而天地之化美，殽于恶而味败，此易见之物也。推物之类，以易见难者，其情可得。治乱之气[5]，邪正之风，是殽天地之化者也。生于化而反殽化，与运连也。《春秋》举世事之道，夫有书，天之尽与不尽，王者之任也。《诗》云[6]："天难谌斯，不易维王。"此之谓也。夫王者不可以不知天，知天，诗人之所难也。天意难见也，其道难理[7]。是故明阳阴、入出、实虚之处[8]，所以观天之志；辨五行之本末、顺逆、小大、广狭，所以观天道也。天志仁，其道也义。为人主者，予夺生杀，各当其义，若四时；列官置吏，必以其能，若五行；好仁恶戾，任德远刑，若阴阳。此之谓能配天。

　　董子以《春秋》决狱，汉儒以《春秋》治天下，可知《春秋》具有"经世致用"之道，为汉人所重。

　　"四时""五行""阴阳"，即"天之数"，故王者以此为标的，而能配天，能治天下。

[注释]

[1]"天地之间"九句：天地中间有阴气、阳气，常常浸润人，就像水常常浸润鱼一样。阴阳之气和水不同的地方，只是可以看见和不可以看见而已，它们飘浮游荡着。人类生活在天地之间，就像鱼依附着水一样。渐，浸润。澹（dàn）澹，波浪起伏或流水迂回的样子，引申为飘浮动荡之义。离（lǐ），通"丽"，附丽，附着。　[2]无间：没有什么区别，没有隔阂。　[3]若气而淖于水：气比水更稀薄、柔软。淖，本指泥沼，此处引申为稀薄之

义。　[4]"是天地之间"八句：所以天地中间，看起来像虚空，其实却充满着气，人类平时浸润在飘浮摇荡的阴阳之气中，而人类社会的治乱之气又和天地间的阴阳之气相互流通、混杂。所以人间的气和谐，天地的化育就美妙，和不好的气混杂，就会使气味败坏，这是很容易知道的事情。见，苏本脱此字，钟肇鹏校释本据惠校及董天工笺注本补"见"字，是。今从之。　[5]"治乱之气"九句：人类社会治理和混乱的气，邪僻和正直的风俗，和天地的运行化育相混杂。人类的气从天地之气的运动变化中产生，反过来又和天地之气混杂到一起，和天地的运动相联系。《春秋》这本书包举了人世间的道理，能不能完全配合天道，这是君主的职责。　[6]《诗》云：下引文见《诗经·大雅·大明》。大意是说："天道无常，难以信赖，做王实在不易。"谌（chén），相信，信赖。维，句中助气词，无实义。　[7]理：理解，整理。　[8]"是故明阳阴、入出、实虚之处"十六句：所以搞清楚阴阳、进出、虚实所在的地方，是用来理解天意的；辨别五行的本末、顺逆、小大、广狭，是用来观察天道的。上天的心意是仁爱的，它所行之道是正大、适宜的。做君王的，给予人、剥夺人、让人活、要人死，都要符合道义，像四季一样；设置官吏，一定要按照他们的才能，像五行一样；喜好仁爱、厌恶暴戾，实行德政而避开刑杀，像阴阳一样。戾（lì），罪恶，凶暴。

　　天者，其道长万物，而王者长人。人主之大[1]，天地之参也；好恶之分，阴阳之理也；喜怒之发，寒暑之比也；官职之事，五行之义也。以此长天地之间，荡四海之内，毂阴阳之气，与天地相杂。是故人言：既曰王者参天地矣^[2]，苟参天地，则是化矣，岂独天地之精哉？王者亦参而骏之，治则以正气骏天地之化，乱则以邪气骏天地之化，同者相益，异者相损之数也，无可疑者矣。

[注释]

[1]"人主之大"八句：君王的伟大，可以跟天地并列参照；他的分别好恶，和阴阳的差别同理；表现喜悦和愤怒，相当于天气的寒和暑；任命官吏担任职务，按照五行的道理。参，参照，参与。比，比拟，认为和……一样。　[2]"既曰王者参天地矣"九句：既然说王者能参与天地，如果能参与天地，那么就能化育万物，而不仅仅只是天地间的精华了吧？王者与天地相参而又相互交通，太平时就用正气与天地的运化相混合，混乱时就用邪气与天地的运化相混合，跟天地之道相同时就互相增益，跟天地之道不同时就互相减损，这是天数。化，化育万物。旧本作"异者相损之数也"，苏舆注："'之'上疑有'天'字。"苏说是，当据补。

[点评]

《天地阴阳》论述了人在天地中的地位和天人之间的关系。董仲舒把天、地、阴、阳、木、火、土、金、水，与人一同构成"天之数"，即将人作为构成整个宇宙的十大要素之一，并肯定了天地之间人为贵。以天人一气为基础，董仲舒以类比推理的方法论证了天人之间存在着感应关系，认为天地之间充满着气，人在天地之间如同鱼在水中，人的行为能够影响天地阴阳，人间太平就会使天气和美，人间混乱则会使天地的化育受到损害。董仲舒十分重视君主在管理百姓、参赞天地化育中的关键作用，要求君主效法天地之道，使人间太平，从而使天地的化育更加完美。

主要参考文献

一

春秋繁露笺注　（清）董天工著　黄江军整理　华东师范大学出版社2017年版

董子春秋繁露　（清）董慎行校　上海古籍出版社1986年《二十二子》

春秋繁露　（清）凌曙注　中华书局1975年版

春秋繁露义证　（清）苏舆撰　钟哲点校　中华书局1992年版

春秋繁露斠补　（清）刘师培撰　万仕国点校　广陵书社2014年《仪征刘申叔遗书》

春秋董氏学　康有为撰　楼宇烈整理　中华书局1990年版

春秋繁露校释（校补本）　钟肇鹏主编　河北人民出版社2005年版

春秋繁露译注　张世亮、钟肇鹏、周桂钿译注　中华书局2012年版

春秋繁露选注　周桂钿译注　中华书局 2011 年版

春秋繁露新注　曾振宇、傅永聚注　商务印书馆 2010 年版

二

周易正义　（三国魏）王弼　（东晋）韩康伯注　（唐）孔颖达等正义　中华书局 2009 年影印清阮元校刻《十三经注疏》本

尚书正义　（西汉）伪孔安国传　（唐）孔颖达等正义　中华书局 2009 年影印清阮元校刻《十三经注疏》本

毛诗正义　（西汉）毛亨传　（东汉）郑玄笺　（唐）孔颖达等正义　中华书局 2009 年影印清阮元校刻《十三经注疏》本

周礼注疏　（东汉）郑玄注　（唐）贾公彦疏　中华书局 2009 年影印清阮元校刻《十三经注疏》本

仪礼注疏　（东汉）郑玄注　（唐）贾公彦疏　中华书局 2009 年影印清阮元校刻《十三经注疏》本

礼记正义　（东汉）郑玄注　（唐）孔颖达等正义　中华书局 2009 年影印清阮元校刻《十三经注疏》本

春秋左氏传正义　（西晋）杜预注　（唐）孔颖达等正义　中华书局 2009 年影印清阮元校刻《十三经注疏》本

春秋公羊传注疏　（东汉）何休解诂　（唐）徐彦疏　中华书局 2009 年影印清阮元校刻《十三经注疏》本

春秋榖梁传注疏　（东晋）范宁注　（唐）杨士勋疏　中华书局 2009 年影印清阮元校刻《十三经注疏》本

论语注疏　（三国魏）何晏集解　（北宋）邢昺疏　中华书局 2009 年影印清阮元校刻《十三经注疏》本

孟子注疏　（东汉）赵岐注　（北宋）孙奭疏　中华书局 2009 年影印清阮元校刻《十三经注疏》本

孝经注疏　（唐）李隆基注　（北宋）邢昺疏　中华书局 2009 年影印清阮元校刻《十三经注疏》本

尔雅注疏　（东晋）郭璞注　（北宋）邢昺疏　中华书局 2009 年影印清阮元校刻《十三经注疏》本

公羊义疏　（清）陈立撰　刘尚慈点校　中华书局 2017 年版

尚书今古文注疏　（清）孙星衍撰　陈抗、盛冬铃点校　中华书局 2004 年第 2 版

尚书大传疏证　（西汉）伏生撰　（东汉）郑玄注　（清）皮锡瑞疏证　吴仰湘点校　中华书局 2015 年吴仰湘编《皮锡瑞全集》第一册

四书章句集注　（南宋）朱熹撰　中华书局 2012 年第 2 版

七纬（附论语谶）（清）赵在翰辑　钟肇鹏、萧文郁点校　中华书局 2012 年版

四库全书总目　（清）永瑢等撰　中华书局 1965 年版

三

史记（修订本）（西汉）司马迁撰　（南朝宋）裴骃集解　（唐）司马贞索隐　（唐）张守节正义　中华书局 2014 年版

汉书（点校本）（东汉）班固撰　（唐）颜师古注　中华书局 1962 年版

后汉书（点校本）（南朝宋）范晔撰　（唐）李贤等注　中华书局 1965 年版

隋书（点校本）（唐）魏徵、令狐德棻等撰　中华书局 1973 年版

国语集解　徐元诰撰　王树民、沈长云点校　中华书局 2002 年版

四

老子道德经注校释　（三国魏）王弼撰　楼宇烈校释　中华书局

2008 年版

　　庄子集释　（清）郭庆藩撰　王孝鱼点校　中华书局 2016 年版

　　管子校注　黎翔凤撰　梁运华整理　中华书局 2004 年版

　　墨子间诂　（清）孙诒让撰　孙启治点校　中华书局 2001 年版

　　列子集释　杨伯峻撰　中华书局 2013 年版

　　荀子集解　（清）王先谦撰　沈啸寰、王星贤点校　中华书局 2013 年版

　　韩非子集解　（清）王先慎撰　钟哲点校　中华书局 2013 年版

　　吕氏春秋集释　许维遹撰　梁运华整理　中华书局 2017 年版

　　韩诗外传集释　（西汉）韩婴撰　许维遹校释　中华书局 1980 年版

　　新书校注　（西汉）贾谊撰　阎振益、钟夏校注　中华书局 2000 年版

　　淮南子校释　张双棣撰　北京大学出版社 2013 年版

　　大戴礼记解诂　（清）王聘珍撰　王文锦点校　中华书局 1983 年版

　　盐铁论校注　王利器校注　中华书局 2015 年版

　　盐铁论简注　马非百注　中华书局 1984 年版

　　说苑校证　（西汉）刘向撰　向宗鲁校证　中华书局 1987 年版

　　太玄校释　（西汉）扬雄撰　郑万耕校释　中华书局 2014 年版

　　白虎通疏证　（东汉）班固撰　（清）陈立疏证　吴则虞点校　中华书局 1994 年版

　　论衡校释（附刘盼遂集解）（东汉）王充撰　黄晖校释　中华书局 2006 年版

　　潜夫论笺校正　（东汉）王符撰　（清）汪继培笺　彭铎校正　中华书局 2014 年版

　　五行大义今注　（隋）萧吉撰　梁湘润编著　行卯出版社 1980 年版

　　二程集　（北宋）程颢、程颐撰　王孝鱼点校　中华书局 2004 年版

　　朱子语类　（南宋）黎靖德编　王星贤点校　中华书局 1986 年版

颜李学派文库　陈山榜、邓子平主编　河北教育出版社 2009 年版

诸子平议　（清）俞樾撰　中华书局 1954 年版

读诸子札记　陶鸿庆撰　中华书局 1959 年版

札迻　（清）孙诒让撰　雪克、陈野点校　中华书局 2009 年版

黄帝内经素问　人民卫生出版社编　人民卫生出版社 2012 年版

灵枢经　人民卫生出版社编　人民卫生出版社 2012 年版

五

太平御览　（北宋）李昉等撰　中华书局 1960 年影印商务影宋本

全上古三代秦汉三国六朝文　严可均辑　中华书局 1958 年版

楚辞集注　（南宋）朱熹撰　黄灵庚点校　上海古籍出版社 2015 年版

意林校释　王天海、王韧撰　中华书局 2014 年版

韩昌黎文集校注　（唐）韩愈撰　马其昶校注　马茂元整理　上海古籍出版社 2014 年版

六

说文解字注　（清）段玉裁撰　中华书局 2013 年版

埤雅　（北宋）陆佃撰　王敏红校点　浙江大学出版社 2008 年版

广雅疏证　（清）王念孙撰　张靖伟、樊波成、马涛等点校　上海古籍出版社 2016 年版

七

经学历史　（清）皮锡瑞著　周予同注释　中华书局 2011 年版

经学通论　（清）皮锡瑞著　中华书局 1954 年版

两汉三国学案　（清）唐晏著　中华书局 1986 年版

中国近三百年学术史　梁启超著　中国书店 1985 年影印 1936 年中华书局本

八

中国古代天文学简史　陈遵妫著　上海人民出版社 1955 年版

中国天文学史　陈遵妫著　上海人民出版社 1984 年版

中国古代历法　张培瑜等著　中国科学技术出版社 2013 年版

中国古代天文与历法　陈久金著　中国国际广播出版社 2010 年版

九

董学探微　周桂钿著　福建教育出版社 2015 年版

董学续探、董仲舒评传　周桂钿著　福建教育出版社 2015 年版

秦汉思想史　周桂钿著　福建教育出版社 2015 年版

董仲舒研究　周桂钿著　人民出版社 2012 年版

中国学术通史（秦汉卷）　张立文主编　周桂钿、李祥俊著　人民出版社 2004 年版

秦汉哲学　周桂钿著　武汉出版社 2006 年版

中国传统科技　周桂钿著　福建教育出版社 2016 年版

汉代思想史　金春峰著　中国社会科学出版社 1997 年版

两汉思想史　徐复观著　九州出版社 2013 年版

董仲舒评传　王永祥著　南京大学出版社 1995 年版

天人合一——董仲舒与两汉儒学思潮研究　黄朴民著　岳麓书社 2013 年版

董仲舒与汉代历史思想研究　汪高鑫著　商务印书馆 2012 年版

董仲舒与汉代公羊学　曾亦、黄铭著　上海人民出版社 2017 年版

董仲舒《春秋繁露》与纬书《春秋纬》之关系研究　黄国祯著　花

木兰文化出版社 2009 年版

从编年史到经典——董仲舒的春秋诠释学　〔美〕桂思卓著　朱腾译　中国政法大学出版社 2010 年版

唯天为大——建基于信念本体的董仲舒哲学研究　余治平著　商务印书馆 2003 年版

春秋公羊传译注　黄铭、曾亦译注　中华书局 2016 年版

《中华传统文化百部经典》已出版图书

书　名	解读人	出版时间
周易	余敦康	2017 年 9 月
尚书	钱宗武	2017 年 9 月
诗经（节选）	李　山	2017 年 9 月
论语	钱　逊	2017 年 9 月
孟子	梁　涛	2017 年 9 月
老子	王中江	2017 年 9 月
庄子	陈鼓应	2017 年 9 月
管子（节选）	孙中原	2017 年 9 月
孙子兵法	黄朴民	2017 年 9 月
史记（节选）	张大可	2017 年 9 月
传习录	吴　震	2018 年 11 月
墨子（节选）	姜宝昌	2018 年 12 月
韩非子（节选）	张　觉	2018 年 12 月
左传（节选）	郭　丹	2018 年 12 月
吕氏春秋（节选）	张双棣	2018 年 12 月
荀子（节选）	廖名春	2019 年 6 月
楚辞	赵逵夫	2019 年 6 月
论衡（节选）	邵毅平	2019 年 6 月
史通（节选）	王嘉川	2019 年 6 月
贞观政要	谢保成	2019 年 6 月
战国策（节选）	何　晋	2019 年 12 月
黄帝内经（节选）	柳长华	2019 年 12 月
春秋繁露（节选）	周桂钿	2019 年 12 月
九章算术	郭书春	2019 年 12 月
齐民要术（节选）	惠富平	2019 年 12 月
杜甫集（节选）	张忠纲	2019 年 12 月
韩愈集（节选）	孙昌武	2019 年 12 月
王安石集（节选）	刘成国	2019 年 12 月
西厢记	张燕瑾	2019 年 12 月

书　名	解读人	出版时间
聊斋志异（节选）	马瑞芳	2019 年 12 月
礼记（节选）	郭齐勇	2020 年 12 月
国语（节选）	沈长云	2020 年 12 月
抱朴子（节选）	张松辉	2020 年 12 月
陶渊明集	袁行霈	2020 年 12 月
坛经	洪修平	2020 年 12 月
李白集（节选）	郁贤皓	2020 年 12 月
柳宗元集（节选）	尹占华	2020 年 12 月
辛弃疾集（节选）	王兆鹏	2020 年 12 月
本草纲目（节选）	张瑞贤	2020 年 12 月
曲律	叶长海	2020 年 12 月
孝经	汪受宽	2021 年 6 月
淮南子（节选）	陈　静	2021 年 6 月
太平经（节选）	罗　炽	2021 年 6 月
曹操集	刘运好	2021 年 6 月
世说新语（节选）	王能宪	2021 年 6 月
欧阳修集（节选）	洪本健	2021 年 6 月
梦溪笔谈（节选）	张富祥	2021 年 6 月
牡丹亭	周育德	2021 年 6 月
日知录（节选）	黄　珅	2021 年 6 月
儒林外史（节选）	李汉秋	2021 年 6 月
商君书	蒋重跃	2022 年 6 月
新书	方向东	2022 年 6 月
伤寒论	刘力红	2022 年 6 月
水经注（节选）	李晓杰	2022 年 6 月
王维集（节选）	陈铁民	2022 年 6 月
元好问集（节选）	狄宝心	2022 年 6 月
赵氏孤儿	董上德	2022 年 6 月
王祯农书（节选）	孙显斌	2022 年 6 月
三国演义（节选）	关四平	2022 年 6 月
文史通义（节选）	陈其泰	2022 年 6 月

书　　名	解读人	出版时间
汉书（节选）	许殿才	2022 年 12 月
周易略例	王锦民	2022 年 12 月
后汉书（节选）	王承略	2022 年 12 月
通典（节选）	杜文玉	2022 年 12 月
资治通鉴（节选）	张国刚	2022 年 12 月
张载集（节选）	林乐昌	2022 年 12 月
苏轼集（节选）	周裕锴	2022 年 12 月
陆游集（节选）	欧明俊	2022 年 12 月
徐霞客游记（节选）	赵伯陶	2022 年 12 月
桃花扇	谢雍君	2022 年 12 月
法言	韩敬、梁涛	2023 年 12 月
颜氏家训	杨世文	2023 年 12 月
大唐西域记（节选）	王邦维	2023 年 12 月
法书要录（节选）　历代名画记	祝　帅	2023 年 12 月
耶律楚材集（节选）	刘　晓	2023 年 12 月
水浒传（节选）	黄　霖	2023 年 12 月
西游记（节选）	刘勇强	2023 年 12 月
乐律全书（节选）	李　玫	2023 年 12 月
读通鉴论（节选）	向燕南	2023 年 12 月
孟子字义疏证	徐道彬	2023 年 12 月